insel taschenbuch 4673
Die schönsten russischen Märchen

»In einem Zarenreiche, in einem fernen Lande, lebte einmal …« Wassilissa, die Wunderschöne, der Zarensohn Iwan, die Hexe Baba-Jaga mit ihrem Häuschen auf Hühnerbeinen und der über übernatürliche Kräfte verfügende Bogatyr Ilja Muromez – nicht nur in Rußland kennt sie jedes Kind: Sie sind Teil einer langen und reichhaltigen Erzähltradition und faszinieren seit Generationen Leser in aller Welt.

Der russische Märchenforscher Alexander N. Afanasjew ist dem Vorbild der Brüder Grimm gefolgt und hat das wertvolle literarische Erbe seines Landes zusammengetragen und für die Nachwelt bewahrt. Seine erstmals 1855 bis 1863 veröffentlichte Sammlung ist bis heute die verbreitetste und populärste russische Märchensammlung.

Im insel taschenbuch liegen außerdem vor: *Die schönsten georgischen Märchen* (it 4653); *Die schönsten deutschen Märchen* (it 4654); *Die schönsten französischen Märchen* (it 4599).

DIE SCHÖNSTEN RUSSISCHEN MÄRCHEN

Von Alexander N. Afanasjew
Übertragen von Werner von Grimm
Herausgegeben von Imogen Delisle-Kupffer

Insel Verlag

3. Auflage 2024

Erste Auflage 2018
insel taschenbuch 4673
Insel Verlag Berlin
© Insel Verlag Frankfurt am Main 1999
Alle Rechte vorbehalten, insbesondere das der Übersetzung,
des öffentlichen Vortrags sowie der Übertragung durch
Rundfunk und Fernsehen, auch einzelner Teile.
Kein Teil des Werkes darf in irgendeiner Form
(durch Fotografie, Mikrofilm oder andere Verfahren)
ohne schriftliche Genehmigung des Verlages reproduziert
oder unter Verwendung elektronischer Systeme verarbeitet,
vervielfältigt oder verbreitet werden.
Vertrieb durch den Suhrkamp Taschenbuch Verlag
Umschlag: Burkhard Neie, Berlin
Satz: Satz-Offizin Hümmer GmbH, Waldbüttelbrunn
Druck: CPI books GmbH, Leck
Printed in Germany
ISBN 978-3-458-36373-6

www.insel-verlag.de

DIE SCHÖNSTEN RUSSISCHEN MÄRCHEN

Prolog

Am Meeresstrand an stiller Stätte
Steht eine Eiche knorrig, krumm;
Ein Kater streicht an goldner Kette
Beständig um den Baum herum.
Er geht nach rechts – erzählt ein Märchen,
Nach links – und singt ein altes Lied.
Dort haust der Schrat, ein Elfenpärchen
Auf einem Halm im nahen Ried.
Noch nie betretne Wege führen
In ein noch unbekanntes Land;
Ein Häuschen steht mit offnen Türen
Auf Hühnerfüßen dort im Sand.
Das Meer, der Wald, die Fluren stecken
Voll Wunderdinge. Reihenweis
Betreten dreißig stolze Recken
Zusammen mit Neptun, dem Greis,
Den Strand beim Strahl der Morgensonne.
Ein Königssohn – des Vaters Wonne –
Erfreut durch Anmut und Verstand.
Ein Zauberer in einer Wolke
Trägt einen Ritter über Land
Und Meere dort vor allem Volke.
Im Kerker weint ein Kaiserkind,
Ein brauner Wolf bewacht die Holde;
Koschtschej sitzt dort auf seinem Golde.
Und Rußlands Seele weht im Wind.
In jenem sagenhaften Reiche
Genoß ich einmal Met und Bier;
Der Kater auf der grünen Eiche
Erzählte seine Märchen mir …

(A. Puschkin)

Der Fuchs, der Hase und der Hahn

Es lebten einmal ein Fuchs und ein Hase. Der Fuchs hatte eine kleine Hütte aus Eis, der Hase aber eine aus Baumrinde. Da kam der schöne Frühling – die Hütte des Fuchses zerschmolz, die des Häschens stand da wie immer. Da bat der Fuchs den Hasen, ob er sich wohl bei ihm wärmen könnte. Kaum war er drin, so jagte er den Hasen hinaus. Das Häschen ging fort und weinte, ihm entgegen aber kamen Hunde: »Tjaff, tjaff, tjaff! Weshalb weinst du, Häschen?« Das Häschen aber sagt: »Ach, laßt mich zufrieden, Hunde! Wie soll ich nicht weinen? Ich hatte eine kleine Hütte aus Baumrinde, der Fuchs aber eine aus Eis; da bat der Fuchs, ob er zu mir kommen dürfe, und dann jagte er mich hinaus.« – »Weine nicht, Häschen!« sagen die Hunde, »wir werden ihn hinausjagen.« – »Nein, ihr könnt das nicht!« – »Doch, wir können's!« Sie kamen zur Hütte: »Tjaff, tjaff, tjaff! Raus, Fuchs!« Der Fuchs sagt aber vom Ofen herunter: »Wenn ich dann so rausspringe, und wenn ich dann so auf euch draufspringe, dann wird eure Wolle nur so durch die Luft fliegen!« Da erschraken die Hunde und liefen fort.

Das Häschen geht fort und weint. Da kommt ihm der Bär entgegen. »Worüber weinst du, Häschen?« Das Häschen aber sagt: »Ach, laß mich zufrieden, Bär! Wie soll ich nicht weinen? Ich hatte eine kleine Hütte aus Baumrinde, der Fuchs aber eine aus Eis; da bat der Fuchs, ob er hereinkommen dürfe, und jagte mich dann hinaus.« – »Weine nicht, Häschen!« sagt der Bär, »ich jag den Fuchs hinaus.« – »Ach was, du jagst ihn sicher nicht hinaus! Die Hunde wollten ihn hinausjagen – und haben es nicht gekonnt, und du wirst es auch nicht können.« – »Doch, ich tu's!« Sie gingen hin. »Fuchs, mach, daß du rauskommst!« – Er aber ruft vom Ofen: »Wenn ich dann so rausspringe, und wenn ich dann so auf euch draufspringe, dann wird eure Wolle nur so durch die Luft fliegen!« Der Bär erschrak und lief fort.

Wieder geht das Häschen fort und weint, ihm entgegen aber kommt der Ochs. »Worüber weinst du, Häschen?« – »Ach, laß mich zufrieden, Ochs, wie soll ich nicht weinen? Ich hatte eine kleine Hütte aus Baumrinde, der Fuchs aber eine aus Eis; da bat er, ob er hereinkommen dürfe, und jagte mich dann hinaus.« – »Komm, ich werde ihn hinausjagen!« – »Nein, Ochs, du wirst ihn sicher nicht hinausjagen! Die Hunde haben es versucht und nicht gekonnt, und auch der Bär, du wirst es auch nicht können.« – »Doch, ich werde es tun!« So kamen sie zur Hütte: »Raus, Fuchs!« Er aber ruft vom Ofen: »Wenn ich dann so rausspringe, und wenn ich dann so auf euch draufspringe, dann wird eure Wolle nur so durch die Luft fliegen!« Der Ochs erschrak und lief fort.

Wieder geht das Häschen fort und weint, ihm entgegen aber kommt der Hahn mit einer Sense: »Kikeriki! Worüber weinst du, Häschen?« – »Laß mich zufrieden, Hahn! Wie soll ich nicht weinen? Ich hatte eine kleine Hütte aus Baumrinde, der Fuchs aber eine aus Eis; er bat, ob er hereinkommen dürfe, und jagte mich dann hinaus.« – »Gehn wir, ich jag ihn hinaus!« – »Nein, du kannst es nicht! Die Hunde haben es versucht, auch der Bär, und dann der Ochs, keiner hat es gekonnt, und du wirst es auch nicht können.« – »Doch, ich werde es machen!« So kamen sie zur Hütte: »Kikeriki! Ich trage eine Sense auf der Schulter, und ich werde den Fuchs zerstückeln! Geh raus, Fuchs!« Der Fuchs hörte es, erschrak und sagt: »Ich zieh mich schon an …« Da sagt der Hahn wieder: »Kikeriki! Ich trage eine Sense auf der Schulter, ich werde den Fuchs zerstückeln! Geh raus, Fuchs!« Der Fuchs aber sagt: »Ich zieh schon meinen Pelz an.« Der Hahn sagt zum drittenmal: »Kikeriki! Ich trage eine Sense auf der Schulter, ich werde den Fuchs zerstückeln! Geh raus, Fuchs!« Der Fuchs kam herausgelaufen, der Hahn aber zerstückelte ihn mit der Sense, und dann lebte er mit dem Häschen in Eintracht und Frieden. Da hast du das Märchen, und mir bitte einen Topf mit Butter!

Der Fuchs als Beichtvater

Sehr merkwürdig: Einmal kam der Fuchs aus fernen Einöden. Da erblickte er auf einem hohen Baume einen Hahn und spricht zu ihm mit freundlichen Worten: »Oh, du mein geliebter Sohn, Hahn! Du sitzest auf hohem Baume, hegst ungute, verfluchte Gedanken; ihr Hähne haltet euch Frauen in Menge: der eine zehn, der andere zwanzig, mancher – dreißig, es kommen auch vierzig vor! Wo ihr zusammenkommt, da prügelt ihr euch um die Frauen, als wären es Kebsweiber. Steige herab, du mein geliebter Sohn, steige zur Erde herab und tue Buße! Ich komme aus fernen Einöden, lebte dort als Einsiedler, trank nicht, aß nicht und habe viel Not gelitten – sehnte mich danach, dich, geliebter Sohn, beichten zu hören.« – »Oh, du mein Vater, Fuchs! Ich habe nicht gefastet und nicht gebetet. Komm zu einer andern Zeit!« – »Oh, du mein geliebter Sohn, Hahn! Und ob du auch nicht gefastet und gebetet hast, steige trotzdem herab zur Erde, tue Buße, auf daß du nicht in Sünden sterbest.« – »Oh, du mein Vater, Fuchs, du mit den Honiglippen und mit süßen Worten, du mit deiner schmeichlerischen Zunge! Verdammet einander nicht, auf daß ihr selbst nicht verdammet werdet; was ihr säet, das werdet ihr ernten. Du aber willst mich mit Gewalt zur Buße führen, und nicht mich erretten willst du, sondern meinen Leib fressen.« – »Oh, du mein geliebter Sohn, Hahn! Weshalb sprichst du so? Weshalb sollte ich solches tun? Hast du denn nicht das Gleichnis vom Zöllner und Pharisäer gelesen, wie der Zöllner sich rettete, der Pharisäer aber wegen seines Hochmuts zugrunde ging? Du, mein geliebter Sohn, wirst ohne Buße auf deinem hohen Baume zugrunde gehn. Senke zur Erde den Körper dein, so wirst du der Buße näher sein. Vergeben, losgesprochen, und das himmlische Reich wird dir offenstehn.« Da erkannte der Hahn in seiner Seele die schwere Sünde, wurde gerührt und weinte und begann niederzusteigen von Zweig zu Zweig, von Ast zu Ast, immer tiefer und tiefer, bis er ganz auf der Erde anlangte und sich vor den Fuchs hinsetzte. Da sprang der

Fuchs, der Arglistige, hinzu, packte den Hahn mit seinen scharfen Krallen, schaut ihn an mit seinen grausamen Augen, knirscht mit seinen scharfen Zähnen und will ihn wie irgendeinen gottlosen Frevler bei lebendigem Leibe fressen. Da sprach der Hahn zum Fuchs: »Oh, du mein Vater, Fuchs, du mit den Honiglippen und mit süßen Worten, du mit deiner schmeichlerischen Stimme, wie willst du meine Seele erretten, wenn du meinen Körper auffrißt?« – »Nicht wichtig ist dein Körper und dein buntes Kleid, wichtig aber ist, Freundschaft mit Freundschaft zu vergelten. Erinnerst du dich noch? Einst ging ich zu einem Bauern und wollte mir ein Hühnchen für meine Leibesnotdurft nehmen. Du Dummer aber, du Tagedieb, saßest dort auf deinem hohen Sitz und schriest und zetertest mit lauter und aufdringlicher Stimme, trampeltest mit den Füßen, schlugst mit den Flügeln. Darauf fingen natürlich auch die Hühner an zu gackern, die Gänse an zu schnattern, die Hunde an zu bellen, die Pferde an zu wiehern, die Kühe an zu muhen. Und dann vernahmen es natürlich auch die Bauern und ihre Weiber. Die Weiber kamen gelaufen mit ihren Ofenbesen, die Männer mit ihren Beilen und wollten mich wegen des Hühnchens dem Tode überantworten ... und dabei lebt bei ihnen die Eule jahraus, jahrein und frißt immerzu Hühnchen. Du aber, du Dummer, du Tagedieb, du hast jetzt am längsten gelebt!« Da sprach der Hahn zum Fuchs: »Oh, du mein Vater, Fuchs, du mit den Honiglippen und mit süßen Worten, du mit deiner schmeichlerischen Stimme! Am gestrigen Tage rief man mich zum Metropoliten als Vorsänger, und ich wurde gepriesen vom gesamten Sängerchor: Ein schöner Bursche, tüchtig, fähig, Bücher zu lesen, und eine so prachtvolle Stimme! Ich könnte dich doch, oh, mein Vater Fuchs, durch ein Gesuch vielleicht zum Hostienbäcker befördern lassen. Oh, was werden wir dann für herrliche Einnahmen haben! Man wird uns süße Hostien spenden, große Osterbrote und Butter und Eierchen und Käschen.« Der Fuchs hatte sich so sehr in die Stimme und Erzählung des Hahns hineingehört, daß sich die Krallen lockerten. Da riß sich der Hahn los, flog auf einen hohen Baum und schrie und zeterte mit gewaltiger Stimme: »Teurer Herr Hostienbäcker, sei mir gegrüßt! Sind die Einnahmen groß? Sind die Hostien süß? Tut dir der Rücken vom Tragen des großen Osterbrotes nicht weh? Wünschest du nicht vielleicht, oh du Feind aller Vögel, ein paar Nüsse? Und hast du überhaupt Zähne?«

Da ging der Fuchs, der arme Teufel, in den Wald und schluchzte bitterlich: »Wo bin ich nicht alles in der Welt gewesen, aber solch eine Schande ist mir niemals widerfahren! Das hat es doch noch nie gegeben, seit die Welt steht, daß Hähne Vorsänger und Diakone sind und Füchse Hostienbäcker!« – Ihm aber Ehre und Macht von nun an und in Ewigkeit, und das Märchen ist zu Ende.

Der Fuchs als Arzt

Es lebten einmal ein Alter und eine Alte. Der Alte pflanzte einen kleinen Kohlkopf in den Keller, die Alte aber in den Aschenkasten. Bei der Alten verwelkte der Kohlkopf im Aschenkasten, beim Alten aber wuchs und wuchs er, bis zur Decke des Kellers wuchs er. Der Alte nahm ein Beil und schlug ein Loch in die Kellerdecke, gerade über dem Kohlkopf. Der Kohlkopf wuchs und wuchs – er wuchs bis zur Zimmerdecke. Der Alte nahm wieder das Beil und schlug in die Zimmerdecke ein Loch, gerade über dem Kohlkopf. Der Kohlkopf wuchs und wuchs, er wuchs bis zum Himmel. Wie soll der Alte bloß die Spitze des Kohlkopfs sehen? Er kletterte am Stamm hinauf, kletterte und kletterte und kam bis an den Himmel, schlug ein Loch in den Himmel und kroch dort hinein. Da sieht er, dort steht ein Mühlstein. Wenn sich der Mühlstein dreht, dann erscheinen darauf eine Pastete und ein Pfannkuchen und darüber noch ein Topf mit Grütze. Der Alte aß sich satt, trank sich satt und legte sich schlafen.

Als er ausgeschlafen hatte, kletterte er wieder auf die Erde hinunter und sagt: »Alte, hör, Alte, was das für ein Leben im Himmel ist! Dort gibt es Mühlsteine – sobald die sich drehen, erscheinen darauf eine Pastete und ein Pfannkuchen und darüber ein Topf mit Grütze!« – »Ob ich wohl auch mal da hinauf könnte, Alterchen?« – »Setz dich, Alte, in einen Sack. Ich trage dich hinauf.« Die Alte überlegte und kroch dann in einen Sack. Der Alte nahm einen Zipfel des Sackes zwischen die Zähne und kletterte in den Himmel. Sehr lange kletterte er. Der Alten wurde es langweilig, und sie fragt: »Ist es noch weit, Alterchen?« – »Weit, Alte!« Wieder kletterte und kletterte er. »Ist es noch weit, Alterchen?« fragt sie wieder. – »Noch die Hälfte!« Wieder kletterte und kletterte er. Die Alte fragt aufs neue: »Ist es noch weit?« Gerade wollte der Alte sagen: »Nicht mehr weit!«, da rutschte ihm der Sack aus den Zähnen, die Alte fiel hinunter und lag mit zerschmetterten Gliedern am Boden.

Der Alte ließ sich hinunter, hob den Sack auf, im Sack sind aber nur noch Knochen – und auch die ganz klein und zerbrochen.

Da ging der Alte aus seinem Hause und weinte bitterlich. Ihm entgegen kommt der Fuchs: »Worüber weinst du, Alterchen?« – »Wie soll ich nicht weinen! Die Alte ist gestürzt und zerschellt.« – »Sei ruhig, ich heile sie.« Der Alte fiel vor dem Fuchs nieder: »Heile sie, ich zahl' dir auch, was du willst!« – »Na, dann heiz die Badestube, bring ein Säckchen Mehl und ein Töpfchen Butter dorthin, selbst aber stell dich vor die Tür und schau nicht hinein.« Der Alte heizte die Badestube, brachte, was nötig war, und stellte sich vor die Tür; der Fuchs aber trat in die Badestube, schloß die Tür mit dem Haken und begann, die Knochen der Alten zu waschen. Wäscht und wäscht, und nagt sie dabei ab. Der Alte fragt: »Wie geht es der Alten?« – »Sie bewegt sich schon!« sagt der Fuchs, selbst aber fraß er die Alte auf, nahm die Knochen zusammen und legte sie in eine Ecke. Dann rührte er einen Mehlbrei an. Der Alte stand und stand und fragt endlich: »Wie geht es der Alten?« – »Sie kann schon ein wenig sitzen!« sagt der Fuchs, selbst aber frißt er den Mehlbrei zu Ende. Als er damit fertig war, sagt er: »Alterchen, mach die Tür ganz weit auf!« Der tat es. Da sprang der Fuchs aus der Badestube hinaus und lief nach Hause. Der Alte trat in die Badestube, schaute hin. Da liegen nur die Knochen der Alten unter der Bank, und noch dazu ganz abgenagt. Und auch das Mehl und die Butter waren aufgegessen. So blieb der Alte allein zurück, allein und ganz arm.

Der Kater, der Hahn und der Fuchs

Es lebte einmal ein Alter, der hatte einen Kater und einen Hahn. Der Alte ging in den Wald zur Arbeit, der Kater brachte ihm das Essen, und den Hahn ließen sie das Haus hüten. Da kam der Fuchs.

>*Kikeriki, mein Hähnchen*
>*mit dem goldnen Kämmchen,*
>*sieh aus dem Fenster,*
>*da liegen viel Erbsen.*«

So sang der Fuchs, als er unter dem Fenster saß. Der Hahn machte das Fenster auf, steckte den Kopf hinaus und guckte, wer da wohl singt? Der Fuchs packte den Hahn und trug ihn zu sich zu Gast! Der Hahn schrie: »Es trägt mich der Fuchs, mich, den Hahn, hinter dunkle Wälder, in ferne Länder, in fremde Gegenden, hinter dreimal neun Länder, ins dreißigste Zarenreich, ins dreißigste Königreich. Kater Katerowitsch, befreie mich!« Der Kater im Felde hörte die Stimme des Hahnes, jagte hinter dem Fuchs her, holte ihn ein, nahm ihm den Hahn ab und trug ihn nach Hause. »Paß nächstens besser auf, Hänschen, mein Hähnchen!« sagt zu ihm der Kater, »sieh nicht zum Fenster hinaus, hör nicht auf den Fuchs, sonst frißt er dich auf und läßt kein Knöchelchen übrig.«
Der Alte ging wieder in den Wald zur Arbeit, der Kater aber brachte ihm das Essen. Eh der Alte wegging, hatte er dem Hahn befohlen, das Haus zu hüten und nicht aus dem Fenster zu gukken. Aber der Fuchs lag schon auf der Lauer, er wollte zu gern das

Hähnchen fressen. So kam er denn zur Hütte und sang sein Lied:

*»Kikeriki, mein Hähnchen
mit dem goldnen Kämmchen,
sieh aus dem Fenster,
da liegen viel Erbsen.«*

Der Hahn ging in der Hütte auf und ab und schwieg. Da begann der Fuchs sein Lied von neuem und warf ein paar Erbsen zum Fenster hinein. Der Hahn pickte die Erbsen auf und sagt: »Nein, Fuchs, du wirst mich nicht betrügen! Du willst mich fressen und kein Knöchelchen von mir übriglassen.« – »Ah, was redest du da, Hänschen, mein Hähnchen! Weshalb sollte ich dich denn fressen! Ich will nur, daß du zu mir zu Gast kommst, daß du siehst, wie ich da so wohne und wie ich mich eingerichtet habe!« – Und dann sang der Fuchs wieder:

*»Kikeriki, mein Hähnchen
mit dem goldnen Kämmchen,
strahlendschönes Köpfchen!
Sieh aus dem Fenster,
da liegen viel Erbsen
und auch viele goldne Körner!«*

Der Hahn blickte nur einen Augenblick zum Fenster hinaus, da hatte ihn der Fuchs auch schon gepackt. Der Hahn schrie laut: »Es trägt mich der Fuchs, mich, den Hahn, hinter dunkle Wälder, über steile Ufer, über hohe Berge; es will der Fuchs mich fressen und kein einziges Knöchelchen übriglassen!« Der Kater hörte es im Felde, verfolgte den Fuchs, nahm ihm den Hahn ab und brachte ihn nach Hause. »Habe ich dir nicht gesagt, öffne das Fenster nicht, sieh nicht zum Fenster hinaus – sonst frißt dich der Fuchs, läßt kein Knöchelchen übrig. Paß auf und hör auf mich! Morgen müssen wir weiter weggehen.«

Und wieder ist der Alte bei der Arbeit, der Kater aber bringt ihm das Essen. Da schleicht sich der Fuchs ans Fenster heran und stimmt dasselbe Liedchen an; dreimal sang er es, dreimal schwieg der Hahn. Da sagt der Fuchs: »Was ist denn das?! Ist unser Hänschen heute stumm?« – »Nein, Fuchs, du betrügst mich nicht mehr, ich sehe nicht wieder zum Fenster hinaus!« Der Fuchs warf Erbsen durchs Fenster hinein, und auch Weizenkörner, und sang dazu:

> *»Kikeriki, mein Hähnchen*
> *mit dem goldnen Kämmchen,*
> *strahlendschönes Köpfchen!*
> *Sieh aus dem Fenster!*
> *In meinem Hause habe ich große Gemächer.*
> *In jeder Ecke steht ein Maß Weizen für dich:*
> *Iß, bis du satt bist und nichts mehr magst!«*

Dann sagt der Fuchs: »Ach, sieh doch mal, Hänschen, mein Hähnchen, was ich hier für schöne Sachen habe! Zeig dich doch, Hähnchen! Glaub dem Kater doch nicht! Wenn ich dich hätte fressen wollen, dann hätte ich dich schon längst aufgefressen; aber, sieh mal, ich liebe dich doch, ich will dir die Welt zeigen, will dich Klugheit und Wissenschaft lehren, und wie man leben muß. Nun, so zeig dich doch, Hänschen, sieh, ich geh ja weiter weg, bis an die Ecke!« – dabei drückte er sich ganz dicht an die Mauer. Der Hahn sprang auf die Fensterbank und guckte; er wollte nur sehen, ob der Fuchs noch da wäre. Vorsichtig steckte er den Kopf zum Fenster hinaus, da packte ihn der Fuchs – und weg war er. Der Hahn stimmte sein altes Lied an, aber der Kater hörte ihn nicht. Der Fuchs trug den Hahn fort und fraß ihn hinterm Tannendickicht, den Schwanz und die Federn blies der Wind in die weite Welt hinaus. Der Kater und der Alte kamen nach Hause und fanden den Hahn nicht; lange trauerten sie, dann aber sagten sie: »Das kommt davon!«

Undank ist der Welt Lohn

Ein Wolf geriet in eine Falle, riß sich irgendwie los und lief in den dunklen Wald. Da sahen ihn die Jäger und verfolgten ihn. Der Wolf mußte über einen Weg, auf dem gerade ein Bauer vom Felde kam, mit einem Sack und einem Dreschflegel auf dem Rücken. Der Wolf lief zu ihm hin und sagte: »Sei so gut, lieber Bauer, versteck mich im Sack, die Jäger verfolgen mich!« Der Bauer war einverstanden, versteckte ihn im Sack, band ihn zu und hob sich den Sack auf die Schultern. So geht er weiter. Ihm entgegen aber kommen die Jäger. »Hast du nicht den Wolf gesehen?« fragen sie. »Nein, ich habe ihn nicht gesehen!« antwortete der Bauer. Die Jäger ritten weiter und verschwanden. »Sind die Bösen fort?« fragte der Wolf. »Sie sind fort.« – »Na, dann laß mich wieder heraus.« Der Bauer band den Sack auf und ließ den Wolf frei. Der Wolf sagte: »Weißt du was, Bauer, ich werde dich jetzt fressen!« – »Ach, Wolf, Wolf, aus was für einer Not habe ich dich errettet, und du willst mich fressen!« – »Undank ist der Welt Lohn«, antwortete der Wolf. Der Bauer sieht, daß es schlimm steht, und sagt: »Na, wenn das so ist, dann laß uns noch ein wenig zusammen gehn, und wenn der erste, der uns begegnet, dasselbe sagt wie du, daß Undank der Welt Lohn ist, dann ist nichts zu machen – dann friß mich!« So gingen sie weiter. Und sie trafen eine alte Stute. Der Bauer fragte sie: »Sei so gut, liebe Stute, entscheide zwischen uns! Da habe ich den Wolf aus einer großen Not errettet, er aber will mich fressen!« Und er erzählte der Stute alles, wie es gewesen war. Die Stute dachte nach und sagte: »Ich lebte bei meinem Herrn zwölf Jahre, habe ihm zwölf Füllen geboren, habe für ihn mit all meinen Kräften gearbeitet, als ich aber alt wurde und nicht mehr arbeiten konnte, da stieß er mich in eine Grube. Was habe ich mich abgemüht herauszukommen, und jetzt gehe ich und weiß selbst nicht, wohin. Ja, Undank ist der Welt Lohn!« –
»Du siehst, daß ich recht habe!« sprach der Wolf. Da wurde der Bauer traurig und bat den Wolf noch einmal, bis zur nächsten

Begegnung zu warten. Der Wolf war damit einverstanden. Da trafen sie einen alten Hund. Der Bauer fragte ihn dasselbe. Der Hund überlegte und sagte dann: »Ich diente meinem Herrn zwanzig Jahre, bewachte sein Haus und sein Vieh, als ich aber alt wurde und nicht mehr bellen konnte, da jagte er mich vom Hof, und jetzt gehe ich und weiß selbst nicht, wohin. Ja, Undank ist der Welt Lohn!« –

»Nun, siehst du, daß ich recht hatte!« Der Bauer wurde noch trauriger und bat den Wolf, noch eine dritte Begegnung abzuwarten, »dann kannst du machen, was du willst.« Das dritte Mal kam ihnen der Fuchs entgegen. Der Bauer wiederholte seine Frage. Da rief der Fuchs: »Was? Das glaub' ich nicht! Ein so großer Kerl wie der Wolf soll in so einem kleinen Sack Platz gehabt haben? Das glaube ich nicht!« Der Wolf und der Bauer schworen, daß das die vollkommene Wahrheit sei, der Fuchs aber glaubte es nicht und sagte: »Na, Bäuerlein, zeig mir mal, wie du ihn im Sack versteckt hast!«

Der Bauer machte den Sack auf, und der Wolf steckte seinen Kopf hinein. Da rief der Fuchs: »Ja, hast du denn nur seinen Kopf im Sack gehabt?« Da kroch der Wolf ganz hinein. »Na, Bäuerlein«, fuhr der Fuchs fort, »zeig mal, wie du den Sack zugebunden hast!« Der Bauer band ihn zu. »Na, Bäuerlein, zeig mal, wie du im Felde das Korn gedroschen hast!« Der Bauer fing an, mit dem Dreschflegel auf den Sack zu schlagen. »Na, Bäuerlein, zeig, wie du jedesmal ausgeholt hast!« Der Bauer holte aus und schlug dabei den Fuchs über den Kopf, erschlug ihn und sagte: »Undank ist der Welt Lohn!«

Die Tiere in der Grube

Ein Schwein ging nach Petersburg, um zu Gott zu beten. Da kommt ihm der Wolf entgegen. »Schwein, Schwein, wohin gehst du?« – »Nach Petersburg, zu Gott beten.« – »Nimm mich mit!« – »Komm, Gevatter!« Sie gingen und gingen, da kommt ihnen der Fuchs entgegen: »Schwein, Schwein, wohin gehst du?« – »Nach Petersburg, zu Gott beten.« – »Nimm mich mit!« – »Komm, Gevatter!« Sie gingen und gingen, da kommt ihnen der Hase entgegen: »Schwein, Schwein, wohin gehst du?« – »Nach Petersburg, zu Gott beten.« – »Nimm auch mich mit!« – »Los, lauf mit, du Krummer!« Dann kam noch das Eichhörnchen dazu, und so gingen und gingen sie denn … Da plötzlich ist auf dem Wege eine tiefe und breite Grube. Das Schwein wollte hinüberspringen und fiel hinein, nach ihm der Wolf, der Fuchs, der Hase und das Eichhörnchen. Lange saßen sie darin, wurden sehr hungrig, zu essen gab's aber nichts. Da schlug der Fuchs vor: »Laßt uns«, sagt er, »singen. Wer am höchsten singt, den wollen wir zuerst auffressen.« Der Wolf fing an und sang mit ganz dicker, tiefer Stimme: o – o – o! Das Schwein ein wenig weicher: u – u – u! Der Fuchs noch weicher: e – e – e! Hase und Eichhörnchen aber mit hoher Stimme: i – i – i! Sofort zerrissen die Tiere den Hasen und das Eichhörnchen und fraßen sie mit allen Knochen auf.
Am nächsten Tage sagt der Fuchs wieder: »Wer tiefer als alle singen wird, den wollen wir auffressen.« Der Wolf stimmte am tiefsten an: o – o – o! – nun, sie fraßen ihn auf. Der Fuchs fraß das Fleisch, die Eingeweide aber versteckte er unter sich. Als drei Tage vergangen waren, sitzt der Fuchs so da und frißt ruhig das Eingeweide. Da fragt das Schwein. »Was frißt du da, Gevatter? Gib auch mir davon!« – »Ach, Schwein: ich fresse doch mein eigenes Eingeweide. Reiß dir auch den Bauch auf, zieh das Eingeweide heraus und ernähre dich!« Das Schwein tat es, riß sich den Bauch auf und – wurde ein schönes Mittagessen für den Fuchs. So blieb der Fuchs mutterseelenallein in der Grube übrig. Ob er da her-

ausgeklettert ist, oder ob er noch heute darin sitzt – das weiß ich
wirklich nicht.

Der Fuchs und der Birkhahn

Der Fuchs lief durch den Wald. Da sah er auf dem Baum einen
Birkhahn und sagt zu ihm: »Terenz, Terenz! Ich war in der Stadt.« –
»Bu-bu-bu, bu-bu-bu! Warst du, so warst du.« – »Terenz, Terenz!
Ich habe eine Verfügung erwirkt.« – »Bu-bu-bu, bu-bu-bu! Hast
du sie erwirkt, so hast du sie erwirkt.« – »Daß ihr Birkhähne nicht
mehr auf Bäumen sitzen dürft, sondern immer auf grünen Wiesen spazierengehen müßt.« – »Bu-bu-bu, bu-bu-bu! Wenn spazieren, dann spazieren.« – »Terenz! Wer fährt dort?« fragt der Fuchs,
als er Pferdegetrappel und Hundegebell hört. – »Ein Bauer.« –
»Wer läuft hinter ihm?« – »Ein Füllen.« – »Was hat es für einen
Schwanz?« – »Geringelt.« – »Nun, dann leb wohl, Terenz! Ich habe keine Zeit, muß schnell nach Hause.«

Der Kater und die Füchsin

Es war einmal ein Bauer, der hatte einen Kater. Dieser Kater aber
machte ihm viel Schaden – einfach furchtbar! Lange überlegte der
Bauer. Endlich nahm er den Kater, tat ihn in einen Sack, band
den Sack zu und trug ihn in den Wald. Dort ließ er den Kater
laufen und dachte bei sich: Mag er zugrunde gehen! Der Kater
ging lange Zeit durch den Wald und kam zu einer kleinen Hütte,
in welcher der Waldhüter wohnte; er kletterte auf den Dachbo-
den, ließ sich dort häuslich nieder, wenn er aber Hunger fühlte,
dann ging er in den Wald Vögel und Mäuse fangen. Ist er wie-

der satt, geht er zurück auf den Boden – so lebte er ohne Sorgen!

Einst ging er wieder im Walde spazieren, da kommt ihm die Füchsin entgegen. Sie erblickte den Kater und wunderte sich: »Wie viele Jahre lebe ich schon im Walde, aber solch ein Tier habe ich noch nie gesehen!« Sie verbeugte sich vor dem Kater und fragt: »Sage mir doch, guter Bursche, wer bist du? Wie bist du hierhergekommen, und wie heißt du?« Der Kater aber sträubte sein Fell und sagt: »Ich bin zu euch aus den sibirischen Wäldern hergeschickt worden als Bürgermeister, und heißen tu ich Katerich Iwanowitsch.« – »Ach, Katerich Iwanowitsch!« sagt die Füchsin, »ich habe ja nichts von dir gewußt und nichts über dich gehört; komm doch zu mir zu Gast.« Der Kater ging mit. Sie führte ihn in ihre Höhle und bewirtete ihn mit allerhand Wild. Dann fragt sie: »Wie ist es, Katerich Iwanowitsch, bist du verheiratet oder ledig?« – »Ledig«, sagt der Kater. »Auch ich bin ledig, bin Jungfer Füchsin, heirate mich!« Der Kater war einverstanden, und sie feierten Hochzeit. Am andern Tage ging die Füchsin Essen holen, um doch Vorräte zu haben, von denen sie mit ihrem jungen Ehemann leben könnte. Der Kater aber blieb zu Hause.

So läuft die Füchsin durch den Wald, ihr entgegen aber kommt der Wolf und will mit ihr in alter Art ein wenig schäkern: »Wo warst du denn so lange, Gevatterin? Man sah dich nirgends. Wir haben schon alle Höhlen abgesucht und konnten dich nicht finden.« – »Laß mich in Frieden, Dummkopf! Was fällt dir ein, mit mir zu schäkern? Bisher war ich Jungfer Füchsin, jetzt aber bin ich eine verheiratete Frau.« – »Wen hast du denn geheiratet, Lisaweta Iwanowna?« – »Hast du denn nicht gehört, daß zu uns aus den sibirischen Wäldern als Bürgermeister Katerich Iwanowitsch geschickt worden ist? Ich bin jetzt die Frau des Bürgermeisters!« – »Nein, das habe ich nicht gehört, Lisaweta Iwanowna. Könnte ich ihn nicht einmal sehen?« – »Uuuh! Mein Katerich Iwanowitsch ist sehr jähzornig. Wenn ihm jemand nicht gefällt, sofort frißt er ihn! Geh, verschaff dir einen Hammel und bring ihn als Gastgeschenk; den Hammel leg dann hin, selbst aber versteck dich, damit er dich nicht sieht, denn sonst, Bruder, geht's dir schlecht!« Der Wolf lief fort und holte einen Hammel.

Die Füchsin ging weiter, da begegnete ihr der Bär, und auch er begann mit ihr zu schäkern. »Was fällt dir ein, du Dummkopf, faß mich nicht an, du krummbeiniger Mischka! Bisher war ich die Jungfer Füchsin, jetzt aber bin ich eine verheiratete Frau.« – »Wen hast du denn geheiratet, Lisaweta Iwanowna?« – »Den man aus den sibirischen Wäldern zu uns als Bürgermeister geschickt hat, er heißt Katerich Iwanowitsch – den habe ich geheiratet.« – »Könnte man ihn nicht mal sehen, Lisaweta Iwanowna?« – »Uuuh! Mein Katerich Iwanowitsch ist sehr jähzornig. Wenn ihm jemand nicht gefällt – sofort frißt er ihn! Geh, verschaff dir einen Ochsen und bring ihn als Gastgeschenk – der Wolf wollte einen Hammel bringen. Aber paß auf! Den Ochsen leg hin, selbst aber versteck dich, damit Katerich Iwanowitsch dich nicht sieht, denn sonst, Bruder, geht's dir schlecht!« Der Bär machte sich auf den Weg, um den Ochsen zu besorgen.

Der Wolf brachte den Hammel, zog ihm das Fell ab und steht da, in tiefes Nachdenken versunken; da sieht er, daß auch der Bär mit seinem Ochsen daherkommt. »Guten Tag, Bruder Michailo Iwanytsch.« – »Guten Tag, Bruder Lewon! Hast du die Füchsin mit ihrem Mann noch nicht gesehen?« – »Nein, Bruder, ich warte schon lange auf sie.« – »Geh doch und ruf sie!« – »Nein, ich gehe nicht, Bruder Michailo Iwanytsch, geh selbst. Du bist ja mutiger als ich.« – »Nein, Bruder Lewon, ich gehe auch nicht.«

Plötzlich, wer weiß woher, kommt ein Hase gelaufen. Der Bär brüllte ihn an: »Komm mal her, du Hakenschläger!« Der Hase erschrak und kam herbei. »Na, du schiefer Hurlebusch, weißt du vielleicht, wo die Füchsin wohnt?« – »Ich weiß es, Michailo Iwanowitsch!« – »Lauf mal schnell zu ihr hinüber und sag ihr, daß Michailo Iwanowitsch und Bruder Lewon Iwanytsch schon längst bereit sind, sie und ihren Gemahl zu begrüßen, und ihre Aufwartung mit Hammel und Ochs machen wollen.« Der Hase rannte so schnell er konnte zur Füchsin, der Bär und der Wolf aber fingen an zu überlegen, wo sie sich wohl verstecken könnten. Der Bär sagt:

»Ich klettere auf die Fichte.« – »Und ich? Was soll ich machen?« fragte der Wolf. »Ich komme ja nie auf einen Baum hinauf, Michailo Iwanowitsch, ich bitte dich, versteck mich irgendwo, hilf mir!« Der Bär hieß den Wolf, sich ins Gebüsch zu legen, und bedeckte ihn mit trockenen Blättern, selbst aber kletterte er auf die Fichte, ganz in die Spitze, und schaut von dort, ob Katerich und die Füchsin schon kommen.

Unterdessen lief der Hase zum Fuchsbau, klopfte an und sagt zu der Füchsin: »Michailo Iwanowitsch und Bruder Lewon Iwanytsch schicken mich zu sagen, daß sie längst fertig sind, dich und deinen Mann erwarten, sie wollen euch mit Ochs und Hammel ihre Aufwartung machen.« – »Geh, Krummer, wir kommen gleich!«

So kommen die beiden heran, der Kater und die Füchsin. Der Bär erblickte sie und spricht zum Wolf: »Nun, Bruder Lewon Iwanytsch, da kommt die Füchsin mit ihrem Mann; was ist der aber klein!« Der Kater kam und stürzte sich sofort auf den Ochsen, sein Fell ist gesträubt, mit Zähnen und Krallen reißt er nur so das Fleisch herunter, und dazu knurrt er, als wenn er sehr böse wäre: »Zu wenig, zu wenig!« Der Bär denkt: »Klein, aber gefräßig! Unser vier können so einen Ochsen kaum bewältigen, aber ihm ist's noch zu wenig. Man muß sich vorsehen, sonst macht er sich noch an uns heran!« Der Wolf wollte sich den Katerich Iwanowitsch auch mal ansehen, konnte es aber wegen der Blätter nicht und fing ganz vorsichtig an, mit der Pfote die Blätter wegzuschieben. Kaum hörte der Kater, daß die Blätter rascheln, da dachte er, es wäre eine Maus, sprang darauf zu, und seine Krallen trafen genau die Schnauze des Wolfes. Der Wolf sprang auf und rannte, was Gott Beine gegeben hat – und war im Nu weit weg. Der Kater aber erschrak selbst fürchterlich und wollte schnell auf den Baum hinauf, auf dem der Bär saß. »Na«, denkt der Bär, »jetzt hat er mich gesehen!« Zum Herunterklettern war es zu spät; er empfahl sich Gottes Willen und ließ sich vom Baum zur Erde fallen. Er schlug so hart auf, daß er sich an allen Lebern weh tat; dann sprang er auf und rannte davon! Die Füchsin aber ruft hinterher: »Er wird's euch zeigen! Wartet nur!« Seit der Zeit fürchteten alle Tiere den Kater, er aber und die Füchsin waren für den ganzen Winter mit Fleisch versorgt und lebten herrlich und in Freuden. Noch heute leben sie so, kauen und sind froh.

Der Bär, der Hund und die Katze

Es lebte einmal ein Bauer, der hatte einen treuen Hund. Als nun der Hund alt wurde, da hörte er auf zu bellen und den Hof und die Speicher zu bewachen. Der Bauer wollte ihn nicht mehr füttern und jagte ihn vom Hof. Der Hund lief fort in den Wald und legte sich unter einen Baum, um zu sterben. Plötzlich kommt der Bär und fragt: »Was liegst du hier, Hund?« – »Ich bin hierher gekommen, um Hungers zu sterben! Sieh mal, was jetzt bei den Menschen Gerechtigkeit ist: Solange man Kraft hat, geben sie einem zu essen und zu trinken, wenn aber im Alter die Kraft schwindet, na ja, dann jagen sie einen vom Hof!« – »Sag mal, Hund, möchtest du gern was fressen?« – »Und wie ich fressen möchte!« – »Na, dann komm mit. Ich werde dich satt machen.« Und so gingen sie. Unterwegs trafen sie einen Hengst. »Schau mich an!« sagte der Bär zum Hunde und fing an, mit den Tatzen die Erde aufzureißen. »Hund, hör Hund!« – »Was denn?« – »Sieh her, sind meine Augen rot?« – »Ja, Bär, sie sind rot.« Der Bär riß die Erde noch wütender auf. »Hund, hör Hund! Sag, ist mein Fell gesträubt?« – »Ja, Bär, es ist gesträubt!« – »Hund, hör Hund! Steht mein Schwanz hoch?« – »Ja, er steht hoch.« – Da packte der Bär den Hengst, und der Hengst stürzte zu Boden. Der Bär zerriß ihn und sagt: »Nun, Hund, friß, soviel du willst. Und wenn du fertig bist, dann komm zu mir.« So hatte der Hund zu leben und brauchte sich um nichts zu sorgen. Als er aber alles aufgefressen hatte und wieder hungrig wurde, da lief er zum Bären. »Nun, mein Lieber, hast du alles aufgefressen?« – »Ja, aber jetzt muß ich wieder hungern.« – »Warum hungern! Weißt du, wo die Dorfweiber bei der Ernte sind?« – »Ja, das weiß ich.« – »Na, dann komm, ich will mich an deine ehemalige Hausfrau heranschleichen und ihr das Kind aus der Wiege nehmen, du aber verfolge mich und nimm es mir weg. Sobald du es dann hast, trage es ihr zurück. Sie wird dich dafür wieder füttern.« Na schön. Der Bär kam gelaufen, schlich sich heran, nahm das Kind aus der Wiege und lief fort. Das Kind fing an zu schreien, die Weiber stürzten herzu, liefen hinter dem Bären her, verfolgten ihn lange, konnten ihn aber nicht einholen und kehrten mit leeren Händen zurück. Die Mutter weint, die Weiber sind traurig. Da plötzlich, man weiß nicht woher, kommt der Hund gelaufen, holt den Bären ein, nimmt ihm das Kind fort und trägt es zur Mutter zurück. »Seht«, sagen die Weiber, »der alte Hund hat das Kind dem Bären fortgenommen!«, und sie liefen ihm entgegen. Und was war erst die Mutter froh! »Jetzt«, sagt sie, »werde ich mich niemals mehr von diesem Hund trennen!« Sie führte ihn nach Hause, goß ihm Milch ein, brockte Brot hinein und sagte: »Da, Lieber, friß mal!« Zum Manne aber sagt sie: »Nein, lieber Mann, unsern Hund muß man gut behandeln und füttern. Er hat mein Kind dem Bären fortgenommen. Und du sagst noch, er hätte keine Kraft!« Der Hund erholte sich und war nicht mehr so mager. »Gebe Gott«, sagt er, »dem Bären Gesundheit! Er hat mich nicht Hungers sterben lassen.« Und er wurde des Bären bester Freund.

Einmal hatte der Bauer am Abend Gäste. Zur selben Zeit besuchte auch der Bär den Hund. »Guten Abend, Hund! Na, wie geht's, wie steht's?« – »Gut, Gott sei Dank!« antwortet der Hund, »das ist schon nicht bloß Leben, das ist die reine Butterwoche. Womit soll ich dich denn bewirten? Komm in die Hütte. Der Hausherr hat Gäste, da wird keiner bemerken, wenn du hereinkommst. Wenn du dann in der Hütte bist, kriech gleich unter den Ofen. Und ich bringe dir, was ich finde, dorthin.« Schön. Sie kamen in die Hütte. Der Hund sieht, daß Gäste und Gastgeber schon stark über den Durst getrunken haben, da fängt er an, auch seinen Gast gehörig zu bewirten. Der Bär trank ein Glas, und wieder eins, und das stieg ihm zu Kopfe. Die Gäste stimmten ein Lied an. Da wollte der Bär mitmachen. Und er fing auch an zu singen. Der Hund redet ihm gut zu und sagt: »Sing nicht, das gibt ein Unglück!« Ach wo! Der Bär hört nicht auf, er singt sein Lied immer lauter und lauter. Die Gäste hörten das Gebrumm, nahmen Stangen und fingen an, den Bären zu schlagen. Er riß sich los und lief fort, kam knapp mit dem Leben davon.

Der Bauer hatte auch eine Katze. Als sie alt wurde, da hörte sie auf, Mäuse zu fangen, und richtete überall nur Unheil an. Wohin sie auch geht, überall zerschlägt oder vergießt sie etwas. Der Bauer jagte die Katze aus dem Hause. Als aber der Hund sah, daß die Katze Not litt, da begann er ihr heimlich Brot und Fleisch zu bringen. Die Hausfrau merkte es und schlug den Hund. Sie schlug und schlug und sprach dazu: »Du sollst nicht für die Katze Rindfleisch stehlen, du sollst der Katze kein Brot bringen!« Nach drei Tagen traf der Hund die Katze und sieht, daß sie am Verhungern ist. »Was ist mit dir?« – »Ich verhungere; ich konnte ja nur leben, weil du mich gefüttert hast.« – »Komm mit.« Und sie gingen. Als sie zu einer Pferdekoppel kamen, da fing der Hund an, mit den Pfoten die Erde aufzuwühlen, und fragte dann: »Katze, hör Katze! Sag, sind meine Augen rot?« – »Nein, gar nicht.« – »Sag, daß sie rot sind!« Da sagt die Katze: »Sie sind rot.« – »Katze, hör Katze! Sag, sträubt sich mein Fell?« – »Nein, gar nicht.« – »Sag, du Dumme, daß es sich sträubt!« – »Schön, es sträubt sich.« – »Katze, hör Katze! Steht mein Schwanz hoch?« – »Nein, gar nicht.« – »Sag, du Dumme, daß er hochsteht!« – »Gut, er steht hoch.« Da stürzte sich der Hund auf eine Stute. Die Stute aber schlug aus und – tot war der Hund! Die Katze aber sagt: »Ja, jetzt sind die Augen wirklich rot, das Fell hat sich gesträubt und der Schwanz steht hoch. Leb wohl, Bruder Hund! Auch ich muß nun sterben!«

Das Märchen von der morschen Ziege

Eine morsche Ziege, die eine Hälfte dazu noch geborsten! ... Hör zu, horch auf! Es lebte einmal ein Mann, der besaß ein Häschen. Da ging der Mann aufs Feld. Und er sieht: Es liegt da eine Ziege – die eine Hälfte geborsten, die andere Hälfte nicht. Der Mann hatte Mitleid mit ihr, hob sie auf, brachte sie nach Hause und legte sie unter die Scheune. Als er zu Mittag gegessen und ein wenig ausgeruht hatte, ging er mit seinem Häschen in den Gemüsegarten. Da arbeitete sich die Ziege unter der Scheune durch in die Hütte und legte von innen den Haken vor die Tür.

Das Häschen bekam Hunger, lief zur Hütte, griff an die Tür – aber sie war zugesperrt. »Wer ist dort?« fragt das Häschen. Die Ziege antwortet: »Ich – die morsche Ziege, die eine Hälfte dazu noch geborsten; wenn ich rauskomme – schlag ich dich schief und krumm!« Das Häschen ging traurig von der Tür fort, trat hinaus auf die Straße und weint. Da kommt ihm der Wolf entgegen. »Warum weinst du?« fragte der Wolf. »Bei uns in der Hütte ist jemand«, sagte das Häschen unter Tränen. Der Wolf aber: »Komm mit – ich treib ihn hinaus!« Sie kamen zur Tür. »Wer ist da?« fragte der Wolf. Die Ziege aber trampelte mit den Füßen und sagte: »Ich – die morsche Ziege, die eine Hälfte dazu noch geborsten; wenn ich rauskomme – schlag ich dich schief und krumm!« Da gingen die beiden von der Tür fort. Das Häschen fing wieder an zu weinen und ging auf die Straße hinaus, der Wolf aber lief in den Wald. Da begegnet dem Häschen der Hahn: »Warum weinst du?« Das Häschen sagte es ihm. Da spricht der Hahn: »Komm mit, ich werde sie hinausjagen!« Als sie sich der Tür näherten, da rief das Häschen, um die Ziege zu erschrecken: »Mir folgt jemand, der trägt einen Säbel auf der Schulter, er wird deine Seele vernichten, er wird dir den Kopf abschlagen!« So kamen sie heran. Und der Hahn fragt: »Wer ist da?« Die Ziege sagt wieder ihren Spruch: »Ich – die morsche Ziege, die eine Hälfte dazu noch geborsten; wenn ich rauskomme – schlag ich dich schief und krumm!« Das Häschen ging wieder unter Tränen auf die Straße. Da kam die Biene geflogen, fliegt um das Häschen herum und fragt: »Wer hat dich gekränkt? Worüber weinst du?« Das Häschen sagte es ihr. Da flog die Biene zur Hütte. Hier fragte sie: »Wer ist drin?« Die Ziege antwortete wieder dasselbe. Da wurde die Biene böse und flog laut summend um die Hütte herum. Sie summte und summte, fand ein Loch, flog hinein und stach der morschen Ziege in ihre geborstene Seite, und sogleich schwoll diese auf. Die Ziege rannte mit aller Kraft gegen die Tür – und weg war sie! Da sprang das Häschen in die Hütte, aß sich satt, trank sich satt und legte sich schlafen. Sobald das Häschen aufwacht – fängt das Märchen an.

Das goldene Fischchen

Im Meere Ozean, auf der Insel Buján, stand ein kleines, uraltes Hüttchen. In jenem Hüttchen lebten ein Alter und eine Alte. Sie lebten in großer Armut. Der Alte machte sich ein Netz und ging ans Meer, um Fische zu fangen. Nur so beschaffte er sich sein täglich Brot. Einmal hatte der Alte wieder sein Netz ausgeworfen, und als er es herausziehen wollte, da war es so schwer, wie er es bisher noch nie erlebt hatte: kaum konnte er es herausziehen. Er schaut hinein, aber das Netz ist leer. Nur ein ganz kleines Fischchen war drin, dafür war es aber kein gewöhnliches Fischchen, sondern ein goldenes. Da bat das Fischchen mit Menschenstimme: »Fang mich nicht, Alterchen, laß mich lieber ins blaue Meer, ich kann dir von Nutzen sein. Was du dir wünschst, soll in Erfüllung gehen.« Der Alte überlegte lange und sagte dann: »Ich brauche nichts von dir, geh, freu dich deines Lebens im Meer!« Und er warf das goldene Fischchen ins Wasser und kehrte nach Hause zurück. Da fragt ihn die Alte: »Hast du viel gefangen, Alter?« – »Alles in allem nur ein goldenes Fischchen, und auch das warf ich zurück ins Meer; es bat so sehr. ›Laß mich los‹, sprach es, ›laß mich zurück ins blaue

Meer, ich kann dir von Nutzen sein; was du dir wünschst, das kann ich dir gewähren!‹ Das Fischchen tat mir leid, ich habe ihm kein Lösegeld abgenommen, habe es unentgeltlich wieder freigelassen.« – »Ach, du alter Dummkopf! Da war nun einmal das große Glück in deiner Hand, du aber konntest es nicht festhalten.« Die Alte wurde furchtbar böse, sie schilt den Alten vom frühen Morgen bis zum späten Abend und läßt ihm keine Ruhe: »Hättest du doch wenigstens um Brot gebeten! Bald werden wir nicht einmal mehr eine trockene Brotrinde haben – was sollen wir dann essen?«

Da hielt es der Alte nicht aus und ging zum goldenen Fischchen, um es um Brot zu bitten. Er kam ans Meer und rief mit lauter Stimme: »Fischchen, Fischchen, stell dich mit dem Schwanz zum Meer, und dreh den Kopf zu mir her!« Das Fischchen kam ans Ufer geschwommen. »Was willst du, Alter?« – »Die Alte ist wütend, sie schickt mich nach Brot.« – »Geh nach Hause. Ihr werdet genug Brot haben.« Der Alte kehrte heim. »Na, was ist, Alte, ist Brot da?« – »Brot ist genug da, aber schlimm ist, daß der Waschtrog geborsten ist, worin soll ich die Wäsche waschen? Geh zum goldenen Fischchen und bitt es um einen Waschtrog.« Da ging der Alte ans Meer: »Fischchen, Fischchen, stell dich mit dem Schwanz zum Meer, und dreh den Kopf zu mir her!« Da kam das goldene Fischchen geschwommen. »Was willst du, Alter?« – »Die Alte schickt mich, will einen neuen Waschtrog haben.« – »Gut, ihr sollt einen neuen Waschtrog haben.« Der Alte ging nach Hause. Kaum aber stand er in der Tür, da fuhr ihn die Alte an: »Geh sofort zum goldenen Fischchen und bitt es, uns eine neue Hütte zu bauen. In unserer kann man nicht wohnen, die stürzt jeden Augenblick ein!« Der Alte ging ans Meer. »Fischchen, Fischchen, stell dich mit dem Schwanz zum Meer, und dreh den Kopf zu mir her!« Das Fischchen kam geschwommen, stellte sich mit dem Kopf zu ihm, mit dem Schwanz zum Meer und fragt: »Was willst du, Alter?« – »Bau uns eine neue Hütte! Die Alte schilt und läßt mir keine Ruhe. ›Ich will nicht‹, sagt sie, ›in der alten Hütte wohnen, die kann jeden Tag einstürzen.‹« – »Sei nicht traurig, Alter, geh nach Hause und bete zu

Gott; alles wird nach deinem Wunsch geschehen.« Der Alte kehrte heim – auf seinem Hofe steht eine neue Hütte, aus Eichenholz, mit schönem Schnitzwerk. Da kommt die Alte herausgelaufen, zürnt schlimmer denn je, schilt ärger denn je: »Ach, du alter Dummkopf, verstehst dein Glück nicht wahrzunehmen! Hast dir da eine Hütte ausgebeten und glaubst wohl, damit wäre die Sache gemacht! Nein, geh sofort wieder zum goldenen Fischchen und sag ihm, ich will keine Fischersfrau mehr sein, ich will Statthaltersfrau sein, damit alle Leute mir gehorchen und sich tief vor mir verneigen.« Da ging der Alte wieder ans Meer und spricht mit lauter Stimme: »Fischchen, Fischchen, stell dich mit dem Schwanz zum Meer, und dreh den Kopf zu mir her!« Das Fischchen kam geschwommen, stellte sich mit dem Schwanz zum Meer, mit dem Kopf zu ihm und fragte: »Was willst du, Alter?« Antwortet der Alte: »Sie gibt mir noch keine Ruhe, die Alte, sie ist ganz verrückt geworden: Sie will von nun ab keine Fischersfrau mehr sein, sondern eine Statthaltersfrau.« – »Schon gut, sei nicht traurig, geh nach Hause und bete zu Gott, alles wird nach deinem Wunsch geschehen.« Der Alte kehrte heim, statt der Hütte aber steht da ein steinernes Haus, drei Stock hoch; über den Hof laufen Diener, in der Küche hantieren Köche, die Alte aber sitzt da, in einem teuren Brokatkleide, auf einem hohen Sessel, und gibt Befehle. »Guten Tag, Frau!« sagt der Alte. »Ach, du Flegel, wie wagst du es, mich, die Statthalterin, deine Frau zu nennen? He, Leute, in den Stall mit dem Kerl, und gebt ihm Prügel!« Sofort kamen die Diener gelaufen, faßten den Alten am Kragen und schleppten ihn in den Stall; die Stallknechte aber gaben ihm eine so gehörige Tracht Prügel, daß er kaum noch auf den Beinen stehen konnte. Nachher wurde er auf Befehl der Alten Hausknecht. Er bekam einen Besen und mußte den Hof fegen, zu essen und zu trinken bekam er aber in der Küche. Ein schweres Leben war es für den Alten: Den ganzen Tag mußte er den Hof fegen, und wenn auch nur ein kleines Fleckchen nicht sauber war – gleich geht's in den Stall! »Ist das eine Hexe!« denkt der Alte. »Jetzt, wo sie im Glück sitzt, hat sie sich hineingewühlt wie ein Schwein und tut so, als sei ich nicht mehr ihr Mann!«

Nach einiger Zeit wurde es der Alten langweilig, nur Statthaltersfrau zu sein, sie ließ den Alten vor sich kommen und befahl ihm: »Geh, alter Teufel, zum goldenen Fischchen und sage ihm: Ich will nicht mehr Statthalterin sein, ich will Zarin sein.« Da ging der Alte ans Meer: »Fischchen, Fischchen, stell dich mit dem Schwanz zum Meer, und dreh den Kopf zu mir her!« Das goldene Fischchen kam herbeigeschwommen. »Was willst du, Alter?« – »Ja was! Vollkommen verrückt ist meine Alte geworden; sie will nicht mehr Statthalterin sein, sie will Zarin sein.« – »Sei nicht traurig, geh nach Hause und bete zu Gott; alles wird nach deinem Wunsch geschehen.« Der Alte kehrte heim. Da steht an Stelle des früheren Hauses ein großer Palast mit einem goldenen Dach. Um den Palast gehen Wachtposten und präsentieren das Gewehr; hinten ein großer Garten, vorn eine grüne Wiese; auf der Wiese sind Truppen aufmarschiert. Die Alte ist wie eine Zarin gekleidet, ist mit Generälen und Bojaren auf den Balkon herausgetreten und fängt an, diese Truppen zu besichtigen und die Parade abzunehmen. Die Trommeln werden gerührt, die Musik dröhnt, die Soldaten rufen »Hurra!«.

Aber nach einiger Zeit wurde auch das der Alten langweilig, sie befahl, den Alten zu suchen und vor ihr Antlitz zu bringen. Das gab eine große Aufregung, die Generäle laufen hin und die Bojaren laufen her; »Was ist das für ein Alter?« Mit Müh und Not fand man ihn auf dem Hinterhof und führte ihn vor die Zarin. »Hör mal, alter Teufel«, sagt zu ihm die Alte, »geh zum goldenen Fischchen und sag ihm, ich will nicht länger Zarin sein, ich möchte die Herrscherin des Meeres sein, damit alle Meere und alle Fische mir untertan sind!« Der Alte versuchte, sich herauszureden: »Was du nicht alles willst!« – »Wenn du nicht gehst – dann rollt dein Kopf!« Der Alte faßte sich ein Herz und ging ans Meer. Als er hinkam, sprach er: »Fischchen, Fischchen, stell dich mit dem Schwanz zum Meer, und dreh den Kopf zu mir her!« Das goldene Fischchen aber kam nicht! Ein zweites Mal rief der Alte – wieder nichts! Und ein drittes Mal rief er – plötzlich rauschte das Meer und bäumte sich auf. Es war so hell und rein gewesen, jetzt aber wurde es ganz schwarz. Das Fischchen kommt zum Ufer geschwommen. »Was willst du, Alter?« – »Die Alte ist jetzt ganz verrückt geworden; sie will schon nicht mehr Zarin sein, sie will jetzt Herrscherin der Meere werden, sie will alle Gewässer beherrschen, sie will allen Fischen befehlen.«

Nichts antwortete da das goldene Fischchen, drehte sich um und verschwand in der Tiefe des Meeres. Der Alte kehrte heim, und er sieht und traut seinen Augen nicht – der Zarenpalast ist weg, wie nie gewesen, und an seiner Stelle steht ein kleines, uraltes Hüttchen, im Hüttchen aber sitzt die Alte in einem zerrissenen Kleid. Da begannen sie, wieder wie früher zu leben. Der Alte ging zum Fischfang, aber wie oft er sein Netz auch auswarf – nie mehr gelang es ihm, das goldene Fischchen zu fangen.

Das Hühnchen

Es lebte einmal ein Alter mit seiner Alten. Sie hatten ein tatarisches Hühnchen, das legte ein Ei hinten in der Hütte unter dem Fenster: Schön bunt, spitz, mit fester Schale, wunderbar! Die Alte setzte das Ei auf ein kleines Wandbrett. Da kam das Mäuschen, wedelte mit dem Schwänzchen, das Wandbrett fiel herunter, das Ei zerbrach. Der Alte weint, die Alte schluchzt, im Ofen flammt es, das Dach auf der Hütte wackelt, die kleine Enkelin erhängte sich vor Kummer. Da kommt die Hostienbäckerin und fragt, warum sie alle so weinen. Die beiden Alten erzählten es ihr: »Wie sollen wir nicht weinen? Wir haben ein tatarisches Hühnchen, das legte ein Ei, hinten in der Hütte unter dem Fenster: Schön bunt, spitz, mit fester Schale, wunderbar! Wir setzten es auf das kleine Wandbrett; da kam das Mäuschen, wedelte mit dem Schwänzchen, das Wandbrett fiel herunter, das Ei zerschlug! Ich, der Alte, weine; ich, die Alte, schluchze, im Ofen flammt es, das Dach auf der Hütte wackelt, die kleine Enkelin erhängte sich vor Kummer.« Als die Hostienbäckerin das hörte – zerbrach sie alle ihre Hostien und warf sie hin. Da kommt der Küster und fragt die Hostienbäckerin, weshalb sie die Hostien hingeworfen hätte. Sie erzählte ihm das ganze Unglück noch einmal. Da lief der Küster auf den Glockenturm hinauf und zerschlug alle Glocken. Da kommt der Pope und fragt den Küster: »Weshalb hast du die Glocken zerschlagen?« Der Küster erzählte dem Popen das ganze Unglück noch einmal, der Pope aber rannte fort und zerriß alle seine Bücher.

Der Kranich und die Rohrdommel

Die Eule flog im Wald umher,
sie setzte sich dorthin, daher,
sie wippte mit dem Schwänzchen
und sah nach jeder Seit'.
Sie flog ein Stück ... nicht weit.
Sie flog und flog und saß,
und wippte mit dem Schwanz
und sah nach allen Seiten ...
Mit diesen Worten leiten
wir nur das Märchen ein.
Das war ja bloß zum Schein!

In einem Sumpf lebten einmal ein Kranich und eine Rohrdommel, die hatten sich an verschiedenen Seiten ihre Hüttchen gebaut. Dem Kranich wurde es langweilig, allein zu leben, und er gedachte zu heiraten. »Ich geh mal und halte um die Rohrdommel an!« So ging der Kranich – tap, tap! – sieben Werst schlappte er durch den Sumpf. Kommt und sagt: »Ist die Rohrdommel zu Hause?« – »Ja, sie ist zu Hause.« – »Heirate mich!« – »Nein, Kranich, ich heirate dich nicht; du hast so lange Beine, so ein kurzes Kleid, du kannst nicht gut fliegen und hast nichts! Geh fort, du

Stelzbein!« Der Kranich ging wieder nach Hause, wie bitter es für ihn auch war. Danach überlegte sich die Rohrdommel die Sache und sagte: »Was soll ich so allein leben, lieber heirate ich den Kranich.« Kommt die Rohrdommel zum Kranich und spricht: »Kranich, heirate mich!« – »Nein, Rohrdommel, ich brauch dich nicht, ich will nicht heiraten, ich nehm dich nicht, mach, daß du fortkommst!« Die Rohrdommel weinte vor Scham und kehrte um. Der Kranich überlegte es sich und sagte: »Ganz dumm, daß ich die Rohrdommel nicht genommen habe; denn allein ist's doch langweilig. Will mal gehen und die Rohrdommel heiraten.« Er kommt und sagt: »Rohrdommel, ich will dich doch heiraten, nimm mich!« – »Nein, Kranich, ich heirate dich nicht!« Der Kranich ging nach Hause. Da überlegte sich's die Rohrdommel: »Weshalb habe ich ihn nicht genommen? Was soll ich so alleine leben? Lieber heirate ich den Kranich!« Wieder kommt die Rohrdommel zum Kranich, der will aber nicht.

So gehen die beiden bis heute und machen sich Anträge, aber heiraten tun sie nicht.

Die Geschichte vom bissigen Hecht

In der Johannisnacht wurde im Flusse Scheksna ein Hecht geboren, und zwar ein so bissiger, daß Gott behüte! Die Brachse, die Barsche und Kaulbarsche – alle versammelten sich und starrten das Wunder an und staunten über die Maßen. Damals bäumte sich das Wasser der Scheksna auf. Eine Fähre wäre beinahe gekentert, und die schönen Mädchen, die am Ufer spazierengingen, liefen alle auseinander. Ein so bissiger Hecht wurde geboren! Und nun fing er an zu wachsen, nicht in Tagen, sondern in Stunden: Jeden Tag wächst er um einen Zoll. Und nun fing der Hecht an, in der Scheksna auf und ab zu schwimmen und die Brachse und Barsche zu fangen. Erblickt er auch nur von weitem einen Barsch, da faßt er ihn auch schon gleich mit den Zähnen. Und der Barsch ist weg, wie nie gewesen, nur noch die letzten Gräten krachen zwischen den Zähnen des bissigen Hechtes. Eine schlimme Sache war das! Was sollen die armen Barsche und Brachse machen? Ganz elende Aussichten: Der Hecht wird sie alle auffressen und ausrotten.

Da kamen alle die kleineren Fische zusammen und überlegten stark und dachten tief, wie sie wohl den bissigen und so sehr behenden Hecht loswerden könnten. Zur Ratsversammlung erschien auch der Kaulbarsch, der Sohn des alten Kaulbarsch, und sagte ganz schnell: »Hört auf, tief zu denken und euch den Kopf zu zerbrechen, hört auf, euch das Gehirn zu verderben; hört aber, was ich euch sagen werde. Ganz elend sind unsere Aussichten hier in der Scheksna: Der bissige Hecht läßt niemand in Ruhe, nimmt jeden Fisch auf den Zahn! Das ist kein Leben mehr in der Scheksna. Laßt uns also, und das ist mein Rat, in die kleinen Flüsse und in die Bäche übersiedeln – in die Sisma, Konoma und Slawenka; dort wird uns keiner kränken, und wir werden ein heiteres Leben führen und viele Kinderchen haben.« Da erhoben sich alle Kaulbarsche und Brachse und Barsche und wanderten aus der Scheksna in die kleinen Flüsse Sisma, Konoma und Slawenka. Unterwegs fing ein schlauer Angler viele von ihnen mit seiner Angel und kochte sich eine wunderbar steife Suppe und begann so, wie man sagt, seine Fastenzeit.

Seit der Zeit gibt es kaum noch Fische in der Scheksna. Wenn ein Angler seine Angel ins Wasser wirft, dann holt er sie ebenso wieder heraus, oder es ist was dran, das sich der Mühe nicht lohnt – und aus ist's mit dem Angeln! Und das ist die ganze Geschichte vom bissigen und so sehr behenden Hecht. Viel Scherereien hatte der Gauner den Fischen in der Scheksna gemacht, dann aber kam auch seine Zeit. Als es keine Fische mehr gab, da fing er an, auch Würmer zu packen, und so kam er selbst an den Haken. Der Angler kochte sich eine Suppe, schlürfte sie und lobte sie: So fett war sie! Ich bin auch dabeigewesen, habe auch mitgeschlürft, es floß wohl über den Schnurrbart, aber bis in den Mund kam es nicht.

Das Haus der Fliege

Die Fliege baute sich ein Haus. Da kam die Kriechlaus: »Wer, wer, wer wohnt im Haus? Wer, wer, wer ist im großen Haus?« – »Die Trauerfliege. Und wer bist du?« – »Ich bin die Kriechlaus.« Da kam der Springfloh: »Wer, wer, wer wohnt im Haus? Wer, wer, wer ist im großen Haus?« – »Ich, die Trauerfliege, und die Kriechlaus.« Da kam die Langbeinmücke: »Wer, wer, wer wohnt im Haus? Wer, wer, wer ist im großen Haus?« – »Ich, die Trauerfliege, ich, die Kriechlaus, ich, der Springfloh.« Da kam das Flitzschnellmäuschen: »Wer, wer, wer wohnt im Haus? Wer, wer, wer ist im großen Haus?« – »Ich, die Trauerfliege, ich, die Kriechlaus, ich, der Springfloh, ich, die Langbeinmücke.« Da kam das Rascheleidechschen: »Wer, wer, wer wohnt im Haus? Wer, wer, wer ist im großen Haus?« – »Ich, die Trauerfliege, ich, die Kriechlaus, ich, der Springfloh, ich, die Langbeinmücke, ich, das Flitzschnellmäuschen.« Da kam das Häschen Untermbuschhervor: »Wer, wer, wer wohnt im Haus? Wer, wer, wer ist im großen Haus?« – »Ich, die Trauerfliege, ich, die Kriechlaus, ich, der Springfloh, ich, das Flitzschnellmäuschen, ich, das Rascheleidechschen.« Da kam der Fuchs, der Schöne: »Wer, wer, wer wohnt im Haus? Wer, wer, wer ist im großen Haus?« – »Ich, die Trauerfliege, ich, die Kriechlaus, ich, der Springfloh, ich, die Langbeinmücke, ich, das Flitzschnellmäuschen, ich, das Rascheleidechschen, ich, das Häschen Untermbuschhervor.« Da kam der Wolf, der Graurock: »Wer, wer, wer wohnt im Haus? Wer, wer, wer ist im großen Haus?« – »Ich, die Trauerfliege, ich, die Kriechlaus, ich, der Springfloh, ich, die Langbeinmücke, ich, das Flitzschnellmäuschen, ich, das Rascheleidechschen, ich, das Häschen Untermbuschhervor, ich, der Fuchs, der Schöne.« Da kam der Bär, das Dickbein: »Wer, wer, wer wohnt im Haus? Wer, wer, wer ist im großen Haus?« – »Ich, die Trauerfliege, ich, die Kriechlaus, ich, der Springfloh, ich, die Langbeinmücke, ich, das Flitzschnellmäuschen, ich, das Rascheleidechschen, ich, das Häschen Untermbuschhervor, ich, der Fuchs, der Schöne, ich, der Wolf, der Graurock.«

Alle aus dem Hause: »Und wer bist du?« – »Ich bin der Wohin-er-hintritt-da-wächst-kein-Gras-mehr, für alle der Unterdrücker!« sagte der Bär, schlug mit der Tatze auf das Haus und zerschlug es.

Die Hexe und die Sonnenschwester

In einem Zarenreiche, in einem fernen Lande, lebten einst ein Zar und eine Zarin. Sie hatten einen Sohn, der hieß Iwan Zarewitsch und war von Geburt an stumm. Als er zwölf Jahre alt wurde, ging er einmal in den Stall zu seinem liebsten Stallknecht. Dieser Stallknecht erzählte ihm immer Märchen, und auch diesmal war Iwan der Zarensohn gekommen, um Märchen zu hören. Aber er hörte etwas ganz anderes. »Iwan Zarewitsch«, sagte der Stallknecht, »deine Mutter wird bald eine Tochter bekommen und du eine Schwester. Das wird aber eine schreckliche Hexe werden, sie wird Vater und Mutter auffressen, und auch alle Untertanen; geh also zu deinem Vater und erbitte dir von ihm das allerbeste Pferd und sag, daß du spazierenreiten willst. Dann aber reite von hier fort, wohin die Augen sehen, wenn du dem Unglück entgehen willst.« Iwan Zarewitsch kam zum Vater gelaufen und sprach zum ersten Mal seit seiner Geburt. Der Zar freute sich so sehr darüber, daß er gar nicht erst viel fragte, wozu er das gute Pferd brauche, sondern sogleich befahl, das allerbeste Pferd aus seinen Ställen für den Zarensohn zu satteln. Iwan Zarewitsch schwang sich in den Sattel und ritt fort, wohin die Augen sahen.

Lange, lange ritt er. Da kommt er zu zwei alten Näherinnen und bittet sie, ihn bei sich aufzunehmen. Die Alten sagten: »Wir würden dich gerne aufnehmen, Iwan Zarewitsch, aber wir haben nicht mehr lange zu leben. Sobald wir die letzte von den Nadeln, mit denen diese Truhe gefüllt ist, beim Nähen zerbrochen haben und den Zwirn, mit dem jene andere Truhe gefüllt ist, verbraucht haben – kommt unser Tod!« Iwan Zarewitsch fing an zu weinen und ritt weiter.

Lange, lange ritt er. Da kommt er zum Eichendreher und bittet ihn: »Nimm mich bei dir auf!« – »Ich würde dich gerne aufnehmen, Iwan Zarewitsch, aber ich habe nicht mehr lange zu leben. Sobald ich die Eichen da mit den Wurzeln herausgedreht habe – da kommt auch schon mein Tod!« Noch bitterlicher begann der Zarensohn zu weinen und ritt immer weiter und weiter. So kommt er zum Bergedreher und bittet auch ihn. Er aber antwortet: »Gern würde ich dich aufnehmen, Iwan Zarewitsch, aber ich habe nicht mehr lange zu leben. Sieh, ich bin angestellt, Berge umzudrehen. Sobald ich mit diesen letzten hier fertig bin – da kommt auch schon mein Tod!« Ganz bitterliche Tränen vergoß Iwan Zarewitsch und ritt weiter.

Lange, lange ritt er. Da kommt er endlich zur lieben Sonnenschwester. Sie nahm ihn bei sich auf, gab ihm zu essen und zu trinken und sorgte für ihn wie für einen leiblichen Sohn. Gut hatte es der Zarewitsch bei ihr. Aber immer wieder kommt ein Augenblick, da wird ihm ganz traurig zumute. Er möchte wissen, was zu Hause geschieht. Dann geht er jedesmal auf einen hohen Berg, schaut hinüber zum Palast des Vaters und sieht, daß alles aufgefressen ist, nur die nackten Mauern stehen noch. Er seufzt und weint.

So hatte er wieder einmal hingeschaut und geweint – kehrte dann zurück, und da fragte ihn die Sonnenschwester: »Weshalb bist du, Iwan Zarewitsch, heute so verweint?« Er sagt: »Der Wind hat mir in die Augen geweht.« Ein zweites Mal war es ebenso. Da verbot die Sonnenschwester dem Winde zu blasen. Und ein drittes Mal kehrte Iwan Zarewitsch verweint zurück, und jetzt war nichts zu machen – er mußte alles eingestehen. Da bat er die liebe Sonnenschwester, sie möchte ihn, den guten Burschen, in die Heimat ziehen lassen. Sie läßt ihn nicht. Er aber bittet sie immer wieder. Endlich gab sie nach und ließ ihn in die Heimat. Sie gab ihm eine Bürste, einen Kamm und zwei jungmachende Äpfel: Wie alt ein Mensch auch sein mag, kaum ißt er solch einen Apfel – sofort wird er wieder jung.

Iwan Zarewitsch kam zum Bergedreher; nur ein Berg war noch übrig. Er nahm seine Bürste und warf sie ins weite Feld. Plötzlich, man weiß nicht, wie, wuchsen aus der Erde hohe, hohe Berge. Sie stoßen mit ihren Spitzen an den Himmel, und wie viele ihrer waren – unzählige! Der Bergedreher freute sich und machte sich fröhlich an die Arbeit. Ob lang, ob kurz – kam Iwan Zarewitsch zum Eichendreher; nur drei Eichen waren noch übrig. Er nahm den Kamm und warf ihn ins weite Feld. Da plötzlich – wer weiß, woher – erhoben sich dichte Eichenwälder aus der Erde und begannen zu rauschen. Ein Baum immer größer als der andere! Der Eichendreher freute sich, dankte dem Zarensohn und machte sich daran, hundertjährige Eichen herauszudrehen. Ob lang, ob kurz – da kam Iwan Zarewitsch zu den beiden Alten und gab jeder von ihnen einen Apfel. Sie aßen die Äpfel auf, wurden sofort ganz jung und schenkten ihm ein kleines Tuch. »Sobald du mit dem Tuch winkst, wird hinter dir ein großer See sein.«

Iwan Zarewitsch kommt nach Hause. Seine Schwester läuft ihm entgegen, begrüßt ihn und ist freundlich zu ihm: »Setz dich, lieber Bruder«, sagt sie, »spiel auf der Zither, ich will unterdessen gehen und das Mittagessen für dich bereiten.« Der setzte sich hin und klimperte auf der Zither. Da kommt ein Mäuschen aus seinem Loch heraus und spricht mit menschlicher Stimme: »Rette dich, Zarewitsch, lauf so schnell du kannst! Deine Schwester ist gegangen, ihre Zähne zu wetzen.« Iwan der Zarensohn ging aus dem Zimmer, setzte sich auf sein Pferd und ritt zurück. Das Mäuschen aber läuft immerzu über die Saiten: die Zither tönt, und die Schwester weiß nicht, daß der Bruder fort ist.

Als sie ihre Zähne richtig scharf gewetzt hatte, stürzte sie ins Zimmer, sieht sich überall um – aber weit und breit keine Seele, nur ein Mäuschen flitzt in sein Loch. Da wurde die Hexe wütend, knirschte mit den Zähnen und lief dem Bruder nach. Iwan Zarewitsch hörte ein Geräusch, sah sich um – gleich wird ihn die Schwester eingeholt haben. Da winkte er mit dem Tuch, und hinter ihm war ein tiefer See. Während die Hexe durch den See schwamm, war Iwan Zarewitsch weit fortgeritten. Da jagte sie noch schneller hinter ihm her … Jetzt ist sie schon ganz nah.

Der Eichendreher verstand, daß der Zarensohn auf der Flucht war, und fing an, Eichen auszureißen und über den Weg zu werfen. In kurzer Zeit war es ein ganzer Berg: kein Durchgang für die Hexe! Da begann sie sich einen Weg zu bahnen; sie nagte und nagte, kam mit Mühe und Not durch, der Zarensohn aber war schon weit. Sie stürzte hinter ihm her, lief und lief – nur noch ein Stückchen fehlte, und keine Möglichkeit, zu entkommen! Der Bergedreher erblickte die Hexe, ergriff den allerhöchsten Berg und drehte ihn genau über den Weg, und auf diesen Berg stellte er noch einen anderen. Während die Hexe hinaufkroch, ritt und ritt Iwan Zarewitsch und war schon ganz weit. Die Hexe überstieg endlich die Berge und jagte wieder hinter dem Bruder her … Als sie ihn erblickte, da rief sie: »Jetzt entkommst du mir nicht!« Ganz nah ist sie schon, gleich wird sie ihn haben!

In dem Augenblick erreichte Iwan Zarewitsch den Palast der Sonnenschwester und rief: »Sonne, Sonne, öffne das Fenster!« Die Sonnenschwester öffnete ein Fenster, und der Zarensohn sprang mit seinem Pferde hinein. Die Hexe fing an zu bitten, man möge ihr den Bruder mit Haut und Haaren geben. Die Sonnenschwester hörte aber nicht auf sie und gab ihn nicht heraus. Da sprach die Hexe: »Iwan Zarewitsch soll mit mir auf die Waage steigen, wir wollen sehen, wer schwerer ist. Wenn ich schwerer bin, dann fresse ich ihn, wenn aber er schwerer ist, dann mag er mich töten!« Sie gingen zur Waage. Zuerst setzte sich Iwan der Zarensohn auf die Waage, dann kroch auch die Hexe in die andere Waagschale. Kaum aber hatte sie ihren Fuß hineingesetzt, da warf es Iwan den Zarensohn mit solch einer Kraft in die Luft, daß er gerade in den Himmel flog, zur Sonnenschwester in den Palast. Die Hexe, die Schlange, aber blieb auf der Erde.

Die Wasusa und die Wolga

Die Wolga und die Wasusa stritten lange miteinander, wer von ihnen klüger, stärker und größerer Ehre würdig sei. Sie stritten und stritten, und weil keine die andere besiegen konnte, beschlossen sie folgendes: »Wir wollen uns schlafen legen, wer aber zuerst aufsteht und zuerst zum Meer kommt, ist klüger und stärker und der Ehre würdiger.« Die Wolga ging schlafen, und auch die Wasusa ging schlafen. Nachts aber stand die Wasusa heimlich auf, lief der Wolga davon, wählte sich einen Weg, der gerader und näher war, und floß schnell davon. Als die Wolga erwachte, da machte sie sich auf, weder langsam noch schnell, genau, wie es sich gehört. In Subzow holte sie die Wasusa ein und war so furchteinflößend, daß die Wasusa wie eine jüngere Schwester erschrak und nur noch bitten konnte: »Nimm mich mit bis zum Meer, sorg für mich und trag mich!« Und doch erwacht im Frühling immer noch die Wasusa früher vom Winterschlaf und weckt die Wolga.

Der Frost

Eine Frau hatte eine Stieftochter und eine eigene Tochter. Was die eigene auch tut, für alles wird sie übers Haar gestrichen, und man sagt dazu: Klugköpfchen! Was die Stieftochter aber auch richtig und gut macht – nichts ist der Stiefmutter recht: Immer ist es nicht so, immer ist es schlecht. Und dabei muß man schon sagen, es war ein Goldmädchen – in richtigen Händen hätte sie sich gefühlt wie der Käse in der Butter, aber bei der Stiefmutter wusch sie sich jeden Tag in Tränen. Was soll man dabei machen? Wenn der Wind lärmt, verstummt er auch einmal wieder, aber wenn ein altes Weib in Schwung kommt, dann wird es nicht so bald still, immer denkt es sich was Neues aus und läßt seine Zunge laufen; die Zähne jucken ihm nur so!

So beschloß die Stiefmutter, die Stieftochter müsse fort von Hof und Haus: »Bring sie weg, bring sie weg, Alter, bring sie, wohin du willst, daß meine Augen sie nicht zu sehen brauchen, daß meine Ohren sie nicht zu hören brauchen; aber bring sie nicht zu Verwandten in die warme Hütte, bring sie ins weite Feld, in den krachenden Frost!«

Da wurde der Vater sehr traurig und weinte; aber er mußte die Tochter in einen Schlitten setzen, wollte noch eine Pferdedecke über sie legen – wagte es aber nicht. So brachte er die Verstoßene ins weite Feld, setzte sie auf einen Schneehaufen, schlug das Kreuz über sie und fuhr dann schnell nach Hause, damit seine Augen den Tod der Tochter nicht zu sehen brauchten.

Sie blieb allein, die Arme, zitterte vor Kälte am ganzen Körper und betete still vor sich hin. Da kam der Frost, er hüpft und springt, er schaut das schöne Mädchen an: »Mädchen, Mädchen, ich bin der Frost – die rote Nase!« – »Guten Tag, lieber Frost; also hat Gott dich nach meiner sündigen Seele geschickt.« Der Frost wollte sie berühren und totfrieren; aber ihre freundlichen Worte gefielen ihm, sie tat ihm leid. Und da warf er ihr seinen Pelz zu. Sie zog den Pelz an, versteckte auch ihre Füßchen drin und sitzt ganz still da.

Wieder kam der Frost – die rote Nase, er hüpft, er springt und schaut das schöne Mädchen an: »Mädchen, Mädchen, ich bin der Frost – die rote Nase!« – »Guten Tag, lieber Frost; also hat Gott dich nach meiner sündigen Seele geschickt.« Der Frost aber war gar nicht gekommen, um ihre Seele zu holen. Er brachte dem schönen Mädchen eine hohe und schwere Truhe, voll mit der schönsten Aussteuer. So setzte sie sich denn in ihrem Pelzchen auf ihre liebe Truhe und ist dabei so fröhlich und so hübsch!

Wieder kam der Frost – die rote Nase, er hüpft, er springt und schaut das schöne Mädchen an. Sie begrüßte ihn, er aber schenkte ihr ein aus Gold und Silber gewirktes Kleid. Sie zog es an und wurde noch viel schöner, eine wahre Pracht. So sitzt sie und singt ganz fröhlich vor sich hin.

Die Stiefmutter aber bereitet das Totenmahl für die Stieftochter, hat Pfannkuchen gebacken. »Los Mann, bring die Tochter heim, wir wollen sie beerdigen.«

Der Alte fuhr. Das Hündchen aber unter dem Tisch spricht: »Wau, wau! Die Tochter des Alten bringt man in Gold und in Silber, aber die Tochter der Alten sieht kein Freier an!« – »Halt's Maul, du Dummer! Da hast du einen Pfannkuchen, und dann sag: Um die Tochter der Alten drängen sich die Freier, von der Tochter des Alten aber bringt man nur die Knöchelchen!« Das Hündchen fraß den Pfannkuchen und fing sein Lied von vorne an: »Wau, wau! Die Tochter des Alten bringt man in Gold und Silber, aber die Tochter der Alten sieht kein Freier an!« Und wie viele Pfannkuchen die Alte dem Hündchen auch gab, und wieviel sie es auch schlug, es blieb bei seinem: »Die Tochter des Alten bringt man in Gold und in Silber, aber die Tochter der Alten sieht kein Freier an!«

Da knarrte das Tor, da öffnete sich die Tür, und herein wird eine hohe und schwere Truhe getragen, und hinterher schreitet die Stieftochter – strahlend wie eine vornehme Frau! Die Stiefmutter sah das und schlug die Hände über dem Kopf zusammen! »Alter, Alter, spann die Pferde an und fahr meine Tochter schnell, bring sie auf das weite Feld, genau an dieselbe Stell'!« –

Da brachte der Alte sie auf dasselbe Feld und setzte sie an dieselbe Stelle. Und es kam der Frost – die rote Nase, blickte auf den neuen Gast, er hüpfte, er sprang, aber freundliche Worte hörte er nicht. Da wurde er böse, faßte sie an und tötete sie. »Alter, spann die besten Pferde an und bring meine Tochter heim, wirf aber den Schlitten mit der hohen und schweren Truhe nicht um!« Das Hündchen aber bellt unter dem Tisch: »Wau, wau! Um die Tochter des Alten drängen sich die Freier, aber von der Tochter der Alten bringt man die Knöchelchen im Sack!« – »Du lügst! Da hast du einen Pfannkuchen, sag: Die Tochter der Alten bringt man in Gold und Silber!«

Das Tor öffnete sich, die Alte lief hinaus, um die Tochter zu empfangen, statt ihrer aber umfing sie die kalten Glieder einer Toten. Da weinte sie und klagte, aber es war zu spät!

Die alte Schwätzerin

Tag und Nacht murrt die Alte – da muß ihr schon die Zunge weh tun! Und immer ist es die Stieftochter: dumm ist sie, und häßlich ist sie! Wie sie geht und wie sie kommt, wie sie steht und wie sie sitzt – immer ist es nicht recht, immer ist es falsch! Vom Morgen bis zum Abend geht es wie eine aufgezogene Spieluhr. Dem Mann ist die Alte ein Kreuz geworden, allen ist sie ein Kreuz geworden – zum Davonlaufen!

Der Mann spannte das Pferd an, um die Hirse in die Stadt zu fahren, da schrie die Alte: »Nimm auch die Stieftochter mit, bring sie meinetwegen in den dunklen Wald, oder laß sie unterwegs irgendwo, nur weg mit ihr, aus meinen Augen!« Der Alte fuhr ab und nahm die Tochter mit. Es war ein weiter und mühsamer Weg, immer nur Wald und Sumpf; wo sollte er das Mädchen lassen? Da sieht er: Dort steht eine kleine Hütte auf Hühnerfüßen, sie stützt sich auf eine Pastete, das Dach ist ein Pfannkuchen, so steht sie da – und dreht sich um sich selbst. »Es ist besser, daß ich die Tochter in der Hütte lasse«, dachte der Alte, ließ sie absteigen, gab ihr Hirse für den Brei, schlug auf sein Pferd und verschwand.

So blieb das Mädchen allein; sie zerstampfte die Hirse und kochte viel Brei, zum Essen war aber niemand da. Es kam die lange, unheimliche Nacht. Schläfst du – liegst du dir die Seiten wund; schaust du um dich – werden die Augen so müde; und niemand da, dem man ein Wort sagen könnte – so einsam, so schrecklich! Da trat sie auf die Schwelle, öffnete die Tür zum Walde und rief: »Wenn dort jemand im Walde ist, wenn dort jemand im Dunklen ist – komm zu mir zu Gast!« Ein Waldgeist antwortete. Er verwandelte sich in einen hübschen Burschen, in einen Kaufmann aus Nowgorod, kam angelaufen und brachte auch gleich ein hübsches Geschenk mit. Heute kommt er, plaudert ein wenig – morgen kommt er wieder, bringt Geschenke mit; und das ging so immerfort. Schließlich hatte er so viel angeschleppt, daß das Mädchen nicht wußte, wohin damit!

Unterdessen wurde es der alten Schwätzerin zu Hause langweilig ohne ihre Stieftochter. Es war so still geworden, im Bauch so leer, die Zunge ganz trocken. »Geh Mann, und hol die Stieftochter wieder, und wenn du sie vom Meeresgrunde holen mußt oder aus dem stärksten Feuer! Ich bin alt, ich bin gebrechlich, keiner sorgt für mich.« Der Mann fuhr in den Wald. Die Stieftochter kam nach Hause gefahren. Wie sie aber ihren Koffer öffnete und ihre Sachen an einer Schnur von der Hütte bis zum Hoftor aushängte, da sperrte die Alte schon den Mund auf und wollte das Mädchen in ihrer gewohnten Art empfangen, als sie aber sah, was für schöne Sachen es waren – da schloß sie ihre Lippen, setzte den lieben Gast unter die Heiligenbilder und fing an: »Was wünschst du, und was möchtest du, und wonach ist dir, und vielleicht noch etwas, meine Teure?«

Wassilissa die Wunderschöne

In einem Zarenreiche lebte einmal ein Kaufmann. Zwölf Jahre war er verheiratet und hatte nur eine Tochter, Wassilissa die Wunderschöne. Als die Mutter starb, war das Mädchen acht Jahre alt. Die sterbende Mutter rief ihre Tochter zu sich, holte unter der Bettdecke eine Puppe hervor, gab sie ihr und sagte: »Hör, Wassilissuschka, behalt meine letzten Worte und befolge sie! Ich sterbe, und mit meinem mütterlichen Segen hinterlasse ich dir diese Puppe. Verwahr sie gut und zeig sie niemandem. Wenn dir aber ein Leid widerfährt, dann gib der Puppe zu essen und frag sie um Rat. Sie wird dann essen und dir sagen, wie dem Unglück abzuhelfen sei.« Darauf küßte die Mutter ihre Tochter und starb. Nach dem Tode seiner Frau trauerte der Kaufmann, wie es sich gehörte, und dann begann er darüber nachzudenken, wen er wieder heiraten könnte. Er war ein guter Mensch, und die Heiratslustigen ließen nicht auf sich warten. Am meisten gefiel ihm eine kleine

Witwe. Sie war schon bei Jahren, hatte zwei eigene Töchter, fast gleichaltrig mit Wassilissa – also eine erfahrene Hausfrau und Mutter. Der Kaufmann heiratete die Witwe, hatte sich aber in ihr getäuscht und fand keine gute Mutter für seine Wassilissa. Wassilissa war die Schönste im ganzen Dorf, und Stiefmutter und Stiefschwestern beneideten sie um ihre Schönheit, quälten sie mit allerhand Arbeiten, damit sie von Mühen mager würde, von Wind und Sonne braun würde – es war gar kein Leben für sie! Wassilissa ertrug alles ohne Murren und wurde mit jedem Tage immer schöner und voller. Unterdessen aber wurde die Stiefmutter mit ihren Töchtern magerer und häßlicher vor Wut, und dabei saßen sie doch immer mit den Händen im Schoß, wie vornehme Frauen.

Wie geschah das nur so? Das kam daher, daß der Wassilissa von ihrer Puppe geholfen wurde. Wie hätte das Mädchen sonst mit all seiner Arbeit fertig werden können? Dafür sparte sich auch Wassilissa die besten Stücke vom Munde ab und gab sie der Puppe, und abends, wenn sich alle hingelegt hatten, dann schloß sie sich in ihrer kleinen Kammer ein, bewirtete die Puppe und sagte dazu: »Da, Püppchen, iß und hör mein Leid! Ich lebe im Hause bei meinem Vater und sehe doch gar keine Freude; die böse Stiefmutter treibt mich fort von dieser weißen Welt! Lehre du mich, wie ich mich verhalten soll und wie leben und was tun!« Die Puppe aß, und dann gab sie Wassilissa Ratschläge und tröstete sie, am Morgen aber war Wassilissas ganze Arbeit getan, sie selbst brauchte sich nur im Schatten auszuruhen und Blumen zu pflücken, und schon waren die Beete gejätet, der Kohl begossen, das Wasser gebracht und der Ofen geheizt. Zu allem zeigte die Puppe ihr auch das Kraut gegen das Einbrennen der Haut. Sie hatte es gut mit ihrer Puppe.

So vergingen einige Jahre. Wassilissa wuchs heran, und alle jungen Leute der Stadt warben um sie – die Töchter der Stiefmutter beachtete keiner. Die Stiefmutter wütete schlimmer denn je und antwortete allen Bewerbern: »Ich gebe die Jüngste vor den beiden Älteren nicht her!« Und wenn die Bewerber fort waren, ließ sie ihre Wut an Wassilissa aus.

Da mußte einst der Kaufmann für lange Zeit in Handelssachen verreisen. Die Stiefmutter zog in ein anderes Haus. Neben diesem Hause aber war ein großer, großer Wald, und tief im Walde auf einer Lichtung stand ein Hüttchen, und im Hüttchen wohnte die Baba-Jaga, die Hexe. Die ließ niemanden an sich heran und aß Menschen wie Küken. Kaum war die Kaufmannsfrau in die neue Wohnung gezogen, so fand sie immer wieder Gründe, um Wassilissa in den Wald zu schicken, aber das Mädchen kehrte immer wohlbehalten nach Hause zurück. Das Püppchen wies ihr den Weg und ließ sie nicht an die Hütte der Hexe heran.

Es kam der Herbst. Die Stiefmutter teilte allen drei Mädchen die Abendarbeiten aus: die eine hieß sie Spitzen klöppeln, die andere Strümpfe stricken, Wassilissa aber mußte spinnen – jede bekam ihre Aufgabe. Die Stiefmutter löschte das Feuer im ganzen Hause und ließ nur eine Kerze brennen, dann legte sie sich schlafen. Da fing das Licht an zu blaken, und eine von den Stiefschwestern nahm die Lichtschere, um den Docht in Ordnung zu bringen, löschte aber – wie im Versehen – die Kerze aus ... so hatte es ihr die Mutter befohlen. »Was sollen wir jetzt tun?« sagten die Mädchen. »Im ganzen Haus gibt es kein Feuer, und unsere Aufgaben sind noch nicht beendet. Man muß nach Feuer zur Hexe laufen!« – »Mir leuchten die Stecknadeln«, sagte die, welche Spitzen klöppelte, »ich gehe nicht!« – »Ich gehe auch nicht«, sagte die, welche den Strumpf strickte, »mir leuchten die Stricknadeln!« – »Du mußt nach Feuer gehen«, schrien beide, »geh nur zur Hexe!« – und sie stießen Wassilissa zur Stube hinaus. Wassilissa ging in ihr Kämmerlein, stellte das bereitete Abendbrot vor die Puppe und sagte: »Da, Püppchen, iß und hör mein Leid: Die Schwestern schicken mich nach Feuer zur Hexe! Ich fürchte mich so – die Hexe wird mich fressen!« Das Püppchen aß, und seine Augen funkelten wie zwei Kerzen. »Fürchte dich nicht, Wassilissuschka!« sagte es, »geh, wohin man dich schickt, nur behalte mich immer bei dir. Sind wir zusammen, so geschieht dir nichts.« Wassilissa machte sich auf, steckte das Püppchen in ihre Tasche, bekreuzigte sich und ging in den dichten Wald.

Sie ging und zitterte. Plötzlich ritt ein Reiter an ihr vorüber: selbst weiß, gekleidet in Weiß, sein Pferd weiß – es fing an, hell zu werden.

Sie ging weiter, da ritt ein anderer Reiter an ihr vorüber: selbst rot, gekleidet in Rot und auf rotem Pferde – da ging die Sonne auf. Wassilissa ging die ganze Nacht und den ganzen Tag, kam erst am nächsten Abend auf die Lichtung hinaus, auf der das Hüttchen der Baba-Jaga stand. Der Zaun um die Hütte war aus Menschenknochen, auf dem Zaun steckten Menschenschädel mit Augen; statt Pfosten am Tor – Menschenbeine, statt der Riegel – Hände, statt des Schlosses – ein Mund mit scharfen Zähnen. Wassilissa wurde fast ohnmächtig vor Grauen und blieb wie angewurzelt stehen. Plötzlich ritt ein Reiter vorüber: selbst schwarz, gekleidet ganz in Schwarz und auf schwarzem Pferde; er jagte bis ans Tor der Baba-Jaga und verschwand, wie in die Erde versunken – die Nacht brach an. Aber die Dunkelheit dauerte nicht lange. In allen Schädeln auf dem Zaune erglänzten die Augen, und auf der Lichtung wurde es hell, wie mitten am Tage. Wassilissa zitterte vor Furcht, aber sie wußte nicht, wohin sie laufen sollte, und blieb auf derselben Stelle stehen.

Bald ertönte im Walde ein furchtbarer Lärm. Die Bäume krachten, die trockenen Blätter rauschten, es fuhr aus dem Walde die Baba-Jaga – im Mörser fuhr sie, mit dem Stößel trieb sie ihn an, mit dem Ofenbesen fegte sie ihre Spur weg. Am Tor fuhr sie vor, hielt an, schnupperte um sich und schrie: »Tfu-tfu, hier riecht es nach Russenfleisch! Wer ist da?« Wassilissa kam voll Furcht zur Alten, verbeugte sich tief und sagte: »Ich bin es, Großmütterchen! Die Töchter der Stiefmutter haben mich zu dir nach Feuer geschickt.« – »Gut«, sagte die Baba-Jaga, »ich kenne sie. Arbeite bei mir, dann gebe ich dir auch Feuer. Tust du es nicht, dann fresse ich dich!« Dann wandte sie sich ans Tor und schrie: »He, meine festen Riegel, schiebt euch zurück, meine breiten Tore, öffnet euch!« Die Tore öffneten sich, und die Baba-Jaga fuhr pfeifend hinein, hinter ihr trat Wassilissa ein, und dann schloß sich alles wieder. Die Baba-Jaga kam in die Stube, streckte sich längelang aus und sagte zu

Wassilissa: »Reich mir mal her, was da im Ofen ist, ich will essen.« Wassilissa entzündete einen Kienspan an den leuchtenden Schädeln, die auf dem Zaune waren, und fing an, aus dem Ofen Essen heranzuschleppen und der Baba-Jaga zu reichen. Es war aber so viel Essen zubereitet wie für zehn Menschen.

Aus dem Keller brachte sie Kwas, Met, Bier und Wein. Alles aß die Alte auf, alles trank sie aus. Sie ließ für Wassilissa nur etwas Kohlsuppe, einen Happen Brot und etwas Ferkelfleisch nach. Die Baba-Jaga schickte sich an, schlafen zu gehen, und sagte: »Wenn ich morgen weggefahren bin, so sieh zu – reinige den Hof, fege die Stube, koche das Mittagessen, bereite die Wäsche und geh in die Kornkammer, nimm vier Scheffel Weizen und reinige sie vom Schwarzkümmel. Und daß alles getan ist, bevor ich zurückkomme, denn sonst – fresse ich dich!« Darauf fing die Baba-Jaga an zu schnarchen. Wassilissa aber stellte die Speisereste vor die Puppe, weinte bitterlich und sprach: »Da, Püppchen, iß und hör mein Leid! Schwere Arbeit hat mir die Baba-Jaga gegeben, und sie wird mich fressen, wenn ich nicht alles beende – hilf mir!« Die Puppe antwortete: »Fürchte dich nicht, Wassilissa, du Schöne! Iß dein Abendbrot, bete und geh schlafen. Der Morgen ist weiser als der Abend!«

Ganz früh erwachte Wassilissa. Die Baba-Jaga war schon aufgestanden und blickte zum Fenster hinaus. In den Schädeln verlöschten die Augen. Da jagte der weiße Reiter vorbei – und es wurde hell. Die Baba-Jaga ging auf den Hof hinaus, pfiff – vor ihr erschien der Mörser mit dem Stößel und dem Ofenbesen. Da jagte der rote Reiter vorüber – und die Sonne ging auf. Die Baba-Jaga setzte sich in den Mörser und fuhr vom Hof, mit dem Stößel trieb sie den Mörser an, mit dem Ofenbesen fegte sie ihre Spur weg. Wassilissa blieb allein zurück, besichtigte das Haus der Baba-Jaga, bestaunte den Überfluß an allem und versank in Nachdenken: mit welcher Arbeit sollte sie beginnen? Da bemerkte sie, daß die ganze Arbeit schon gemacht war. Gerade holte das Püppchen die letzten Körner des Schwarzkümmels aus dem Weizen! »Ach du mein Trost und meine Hilfe!« sagte Wassilissa zum Püppchen, »du hast mich gerettet!« – »Du brauchst nur noch das Mittagessen zu kochen«, antwortete das Püppchen, in Wassilissas Tasche kriechend; »koch mit Gott, und dann erhol dich!«

Zum Abendessen bereitete Wassilissa den Tisch und wartete auf die Baba-Jaga. Es dämmerte, am Tor ritt der schwarze Reiter vorüber, und es wurde ganz dunkel, nur die Augen der Schädel leuchteten. Die Bäume begannen zu krachen, die Blätter zu rauschen – die Baba-Jaga kam gefahren. Wassilissa empfing sie. »Ist alles getan?« fragte die Jaga. – »Bitte, sieh selbst nach, Großmütterchen!« sagte Wassilissa. Die Baba-Jaga überprüfte alles, ärgerte sich, daß kein Grund zum Bösewerden zu finden war, und sagte: »Nun gut!« Dann rief sie: »Meine treuen Diener, meine Herzensfreunde, mahlt meinen Weizen!« Da erschienen drei Paar Hände, ergriffen den Weizen und trugen ihn fort. Die Baba-Jaga aß und schickte sich an, schlafen zu gehen. Und wieder gab sie Wassilissa den Befehl: »Morgen tu dasselbe wie heute, und außerdem nimm noch aus dem Kornkasten den Mohn und reinige ihn von der Erde, Korn für Korn. Du wirst sehen, jemand hat aus Bosheit Erde dazwischengemischt!« Das sagte die Alte, drehte sich zur Wand und schnarchte. Wassilissa aber gab ihrem Püppchen zu essen. Das Püppchen aß und sagte zu ihr wie gestern: »Bete und lege dich schlafen. Der Morgen ist weiser als der Abend – alles wird gemacht werden, Wassilissuschka!«

Am Morgen fuhr die Baba-Jaga im Mörser wieder fort, und gleich erledigten Wassilissa und das Püppchen die ganze Arbeit. Die Alte kehrte heim, besichtigte alles und rief: »Meine treuen Diener, Herzensfreunde, preßt aus dem Mohn das Öl!« Da erschienen drei Paar Hände, ergriffen den Mohn und trugen ihn fort. Die Baba-Jaga setzte sich zum Mittagessen. Sie aß, und Wassilissa stand schweigend daneben. »Was sprichst du denn nicht mit mir?« sagte die Baba-Jaga, »stehst da wie eine Stumme!« – »Ich wagte es nicht«, antwortete Wassilissa, »aber wenn du erlaubst, so wollte ich dich wohl etwas fragen.« – »So frag! Nur führt nicht jede Frage zum Guten. Wer viel weiß, wird schnell alt!« – »Ich will dich, Großmutter, nur danach fragen, was ich sah. Als ich zu dir ging, da überholte mich ein Reiter auf weißem Roß, selbst weiß und in weißer Kleidung. Wer ist das?« – »Das ist mein heller Tag!« antwortete die Baba-Jaga. – »Dann überholte mich ein anderer Reiter auf rotem Pferd, selbst rot und ganz in Rot gekleidet. Wer war das?« – »Das ist meine rote Sonne!« antwortete die Baba-Jaga. – »Aber was bedeutet der schwarze Reiter, der mich ganz nah bei deinem Tor überholte, Großmutter?« – »Das ist meine dunkle Nacht – alles meine treuen Diener!«

Wassilissa erinnerte sich an die drei Paar Hände, aber sie schwieg. »Was fragst du denn nicht mehr?« sprach die Baba-Jaga. »Das ist genug für mich. Du hast ja selbst gesagt, wer viel weiß, wird früh alt!« – »Das ist gut«, sagte die Baba-Jaga, »daß du nur nach dem fragst, was du außerhalb des Hofes sahst und nicht auf dem Hof. Ich liebe es nicht, wenn man mir den Müll aus der Hütte trägt, und die allzu Neugierigen fresse ich! Jetzt werde ich dich mal was fragen: Wie bringst du es fertig, die Arbeit zu verrichten, die ich dir aufgebe?« – »Mir hilft der Segen meiner Mutter«, antwortete Wassilissa. »Also das ist es! Pack dich fort von mir, du gesegnete Tochter! Ich brauche keine Gesegneten!« Sie schleppte Wassilissa aus der Stube und stieß sie zum Tor hinaus, nahm vom Zaun einen Schädel mit brennenden Augen, steckte ihn auf einen Stock, gab ihn ihr und sagte: »Da hast du Feuer für die Töchter der Stiefmutter, nimm es.«

Wassilissa machte sich auf den Weg nach Hause, sie lief beim Lichte des Schädels, der erst bei Anbruch des Morgens erlosch. Endlich, am Abend des nächsten Tages, erreichte sie ihr Haus. Als sie zum Tore kam, wollte sie den Schädel wegwerfen. Sicher werden sie, dachte Wassilissa bei sich, zu Hause schon kein Feuer mehr brauchen. Aber plötzlich ertönte eine dumpfe Stimme aus dem Schädel: »Wirf mich nicht fort, trag mich zur Stiefmutter!« Sie blickte auf das Haus, sah in keinem Fenster Licht und ging mit dem Schädel hinein. Zuerst wurde sie freundlich empfangen, und die Stiefschwestern erzählten ihr, seitdem sie fortgegangen wäre, sei kein Feuer im Hause gewesen. Selbst könnten sie keines schlagen, und das Feuer, das man von den Nachbarn brächte, verlösche, sobald man mit ihm die Stube betrete. »Vielleicht wird sich dein Feuer halten!« sagte die Stiefmutter.

Man brachte den Schädel in die Stube, da blickten die Augen des Schädels starr auf die Stiefmutter und ihre Töchter und brannten und glühten! Die fingen an, sich zu verstecken, aber wohin sie auch liefen – überallhin folgten ihnen die brennenden Augen. Das dauerte die ganze Nacht, und gegen Morgen waren die drei bösen Weiber ganz zu Kohle verbrannt. Nur Wassilissa blieb unberührt.

Am Morgen vergrub Wassilissa den Schädel, verschloß das Haus, ging in die Stadt und bat um eine Unterkunft bei einer alten Frau. Da lebte sie von nun an und wartete auf den Vater. Einst sagte sie zur Alten: »Mir ist es langweilig, ohne Arbeit zu sitzen, Großmutter! Geh doch und kauf mir Flachs, vom allerbesten; ich kann dann doch wenigstens spinnen.« Die Alte kaufte ihr guten Flachs, und Wassilissa setzte sich an die Arbeit. Die brannte ihr nur so unter den Fingern, und das Garn wurde glatt und dünn und zart wie ein feines Härchen. Nach einer Weile hatte sie schon so viel Garn gesponnen, daß es Zeit wurde, ans Weben zu denken, aber so feine Weberkämme, wie sie für Wassilissas Garn nötig waren, konnte man nicht finden. Da fing Wassilissa an, das Püppchen zu bitten. Das Püppchen sagte: »Bring mir doch mal irgendeinen alten Weberkamm und ein altes Weberschiffchen und Haar aus einer Pferdemähne. Ich werde dir dann alles fertigmachen.« Wassilissa brachte alles herbei, was nötig war, und legte sich schlafen. Über Nacht aber stellte das Püppchen einen wunderbar feinen Webstuhl her.

Gegen Ende des Winters war das Leinen fertig, und es war so zart und dünn, daß man es wie einen Faden durch ein Nadelöhr ziehen konnte. Im Frühling wurde das Leinen gebleicht, und Wassilissa sagte zur Alten: »Großmutter, verkauf dieses Leinen, und das Geld nimm dir!« Die Alte blickte auf die Ware und rief voll Verwunderung: »Nein, Kind, solch ein Leinen kann niemand außer dem Zaren tragen! Ich bringe es in den Palast.« So kam die Alte zum Palast und ging mit dem Leinen immer vor den Fenstern auf und ab. Der Zar sah sie und fragte: »Was willst du, gute Alte?« – »Eure Zarische Majestät«, antwortete die Alte, »ich habe eine seltene Ware gebracht, niemandem außer dir will ich sie zeigen.« Der Zar befahl, die Alte hereinzulassen, und als er das Leinen erblickte, geriet

er außer sich vor Entzücken. »Was willst du für das Leinen?« fragte
der Zar. »Es ist unschätzbar, Zar-Väterchen! Ich habe es dir zum
Geschenk gebracht.« Der Zar bedankte sich und entließ die Alte
mit vielen Geschenken.

Dann begann man, aus jenem Leinen für den Zaren Hemden zu
machen. Man schnitt sie zu, aber nirgends fand sich eine Näherin,
die sie zu nähen übernommen hätte – sie waren zu fein. Lange
suchte man. Endlich rief der Zar die Alte und sagte: »Hast du es verstanden, ein solches Leinen zu spinnen und zu weben, dann mußt
du auch aus ihm Hemden nähen können.« – »Nicht ich, Herr,
spann und webte das Leinen«, sagte die Alte, »das ist die Arbeit
meiner Pflegetochter.« – »Nun, dann mag sie die Hemden nähen!« – Die Alte kehrte nach Hause zurück und erzählte Wassilissa alles. »Ich wußte es«, sagte Wassilissa, »daß diese Arbeit an
meinen Händen nicht vorübergehen würde.« Sie schloß sich in
ihre Stube ein und machte sich an die Arbeit. Sie nähte, ohne ihre
Hände sinken zu lassen, und bald waren ein Dutzend Hemden
fertig. Die Alte trug die Hemden zum Zaren. Wassilissa wusch und
kämmte sich, kleidete sich an und setzte sich ans Fenster. Da saß
sie und wartete.

Und sie sah, auf den Hof der Alten kam ein Diener des Zaren. Er
trat in die Stube und sprach: »Der Zar, der Herr, will die Meiste-
rin sehen, die ihm diese Hemden gearbeitet hat, und er will sie selbst
belohnen mit seinen Zarenhänden.« Da ging sie und erschien vor
den Augen des Zaren. Als der Zar Wassilissa die Wunderschöne erblickte, da verliebte er sich in sie. »Du Schöne, ich werde mich nicht
von dir trennen, du wirst meine Frau.« Mit diesen Worten nahm
der Zar Wassilissa an ihren weißen Händen und setzte sie neben
sich, und nicht viel später wurde auch die Hochzeit gefeiert. Bald
danach kehrte Wassilissas Vater heim, freute sich über ihr Schicksal und wohnte fortan bei seiner Tochter. Die freundliche Alte nahm
Wassilissa auch zu sich, und das Püppchen trug sie bis an ihr Lebensende immer in der Tasche.

Die drei Zarenreiche:
das kupferne, das silberne und das goldene

In einem Zarenreiche, in einem Königreiche, lebte einst der Zar
Bel Beljanin. Er hatte eine Frau, Nastasja Goldhaar, und drei Söhne:
Pjoter Zarewitsch, Wassilij Zarewitsch und Iwan Zarewitsch. Einmal ging die Zarin mit ihren Kinderfrauen und Ammen im Garten spazieren. Plötzlich erhob sich ein starker Wirbelwind – daß
Gott erbarm! –, ergriff die Zarin und trug sie fort, man weiß nicht,
wohin. Der Zar trauerte und grämte sich sehr und weiß nicht, was
er machen soll.

Als die Zarensöhne herangewachsen waren, sprach er zu ihnen:
»Meine lieben Kinder, wer von euch reitet aus und sucht die Mutter?« Da machten sich die beiden älteren Söhne auf und ritten
davon; dann aber bat auch der Jüngste den Vater sehr, er möchte
ihn ziehen lassen. »Nein«, spricht der Zar, »du bist noch zu jung,
mein Sohn. Laß mich nicht ganz allein zurück!« – »Erlaube es mir,
Vater! Ich möchte so sehr gern durch die weiße Welt wandern und
die Mutter suchen.« Der Zar aber wollte und wollte es ihm nicht
erlauben – konnte es ihm aber doch nicht ausreden. »Na, nichts
zu machen, geh; Gott mit dir!«

Iwan Zarewitsch sattelte sein gutes Roß und machte sich auf den
Weg. Ob er nun lange ritt oder kurz – schnell läßt sich ein Mär-
chen erzählen, aber nicht schnell läßt sich eine Sache machen. So
kommt er zu einem Walde. In jenem Walde steht ein wunderbarer
Palast. Iwan Zarewitsch ritt auf den weiten Hof, sah einen alten
Mann und spricht: »Ich wünsche dir noch viele Jahre Gesundheit,
Alterchen!« – »Komm herein! Wer bist du denn, guter Bursche?« –
»Ich bin Iwan, der Sohn des Zaren Bel Beljanin und der Zarin
Nastasja Goldhaar.« – »Ach, mein lieber Neffe! Wohin führt dich
Gott?« – »So und so«, sagte er, »ich reite aus, um meine Mutter zu
suchen. Könntest du mir nicht sagen, Onkelchen, wo sie zu finden
ist?« – »Nein, Neffe, ich weiß es nicht. Aber ich will dir gern helfen,
soviel ich kann. Da hast du einen Knäuel, wirf ihn vor dich hin. Er

wird rollen und dich zu steilen, hohen Bergen führen. In jenen Bergen befindet sich eine Höhle. Geh dort hinein, nimm dort die eisernen Krallen, zieh sie über die Hände und Füße und klettere auf die Berge. Vielleicht findest du dort deine Mutter Nastasja Goldhaar.« –

Nun gut. Iwan Zarewitsch verabschiedete sich vom Onkel und warf den Knäuel vor sich hin. Der Knäuel rollt und rollt, er aber reitet hinter ihm her. Ob es lang dauerte oder kurz – da sieht er plötzlich: seine Brüder Pjoter Zarewitsch und Wassilij Zarewitsch haben mit großer Heeresmacht im weiten Felde ihr Lager aufgeschlagen. Die Brüder riefen: »Wohin des Wegs, Iwan Zarewitsch?« – »Es war langweilig zu Hause«, sagte er, »da wollte ich ausreiten und die Mutter suchen. Laßt eure Heere nach Hause gehen und reiten wir zusammen weiter.« Das taten sie denn. Sie entließen ihre Heeresmacht und ritten zu dritt hinter dem Knäuel her.

Schon von weitem sahen sie die Berge – so steil und hoch, daß sie – du lieber Gott! – mit ihren Gipfeln gegen den Himmel stießen. Der Knäuel rollte geradewegs zu einer Höhle. Iwan Zarewitsch stieg vom Pferde und sagt zu den Brüdern: »Da nehmt, Brüder, mein gutes Roß! Ich steige auf die Berge, um die Mutter zu suchen, ihr aber bleibt hier. Wartet genau drei Monate auf mich. Bin ich dann nicht zurück – so lohnt es nicht mehr zu warten!« Die Brüder denken: »Wie will er auf diese Berge steigen, ohne sich das Genick zu brechen? Nun«, sagen sie, »geh mit Gott, wir werden warten.« Iwan Zarewitsch trat zur Höhle. Da sieht er, daß sie mit einer eisernen Tür verschlossen ist. Er stieß mit aller Kraft dagegen – die Tür sprang auf. Er trat ein – die eisernen Krallen aber zogen sich ihm von selbst über Hände und Füße. Dann fing er an zu klettern. Einen ganzen Monat mühte er sich, und schließlich kam er hinauf. »Nun«, sagt er, »Gott sei Dank!«

Er ruhte sich ein wenig aus und ging dann durch die Berge. Er ging und ging, und ging und ging, da sieht er ein kupfernes Schloß, am Tor sind schreckliche Drachen an kupferne Ketten gelegt, es wimmelt nur so von ihnen! Daneben ein Brunnen, am Brunnen hängt eine kupferne Schöpfkelle an einem kupfernen Kettchen. Iwan

Zarewitsch nahm die Kelle, schöpfte mit ihr Wasser und tränkte die Drachen. Da wurden sie still, legten sich hin – er aber ging ins Schloß. Da eilt ihm die Zarin des kupfernen Zarenreichs entgegen: »Wer bist du, guter Bursche?« – »Ich bin Iwan Zarewitsch!« – »Bist du«, fragt sie, »freiwillig oder unfreiwillig hierher gekommen, Iwan Zarewitsch?« – »Freiwillig; ich suche meine Mutter Nastasja Goldhaar. Irgend so ein Wirbelwind hat sie aus dem Garten geraubt. Weißt du nicht, wo sie ist?« – »Nein, ich weiß es nicht, aber nicht weit von hier wohnt meine mittlere Schwester, die Zarin des silbernen Zarenreichs. Vielleicht weiß die es!« Sie gab ihm eine kupferne Kugel und einen kupfernen Ring: »Die Kugel«, sagt sie, »wird dich zu meiner mittleren Schwester führen, in diesem Ring aber ist das ganze kupferne Zarenreich drin. Wenn du den Wirbelwind besiegt hast, der auch mich hier gefangenhält und alle drei Monate hergeflogen kommt, dann vergiß mich Arme nicht – befreie mich von hier und nimm mich mit in die freie Welt!« – »Gut«, antwortete Iwan Zarewitsch, nahm die kupferne Kugel, warf sie vor sich hin – und sie rollte, der Zarewitsch aber ging ihr nach.
So kommt er ins silberne Zarenreich und sieht, da steht ein Palast, der ist noch schöner – ganz aus Silber. Am Tor schreckliche Drachen an silbernen Ketten, und daneben ein Brunnen mit einer silbernen Schöpfkelle. Iwan Zarewitsch schöpfte Wasser und gab den Drachen zu trinken – sie beruhigten sich und ließen ihn in den Palast. Da kommt die Zarin des silbernen Zarenreichs heraus: »Es sind bald drei Jahre«, sagt sie, »daß mich der mächtige Wirbelwind hier festhält, und so lange habe ich nichts Russisches gehört, nichts Russisches gesehen, und nun bist du vor meinen Augen erschienen. Wer bist du, guter Bursche?« – »Ich bin Iwan Zarewitsch!« – »Wie bist du denn hierhergekommen – freiwillig oder unfreiwillig?« – »Freiwillig, ich suche meine Mutter. Sie ging in den grünen Garten hinaus, da kam der Wirbelwind und trug sie fort, niemand kann sagen, wohin. Weißt du nicht, wo ich sie finden könnte?« – »Nein, ich weiß es nicht, aber nicht weit von hier wohnt meine ältere Schwester, die Zarin des goldenen Zarenreiches, Jelena die Wunderschöne. Vielleicht kann die es dir sagen. Da hast

du eine silberne Kugel. Wirf sie voraus und folge ihr, sie wird dich ins goldene Zarenreich führen. Aber sieh zu: wenn du den Wirbelwind tötest, dann vergiß mich Arme nicht! Befreie mich von hier und nimm mich mit in die freie Welt. Der Wirbelwind hält mich hier fest und kommt alle zwei Monate zu mir geflogen.« Dann gab sie ihm einen silbernen Ring: »In diesem Ring ist das ganze silberne Zarenreich drin!« Iwan Zarewitsch warf die Kugel vor sich hin. Wohin die Kugel rollt, dahin geht auch er.

Ob es lange dauerte, ob kurz, er sieht den goldenen Palast stehen – und der leuchtet wie Feuersglut. Am Tor wimmelt es von schrecklichen Drachen an goldenen Ketten, daneben aber ist ein Brunnen, am Brunnen hängt eine goldene Schöpfkelle an einem goldenen Kettchen. Iwan Zarewitsch schöpfte Wasser mit der Kelle und gab den Drachen zu trinken. Sie legten sich hin und wurden still. Da trat der Zarewitsch in den Palast. Dort aber empfängt ihn Jelena die Wunderschöne: »Wer bist du, guter Bursche?« – »Ich bin Iwan Zarewitsch!« – »Wie bist du denn hierhergekommen – freiwillig oder unfreiwillig?« – »Ich bin freiwillig gekommen. Ich suche meine Mutter Nastasja Goldhaar. Weißt du nicht, wo man sie finden kann?« – »Wie sollte ich das nicht wissen? Sie wohnt nicht weit von hier, und einmal wöchentlich kommt der Wirbelwind zu ihr geflogen, zu mir aber kommt er einmal im Monat. Da hast du eine goldene Kugel. Wirf sie vor dich hin und geh ihr nach – sie wird dich schon hinbringen; und dann nimm hier noch den goldenen Ring – in diesem Ring ist das ganze goldene Zarenreich drin! Aber sieh zu, Zarewitsch: wenn du den Wirbelwind besiegst, dann vergiß mich Arme nicht, nimm mich mit in die freie Welt!« – »Gut«, sagt er, »ich nehme dich schon mit!«

Iwan Zarewitsch warf die Kugel vor sich hin und ging hinterher. Er ging und ging und kommt zu solch einem Palast, daß – na einfach, Herr du meine Güte! – er brennt nur so in Diamanten und Brillanten. Am Tor wimmelt es von sechsköpfigen Drachen. Iwan Zarewitsch gab ihnen zu trinken, die Drachen wurden ganz friedlich und ließen ihn in den Palast gehen. So geht der Zarewitsch durch große Räume, und im allerletzten, da findet er seine Mutter.

Sie sitzt auf einem hohen Thron, gekleidet in Zarenkleider, gekrönt mit einer kostbaren Krone. Sie schaute auf den Gast und rief: »Ach, mein Gott, bist du nicht mein Lieblingssohn? Wie bist du hierhergeraten?« – »So und so«, sagt er, »ich wollte dich zurückholen.« – »Nun, lieber Sohn, das wird nicht so leicht gehen, denn hier auf den Bergen herrscht der böse, mächtige Wirbelwind, und alle Geister müssen ihm gehorchen. Mich hat er auch fortgetragen. Du wirst mit ihm kämpfen müssen! Komm schnell in den Keller!« Sie gingen hinunter in den Keller. Dort standen zwei Kübel mit Wasser: einer zur Rechten, der andere zur Linken. Spricht die Zarin Nastasja Goldhaar: »Trink mal vom Wasser, das rechts steht!« Iwan Zarewitsch trank. »Nun, wie ist dir? Wieviel Kraft fühlst du in dir?« – »Ich bin so stark, daß ich den ganzen Palast mit einer Hand umdrehen kann!« – »Na, trink noch etwas!« Der Zarewitsch trank. »Wieviel Kraft ist jetzt in dir?« – »Jetzt? Wenn ich wollte, dann könnte ich die ganze Welt umdrehen!« – »Ach«, sagte die Zarin, »das ist schon etwas zu viel! Stell mal diese beiden Kübel um: den, der rechts steht, trage nach links, und den, der links steht, trage nach rechts!« Iwan Zarewitsch nahm die Kübel und stellte sie so, wie die Mutter gesagt hatte. »Jetzt hör mal zu, mein lieber Sohn: in dem einen Kübel ist das Wasser der Kraft, im andern das Wasser der Schwäche. Wer vom ersten trinkt, der wird ein starker und mächtiger Held, wer aber vom zweiten trinkt, der wird ganz schwach. Der Wirbelwind trinkt immer das Wasser der Kraft und stellt es zur Rechten. Nun, vielleicht werden wir jetzt mit ihm fertig!«

Sie kehrten in den Palast zurück. »Bald kommt der Wirbelwind geflogen«, sagt die Zarin zu Iwan Zarewitsch »Setz dich unter meinen Purpurmantel, damit er dich nicht sieht! Wenn aber der Wirbelwind kommt und sich auf mich stürzt, um mich zu umarmen und zu küssen, dann faß seine Schlachtkeule! Er wird ganz hoch in die Lüfte steigen, wird dich mit sich tragen über Meere und über Abgründe, du aber paß auf, laß die Keule nicht los! Wenn er dann müde ist, wird er vom Wasser der Kraft trinken wollen, wird in den Keller hinuntersteigen und sich zum Kübel stürzen, der zur Rechten steht; du aber trink schnell aus dem Kübel zur Linken! Er wird ganz schwach werden. Dann reiß ihm sein Schwert von der Seite und schlag ihm den Kopf ab. Sobald sein Kopf ab ist, werden hinter dir Stimmen rufen: Schlag noch! Schlag noch! Du aber, lieber Sohn, schlag nicht, sondern sage: Eine Heldenhand schlägt nicht zweimal, sie macht alles mit einem Schlag!«

Kaum hatte sich Iwan Zarewitsch unter dem Purpurmantel versteckt, als es plötzlich draußen ganz dunkel wurde und alles rundum erbebte. Der Wirbelwind kam geflogen, schlug gegen die Erde, wurde zum guten Burschen und tritt in den Palast. In den Händen hält er die Schlachtkeule. »Pfui-pfui-pfui! Was riecht es hier bei dir nach Russen. War Besuch da?« Da antwortet die Zarin: »Ich weiß nicht, weshalb glaubst du das?« Der Wirbelwind stürzte zu ihr hin, um sie zu umarmen, zu küssen, Iwan Zarewitsch aber griff sofort nach der Schlachtkeule. »Ich fresse dich!« brüllte der Wirbelwind. »Na, die Großmutter sagt immer: Entweder du frißt mich, oder du frißt mich nicht! – Das wird man noch sehen!«

Der Wirbelwind riß sich hoch – zum Fenster hinaus und ins Firmament. Wo er den Iwan Zarewitsch alles mit sich herumschleppte, ist gar nicht zu sagen! Über Berge: »Jetzt gleich zerschmettere ich dich da unten!«, und über Meere: »Jetzt gleich ertränke ich dich da unten!« Doch der Zarewitsch hält fest, läßt die Keule nicht los. Die ganze Welt durchflog der Wirbelwind, wurde sehr müde und begann sich hinunterzulassen, kam schließlich geradewegs in den Keller hinein, rannte zum Kübel, der rechter Hand stand, und trank mit gierigen Zügen das Wasser der Schwäche. Iwan Zarewitsch aber stürzte nach links, trank vom Wasser der Kraft und wurde zum mächtigsten Helden der ganzen Welt. Er sieht, daß der Wirbelwind ganz schwach geworden ist, riß ihm sein scharfes Schwert von der Seite und schlug ihm mit einem Hiebe den Kopf herunter. Da ertönten hinter ihm Stimmen: »Schlag noch! Schlag noch! Sonst wird er wieder lebendig!« – »Nein«, antwortet der Zarewitsch, »eine Heldenhand schlägt nicht zweimal, ein Schlag genügt!« Dann machte er ein großes Feuer, verbrannte Körper und Kopf des Wirbelwindes und blies die Asche in alle Winde.

Iwans Mutter war so froh! »Nun«, sagt sie, »mein vielgeliebter Sohn, laß uns fröhlich sein, laß uns speisen, und dann schnell nach Hause! Denn hier ist es langweilig, viel zu einsam!« – »Und wer wird uns beim Essen bedienen?« – »Das wirst du schon sehen!« Kaum hatten die beiden dieses gedacht und gesprochen, so fing der Tisch auch schon an, sich zu decken; die Speisen und Weine erschienen von selbst. Die Zarin und der Zarewitsch sitzen am Tisch und essen, und eine unsichtbare Musik spielt dazu wunderbare Lieder. Als sie sich satt gegessen und getrunken hatten, ruhten sie sich aus. Und Iwan Zarewitsch spricht: »Gehen wir, Mutter, es ist Zeit! Am Fuße der Berge warten die Brüder auf uns. Und außerdem muß man noch unterwegs drei Zarinnen befreien, die hier beim Wirbelwind lebten.« Sie packten alles zusammen, was sie brauchten, und machten sich auf den Weg und auf die Reise.

Zuerst holten sie die Zarin des goldenen Zarenreichs, dann die Zarin des silbernen und schließlich die Zarin des kupfernen Zarenreichs. Sie nahmen sie mit sich, nahmen auch Leinwand und allerhand andere Dinge mit und kamen in kurzer Zeit an die Stelle, wo man sich von den Bergen hinunterlassen muß. Iwan Zarewitsch ließ zuerst an der Leinwand die Mutter hinunter, dann Jelena die Wunderschöne und ihre beiden Schwestern. Die Brüder stehen unten – warten, und denken bei sich: »Lassen wir doch Iwan Zarewitsch oben, die Mutter und die Zarinnen aber wollen wir zum Vater bringen, und wir wollen sagen, daß wir sie gefunden haben.« – »Jelena die Wunderschöne nehme ich mir«, spricht Pjoter Zarewitsch, »die Zarin des silbernen Zarenreiches nimmst du, Wassilij Zarewitsch, die Zarin des kupfernen Zarenreiches aber kann meinetwegen irgendein General bekommen.«

Und so geschah es. Als Iwan Zarewitsch sich gerade von den Bergen herunterlassen wollte, da faßten seine älteren Brüder die Leinwand, zerrten an ihr und rissen sie ganz ab. So blieb Iwan Zarewitsch auf den Bergen. Was sollte er machen? Er weinte bitterlich und ging dann zurück. Er ging und ging – durch das kupferne Zarenreich, und durch das silberne, und durch das goldene – nirgends eine Seele zu finden! Da kommt er in das diamantene Zarenreich – auch hier keine Menschenseele. Ja, was soll man so allein? Das ist schon eine tödliche Langeweile! Da sieht er – auf der Fensterbank liegt eine Flöte. Er nimmt sie in die Hand: »Ich will mal«, sagt er, »aus Langeweile etwas blasen.«

Kaum erklangen die ersten Töne, da standen der Lahme und der Einäugige vor ihm: »Was wünschst du, Iwan Zarewitsch?« – »Essen will ich.« Sofort, wer weiß, woher, war der Tisch gedeckt, und auf dem Tische standen die allerbesten Weine und Speisen. Iwan Zarewitsch aß und denkt: »Jetzt wäre es nicht schlecht, etwas auszuruhen.« Er blies auf der Flöte, und es erschienen der Lahme und der Einäugige: »Was wünschst du, Iwan Zarewitsch?« – »Das Bett soll gemacht sein.« Kaum hatte er das gesagt, da stand auch schon ein wunderschön gemachtes Bett vor ihm. Er legte sich hinein, schlief sich gut aus und blies wieder auf der Flöte. »Was befiehlst du?« fragen ihn der Lahme und der Einäugige. »Dann ist also alles möglich?« fragt der Zarewitsch. »Alles ist möglich, Iwan Zarewitsch! Wer auf dieser Flöte bläst, für den tun wir alles. Wie wir bisher dem Wirbelwind gedient haben, so sind wir glücklich, jetzt dir zu dienen; nur mußt du diese Flöte immer bei dir haben.« – »Gut denn«, spricht Iwan Zarewitsch, »ich möchte sofort in meinem Zarenreich sein!«

Kaum hatte er das gesagt, so war er auch schon in seinem Zarenreiche, mitten auf dem Markt. Er geht über den Markt. Da kommt ihm ein Schuster entgegen – so ein lustiger Kerl! Der Zarewitsch fragt: »Wohin gehst du, lieber Mann?« – »Ich gehe Frauenschuhe verkaufen, sieh, was für schöne, hohe Absätze! Ich bin Schuster.« – »Nimm mich als Gesellen zu dir.« – »Kannst du denn Frauenschuhe machen?« – »Alles, was du willst, kann ich, nicht nur Frauenschuhe – auch Kleider kann ich nähen.« – »Na, dann komm mit!« Sie kamen nach Hause. Da sagt der Schuster: »Nun, mach mal was! Hier hast du allerbestes Material. Will doch sehen, was du kannst.« Iwan Zarewitsch ging in seine Kammer, holte seine Flöte hervor, blies – da standen schon der Lahme und der Einäugige vor ihm: »Was befiehlst du, Iwan Zarewitsch?« – »Daß mir zu morgen die Schuhe fertig sind!« – »Oh, das ist kein Dienst, das ist ja nur ein kleines Dienstchen!« – »Hier ist auch Material!« – »Das soll Material sein?! Ein Dreck ist das, weiter nichts. Aus dem Fenster damit!« Am nächsten Morgen erwacht der Zarewitsch, da stehen auf dem Tisch die allerbesten, ja ganz herrliche Schuhe. Dann stand auch der Meister auf. »Na, mein Junge hast du die Schuhe fertig?« – »Jawohl.« – »Nun, zeig mal!« Er sah sich die Schuhe an, war ganz erstaunt und sagte nur: »Ach, was habe ich für ein Glück! Du bist ja mehr als ein Meister, du bist ein Wunder!«

Er nahm die Schuhe und trug sie zum Verkauf auf den Markt. Damals wurden gerade drei Hochzeiten beim Zaren ausgerichtet: Pjoter Zarewitsch wollte Jelena die Wunderschöne heiraten, Wassilij Zarewitsch die Zarin des silbernen Zarenreiches, die Zarin des kupfernen Zarenreiches aber wurde an irgendeinen General verheiratet. Zu diesen Hochzeitsfesten wurde viel Putz und Staat eingekauft. Jelena die Wunderschöne brauchte ein paar Schuhe. Es erwies sich, daß unser Schuster die besten Schuhe hatte. Man führte ihn in den Palast. Als Jelena die Wunderschöne die Schuhe sah, rief sie: »Was ist denn das? Nur auf den Bergen versteht man, solche Schuhe zu machen.« Sie zahlte dem Schuster einen hohen Preis und sagte: »Du machst mir, ohne Maß zu nehmen, ein zweites Paar Schuhe, die müssen ganz wunderbar genäht sein, geschmückt mit Diamanten, besetzt mit Brillanten. Und morgen müssen sie fertig sein, sonst kommst du an den Galgen!«

Der Schuster nahm das Geld und die Diamanten. Er geht nach Hause und ist ganz traurig. »Schlimm!« sagt er, »was soll ich jetzt tun? Wie soll ich bis morgen solche Schuhe machen, und noch dazu, ohne Maß zu nehmen? Es ist ja klar, daß man mich morgen hängen wird! Ich will noch einmal zu guter Letzt mit meinen Freunden fröhlich sein.« Er ging ins Wirtshaus. Freunde hatte er eine Menge, und die fragen ihn gleich: »Was bist du so traurig, Bruder?« – »Ach, liebe Freunde, morgen werde ich gehängt!« – »Wofür das?« Der Schuster erzählte seinen Kummer: »Was lohnt es sich da noch, an die Arbeit zu denken? Laßt uns lieber zu guter Letzt noch eins trinken!« So tranken sie denn viel und zechten lange, und den Schuster schaukelt es schon. »Na«, sagt er, »ich nehme noch ein Fäßchen Schnaps mit nach Hause und lege mich schlafen. Morgen aber, wenn sie kommen werden, um mich zu hängen, dann gieße ich sofort einen Eimer voll hinunter. Mögen sie dann einen Bewußtlosen hängen.«

So kommt er nach Hause. »Nun, du Verfluchter«, sagt er zu Iwan Zarewitsch, »da siehst du, was deine Schuhe angerichtet haben … so und so … am Morgen, wenn sie mich holen kommen, weck mich sofort!« In der Nacht holte Iwan Zarewitsch seine Flöte heraus, blies auf ihr – und es erschienen der Lahme und der Einäugige. »Was befiehlst du, Iwan Zarewitsch?« – »Die und die Schuhe haben fertig zu sein.« – »Zu Befehl!« Iwan Zarewitsch legte sich schlafen. Am Morgen wacht er auf – da stehen ein Paar Schuhe auf dem Tisch und leuchten wie Feuer. Er geht und weckt den Meister: »Meister, aufstehen!« – »Was, sind sie schon da? Gib schnell das Fäßchen, hier ist das Glas – gieß ein! Mögen sie einen Betrunkenen hängen!« – »Die Schuhe sind doch fertig.« – »Wie, fertig? Wo sind sie?« Da lief der Meister hin, sah sie an: »Ach, wann haben wir beide denn das fertiggebracht?« – »Nachts doch! Erinnerst du dich nicht, Meister, wie wir zusammen zuschnitten und nähten?« – »Ich muß es ganz überschlafen haben, mein Lieber; nur sehr dunkel entsinne ich mich!«

Er nahm die Schuhe, wickelte sie ein und lief in den Palast. Jelena die Wunderschöne sah die Schuhe und dachte sich gleich: »Sicher haben das die Geister für Iwan Zarewitsch gemacht.« – »Wie hast du das gemacht?« fragt sie den Schuster. »Ich, ja, ich,« sagt er, »kann alles!« – »Wenn das so ist, dann mach mir ein Hochzeitskleid, mit Gold ausgenäht, übersät mit Brillanten und Diamanten. Und daß es mir morgen früh fertig ist, denn sonst – Kopf runter!« Da geht der Schuster wieder ganz traurig seines Weges, die Freunde aber warten schon auf ihn. »Na, wie steht's?« – »Ach was«, sagt er, »eine ganz verfluchte Sache! Eine Geißel der Christenheit ist über mich gekommen. Sie hat mir befohlen, bis morgen ein Kleid zu nähen, mit Gold und mit Edelsteinen. Bin ich vielleicht Schneider? Sicher wird mir morgen der Kopf abgeschlagen.« – »Ach, Bruder, der Morgen ist weiser als der Abend. Gehen wir trinken!« Sie gingen ins Wirtshaus und tranken viel und zechten lange. Der Schuster betrank sich wieder sehr, nahm auch ein ganzes Fäßchen Schnaps mit nach Hause und spricht zu Iwan Zarewitsch: »Nun, Bursche, morgen, wenn du mich weckst, gieße ich sofort einen ganzen Eimer voll hinunter, mögen sie einem Betrunkenen den Kopf abschlagen! Denn solch ein Kleid bringe ich mein Lebtag nicht zustande!«

Der Meister legte sich schlafen, fing an zu schnarchen, Iwan Zarewitsch aber blies auf seiner Flöte – da erschienen der Lahme und der Einäugige: »Was befiehlst du, Zarewitsch?« – »Ein Kleid muß morgen fertig sein – genau so eines, wie es Jelena die Wunderschöne beim Wirbelwind getragen hat.« – »Zu Befehl, es wird fertig sein!«

Ganz früh am Morgen erwachte Iwan Zarewitsch, das Kleid aber liegt schon auf dem Tisch, leuchtet wie Feuer – die Kammer ist taghell. Da weckte er den Meister. Der riß die Augen auf: »Was, sind sie schon da? – Schnell, gib den Schnaps her!« – »Das Kleid ist doch fertig …« – »Ist's wahr?! Wann haben wir denn das gemacht?« – »Nachts doch, hast du es schon vergessen? Du hast es doch selbst zugeschnitten.« – »Ach, mein Lieber, nur sehr dunkel kann ich mich daran erinnern, fast so wie im Traum.«

Dann nahm der Schuster das Kleid und rannte ins Schloß. Jelena die Wunderschöne gab ihm viel Geld und befiehlt: »Hör zu, daß mir morgen bei Tagesanbruch am Meere, sieben Werst von hier, das goldene Zarenreich steht, und daß mir von dort bis zu unserem Palast hier eine goldene Brücke geschlagen ist! Die Brücke soll mit bestem Sammet bedeckt sein, rechts und links von ihr sollen wunderbare Bäume wachsen, und Singvögel sollen vielstimmig singen. Schaffst du mir das nicht bis morgen – dann lasse ich dich vierteilen!« Da ging der Schuster von Jelena der Wunderschönen fort und ließ den Kopf hängen. Aber da kommen ihm schon die Freunde entgegen: »Na, was ist, Bruder?« – »Ach was, verloren bin ich, morgen werde ich geviertelt. Sie hat mir eine solche Aufgabe gestellt, daß kein Teufel sie lösen kann.« – »Laß gut sein! Der Morgen ist weiser als der Abend, gehen wir ins Wirtshaus.« – »Ach ja, gehn wir! Zu guter Letzt noch einmal fröhlich sein.« So tranken und tranken sie. Der Schuster betrank sich bis zum Abend so sehr, daß man ihn nach Hause führen mußte. »Leb wohl, Bursche!« sagt er zu Iwan Zarewitsch, »morgen werde ich hingerichtet.« – »Was ist denn los? Hast du einen neuen Auftrag bekommen?« – »Ja, das und das!« Damit lag er schon und schnarchte.

Iwan Zarewitsch aber ging sofort in seine Kammer, blies auf der Flöte – und es erschienen der Lahme und der Einäugige: »Was befiehlst du, Iwan Zarewitsch?« – »Ihr müßt mir den und den Dienst erweisen …« – »Ja, Iwan Zarewitsch, das ist kein kleiner Dienst, das ist ein richtiger Dienst! Aber nichts zu machen – zum Morgen wird alles fertig sein.« Am nächsten Tage, kaum daß es anfing, hell zu werden, erwachte Iwan Zarewitsch, schaute aus dem Fenster – Herr, du meine Güte! – alles ist da: der goldene Palast strahlt wie Feuer. Er weckte den Meister. Der sprang auf: »Was? Holen sie mich schon? Schnell, gib den Schnaps her! Mögen sie einen Betrunkenen hinrichten!« – »Nein, nein, der Palast ist doch fertig!« – »Was sagst du da?« Der Schuster schaute aus dem Fenster und staunte: »Wie ist denn das gekommen?« – »Ja, erinnerst du dich denn nicht, wie wir da beide bauten?« – »Ach, ich habe die ganze Erinnerung verschlafen; nur so ganz dunkel weiß ich's noch!«

Sie liefen in den goldenen Palast – hat man solchen Reichtum schon je gesehen? Nie hat man von solchem Reichtum gehört! Spricht Iwan Zarewitsch: »Da nimm, Meister, das Tuch und wische den Staub vom Brückengeländer; und wenn jemand kommt und fragt, wer da wohl im Palast wohnt – dann antworte nicht, gib nur dieses Briefchen ab.« Gut. Der Schuster ging also und begann, auf dem Geländer Staub zu wischen. Als Jelena die Wunderschöne aufwachte, sah sie den goldenen Palast und lief gleich zum Zaren. »Seht, Eure Majestät, was bei uns geschehen ist! Am Meeresufer ist ein goldener Palast erbaut, von diesem Palast zieht sich sieben Werst weit eine Brücke, um die Brücke aber wachsen wunderbare Bäume, und in ihnen singen vielstimmige Vögel.« Der Zar schickte sofort Boten, die sollten erkunden, was das zu bedeuten habe und ob nicht irgendein Held sein Zarenreich belagere.

Die Abgesandten kommen zum Schuster und fragen, er aber sagt: »Ich weiß von nichts, aber ich habe ein Briefchen an euren Zaren.« In diesem Briefchen erzählte Iwan Zarewitsch dem Zaren alles, wie es gewesen war. Wie er die Mutter befreite, wie er Jelena die Wunderschöne erlangte und wie seine älteren Brüder ihn betrogen hatten. Zusammen mit dem Briefchen schickt Iwan Zarewitsch goldene Kutschen und lädt den Zaren und die Zarin, Jelena die Wunderschöne und ihre beiden Schwestern zu sich ein. Die Brüder aber sollten hintennach in einfachen Lastschlitten gebracht werden. Und alle machten sich gleich auf und fuhren hin. Iwan Zarewitsch empfing sie voll Freude. Der Zar wollte die älteren Söhne wegen ihrer Untreue mit dem Tode bestrafen, aber Iwan Zarewitsch bat den Vater, es nicht zu tun. Und so verzieh er ihnen. Dann fing ein großes Fest an. Iwan Zarewitsch heiratete Jelena die Wunderschöne, Pjoter Zarewitsch bekam die Zarin des silbernen Zarenreichs, Wassilij Zarewitsch die Zarin des kupfernen Zarenreichs, und der Schuster wurde zum General befördert. Auf diesem Feste war ich auch, trank Met und Wein, wie es so Brauch; es floß mir wohl den Bart entlang, kam aber nicht im Munde an.

Die Baba-Jaga und der kecke Junge

Es lebten einmal zu dritt der Kater, der Spatz und der kecke Junge. Der Kater und der Spatz gingen in den Wald Holz schlagen und sagen zum kecken Jungen: »Hüte das Haus und paß auf! Wenn die Baba-Jaga kommt und anfängt, die Löffel zu zählen, dann sag nichts, halt den Mund!« – »Schon gut«, antwortete der kecke Junge. Der Kater und der Spatz gingen fort, der kecke Junge aber setzte sich auf den Ofen, hinter den Schornstein. Plötzlich kommt die Baba-Jaga, nimmt die Löffel und fängt an, sie zu zählen: »Das ist des Katers Löffel, das ist des Spatzen Löffel, und der dritte gehört dem kecken Jungen.« Da hielt es der kecke Junge nicht aus und schrie: »Rühr meinen Löffel nicht an, Baba-Jaga!« Da packte die Baba-Jaga den kecken Jungen, setzte sich in ihren Mörser und fuhr mit ihm davon. So fährt sie im Mörser, treibt ihn mit dem Stößel an und verwischt ihre Spur mit dem Besen. Der kecke Junge aber brüllt: »Lauf schnell herbei, Kater! Flieg schnell herbei, Spatz!« Die hörten es und kamen schnell herbei. Der Kater fing an, die Baba-Jaga zu kratzen, und der Spatz hackte sie. So nahmen sie ihr den kecken Jungen fort.

Am nächsten Tage machten sie sich wieder in den Wald auf, um Holz zu holen, und sagen dem kecken Jungen: »Paß auf, wenn die Baba-Jaga kommt, dann sag kein Wort! Wir müssen diesmal weit fort.« Kaum hatte sich der kecke Junge hinter den Schornstein auf den Ofen gesetzt, da erschien wieder die Baba-Jaga und fing an, die Löffel zu zählen: »Das ist des Katers Löffel, das ist des Spatzen Löffel und der dritte gehört dem kecken Jungen.« Der kecke Junge hielt es nicht aus und brüllte: »Rühr meinen Löffel nicht an, du Baba-Jaga!« Da packte die Baba-Jaga den kecken Jungen und schleppte ihn fort. Er aber heult: »Lauf schnell herbei, Kater! Flieg schnell herbei, Spatz!« Die hörten es und kamen eilig zu Hilfe. Der Kater kratzt die Baba-Jaga, der Spatz hackt nach ihr. So nahmen sie ihr den kecken Jungen fort und gingen nach Hause.

Am dritten Tage machten sie sich wieder in den Wald auf, um Holz zu schlagen. Und sie sprechen zum kecken Jungen: »Paß auf, wenn die Baba-Jaga kommt, dann sag kein Wort! Wir müssen dieses Mal sehr weit fort.« Der Kater und der Spatz gingen fort, der kecke Junge aber setzte sich zum drittenmal hinter das Ofenrohr. Plötzlich nimmt die Baba-Jaga wieder die Löffel und zählt sie: »Das ist des Katers Löffel, das ist des Spatzen Löffel, und der dritte gehört dem kecken Jungen.« Der kecke Junge aber schweigt. Da zählte die Baba-Jaga zum zweitenmal: »Das ist des Katers Löffel, das ist des Spatzen Löffel, und dieser gehört dem kecken Jungen.« Der kecke Junge schweigt. Zum drittenmal zählte die Baba-Jaga: »Das ist des Katers Löffel, das ist des Spatzen Löffel, der dritte gehört dem kecken Jungen.« Da hielt es der kecke Junge nicht aus und schrie laut: »Laß meinen Löffel in Ruhe, du alte Hexe!« Die Baba-Jaga packte den kecken Jungen und schleppte ihn mit sich fort. Er aber schreit: »Lauf schnell herbei, Kater! Flieg schnell herbei, Spatz!« Doch seine Freunde hörten ihn nicht.

So brachte die Baba-Jaga den kecken Jungen zu sich nach Hause, setzte ihn in einen Verschlag, heizte den Ofen und sagte zur ältesten Tochter: »Ich geh noch mal nach Rußland. Brat mir zum Mittagessen den kecken Jungen!« – »Schon gut!« sagt die Tochter. Als der Ofen heiß war, ließ das Mädchen den kecken Jungen aus dem Verschlag herauskommen. »Leg dich auf die Pfanne«, sagt das Mädchen. Der kecke Junge legte sich hin, aber er streckte ein Bein gegen die Decke, das andere gegen den Fußboden. Sie sagt: »Nicht so, nicht so!« Der kecke Junge fragt: »Wie denn? Zeig es mir!« Das Mädchen legte sich auf die Pfanne. Der kecke Junge war aber nicht faul, faßte den Griff und stieß die Pfanne mitsamt der Jaga-Tochter in den Ofen, selbst aber kroch er wieder in den Verschlag. Dort sitzt er nun und wartet auf die Baba-Jaga. Plötzlich kam die Baba-Jaga angelaufen und spricht: »Ah, ich möchte mich mal auf den Knochen des kecken Jungen ausstrecken und in ihnen herumwühlen!« Der kecke Junge aber antwortet ihr: »Streck dich doch aus, wühl doch herum in den Knochen deiner Tochter!« Da fuhr die Baba-Jaga auf, sah hin: ihre eigene Tochter gebraten! Und sie heulte: »Ah, du Spitzbube, warte, du entgehst mir nicht!«

Dann befahl sie der zweiten Tochter, den kecken Jungen zu braten. Selbst aber fuhr sie fort. Die zweite Tochter heizte den Ofen und befiehlt dem kecken Jungen herauszukommen. Der kecke Junge legte sich auf die Pfanne, streckte ein Bein gegen die Decke, das andere gegen den Fußboden. Das Mädchen sagt: »Nicht so, nicht so!« – »Wie denn sonst?!« Das Mädchen legte sich auf die Pfanne. Der kecke Junge faßte zu und stieß sie in den Ofen, selbst aber kroch er wieder in den Verschlag und sitzt dort. Plötzlich ist die Baba-Jaga wieder da. »Mal sich ausstrecken auf den Knochen des Jungen, mal in ihnen herumwühlen, ha!« Er antwortet: »Streck dich aus, wühl doch in den Knochen deiner Tochter!« Da wurde die Jaga rasend vor Wut: »Na, wart mein Lieber, entkommst mir nicht!« Und sie befiehlt der jüngsten Tochter, ihn zu braten. Kam gar nicht in

Frage, der kecke Junge briet auch diese! Noch schlimmer wütete die Baba-Jaga: »Wart«, sagt sie, »du entkommst mir nicht!« Sie heizt den Ofen und schreit: »Komm heraus, kecker Junge, leg dich da auf die Pfanne!« Der kecke Junge legte sich hin, streckte ein Bein zur Decke, das andere zum Fußboden und paßte nicht ins Ofenloch. Die Baba-Jaga sagt: »Nicht so, nicht so!« Der kecke Junge aber tut, als ob er nicht versteht. »Ich«, sagt er, »weiß es nicht besser, zeig es mir!« Sogleich legte sich die Baba-Jaga auf die Pfanne und rollte sich zusammen. Der kecke Junge, nicht faul, packte zu und stieß sie in den Ofen. Selbst aber lief er nach Hause und erzählte es den Freunden: »Seht, was ich mit der Baba-Jaga gemacht habe!«

Gänse-Schwäne

Es lebten einmal ein Mann und eine Frau. Sie hatten eine Tochter und einen kleinen Sohn. »Tochter, liebe Tochter!« sagte die Mutter, »der Vater und ich gehen jetzt zur Arbeit, bringen dir ein Brötchen, nähen dir ein Kleidchen, kaufen dir ein Tüchlein. Sei klug, gib aufs Brüderchen acht, geh nicht vom Hof fort, laß ihn nicht aus den Augen!« Als die Eltern gegangen waren, vergaß die Tochter, was man ihr gesagt hatte. Sie setzte den kleinen Bruder aufs Gras unter das Fenster, selbst aber lief sie hinaus auf die Straße, spielte und vergnügte sich. Da kamen die Gänse-Schwäne geflogen, ergriffen den Knaben und trugen ihn auf ihren Flügeln fort. Als das Mädchen zurückkam, war der Bruder weg! Sie rief nach ihm und lief hierhin und dorthin – aber er war nicht zu finden. Und so viel sie auch rief und weinte und jammerte, daß Vater und Mutter sie bestrafen würden – der Bruder antwortete nicht! Da lief sie ins weite Feld und sah, wie die Gänse-Schwäne ganz in der Ferne noch einmal mit den Flügeln schlugen und dann hinter dem dunklen Walde verschwanden. Die Gänse-Schwäne waren schon längst bekannt dafür, daß sie viel Schaden anrichteten und kleine Kinder stahlen. Das Mädchen erriet, daß sie auch den kleinen Bruder fortgetragen hatten, und lief ihnen nach.

So lief und lief sie, da steht am Wege ein Backofen. »Ofen, Ofen, sag, wo sind die Gänse hingeflogen?« – »Iß von meinen Pasteten aus Roggenmehl, dann sag ich's dir!« – »Oh, bei meinem Vater werden nicht einmal Pasteten aus Weizenmehl gegessen!« Da sagte es der Ofen nicht. Sie aber lief weiter, da steht vor ihr ein Apfelbaum. »Apfelbaum, Apfelbaum, sag, wo sind die Gänse hingeflogen?« – »Iß eins von meinen Holzäpfelchen – dann sag ich's dir.« – »Oh, bei meinem Vater werden nicht einmal Gartenäpfel gegessen!« Dann lief sie weiter, da fließt ein Milchbach zwischen Ufern aus Roter Grütze! »Milchbach, Rote-Grütze-Ufer, wo sind die Gänse hingeflogen?« – »Iß von meiner Roten Grütze mit Milch – dann sag ichs dir.« – »Oh, bei meinem Vater wird sie nicht einmal mit Sahne gegessen!« Und noch lange wäre sie durch die Felder gelaufen und durch die Wälder geirrt, glücklicherweise aber traf sie den Igel. Sie wollte ihn schon beiseite stoßen, fürchtete aber, sich zu stechen, und fragte: »Igel, Igelchen, hast du nicht gesehen, wo die Gänse hingeflogen sind?!« – »Da, dorthin!« zeigte er. Da lief sie auch schon.

Plötzlich steht vor ihr eine kleine Hütte auf Hühnerfüßen, steht und dreht sich. In der Hütte sitzt die Baba-Jaga, die Hexe, das Gesicht aus Sehnen, der Fuß aus Lehm. Und da sitzt auch der kleine Bruder auf einem Bänkchen und spielt mit goldenen Äpfeln. Als die Schwester ihn erblickte, stahl sie sich heran, ergriff ihn und trug ihn fort. Die Gänse aber verfolgen sie, die Bösewichte sind schon ganz nah – wohin soll sie sich mit dem kleinen Bruder verstecken? Da läuft der Milchbach vorüber mit den Ufern aus Roter Grütze. »Lieber Bach, lieber Bach, versteck mich schnell!« – »Iß von meiner Roten Grütze!« Nichts zu machen, sie aß davon. Da setzte sie der Bach unter sein Ufer und die Gänse flogen drüber weg. Das Mädchen trat heraus und bedankte sich! Dann lief sie weiter. Die Gänse aber haben kehrtgemacht und kommen ihr entgegengeflogen. So ein Unglück! Was soll man tun? Da steht der

Apfelbaum. »Apfelbaum, lieber Apfelbaum, versteck mich!«–»Iß
ein Holzäpfelchen!« Sie aß es ganz schnell. Der Apfelbaum deckte
sie mit seinen Zweigen und Blättern zu. Die Gänse flogen vorüber.
Und wieder läuft sie mit dem kleinen Bruder. Die Gänse aber be-
merkten sie und kamen geflogen. Schon ganz nah sind sie, berühren sie mit den Flügeln, gleich werden sie ihr den Bruder aus den
Armen reißen! Zum Glück steht am Wege der Ofen. »Herr Ofen,
Herr Ofen, versteck mich!«–»Iß von meiner Pastete aus Roggenmehl!« Das Mädchen steckte schnell ein Stück Pastete in den
Mund, dann kroch sie in den Ofen und setzte sich ins Ofenloch.
Die Gänse flogen lange um den Ofen herum, schrien und schrien
und mußten ohne den kleinen Knaben fortfliegen. Das Mädchen
aber kam nach Hause gelaufen, und es war gut, daß sie noch recht-
zeitig ankam, kurz bevor die Eltern heimkehrten.

Fürst Danilo und seine Schwester

Es lebte einmal eine Fürstin. Sie hatte einen Sohn und eine Tochter, die waren stattlich und schön. Das mißfiel einer bösen Hexe,
und sie dachte darüber nach, wie sie die beiden ins Unglück bringen könnte. Sie verwandelte sich in eine Füchsin, kam zur Fürstin
und sprach: »Liebe Frau Gevatterin, da hast du einen Ring, steck
ihn deinem kleinen Sohn an den Finger, dann wird er immer reich
und klug sein! Nur darf er den Ring nicht vom Finger ziehen, und
er muß das Mädchen heiraten, dem mein Ring paßt!« Die Fürstin
glaubte der Füchsin, freute sich, und bevor sie starb, befahl sie dem
Sohn, nur eine Frau zu nehmen, der der Ring passen würde.
Die Zeit vergeht, der Sohn wächst heran. Als er erwachsen war,
fing er an, sich eine Braut zu suchen. Bald gefällt ihm diese, bald
gefällt ihm jene, wenn sie aber den Ring anprobieren, ist er entweder zu klein oder zu groß. Keiner paßt er. So ritt er überall umher, durch die Dörfer, durch die Städte, aber keinem schönen

Mädchen paßte sein Ring, und die ihm Vorherbestimmte fand er nicht. Er kam wieder nach Hause geritten und versank in tiefe Gedanken. »Lieber Bruder, weshalb bist du so traurig?« fragt ihn die Schwester. Da erzählte er ihr sein Mißgeschick und klagte ihr sein Leid. »Was ist denn das für ein wunderlicher Ring?« sagt die Schwester, »gib her, ich will ihn mal anprobieren!« Sie zog ihn an den Finger – der Ring schmiegte sich an, erstrahlte und paßte ihr, als wäre er für sie geschmiedet. »Ach Schwester, du bist die mir Bestimmte, du wirst meine Frau!« – »Was fällt dir ein, Bruder! Denke an Gott, denke an die Sünde, heiratet man denn seine eigene Schwester?«

Aber der Bruder wollte nichts hören, sprang vor Freude und hieß die Schwester, sich zur Trauung fertigmachen. Da fing sie an, bitterlich zu weinen, trat aus dem Hause, setzte sich auf die Schwelle, und die Tränen flossen wie ein reißender Bach! Da kamen wandernde Bettelweiberchen vorüber Das Mädchen bat sie einzutreten, wollte ihnen zu essen und zu trinken geben. Da fragten die Weiberchen, was sie für einen Kummer, was sie für ein Leid hätte? Wozu sollte sie es verbergen? Sie erzählte ihnen alles. »Na, weine nicht, traure nicht, tu, was wir dir sagen: mache vier Puppen und setze sie in die vier Ecken; wenn der Bruder dich zur Trauung ruft – dann geh; wenn er dich aber in die Kammer ruft – dann beeile dich nicht. Vertrau auf Gott und lebe wohl!« Die Alten gingen. Der Bruder ließ sich mit der Schwester trauen, ging in die Kammer und ruft: »Komm Schwester Katerina, komm zu mir ins Federbett!« Sie antwortet: »Sofort, lieber Bruder, ich lege nur die Ohrringe ab!« Die Puppen in der Ecke aber riefen:

Kuku, Fürst Danilo
Kuku, ist so hastig,
Kuku, heiratet
Kuku, seine Schwester.
Kuku, Erde, tu dich auf,
Kuku, Schwester, versinke!

Die Erde tat sich auf, und die Schwester fing an zu versinken. Der Bruder ruft wieder: »Komm, Schwester Katerina, komm ins Feder-bett!« – »Sofort, lieber Bruder, ich binde gerade den Gürtel auf!« Die Puppen riefen:

Kuku, Fürst Danilo
Kuku, ist so hastig,
Kuku, heiratet
Kuku, seine Schwester.
Kuku, Erde, tu dich auf,
Kuku, Schwester, versinke!

Nur noch ihr Kopf ist zu sehen. Der Bruder ruft zum drittenmal: »Komm, Schwester Katerina, komm ins Federbett!« – »Sofort, lie-ber Bruder, ich ziehe gerade die Schuhe aus!« Die Puppen sagten wieder ihr Sprüchlein, und die Schwester verschwand in der Er-de.

Der Bruder ruft noch einmal, ruft lauter – sie aber kommt nicht Da wurde er böse, kam gelaufen, stieß gegen die Tür – die Tür flog aus den Angeln, er schaute nach allen Seiten – die Schwester war spurlos verschwunden! In den vier Ecken sitzen nur die Puppen und sprechen vor sich hin: »Erde tu dich auf, Schwester versinke!« Da ergriff er ein Beil, schlug ihnen die Köpfe ab und warf sie in den Ofen.

Die Schwester aber ging und ging unter der Erde weiter, und da sieht sie plötzlich: dort steht eine kleine Hütte auf Hühnerbein-chen und dreht sich um sich selbst. »Hüttchen, Hüttchen, stell dich wie vorher, die Hinterseite zum Walde, die Vorderseite zu mir!« Das Hüttchen blieb stehen, und die Tür tat sich auf. In der Hütte aber saß ein schönes Mädchen und bestickte ein Tuch mit Gold und Silber. Sie empfing den Gast freundlich, seufzte und sagt: »Lie-bes, liebes Schwesterchen, ich bin herzlich froh, daß du gekom-men bist, und will gut und freundlich zu dir sein, solange meine Mutter nicht da ist. Wenn die aber geflogen kommt, dann geht es dir und mir schlecht, denn sie ist eine Hexe!«

Der Gast erschrak über solche Worte, aber wohin sollte sie? Und so setzte sie sich zu dem Mädchen, und beide nähten am Tuch. So nähen sie und unterhalten sich. Ob lang, ob kurz, das Mädchen wußte die Zeit, sie wußte, wann die Mutter heimkam, und so verwandelte sie den Gast in eine Nadel, steckte die Nadel in die Birkenrute fürs Dampfbad und stellte sie in die Ecke. Kaum war das geschehen, da kam auch schon die Hexe zur Tür herein: »Du meine liebe Tochter, du meine schöne Tochter! – Pfui, es riecht nach Russenfleisch.« – »Liebe Frau Mutter, wandernde Bettler gingen vorüber, traten ein und tranken Wasser.« – »Was hast du sie denn nicht dabehalten?« – »Sie waren zu alt für deine Zähne.« – »In Zukunft mach es so – laß alle herein, laß niemand hinaus; ich aber will wieder meine Beinchen heben und für uns was holen zum Essen und Leben!« Sie ging. Die Mädchen setzten sich wieder an ihre Arbeit, sie nähten am Tuch, sprachen und lachten. Wieder kam die Hexe geflogen und fuhr schnuppernd durch die Hütte: »Du meine liebe Tochter, du meine schöne Tochter! Pfui, es riecht nach Russenfleisch!« – »Ja, gerade eben waren ein paar Alterchen da, um sich die Hände zu wärmen, ich bat sie sehr zu bleiben – sie wollten aber nicht.« Die Hexe war hungrig, schalt ihre Tochter und flog wieder fort. Der Gast hatte die ganze Zeit über in der Birkenrute gesessen.

Eilig machten sich die beiden an das Nähen des Tuches. Sie nähen schnell und beratschlagen, wie sie dem Unglück entgehen könnten, wie sie der bösen Hexe entkommen könnten. Sie hatten kaum Zeit, sich einen Blick zuzuwerfen, leise ein paar Worte zu wechseln, da war sie auch schon wieder da, wie der Wolf in der Fabel, und überraschte sie diesmal: »Du meine liebe Tochter, du meine schöne Tochter! Pfui, es riecht nach Russenfleisch.« – »Ja, liebe Mutter, dieses schöne Mädchen da wartet auf dich.« Das schöne Mädchen blickte auf die Alte und erstarrte! Vor ihr stand die Baba-Jaga, das knöcherne Bein, die ellenlange Nase.

»Du meine liebe Tochter, du meine schöne Tochter! Heiz den Ofen ganz-ganz-heiß!« Sie schleppten Holz herbei, Eichenholz und Ahornholz, und machten ein großes Feuer: Die Flamme schlug schon aus dem Ofen heraus. Die Hexe nahm eine breite Schaufel und wandte sich höflich an den Gast: »Setz dich doch mal, du Schöne, auf die Schaufel!« Die Schöne setzte sich. Da schob sie die Hexe ins Ofenloch, aber das Mädchen hielt das rechte Bein nach oben, das andere nach unten. »Mädchen, du verstehst ja nicht einmal zu sitzen, setz dich doch ordentlich hin!« Sie rückte sich zurecht, setzte sich ordentlich hin. Die Hexe schob wieder die Schaufel, und die Schöne hielt das linke Bein nach oben, das andere nach unten. Jetzt wurde die Hexe wütend und zog sie heraus. »Was machst du für Dummheiten, Mädchen! Sitz ruhig, so ... schau auf mich!« Und die Baba-Jaga setzt sich selbst auf die Ofenschaufel, streckt die Beine gerade aus – da schoben sie die Mädchen schnell in den Ofen hinein, machten alle Türen zu, wälzten Holzklötze davor, verschmierten und verpichten alle Ritzen, nahmen das Tuch, an dem sie genäht hatten, eine Bürste und einen Kamm mit und rannten so schnell sie konnten davon. Sie liefen und liefen. Als sie sich einmal umsahen, hatte sich die Böse herausgearbeitet, hatte die Mädchen erblickt und pfiff hinter ihnen her: »Hai, hai, hai, also da seid ihr!«

Was sollten sie machen? Sie warfen die Bürste hinter sich – und auf der Stelle wuchs ein Schilfdickicht empor. Nun kommt sie sicher nicht durch! Aber die Hexe spreizte die Krallen, riß sich einen Weg durch das Schilf und ist bald wieder ganz dicht hinter den Mädchen her ... Wohin jetzt? Schnell warfen sie den Kamm hinter sich – und sogleich wuchs hinter ihnen ein ganz dunkler Eichenwald, so dicht, daß keine Fliege hindurchfliegen kann. Aber die Hexe wetzte die Zähne und fing an zu arbeiten: wo sie hinhaut, da reißt sie einen Baum mit allen Wurzeln aus der Erde! Sie wirft die Eichen nach allen Seiten, bahnt sich einen Weg und ist wieder hinter den Mädchen her ... jetzt schon ganz nah! Sie liefen und liefen, aber wohin sollten sie?! Da warfen sie das golddurchwirkte Tuch hinter sich – und es entstand ein breites Meer, tief und auch feurig aufflammend. Die Hexe erhob sich hoch in die Lüfte, wollte hinüberfliegen, fiel aber hinunter ins Feuer und verbrannte.

Die beiden Mädchen waren wie zwei obdachlose Tauben. Sie mußten doch irgendwohin gehen, aber wohin? – Sie wußten es nicht. So setzten sie sich hin, um auszuruhen. Da trat ein Mann zu ihnen und fragt: »Wer seid ihr?« – Und dann meldete er seinem Herrn, daß auf seinem Grund und Boden nicht zwei kleine Zugvögel säßen, sondern zwei Mädchen, die wären so schön, wie gemalt – und dazu beide gleich fein und prächtig anzusehen und beide gleich von Gestalt und Angesicht: die Augen gleich, die Brauen gleich! »Eine von ihnen muß, gnädiger Herr, Ihre Schwester sein, welche aber, das kann man nicht erraten.«

So ging der Herr hinaus zu den Mädchen und lud sie zu sich ein. Und er sieht, daß sein Diener die Wahrheit gesprochen hat – seine Schwester ist da, aber welche ist es? – Er kann sie nicht erkennen; sie spricht nicht und sie rührt sich auch nicht. »Wissen Sie was, Herr!« sagt der Diener, »ich will eine Hammelblase mit Blut füllen, die binden Sie unter den Arm und unterhalten sich mit den Gästen, ich aber will zu Ihnen herantreten und mit einem Messer auf Sie einstechen; das Blut wird fließen, und Ihre Schwester wird schreien!« – »Gut!« – Wie sie es sich ausgedacht hatten, so taten sie es auch. Der Diener stach nach seinem Herrn, das Blut spritzte. Der Bruder fiel hin, die Schwester warf sich auf ihn, umarmte und küßte ihn und klagte laut: »Du mein Lieber, du mein Einziger!« Der Bruder aber sprang ganz gesund auf und umarmte seine Schwester. Er verheiratete sie bald mit einem guten Menschen. Selbst aber heiratete er ihre Freundin, der auch der Ring genau paßte, und sie lebten herrlich und in Freuden.

Iwan Zarewitsch und Marfa Zarewna

Bei einem Zaren saß viele Jahre lang ein Männchen eingesperrt: die Hände aus Eisen, der Kopf aus Stahl, der Körper aus Kupfer; ein Schlauberger, ein ganz besonderer Mensch! Als der Sohn des Zaren, Iwan Zarewitsch, noch klein war, ging er einmal am Gefängnis vorüber. Das eiserne Männchen rief ihn zu sich heran und bat: »Iwan Zarewitsch, bitte gib mir zu trinken!« Iwan Zarewitsch wußte noch sehr wenig – er war eben klein –, so schöpfte er Wasser und reichte es dem eisernen Männchen. Dadurch aber verschwand das Männchen aus dem Gefängnis, es war weg, nicht mehr da. Das erfuhr auch der Zar. Er befahl, seinen Sohn Iwan Zarewitsch zur Strafe aus dem Zarenreich hinauszujagen. Ein Zarenwort ist ja Gesetz, und so jagte man Iwan Zarewitsch zum Zarenreich hinaus; und er ging, wohin die Augen sahen.

Lange ging er. Endlich kommt er in ein anderes Zarenreich, geht geradewegs zum dortigen Zaren und will in dessen Dienste treten. Der Zar war einverstanden und machte ihn zum Stallknecht. Er schlief bloß im Stall, verstand es aber gar nicht, Pferde zu pflegen. Der Stallmeister schlug ihn oft. Iwan Zarewitsch litt es geduldig. Irgendein anderer Zar wollte die Tochter dieses Zaren heiraten, aber sie wollte ihn nicht. Deshalb erklärte er ihnen den Krieg. Der Zar dieses Landes zog mit seinem Heer ins Feld, sein Zarenreich aber sollte unterdessen seine Tochter, Marfa Zarewna, regieren. Sie hatte den Iwan schon früher bemerkt und auch, daß er nicht von einfacher Herkunft war. Deshalb schickte sie ihn jetzt als Gouverneur in eine Provinz. Iwan Zarewitsch fuhr also fort und lebte und regierte dort.

Einmal ritt er auf die Jagd. Kaum aber war er aus dem Ort heraus – da stand plötzlich vor ihm das Männchen: die Hände aus Eisen, der Kopf aus Stahl, der Körper aus Kupfer. »Ah, guten Tag, Iwan Zarewitsch!« Iwan Zarewitsch verbeugte sich. Der Alte lädt ihn ein: »Komm zu mir zu Gast!« Sie ritten hin. Das Alterchen führte ihn in ein prächtiges Haus und rief seiner Jüngsten zu: »He, gib uns was zu trinken und zu essen und einen halben Eimer Schnaps dazu!« Sie fingen an zu essen. Da plötzlich bringt die Tochter einen halben Eimer Schnaps und reicht ihn Iwan Zarewitsch. Er lehnt ihn ab und sagt: »So viel kann ich nicht trinken!« Der Alte aber sagt: »Versuch nur!« So nahm er den Eimer, und da hatte er auf einmal die Kraft: mit einem Zuge trank er den Schnaps aus! Dann gingen der Alte und Iwan Zarewitsch spazieren und kamen zu einem

Stein, der wog hundertfünfzig Zentner. Der Alte sagt: »Heb mal diesen Stein auf, Iwan Zarewitsch!« Der aber denkt bei sich: »Wie soll ich solch einen Stein aufheben? Aber versuchen will ich's.« Er packte ihn und warf ihn beiseite; bei sich aber denkt er: »Woher habe ich nur die Kraft? Wahrscheinlich gibt sie mir der Alte im Schnaps.« Sie gingen noch einige Zeit spazieren und dann nach Hause.

Wie sie ankommen, ruft der Alte seiner mittleren Tochter zu, sie solle einen Eimer Schnaps holen. Iwan Zarewitsch griff tapfer nach dem Schnaps und trank ihn auf einen Zug aus. Dann gingen sie wieder spazieren und kamen zu einem Stein, der dreihundert Zentner wog. Der Alte sagt zu Iwan Zarewitsch: »Na, heb mal den Stein und wirf ihn dorthin!« Iwan Zarewitsch ergriff sofort den Stein und warf ihn und denkt bei sich: »Ist das eine Kraft, die sich da in mir ausgebreitet hat!« Sie kamen wieder ins Haus zurück, und wieder rief der Alte, diesmal der ältesten Tochter zu, sie solle anderthalb Eimer grünen Schnaps holen. Auch das trank Iwan Zarewitsch in einem Zuge aus. Dann gingen sie wieder spazieren. Ganz leicht warf er dieses Mal einen Stein von fünfhundert Zentnern.

Da gab ihm der Alte ein Tischtuch-Deckdich und sagt: »Nun, Iwan Zarewitsch, es steckt jetzt viel Kraft in dir. Das Pferd kann dich nicht mehr tragen! Die Treppe in deinem Hause laß umbauen, sie wird dich auch nicht mehr tragen. Andere Stühle mußt du auch haben, und die Fußböden müssen viele Stützen bekommen. Geh mit Gott!« Alle Leute fingen an zu lachen, als sie sahen, daß der Gouverneur zu Fuß von der Jagd zurückkehrt und das Pferd am Zügel führt. So kam er nach Hause. Unter den Fußboden ließ er Stützen machen, die Stühle wurden alle umgebaut, die Dienstmädchen jagte er fort und lebt von jetzt an ganz allein, wie ein Einsiedler. Und alle wundern sich, daß er nicht verhungert; denn niemand kocht für ihn! Aber er hatte ja ein Tischtuch-Deckdich. Besuche machte er keine, wie sollte er auch? Es hielt ja nichts in den Häusern sein Gewicht aus.

Unterdessen war der Zar von seinem Feldzug zurückgekehrt. Als er erfuhr, daß Iwan Zarewitsch Gouverneur geworden war, befahl er, ihn abzusetzen, und er sollte wieder Stallknecht werden. Nichts zu machen – so fing Iwan Zarewitsch wieder an, als Stallknecht zu leben. Einmal schickte ihn der Stallmeister irgendwohin und schlug ihn dabei. Iwan Zarewitsch litt es nicht, packte den Stallmeister – und da war der Kopf ab. Die Sache kam vor den Zaren. Man führte Iwan Zarewitsch zu ihm. »Weshalb hast du dem Stallmeister das Genick gebrochen?« fragte der Zar. »Er hat mich zuerst geschlagen; und ich habe ihn kaum angefaßt, ganz leicht nur, und wohl am Kopf: da fiel der Kopf ab.« Die anderen Stallknechte bezeugten die Richtigkeit der Aussage: angefangen hat der Stallmeister, Iwan Zarewitsch aber hat ihn nur ganz leicht angefaßt. So geschah Iwan auch nichts, er wurde nur unter die Soldaten gesteckt. Da fing er an, als Soldat zu leben.

Bald nach diesem Ereignis kommt zum Zaren ein Mensch – so groß wie ein Fingernagel, der Bart so lang wie eine Elle, und überreicht einen Brief mit drei schwarzen Siegeln vom Meereszaren. Und da stand geschrieben: wenn der Zar an dem und dem Tage und auf die und die Insel nicht seine Zarentochter Marfa bringt, um sie mit dem Sohn des Meereszaren zu verheiraten, dann würde der ihm alle seine Leute totschlagen und ihm sein ganzes Zarenreich durch Feuer vernichten, Marfa Zarewna aber würde ein dreiköpfiger Drache holen. Der Zar las den Brief durch und schrieb an den Meereszaren, daß er bereit sei, ihm seine Tochter zu geben. Er begleitete das Männchen hinaus und berief die Senatoren und Staatssekretäre, die sollten beraten, wie man die Tochter gegen den dreiköpfigen Drachen verteidigen könne. Denn wenn man sie nicht auf die Insel schickt, dann droht dem ganzen Zarenreich vom Meereszaren Untergang und Tod. Öffentlich wurde ausgerufen: wo befindet sich der Mensch, der es übernimmt, Marfa Zarewna vor dem Drachen zu erretten? Er bekommt sie auch zur Frau.

Da meldete sich so einer mit einem kurzen Röckchen, der nahm einen Zug Soldaten und brachte Marfa Zarewna zur Insel. Er ließ sie in einer Hütte, selbst aber blieb er draußen und wartete auf den Drachen. Unterdessen hatte Iwan Zarewitsch erfahren, daß man Marfa Zarewna zum Meereszaren gebracht hatte. Da machte er sich auf den Weg und fuhr zur Insel. Er kam zur Hütte, Marfa Zarewna aber weint. »Weine nicht, Zarewna!« sagte er zu ihr, »Gott ist gnädig!« Dann streckte er sich auf der Bank aus, legte seinen Kopf in Marfas Schoß und schlief ein. Plötzlich fing der Drache an, aus dem Wasser zu steigen, und das Wasser strömte hinter ihm her, drei Ellen hoch. Der Herr da, der Kurzrock, hatte mit seinen Soldaten draußen gestanden, als aber das Wasser stieg, da kommandierte er: »Marsch auf die Bäume!« Die Soldaten waren sofort oben. Der Drache kam ganz heraus aus dem Wasser und ging geradewegs auf die Hütte zu. Als Marfa Zarewna sah, daß der Drache kam, um sie zu holen, da weckte sie Iwan Zarewitsch. Der sprang sofort auf, schlug mit einem Schlage dem Drachen alle drei Köpfe ab und ging dann fort. Der Herr, der Kurzrock, brachte Marfa Zarewna nach Hause zu ihrem Vater.

Bald darauf erschien wieder der Alte – so groß wie ein Fingernagel, der Bart so lang wie eine Elle –, er kommt aus dem Wasser heraus und trägt einen Brief vom Meereszaren mit sechs schwarzen Siegeln, der Zar solle sofort die Tochter auf jene Insel bringen, zum sechsköpfigen Drachen. Wenn er aber Marfa Zarewna nicht bringen wolle, dann würde der Meereszar das ganze Zarenreich mit Wasser überfluten und ertränken. Der Zar schrieb wieder, daß er einverstanden wäre, ihm Marfa Zarewna zu geben. Das kleine Alterchen ging fort. Der Zar ließ wieder einen öffentlichen Aufruf ergehen und überallhin schreiben, um den Mann zu finden, der Marfa Zarewna vom Drachen erretten könnte. Wieder erschien derselbe Herr und sagt: »Ich, Eure Zarische Majestät, werde sie erretten. Gebt mir nur einen Zug Soldaten!« – »Ja, brauchen Sie nicht vielleicht mehr? Es ist doch ein Drache mit sechs Köpfen!« – »Diese genügen mir, es sind fast schon zu viele!« So kamen sie wieder zusammen, machten sich auf den Weg und brachten Marfa Zarewna dorthin.

Iwan Zarewitsch aber erfuhr, daß Marfa Zarewna wieder in großer Bedrängnis sei – und wegen ihrer Güte, daß sie ihn zum Gouverneur gemacht hatte, ging oder ritt er dorthin. Wieder traf er Marfa Zarewna in der Hütte an und ging zu ihr hinein. Sie aber wartet schon auf ihn. Als sie ihn erblickte, freute sie sich. Er legte sich hin und schlief ein. Plötzlich fing der sechsköpfige Drache an, aus dem Wasser zu steigen, und das Wasser schäumte sechs Ellen hoch. Der Herr mit den Soldaten saß schon seit einer Weile auf den Bäumen. Der Drache kam in die Hütte, und Marfa Zarewna weckte Iwan Zarewitsch. Da packten sich die beiden und kämpften lange miteinander. Iwan Zarewitsch schlug dem Drachen zuerst einen Kopf ab, dann den zweiten, den dritten und so alle sechs und warf sie alle ins Wasser, selbst aber, als wenn nichts geschehen wäre, ging er fort. Der Herr und die Soldaten krochen von ihren Bäumen herunter und ritten nach Hause. Der Herr meldet dem Zaren, daß Gott ihm geholfen habe, Marfa Zarewna zu erretten. Wahrscheinlich hatte er sie irgendwie eingeschüchtert. Sie wagte nicht zu sagen, daß nicht er sie verteidigt habe. Der Herr fing nun an zu drängen, man solle Hochzeit machen. Marfa Zarewna aber sagt: »Ich muß mich erst«, sagt sie, »vom Schreck erholen, ich habe mich doch so gefürchtet!«

Plötzlich kommt wieder derselbe Alte – so groß wie ein Fingernagel, der Bart so lang wie eine Elle – aus dem Wasser heraus und bringt einen Brief mit neun schwarzen Siegeln, der Zar möge sofort Marfa Zarewna an dem und dem Tage auf die und die Insel zum neunköpfigen Drachen schicken, und wenn nicht, dann würde sein Zarenreich vom Wasser verschlungen werden. Der Zar antwortete wieder im Brief, daß er einverstanden sei, dann aber fing er an, einen Menschen zu suchen, der die Zarentochter vor dem neunköpfigen Drachen erretten könnte. Derselbe Herr meldete sich wieder und ritt mit einem Zug Soldaten und mit Marfa Zarewna fort. Iwan Zarewitsch hörte es, machte sich auf und ritt auch dorthin. Marfa Zarewna aber erwartet ihn schon. Er kam. Sie freute sich und begann ihn zu fragen, woher er sei, wer er sei und wie er hieße. Er sagte nichts, legte sich hin und schlief ein. Da fing der neunköpfige Drache an, aus dem Wasser zu steigen, und das Wasser schäumte neun Ellen hoch. Der Herr befahl wieder den Soldaten: »Marsch auf die Bäume!« – da saßen sie auch schon oben.

Marfa Zarewna versucht, Iwan Zarewitsch zu wecken, kann ihn aber nicht aufwecken. Der Drache ist schon fast an der Schwelle! Da begann sie zu weinen, kann ihn aber immer noch nicht aufwecken. Der Drache kriecht schon heran, er braucht Iwan Zarewitsch nur noch zu packen – der aber schläft immer noch. Marfa Zarewna hatte ein kleines Messer, damit ritzte sie Iwans Wange. Er erwachte, sprang auf; er und der Drache packten einander, schlugen sich, rangen, kämpften miteinander. Der Drache begann schon, Iwan Zarewitsch zu überwältigen. Plötzlich stand da das Männchen – die Hände aus Eisen, der Kopf aus Stahl, der Körper ganz aus Kupfer – und packte den Drachen. Zu zweit hackten sie ihm alle Köpfe ab, warfen sie ins Wasser und gingen fort. Der Herr aber freute sich unendlich darüber, sprang von seinem Baum und sie zogen wieder ins Zarenreich zurück. Dort fing er wieder an, den Zaren sehr dringend um die Hochzeit zu bitten. Marfa Zarewna lehnte ab: »Wartet ein wenig, ich muß mich erholen. Ich habe mich doch so gefürchtet!«

Das alte Männchen – so groß wie ein Fingernagel, der Bart so lang wie eine Elle – brachte wieder einen Brief. Der Meereszar fordert den Schuldigen. Der feine Herr hatte gar keine Lust, zum Meereszaren zu fahren, aber es war nichts zu machen, er wurde hingeschickt. Man rüstete ein Schiff aus und fuhr ab (Iwan Zarewitsch aber diente gerade bei der Flotte und geriet auch auf dieses Schiff). So fahren sie. Plötzlich kommt ihnen ein Schiff entgegen, das fliegt wie ein Vogel, und man hört von dort rufen: »Den Schuldigen, den Schuldigen!«, und schon war das Schiff vorübergeflogen. Sie fuhren noch ein Stück weiter, da kommt ihnen ein zweites Schiff entgegen, und wieder ruft es: »Den Schuldigen, den Schuldigen!« Da zeigte Iwan Zarewitsch auf den feinen Herrn. Und sie haben ihn geprügelt – halbtot! Dann war das Schiff vorüber.

Jetzt kamen sie zum Meereszaren. Der Meereszar befahl, die Badestube rotglühend zu heizen; die war aber aus Gußeisen oder aus Eisen, und dahinein sollte man den Schuldigen setzen. Der feine Herr erschrak, die Seele sank ihm in die Fersen, nun kommt das Todchen! Mit Iwan Zarewitsch aber war ein Mann auf den Schiffen zurückgeblieben, der hatte bemerkt, daß Iwan Zarewitsch nicht einfacher Herkunft war, und war sein Diener geworden. Iwan Zarewitsch sagte dem nun: »Geh, setz dich mal in die Badestube!« Der lief sofort hin. Einem solchen wie ihm, einem richtigen Teufel, macht das nichts aus, und so kam er auch wieder zurück. Man forderte wieder den Schuldigen, und dieses Mal schon vor den Meereszaren selbst. Der feine Herr wurde fortgeführt. Und wie hat ihn der Meereszar dann beschimpft und geschlagen! Schließlich warf er ihn hinaus. Dann fuhren sie zurück.

Zu Hause aber fing der feine Herr schlimmer denn je an zu prahlen und geht keinen Schritt vom Zaren fort und drängt zur Hochzeit. Der Zar versprach ihm die Tochter. Der Tag der Hochzeit wurde bestimmt. Wie der feine Herr da groß wurde! So groß, daß man mit der Hand nicht hinauflangen kann! Und keiner darf ihm zu nahe treten! Die Zarentochter aber sagt zum Vater: »Vater, laß alle Soldaten antreten, ich will eine Truppenschau halten!« Sofort mußten die Soldaten antreten. Da ging Marfa Zarewna die Reihen entlang und kommt schließlich auch zu Iwan Zarewitsch. Sie blickt auf seine Wange und sieht die Narbe, die sie ihm damals mit dem Messer geschnitten hatte. Sie nahm Iwan Zarewitsch an der Hand und führte ihn zum Vater: »Das, Vater, ist der, der mich vor dem Drachen gerettet hat. Ich kannte ihn nicht, aber jetzt habe ich ihn an der Narbe auf der Wange erkannt. Der feine Herr aber hat mit den Soldaten auf den Bäumen herumgesessen!« Man fragte sogleich die Soldaten, ob sie auf den Bäumen gesessen hätten. Sie sagten: »Es ist wahr, Eure Zarische Majestät! Der feine Herr aber war damals halbtot vor Angst, zu nichts zu gebrauchen!« Er wurde auch sofort abgesetzt und verschickt. Iwan Zarewitsch aber wurde mit Marfa Zarewna getraut und lebte fortan mit ihr in Frieden und Wohlstand.

Der Norka

Es lebten einst ein Zar und eine Zarin. Sie hatten drei Söhne: zwei kluge und einen dummen. Der Zar besaß einen Garten, in dem es eine Menge von allerlei Tieren gab. In diesen Garten brach ein großes, wildes Tier ein, Norka genannt, und richtete gewaltigen Schaden an. Jede Nacht fraß es mehrere Tiere. Was der Zar aber auch unternahm, er konnte diesen Norka nicht töten. Da rief er seine Söhne zu sich und sprach: »Wer mir das Norkatier vernichtet, dem gebe ich die Hälfte meines Königreichs.« Der Älteste versuchte es. Kaum brach die Nacht an, nahm er seine Waffen und ging hinaus. Unterwegs kehrte er im Wirtshaus ein und blieb dort die ganze Nacht. Erst als es hell wurde, kam er zu sich, doch da war es zu spät. Er schämte sich vor dem Vater, aber es war nichts zu machen. Am nächsten Tage ging es dem zweiten Bruder ebenso. Der Alte schalt und fluchte eine ganze Weile.

Am dritten Tage machte sich der jüngste Bruder auf den Weg. Alle lachten über ihn, denn er war ja dumm. Er aber nahm die Waffen, ging in den Garten und setzte sich neben einen Dornbusch, damit die Dornen ihn, sobald der Schlaf über ihn käme, stechen sollten. Es ging auf Mitternacht. Da dröhnte die Erde, das Norkatier kommt gelaufen und springt einfach über die Mauer des Gartens, so groß war es. Der Zarensohn erwachte, stand auf, bekreuzigte sich und ging auf das Tier los. Das Tier wich zurück und floh, der Zarensohn ihm nach, und als er sah, daß er es zu Fuß nicht einholen würde, lief er in den Stall, nahm den allerbesten Hengst und galoppierte davon. Als er das Tier endlich eingeholt hatte, begannen sie zu kämpfen. Sie kämpften lange. Drei Wunden brachte der Zarensohn dem Tier bei. Als sie beide erschöpft waren, legten sie sich hin, um auszuruhen. Kaum aber war der Zarensohn eingeschlafen, da stand das Tier auf und floh. Der Hengst weckt den Zarensohn. Der sprang auf und galoppierte hinterher. Als er das Tier eingeholt hatte, fing der Kampf aufs neue an. Wieder brachte der Zarensohn dem Tier drei Wunden bei, und wieder legten sie sich hin, um auszuruhen.

Das Tier floh. Als der Zarensohn es eingeholt hatte, schlug er ihm wieder drei Wunden. Als er das Tier aber zum viertenmal verfolgte, kam es zu einer großen weißen Felsplatte, hob sie auf und verschwand in jene Welt. Vorher sagte es noch: »Nur dort drüben kannst du mich besiegen.«

Der Zarensohn ritt zurück, erzählte seinem Vater alles und bat ihn, er möge ihm ein Seil aus Leder machen lassen, so lang, daß man damit bis zum Grunde jener Welt gelangen könne. Der Vater ließ es machen. Als das Seil fertig war, nahm der Zarewitsch seine Brüder mit und viele Diener und alles, was für ein Jahr nötig war. Dann ritt er an die Stelle, wo das Tier unter der Felsplatte verschwunden war. Dort bauten sie sich einen Palast, um darin zu wohnen. Sie bereiteten alles vor, und dann sagte der jüngste Bruder zu seinen älteren Brüdern: »Nun, Brüder, wer kann diese Felsplatte aufheben?« Keiner konnte sie von der Stelle bewegen. Als sie aber der Jüngste ergriff, da flog sie weit fort. Und sie war doch sehr, sehr groß – fast berghoch. Darauf sprach der Jüngste noch einmal zu seinen Brüdern: »Und wer wird in jene Welt gehen und das Norkatier erschlagen?« Keiner wagte es. Da lachte er sie aus und nannte sie Feiglinge. Dann sprach er: »Na, Brüder, lebt wohl! Laßt mich jetzt in jene Welt hinunter, ihr aber geht nicht fort von hier! Sobald sich das Seil bewegt, zieht es herauf.« Die Brüder ließen ihn hinunter.

Als er in jener Welt unter der Erde zu sich kam, machte er sich auf den Weg. Er ging und ging, und plötzlich sieht er: Da geht ein Roß, herrlich aufgezäumt. Das sagt zu ihm: »Guten Tag, Iwan Zarewitsch! Lange schon warte ich auf dich!« Er schwang sich auf das Roß und ritt davon. Er ritt und ritt, und plötzlich sieht er: Da steht ein kupferner Palast. Er kam auf den Hof, band sein Roß an und ging in die Gemächer. Dort stand ein Mittagessen bereit. Er setzte sich, aß und ging dann ins Schlafgemach. Dort stand ein Bett. Er legte sich hin, um auszuruhen. Da kam eine junge Frau, die war so schön, nicht zu erdenken, nicht zu erraten, höchstens im Märchen zu sagen! Und die sprach: »Wer ist da in meinem Hause – er soll antworten! Wenn er alt ist – soll er mir Vater sein, wenn er in mittleren

Jahren ist – Bruder, wenn er aber jung ist – mein lieber Mann; und wenn es eine alte Frau ist – dann soll sie meine Großmutter sein, wenn sie in mittleren Jahren ist – Mutter, und wenn sie jung ist – meine leibliche Schwester.« Der Zarensohn trat heraus. Als sie ihn erblickte, da freute sie sich sehr und sagte: »Weshalb bist du, Iwan-Zarewitsch, hierhergekommen?« Er erzählte ihr, wieso und warum. Sie sagte: »Das Tier, das du besiegen willst, ist mein Bruder. Er ist gerade bei meiner mittleren Schwester, die nicht weit von hier im silbernen Palast wohnt. Ich habe ihm die drei Wunden geheilt, die du ihm geschlagen hast.«

Darauf tranken sie und feierten und waren guter Dinge. Dann aber verabschiedete sich der Zarewitsch, ritt zur anderen Schwester, die im silbernen Palast wohnte, und blieb auch dort zu Gast. Sie sagte ihm, daß ihr Bruder, der Norka, bei ihrer jüngsten Schwester sei. Er ritt zur Jüngsten, die im goldenen Palast wohnte. Die sagte ihm, daß ihr Bruder jetzt auf dem blauen Meere schlafe, und gab ihm Wasser der Kraft zu trinken, gab ihm ein scharf schneidendes Schwert und sagte ihm, er solle den Kopf des Bruders mit einem einzigen Schlage abhauen. Er merkte sich alles, was sie sagte, und ritt fort. Der Zarewitsch kam zum blauen Meer und wundert sich: Auf einem Fels im Meer schläft der Norka und schnarcht so, daß die Wogen sieben Werst weit zurückfluten. Der Zarewitsch bekreuzigte sich, ritt an ihn heran und schlug ihm mit seinem Schwert den Kopf ab. Der Kopf sagte noch: »Diesmal bin ich verloren!« Dann rollte er ins Meer.

Nachdem der Zarensohn das Tier getötet hatte, kehrte er zurück und nahm alle drei Schwestern mit, um sie auf diese Welt zu bringen. Und alle drei liebten ihn und wollten sich nicht von ihm trennen. Jede von ihnen steckte ihren Palast in ein kleines Ei, denn sie waren Zauberinnen. Ihn aber lehrten sie, wie man einen Palast aus einem kleinen Ei hervorholt und umgekehrt. Dann gaben sie ihm die Eier und gingen alle zusammen zu der Stelle, wo es in diese Welt geht. Als sie zum Seil kamen, band der Zarensohn die Mädchen an und zog am Seil. Das Seil bewegte sich, und die Brüder zogen es herauf. Sie zogen es herauf und erblickten die wunderbar schönen Mädchen, traten beiseite und sprachen zueinander: »Wir wollen das Seil hinunterlassen, den Bruder hochziehen und dann das Seil durchschneiden. Mag er hinunterstürzen und umkommen, denn sonst würde er uns diese schönen Mädchen nicht als Frauen geben.« So besprachen sie es und ließen das Seil hinunter. Der Bruder aber erriet, was die Brüder dachten. Er band einen Stein an das Seil und zog. Die Brüder zogen ihn hoch hinauf und schnitten dann das Seil durch. Der Stein stürzte in die Tiefe und zerschellte. Da weinte der Zarensohn und ging fort.

Er ging und ging. Plötzlich erhob sich ein Sturm, Blitze flammten, der Donner rollte, der Regen strömte. Da kam er zu einem Baum und wollte sich unter ihm vor dem Regen schützen. Auf jenem Baum aber erblickte er in einem Nest kleine Vögel; die waren ganz durchnäßt. Er zog seinen Rock aus und deckte ihn über sie; selbst aber setzte er sich unter den Baum. Da plötzlich kommt ein riesengroßer Vogel geflogen, so groß, daß es ganz dunkel wurde. Es war schon dunkel gewesen, aber jetzt wurde es ganz finster. Das war die Mutter jener kleinen Vögel, die der Zarensohn zugedeckt hatte. Als der Vogel zum Nest kam und sah, daß seine Jungen zugedeckt waren, sprach er: »Wer hat meine Kinder eingehüllt?« Dann aber bemerkte er den Zarensohn und sagte: »Warst du es, der das tat? Ich danke dir. Was du willst, das erbitte dir von mir. Alles will ich für dich tun!« Der sagte: »Trag mich in die andere Welt!« Der Vogel sprach: »Mache zuerst ein großes Gefäß, dann fülle die eine Hälfte mit Wild und die andere mit Wasser, damit du etwas hast, womit du mich füttern kannst.« Der Zarensohn machte das. Dann nahm der Vogel das Gefäß auf den Rücken, der Zarensohn setzte sich drauf und sie flogen davon. Ob es schnell ging, ob langsam, ob es weit war, ob nah – der Vogel trug ihn heraus, verabschiedete sich und flog wieder fort. Er aber ging weiter. Schließlich verdingte er sich bei einem Schneider als Gehilfe. Er war so zerlumpt, hatte sich so verändert, daß man ihm den Zarensohn gar nicht ansah, Nachdem er Gehilfe beim Schneider geworden war, fing der Zarensohn an, herumzufragen, was im Zarenreiche los sei und wie es denn so stehe. Der Meister sagte: »Unsere beiden Zarensöhne – denn der dritte ist verschwunden – haben sich aus jener Welt Bräute mitgebracht und wollen heiraten, aber die Bräute weigern sich. Sie verlangen solche Hochzeitskleider, wie sie sie in jener Welt hatten, aber man darf nicht Maß nehmen. Der Zar hat alle Schneider zu sich berufen, aber keiner übernimmt es.« Der Zarensohn hörte sich das an und sprach: »Geh zum Zaren, Meister, und sage ihm, daß du die Hochzeitskleider übernimmst.« Der Meister antwortete: »Wie soll ich das übernehmen? Ich arbeite doch nur für einfache Leute.« Der Zarensohn sagte: »Geh, Meister, ich stehe für alles ein!« Da ging der Meister. Der Zar freute sich, daß sich wenigstens *ein* Meister gefunden hatte. Er gab ihm Geld, soviel er wollte. Dann kam der Meister wieder nach Hause. Der Zarensohn sagte zu ihm: »Nun, bete zu Gott und lege dich schlafen. Morgen wird alles fertig sein.« Der Meister gehorchte seinem Gehilfen und legte sich schlafen.

Um Mitternacht wachte der Zarensohn auf, erhob sich und ging aus der Stadt ins freie Feld. Er nahm die Eier, die ihm die Bräute gegeben hatten, aus der Tasche und machte aus ihnen, wie sie es ihn gelehrt hatten, die drei Paläste. Dann ging er hinein, holte aus jedem die Kleider, verwandelte die Paläste wieder in Eier und ging heim. Dort angekommen, hing er die Kleider an die Wand und legte sich schlafen. Früh am Morgen erwachte der Meister und sieht – da hängen solche Kleider, wie er sie noch niemals gesehen hat! Alles strahlt in Gold und Silber und Edelsteinen. Er freute sich, nahm die Kleider und trug sie zum Zaren. Als die Zarentöchter ihre Kleider aus jener Welt erkannten, da merkten sie, daß Iwan-Zarewitsch zurückgekehrt war; sie warfen sich Blicke zu und schwiegen. Der Meister gab die Kleider ab und ging nach Hause, aber seinen lieben Gehilfen traf er schon nicht mehr an. Der war schon zu einem Schuster gegangen, und auch diesen schickte er zum Zaren, wo er viel Geld verdiente. So ging er zu allen Handwerksmeistern, und alle dankten ihm, daß er ihnen einen guten Verdienst verschafft hatte.

Nachdem der Zarewitsch-Gehilfe bei allen Meistern gewesen war, waren die Wünsche der Zarentöchter erfüllt: sie waren so gekleidet wie in jener Welt. Aber sie weinten bitterlich, daß der Zarensohn nicht kam, und sie hatten auch keine Ausrede mehr, sie mußten Hochzeit machen. Als alles bereit war, um in die Kirche zur Trauung zu fahren, sagte die jüngste Braut zum Zaren: »Erlauben Sie mir, lieber Vater, zu den Bettlern zu gehen und sie zu beschenken!« Er erlaubte es. Sie ging und gab den Armen Almosen, sah sie aber immer scharf an. So kam sie auch zu einem Armen und wollte ihm Geld geben. Da sah sie an seinem Finger einen Ring, den sie ihm in jener Welt gegeben hatte, und die Ringe ihrer Schwestern – denn das war er! Sie nahm ihn an der Hand, führte ihn in das Gemach und sagte zum Zaren: »Das ist der, welcher uns aus jener Welt geholt hat! Die Brüder«, sagt sie, »haben uns verboten zu erzählen, daß er lebt, und versprachen uns Hiebe, wenn wir es verraten.« Der Zar wurde zornig über seine beiden Söhne und bestrafte sie. Dann aber wurden drei Hochzeiten gefeiert. Auf dieser Hochzeit war ich auch, trank Met und Bier, wie es so Brauch; es floß mir wohl den Bart entlang, kam aber nicht im Munde an.

Sieben Semjone

Ein Alterchen, ein reicher Bauer, hatte weder Sohn noch Tochter. So bat er Gott, er möchte ihm doch wenigstens ein einziges Kind geben, im Leben als Freude, im Tode als Trost. Da wurden ihm an einem Tage sieben Söhne geboren, und jeder erhielt den Namen Semjon. Gott fügte es nicht, daß sie unter der Aufsicht von Vater und Mutter aufwachsen konnten. Die sieben Semjone wurden Waisen. Man weiß, wie das Leben von Waisen ist: Bist klein und dumm, aber gehorche allen und tue alles! So erging es auch den sieben. Es kam die Zeit der großen Feldarbeiten, die Leute begannen sich zu regen, sie ernten, sie mähen, zur Tenne wird gefahren, die Erde wird gepflügt, zum Winter muß das Korn gesät sein. Die sieben überlegten hin und dachten her, und wenn sie auch nicht stark waren, so fuhren sie doch mit und gruben wie Würmer im weiten Felde.

Da kommt der Zar gefahren und wundert sich, daß kleine Kinder über ihre Kräfte arbeiten. Er ruft sie zu sich, fragt sie aus und merkt, daß sie weder Vater noch Mutter haben. »Ich«, sagt er, »will euer Vater sein. Sagt mir, welches Handwerk wollt ihr ausüben?« Der Älteste antwortete: »Ich, Herr, werde ein Schmied und errichte eine Säule, so hoch, wie man's im Märchen nicht sagt, wie's die Feder nicht schreibt – fast bis zum Himmel.« – »Und ich«, antwortete der zweite, »werde auf diese Säule steigen, werde nach allen Seiten Ausschau halten und dir dann sagen, was in fremden Zarenreichen geschieht.« Der Herrscher lobte sie. Der dritte antwortete: »Ich werde ein Zimmermann und mache ein Schiff.« – »Vernünftig!« Der vierte: »Und ich werde das Schiff führen und werde Steuermann.« – »Gut!« Der fünfte: »Und ich werde, wenn's nötig sein wird, das Schiff am Bug nehmen und auf dem Grunde des Meeres verstecken.« Der sechste: »Und ich werde, wenn es nötig sein wird, das Schiff vom Grunde des Meeres wieder heraufholen.« – »Alle wollt ihr tüchtige Leute werden! Du aber«, sagte der Zar zum Jüngsten, »was willst du lernen?« – »Ich, Herr, werde ein Dieb!« – »Oh, du hast dir was Schlechtes ausgedacht! Einen Dieb brauche ich nicht, Diebe lasse ich hängen!« Der Zar verabschiedete sich von den Kindern und fuhr fort. Die sieben hatte er in die Lehre gegeben. Nach vielen Jahren waren sie erwachsen und hatten gelernt, was sie wollten. Der Herrscher ließ sie vor sich kommen, um ihre Meisterschaft zu erproben, ihre Kunst zu sehen, ihr Wissen zu prüfen. – Der Schmied schmiedete eine Säule, so hoch – wenn man den Kopf zurückwirft, fängt der Hals an zu schmerzen – fast bis zum Himmel! Der Zar lobte ihn. Der andere Bruder sprang wie ein Eichhörnchen auf die Säule hinauf und blickte in alle Richtungen. Da sah er vor sich alle Zarenreiche liegen, und er fing an zu erzählen, was in jedem geschieht. »In dem und dem Lande, in dem und dem Zarenreiche«, sprach er, »lebt die Zarentochter Jelena die Wunderschöne – von unsagbarer Schönheit: hellrote Farbe ist über ihr Gesicht gegossen, weißer Flaum breitet sich über ihre Brust, und man sieht, wie das feine, zarte Mark aus einem Knöchelchen ins andere hinüberfließt.« Das gefiel dem Zaren am allermeisten. Der dritte Bruder, tjap und ljap – erbaut ein Schiff, so schön wie ein Haus. Der Zar freute sich. Der vierte fing an, das Schiff zu steuern. Das Schiff glitt über das Meer wie ein schneller Fisch. Der Herrscher war sehr zufrieden. Der fünfte ergriff in voller Fahrt das Schiff, riß es am Bug, und das Schiff sank auf den Grund des Meeres. Der sechste hob es in einem Augenblick heraus, wie ein leichtes kleines Boot, und das Schiff war wie vorher, als wenn nichts geschehen wäre. Auch dieses Stück gefiel dem Herrscher.

Für den jüngsten Bruder-Dieb aber stellte man einen Galgen auf und richtete die Schlinge. Der Zar fragte ihn: »Und du bist in deinem Handwerk ein ebensolcher Meister wie deine Brüder?« – »Ich bin ein viel größerer Meister als sie!« Jetzt wollte man ihn auf den Galgen ziehen, er aber rief: »Halt ein, Zar-Herrscher, vielleicht wirst du auch mich noch brauchen! Befiehl, und ich stehle dir Jelena die Wunderschöne; laß nur meine Brüder mit mir gehen. Ich fahre mit ihnen auf dem neugezimmerten Schiffe, und wir holen Jelena die Zarentochter.« Dem Zaren aber ging Jelena die Wunderschöne nicht aus dem Kopf, viel Schönes hörte er von ihr, sein Herz verlangte nach ihr. Sie lebte aber hinter dreimal neun Ländern, im dreißigsten Zarenreiche. »Der Dieb hat sich das gut ausgedacht, und obgleich man sich nicht auf ihn verlassen kann, versuchen kann man's«, dachte der Zar. Er entließ den Dieb mit seinen Brüdern, und man belud das neugebaute Schiff mit kostbaren Waren.

Ob sie nun lange oder kurz fuhren, schließlich legten sie an in jenem Reiche, wo Jelena die Wunderschöne wohnte. Den Dieb braucht man nicht zu lehren, was zu sagen ist, wie eine Sache anzufangen ist. Er erkundete, er erfuhr alles. Er hörte, daß es in diesem Lande keine Katzen gibt, verkleidete sich als Kaufmann und nahm ein Kätzchen mit sich. Er glättete, er schmückte es und führte es an einem goldenen Schnürchen vor das Fenster von Jelena der Wunderschönen. Die Zarentochter erblickte es, das hübsche Tierchen gefiel ihr und sie befahl, es zu kaufen. Der Dieb antwortete, er sei ein reicher Kaufmann, käme aus dem reichsten Lande und habe allerlei Seltenheiten und Kostbarkeiten mitgebracht. Nun will er der wunderschönen Jelena seinen Eifer zeigen, und ob sie nicht das Kätzchen als Geschenk annehmen möchte. Man rief den Dieb in den Palast. Die Katze zeigte ihre Kunststücke, und die Zarentochter freute sich darüber.

Der Dieb erzählte so viel von seinen nie gesehenen Seltenheiten, er brachte und breitete vor ihr aus solch wunderbare Gewebe, solch wunderbaren Schmuck – kein Auge konnte sie davon abwenden. »Das ist noch gar nichts!« sagte er dazu, »diese Sachen kann ich allen zeigen, wer will, kann sie kaufen. Du aber, Zarentochter, willst du nicht mal den unschätzbaren Schatz, den von niemand gesehenen, anschauen? Er ist in meinem Schiff, und ich lasse ihn bewachen. Nur dir allein will ich ihn zeigen. Dieser Schatz ist in der Nacht wie ein Feuer, am Tage wie die Sonne und erleuchtet das Dunkel mit wunderbarem Licht. Es ist ein Stern von unsagbarer Schönheit. Man kann ihn aber nicht von dort wegnehmen, denn wenn jemand das erfährt, dann tötet er mich, denn er will ihn selbst haben. Es hat mich viel gekostet, den Stein zu bekommen, aber teurer als er ist mir der Dank meines Zaren, dem ich dieses Wunder zum Geschenk machen will.« Die Königstochter versprach, aufs Schiff zu kommen, um den Schatz zu sehen.

Am andern Tage ging sie zusammen mit ihren Kinderfrauen und Ammen und den schönen Mädchen ihres Hofstaates aus dem Schloß zum Schiff. Das ganze Gefolge blieb am Ufer, nur Jelena sollte das wunderbare Licht des unvergleichlichen Steines sehen. Alles war für ihren Empfang vorbereitet. Die sieben Semjone waren zum Dienst erschienen, und kaum betrat sie das Schiff, da ergriff der fünfte Bruder es am Bug, und es sank auf den Grund des Meeres. Das Wasser wallte auf und wirbelte, dann aber glitten die Wellen wieder wie früher dahin, als ob nichts geschehen wäre. Nur am Ufer schrien und weinten die Kinderfrauen und Ammen, nur der Zar-Vater schickte Verfolger in alle Richtungen … Aber die Abgesandten kehrten ohne die Königstochter wieder! Jelena die Wunderschöne fuhr weit – weit unter dem Wasser über den blauen Ozean. Schließlich holte der sechste Bruder das Schiff vom

Meeresboden herauf. Das Schiff schwamm wie eine Gans, wie ein Schwan, schaukelnd, und bald legte es am heimatlichen Ufer an. Der Zar freute sich. Er hatte es nicht erwartet, Jelena die Wunderschöne wirklich zu erlangen. Reich belohnte er die Semjone, sie brauchten weder Abgaben noch Steuern zu bezahlen. Selbst aber heiratete er Jelena die Wunderschöne und gab ein Gelage, keinem zur Klage. Ich selbst bin tausend Werst weit zur Hochzeit gegangen, habe Bier und Met getrunken, es floß den Schnurrbart entlang, aber nicht in den Mund! Dort gab man mir ein Eispferdchen, einen Sattel aus Kletten, einen Zaum aus Erbsen; auf die Schultern – einen bunten Rock, auf den Kopf eine schön gestickte Mütze. Ich fuhr von dort in vollem Putz, hielt an, um auszuruhen, nahm Sattel und Zaum herunter, band das Pferdchen an ein Bäumchen und legte mich selbst aufs Gras. Da plötzlich kamen Schweine gelaufen, fraßen den Kletten-Sattel; Hühner kamen geflogen, pickten den Erbsen-Zaum; die Sonne ging auf und schmolz das Eispferdchen. Da ging ich kummervoll zu Fußchen. Auf dem Wege hüpft eine Elster und ruft: »Bunter Rock! Bunter Rock!« Ich hörte aber: »Runter, Rock!« Ich warf ihn runter und ließ ihn liegen. »Wozu«, dachte ich, »habe ich denn noch die gestickte Mütze?« Ich packte sie und warf sie zu Boden. Seht – nun hab ich gar nichts mehr!

Iwan der Bär

In einem Dorfe lebte einmal ein reicher Bauer mit seiner Frau. Eines Tages ging die Frau in den Wald nach Pfifferlingen, verirrte sich und geriet in eine Bärenhöhle. Der Bär nahm sie zu sich, und nach einiger Zeit gebar sie ihm einen Sohn: bis zum Gürtel ein Mensch, vom Gürtel ab aber ein Bär. Die Mutter gab ihrem Sohn den Namen Iwan der Bär. Die Jahre gingen dahin, Iwan-Bärchen wuchs heran und wollte mal mit der Mutter ins Dorf unter die Leute gehen. Sie warteten, bis der alte Bär zu den Bienenstöcken gegangen war, machten sich zurecht und liefen davon. So liefen und liefen sie und kamen schließlich dorthin. Da erkannte der Bauer seine Frau und freute sich, denn er hatte nicht mehr geglaubt, daß sie jemals wieder nach Hause zurückkehren würde. Und dann blickte er auf ihren Sohn und fragt: »Was ist denn das für ein Ungetüm?« Die Frau erzählte ihm alles, wie und was vorgefallen war, wie sie in der Bärenhöhle mit dem Bären gelebt hatte, und wie sie einen Sohn von ihm bekommen hatte: bis zum Gürtel ein Mensch, vom Gürtel ab ein Bär.

»Na, Iwan-Bärchen!« sagte der Bauer, »geh auf den Hinterhof und schlachte ein Schaf, ich muß doch für euch etwas zum Mittagessen haben.« – »Welches Schaf soll ich denn schlachten?« – »Na, nimm mal das, welches dich ansehen wird.« Iwan der Bär nahm ein Messer, ging auf den Hinterhof, und kaum hatte er die Schafe angerufen, da sahen ihn alle Schafe starr an. Iwan stach sofort alle ab, zog ihnen das Fell über die Ohren, ging hinein und fragte: »Wohin mit dem Fleisch und den Fellen?« – »Was?« heulte der Bauer auf, »ich habe dich geheißen, ein Schaf abzustechen, du aber hast alle geschlachtet!« – »Nein, Vater, du hast mir befohlen, das Schaf abzustechen, das mich ansehen wird. Ich ging auf den Hinterhof, da sahen mich alle Schafe starr an. Es stand ihnen ja frei, mich anzustarren oder nicht.« – »Du bist mir ein Kluger! Geh jetzt und trag das Fleisch und die Felle in den Speicher, in der Nacht aber bewache die Tür des Speichers, damit die Diebe nicht stehlen und die Hunde nicht fressen!« – »Gut, ich werde wachen.«

In derselben Nacht zog ein Gewitter auf, und es regnete heftig. Iwan der Bär brach die Tür des Speichers heraus, trug sie in die Badestube und übernachtete dort. Es war sehr dunkel, so eine richtige Zeit für Diebe. Der Speicher steht offen, keine Wache, nimm, was du willst! Frühmorgens erwachte der Bauer und ging nachsehen, ob alles in Ordnung ist. Da war nichts übriggeblieben: einen Teil hatten die Hunde gefressen, den anderen Teil die Diebe gestohlen. Da suchte er den Wächter, fand ihn in der Badestube und schalt ihn. »Ach, Vater, ich bin doch nicht schuld!« sagte Iwan der Bär, »du selbst hast befohlen, die Tür zu bewachen, so habe ich eben die Tür bewacht: da ist sie! Weder die Diebe haben sie gestohlen, noch die Hunde haben sie gefressen!« – »Was soll man mit dem Dummkopf machen?« denkt der Bauer, »wenn der noch einen Monat dableibt, bringt er mich an den Bettelstab! Wie könnte ich ihn nur wieder loswerden?«

Er dachte sich etwas aus: am nächsten Tage schickte er Iwan den Bären zum See, da sollte er aus Sand Stricke drehen. In jenem See aber lebten viele Teufel. »Mögen ihn die Teufel in die Tiefe ziehen!« dachte der Bauer. Iwan der Bär ging zum See, setzte sich ans Ufer und fing an, aus Sand Stricke zu drehen. Plötzlich sprang ein Teufelchen aus dem Wasser heraus: »Was machst du da, Iwan?« – »Was ich mache? Ich drehe Stricke. Ich will den See in Falten schlagen und euch Teufel zu Tode plagen – deshalb, weil ihr in unserem Wasser wohnt und nichts dafür bezahlt.« – »Wart nur, Iwan, ich laufe zum Großvater!« – und damit plumps ins Wasser. Nach fünf Minuten sprang das Teufelchen wieder heraus. »Der Großvater hat gesagt, wenn du schneller läufst als ich, werden wir den Pachtzins bezahlen, wenn aber nicht, dann sollen wir dich in die Tiefe ziehen.« – »Guck mal einer diesen Läufer an! Und du willst mich einholen?« sagt Iwan der Bär. »Ich habe einen Enkel, erst gestern geboren – sogar der holt dich ein! Lauf mal mit dem um die Wette!« – »Was ist das für ein Enkel?« – »Dort liegt er unter dem Busch«, antwortet Iwan und schreit einen Hasen an: »He, Hase, lauf für mich!« Der Hase rannte Hals über Kopf ins weite Feld und verschwand. Das Teufelchen hinter ihm her, aber was soll's – es blieb weit zurück! »So«, spricht zu ihm Iwan, »wenn du willst, laufen jetzt wir beide, aber nur unter einer Bedingung, mein Lieber: Bleibst du zurück, dann schlage ich dich mausetot!« – »Ach nein!« sagte das Teufelchen – und plumps in die Tiefe.

Bald darauf sprang es wieder aus dem Wasser und brachte des Großvaters eisernen Krückstock: »Der Großvater hat gesagt, wenn du diesen Stock höher als ich werfen kannst, dann bezahlt er den Pachtzins.« – »Na, wirf du zuerst!« Das Teufelchen warf den Krückstock so hoch, daß man ihn kaum mehr sehen konnte. Mit furchtbarem Getöse kam der Stock wieder herabgeflogen und bohrte sich bis zur Hälfte in die Erde hinein. »So, jetzt wirf du!« Iwan griff nach dem Krückstock – und konnte ihn nicht einmal bewegen. »Wart«, sagt er, »dort kommt gerade ein Wölkchen, ich werfe ihn da drauf!« – »Nein, nein, was soll denn der Großvater ohne Krückstock machen?« sagte das Teufelchen, packte den Stock des Teufels und sprang mit ihm ins Wasser. Gleich darauf kam es wieder zum Vorschein: »Der Großvater hat gesagt, wenn du dieses Pferd auch nur einmal öfter um den See tragen kannst als ich, dann bezahlt er den Pachtzins, wenn nicht, dann mußt du selbst in die Tiefe.« – »Große Sache! Fang du nur mal an!« Das Teufelchen lud sich das Pferd auf den Rücken und trug es um den See. An die zehnmal ging er herum und wurde müde, der Verfluchte – der Schweiß fließt ihm nur so von der Schnauze!

»So, jetzt komme ich dran!« sagte Iwan der Bär, schwang sich auf das Pferd und ritt um den See herum. Er ritt so lange, bis das Pferd zusammenbrach! »Nun, mein Lieber, was sagst du dazu?« fragte er das Teufelchen. – »Ja«, sagt der Unreine, »du hast es länger als ich getragen, und wie hast du das Pferd noch dazu getragen? – Mit den Beinen! So könnte ich es nicht ein einziges Mal herumtragen! Wieviel Pachtzins verlangst du denn?« – »Nicht viel, mein Lieber: Schütte mir meinen Hut voll Gold und diene mir ein Jahr lang als Knecht – mehr brauche ich nicht!« Da lief das Teufelchen, um das Gold zu holen, Iwan der Bär aber schnitt dem Hut den Boden heraus und stellte ihn über eine tiefe Grube. Das Teufelchen trug und trug Gold herbei, schüttete und schüttete es in den Hut, arbeitete den ganzen Tag, und erst gegen Abend war der Hut gefüllt. Iwan der Bär holte einen Wagen, lud das Gold auf, spannte das Teufelchen davor und fuhr nach Hause: »So, Vater, jetzt bist du reich! Da hast du einen Knecht, und dazu noch Gold!«

Iwan der Bauernsohn und das Männchen – selbst klein wie ein Finger, der Schnurrbart aber sieben Werst lange Dinger

In einem Zarenreiche, in einem Königreiche, lebte einmal ein Zar. Dieser Zar hatte auf seinem Hof einen Pfosten, und daran hingen drei Ringe zum Anbinden der Pferde: ein goldener, ein silberner und ein kupferner. Eines Nachts träumte dem Zaren, daß am goldenen Ring ein Roß angebunden wäre – jedes Haar aus Silber und an der Stirn ein heller Mond. Am Morgen stand er auf und befahl, öffentlich auszurufen, wer diesen Traum deuten und ihm jenes Pferd bringen könne, der würde seine Tochter zur Frau und dazu das halbe Zarenreich erhalten. Auf diesen Aufruf hin versammelten sich eine Menge Fürsten, Bojaren und allerhand Herren, die dachten und überlegten viel, aber niemand konnte den Traum deuten, niemand wußte, wie man das Pferd beschaffen könnte. Endlich wurde dem Zaren gemeldet, daß der und der bettelarme alte Mann einen Sohn Iwan habe, und dieser Iwan könne den Traum deuten und das Pferd finden.

Der Zar befahl, ihn zu rufen. Iwan wurde gerufen. Da fragt ihn der Zar: »Kannst du meinen Traum deuten und mir das Pferd herbeischaffen?« Iwan antwortet: »Erzähl mir zuerst, was das für ein Traum ist und was für ein Pferd du willst.« Der Zar sagt: »In der vorigen Nacht träumte mir, daß am goldenen Ring auf meinem Hof ein Pferd angebunden stand – an ihm war jedes Härchen von Silber, und an der Stirn trug es einen hellen Mond.« – »Das war kein Traum, das war wirklich so, denn vorige Nacht war hoch zu Roß der zwölfköpfige Drache hier und wollte die Zarentochter rauben.« – »Kann man wohl dieses Pferd irgendwie bekommen?« Iwan antwortet: »Schon – aber erst, wenn ich über fünfzehn Jahre alt bin.« Damals war Iwan erst zwölf Jahre alt.

Der Zar nahm ihn zu sich ins Schloß und ernährte ihn bis zu seinem fünfzehnten Lebensjahr. Als Iwan fünfzehn Jahre alt geworden war, sagte er zum Zaren: »Gib mir, Herr, ein Roß, auf dem ich bis dahin reiten kann, wo sich der Drache befindet.« Der Zar führte ihn in seine Ställe und zeigte ihm alle seine Pferde, aber keines paßte, da Iwan für alle zu stark und zu schwer war. Kaum legt er seine Reckenhand auf ein Pferd, gleich bricht es zusammen. Und er sagte zum Zaren: »Laß mich ins weite Feld gehen, dort finde ich vielleicht das passende Pferd.« Der Zar entließ ihn.

Iwan der Bauernsohn suchte drei Jahre lang und konnte doch kein passendes Pferd finden. Weinend kehrt er zurück, unterwegs aber trifft er ein altes Männchen, und das fragt ihn: »Warum weinst du denn?« Iwan antwortete auf die Frage grob, das heißt, er jagte ihn fort. Da sagte der Alte: »Paß auf, Bursche, du wirst es bereuen!« Iwan war ein Stück Weges gegangen, da dachte er bei sich: »Weshalb habe ich den Alten gekränkt? Alte Leute wissen viel.« Er kehrte also um, holte den Alten ein, verbeugte sich tief vor ihm und sagte: »Groß-väterchen, verzeih mir, ich war traurig, darum habe ich dich gekränkt. Ich weine aus diesem Grunde: drei Jahre ging ich durch das weite Feld, von einer Pferdeherde zur anderen, nirgends aber konnte ich ein Pferd finden, das für mich paßt.« Der Alte antwortet: »Geh in das und das Dorf, dort steht im Stall eines Bauern eine Stute, die Stute aber hat ein räudiges Füllen. Nimm es und fütter es gut. Dieses Pferd wird so stark werden, daß es dich tragen kann.« Iwan verbeugte sich vor dem Alten und ging ins Dorf. Er kommt zum Bauern, ging gleich in den Stall, sah die Stute mit dem räudigen Füllen und legte seine Hand auf jenes Füllen. Das aber blieb ruhig stehen. Iwan nahm das Füllen zu sich, fütterte es einige Zeit, ritt darauf zum Zaren und erzählte ihm, wie er sich ein Roß verschafft hatte.

Dann begann er, sich für seinen Besuch beim Drachen vorzubereiten. Der Zar fragte ihn: »Wieviel Soldaten brauchst du, Iwan-Bauernsohn?« Antwortet Iwan: »Was soll ich mit deinen Soldaten? Ich mache das allein. Nur so etwa sechs Mann für Botengänge könntest du mir geben.« Der Zar gab ihm sechs Mann. Und so ritten sie fort. Ob sie lange ritten oder kurz, das weiß niemand. Man weiß nur, daß sie an den Feuerfluß kamen. Über den Fluß führt eine Brücke, an beiden Ufern aber sind endlose Wälder. Im Walde schlugen sie ihr Zelt auf, holten verschiedene Getränke hervor, fingen an zu trinken, zu essen und fröhlich zu sein.

Iwan der Bauernsohn sagt zu seinen Kameraden: »Wir wollen jede Nacht Posten ausstellen, um zu sehen, ob nicht jemand hier über diesen Fluß hinüberreitet.« Es geschah aber so: wer von den Kameraden auch Posten steht, jeder betrinkt sich am Abend so sehr, daß er nachher nichts sieht und bemerkt. Endlich kam die Reihe auch an Iwan den Bauernsohn. Da sieht er, genau um Mitternacht reitet über den Fluß ein dreiköpfiger Drache und ruft dabei laut: »Keiner widersteht mir, keiner wagt es, mich zu beleidigen! Höchstens einer würde mir widerstehen und es wagen, mich zu beleidigen – Iwan der Bauernsohn. Aber der kommt niemals hierher, es sei denn, ein Rabe würde seine Knochen in einer Blase hierherbringen!« Da sprang Iwan der Bauernsohn unter der Brücke hervor und rief: »Du lügst, ich bin hier!« – »Na, wenn du schon da bist, dann wollen wir es mal miteinander versuchen!« Und der Drache sprengte auf seinem Roß gegen Iwan, der aber kam ihm zu Fuß entgegen. Iwan holte mit seinem Säbel aus und schlug dem Drachen alle drei Köpfe ab, sein Pferd nahm er mit und band es ans Zelt. In der nächsten Nacht tötete Iwan der Bauernsohn den sechsköpfigen Drachen und in der dritten Nacht den neunköpfigen Drachen und warf sie alle in den Feuerfluß.

Als er dann in der vierten Nacht auf Posten stand, da kam der zwölfköpfige Drache und sprach zornig: »Wer ist dieser Iwan der Bauernsohn? Komm sofort heraus zu mir! Weshalb hast du meine Söhne getötet?« Iwan der Bauernsohn trat vor und sagte: »Erlaube mir zuerst, zu meinem Zelt zu gehen, nachher wollen wir dann kämpfen.« – »Gut, geh!« Iwan lief zu den Kameraden: »Nun paßt auf, Kinder, da habt ihr ein Becken! Schaut immerzu hinein. Sobald es sich bis zum Rand mit Blut gefüllt hat, kommt mir schnell zu Hilfe!« Darauf kehrte er zurück und stellte sich dem Drachen. Sie gingen aufeinander los, und beim erstenmal schlug Iwan dem Drachen vier Köpfe ab, selbst aber sank er bis zu den Knien in die Erde. Als sie zum zweitenmal aufeinanderprallten, da schlug Iwan dem Drachen drei Köpfe ab, selbst aber versank er dabei bis zum

Gürtel in die Erde. Beim drittenmal schlug er ihm wieder drei Köpfe ab und sank bis zur Brust ein. Noch einen Kopf schlug er ab und war bis zum Halse versunken. Da erst dachten seine Kameraden wieder an ihn, sie schauen in das Becken und sehen, daß das Blut schon über den Rand fließt! Sie kamen gelaufen und schlugen dem Drachen den letzten Kopf ab, Iwan aber zogen sie aus der Erde heraus. Iwan der Bauernsohn nahm das Roß des Drachen und führte es zum Zelt.

Die Nacht verging, der Morgen kam. Da fingen die guten Burschen an zu trinken, zu essen und fröhlich zu sein. Iwan der Bauernsohn stand nach einiger Zeit vom Gelage auf und sagte zu seinen Kameraden: »Kinder, wartet hier auf mich!« Selbst aber verwandelte er sich in einen Kater, ging auf der Brücke über den Feuerfluß, kam in jenes Haus, in dem die Drachen gewohnt hatten, und begann, sich mit den dortigen Katzen anzufreunden. Im Hause aber lebten noch die Drachenmutter selbst und ihre drei Schwiegertöchter. Die sitzen in ihrer Stube und sprechen miteinander: »Wie könnten wir nur diesen Bösewicht, Iwan den Bauernsohn, umbringen?« Die jüngste Schwiegertochter sagt: »Wohin Iwan der Bauernsohn auch reiten wird, ich werde ihm unterwegs einen großen Hunger bereiten, selbst aber verwandele ich mich in einen Apfelbaum. Sobald er einen Apfel ißt, reißt es ihn in Stücke!« Die mittlere sagte: »Und ich werde ihm unterwegs einen großen Durst machen und werde mich in einen Brunnen verwandeln. Mag er nur versuchen, aus mir zu trinken!« Die älteste aber sagte: »Ich werde ihn schlaftrunken machen und werde mich selbst in ein Bett verwandeln. Legt sich Iwan der Bauernsohn hinein, dann stirbt er sofort.« Endlich sprach auch die Schwiegermutter selbst: »Und ich werde meinen Rachen von der Erde bis zum Himmel aufsperren und werde ihn und alle seine Kameraden verschlingen!«

Iwan der Bauernsohn hörte sich alles an, was sie untereinander sprachen, ging aus der Stube hinaus, verwandelte sich in einen Menschen und kam zu seinen Kameraden zurück. »Nun, Kinder, macht euch für die Reise fertig!« Sie machten sich fertig und ritten fort. Als erstes entstand unterwegs eine furchtbare Hungersnot, so daß man nichts zu essen hatte. Da sehen sie – dort steht ein Apfelbaum. Iwans Kameraden wollten sich die Äpfel pflücken, aber Iwan verbot es ihnen. »Das ist«, sagt er, »kein Apfelbaum!« Er fing an, ihn zu fällen, und aus dem Apfelbaum floß Blut. Als zweites überfiel sie ein furchtbarer Durst. Iwan erblickte einen Brunnen und verbot allen, aus ihm zu trinken. Er begann, ihn zu zerschlagen – da floß Blut aus dem Brunnen. Das dritte Mal überfiel sie Schlaf. Da steht auf dem Wege ein Bett. Iwan zerhackte auch dieses. Endlich kamen sie an den Rachen, der von der Erde bis zum Himmel aufgesperrt dastand. Was sollten sie machen? Zuerst versuchten sie, im Anlauf über den Rachen hinwegzusetzen. Aber keiner von ihnen brachte es fertig. Nur Iwan dem Bauernsohn gelang es, denn es trug ihn aus der Not sein Wunderpferd, jedes Härchen aus Silber, an der Stirn ein heller Mond.

Er kam an einen Fluß geritten. An dem Flusse stand eine Hütte. Hier endlich trifft er das Männlein – selbst klein wie ein Finger, der Schnurrbart aber sieben Werst lange Dinger, und das spricht zu Iwan: »Gib mir dein Roß, und wenn du es nicht gutwillig abgibst, dann nehme ich es mit Gewalt!« Da antwortet Iwan: »Geh mir aus dem Wege, elendes Geschmeiß, sonst zertritt dich mein Pferd!« Das Männlein – selbst klein wie ein Finger, der Schnurrbart aber sieben Werst lange Dinger, schlug den Iwan vom Pferde herunter und zu Boden, schwang sich in den Sattel und ritt davon. Iwan tritt in die Hütte, trauert und klagt laut um sein Pferd. In jener Hütte aber liegt ein Ohnebein und Ohnearm auf dem Ofen und spricht zu Iwan: »Hör mal zu, guter Bursche – ich kenne deinen Namen nicht; aber was plagte dich, mit dem da anzubinden? Ich war noch ein ganz anderer Recke als du, und doch hat er mir Arme und Beine abgeschlagen!« – »Wofür?« – »Dafür, daß ich von seinem Tische Brot nahm und aß!« Iwan begann zu fragen, wie er wohl sein Pferd wiederbekommen könnte. Da spricht zu ihm der Ohnebein und Ohnearm: »Geh zu dem und dem Fluß, pachte die Fähre, fahr drei Jahre über, nimm von keinem Geld an, vielleicht bekommst du es dann wieder!«

Iwan der Bauernsohn verbeugte sich vor ihm, ging an den Fluß, pachtete die Fähre, fuhr drei Jahre über und nahm kein Geld. Einmal mußte er drei alte Männerchen übersetzen. Sie geben ihm Geld, er aber nimmt es nicht an: »Sag, guter Bursche, warum nimmst du kein Geld?« Er antwortet: »Es ist ein Gelübde.« – »Was für eins?« – »Mir hat ein bösartiger Mensch mein Pferd weggenommen. Da haben mir gute Menschen gesagt, ich solle diese Fähre für drei Jahre pachten und von niemandem Geld nehmen.« Die Alten sagten: »Bitte, Iwan, vielleicht können wir dir helfen, dein Pferd wiederzubekommen.« – »Ach ja, helft mir, ihr Lieben!«

Diese Alten aber waren keine einfachen Menschen, sondern es waren: der Frostkracher, der Vielfraß und der Zauberer. Der Zauberer trat ans Ufer, zeichnete in den Sand ein Boot und sagt: »Nun, ihr Lieben, seht ihr dieses Boot?« – »Wir sehen es!« – »Setzt euch hinein!« Alle vier setzten sich in das Boot. Da spricht der Zauberer: »Nun, kleines leichtes Boot, erweise mir den Dienst, den du mir schon früher erwiesen hast!« Plötzlich hob sich das Boot in die Luft, flog wie ein Pfeil, vom Bogen geschnellt, und brachte sie in einem Augenblick zu einem großen, felsigen Berge. Bei dem Berge steht ein Haus, im Hause aber wohnt das Männlein – selbst klein wie ein Finger, der Schnurrbart aber sieben Werst lange Dinger. Die Alten schickten Iwan hinein, er solle nach dem Pferde fragen. Iwan ging und bat um das Pferd. Das Männlein – selbst klein wie ein Finger, der Schnurrbart aber sieben Werst lange Dinger, sagte zu ihm: »Stiehl dem Zaren die Tochter und bring sie her, dann gebe ich dir das Pferd!« Iwan erzählte das seinen Kameraden. Sie verließen ihn sofort und machten sich zum Zaren auf.

Als sie dorthin kamen, erfuhr der Zar, weshalb sie gekommen waren, und befahl den Dienern, die Badestube rotglühend zu heizen: mögen die dort ersticken! Dann ließ er die Gäste zum Baden bitten. Sie bedankten sich und gingen. Der Zauberer hieß den Frostkracher vorangehen. Dieser trat ein, und es wurde schön kühl; dann wuschen sie sich, dämpften sich und kamen wieder zum Zaren. Der Zar befahl, ein großes Mittagessen aufzutragen. Eine Menge von allerhand Speisen wurde auf den Tisch gestellt. Der Vielfraß machte sich daran und aß alles auf. In der Nacht kamen die Gäste heimlich zusammen, stahlen die Zarentochter, brachten sie zum Männlein – selbst klein wie ein Finger, der Schnurrbart aber sieben Werst lange Dinger, übergaben ihm die Zarentochter und befreiten so das Roß. Iwan der Bauernsohn verbeugte sich vor den Alten, schwang sich auf sein Roß und ritt zurück zum Zaren.

Er ritt und ritt, hielt dann an im weiten Felde, um auszuruhen, schlug ein Zelt auf und legte sich schlafen. Als er erwachte – was ist das? – neben ihm liegt die Zarentochter! Er freute sich sehr und fragte sie: »Wo kommst du denn her?« Die Zarentochter sagte: »Ich verwandelte mich in eine Stecknadel und steckte mich in deinen Kragen.« Im selben Augenblick verwandelte sie sich wieder in eine Stecknadel. Iwan der Bauernsohn steckte sie sich in den Kragen und ritt weiter. So kommt er zum Zaren. Der Zar erblickte das Wunderpferd, empfängt den guten Burschen mit großen Ehren und erzählt, wie man ihm seine Tochter gestohlen hat. Iwan sagt: »Traure nicht, Zar-Herrscher, ich habe sie zurückgebracht.« Er ging ins Nebenzimmer, und die Zarentochter verwandelte sich wieder in ein schönes Mädchen. Iwan faßte sie an der Hand und führte sie zum Zaren. Der Zar freute sich noch mehr, nahm das Pferd an sich, die Tochter aber gab er Iwan dem Bauernsohn zur Frau. Iwan lebt noch bis auf diesen Tag mit seiner jungen Frau.

Marja Morewna

In einem Zarenreiche, in einem Königreiche, lebte einmal ein Zarewitsch, der hieß Iwan. Er hatte drei Schwestern. Die eine hieß Marja-Zarewna, die andere Olga-Zarewna, die dritte Anna-Zarewna. Vater und Mutter waren gestorben. Sterbend hatten sie ihrem Sohn befohlen: »Wer als erster kommt und um deine Schwestern freit, dem gib sie – behalte sie nicht lange bei dir!« Der Zarewitsch begrub seine Eltern, und traurig ging er mit den Schwestern im grünen Garten spazieren. Plötzlich überzieht den Himmel eine schwarze Wolke, und ein schreckliches Gewitter bricht los. »Gehen wir nach Hause, liebe Schwestern!« sagte Iwan-Zarewitsch. Kaum waren sie im Palast, da krachte der Donner, die Decke barst, und ins Zimmer flog ein heller Falke. Der Falke ließ sich zu Boden fallen, wurde ein schöner Bursche und sagte: »Guten Tag, Iwan-Zarewitsch! Bisher kam ich als Gast, jetzt komme ich als Freier. Ich will deine Schwester Marja-Zarewna freien.« – »Wenn du der Schwester gefällst, werde ich sie nicht hindern – mag sie meinetwegen gehen!« Marja-Zarewna war einverstanden. Der Falke heiratete sie und trug sie in sein Reich.

Tage ziehen hinter Tagen, Stunden laufen hinter Stunden – ein ganzes Jahr ist vorbei – wie nie gewesen. Da ging Iwan-Zarewitsch mit den beiden Schwestern im grünen Garten spazieren. Wieder kommt eine Wolke mit Wirbelwind und Blitz. »Gehen wir nach Hause, liebe Schwestern!« sagte der Zarewitsch. Kaum waren sie im Palast – als der Donner krachte, das Dach zerbrach, die Decke barst und ein Adler hereinflog. Der Adler ließ sich zu Boden fallen und wurde ein schöner Bursche. »Guten Tag, Iwan-Zarewitsch! Bisher kam ich als Gast, jetzt komme ich als Freier.« Und er freite um Olga-Zarewna. Da antwortete Iwan-Zarewitsch: »Wenn du Olga-Zarewna gefällst, so mag sie dich nehmen. Ich lasse der Schwester ihren Willen.« Olga-Zarewna willigte ein und wurde die Frau des Adlers. Der Adler ergriff sie und trug sie fort in sein Reich.

Es verging noch ein Jahr. Da sagt Iwan-Zarewitsch zu seiner jüngsten Schwester: »Laß uns im grünen Garten spazierengehen!« Sie gingen ein wenig spazieren. Wieder erhebt sich eine Wolke mit Wirbelwind und Blitz. »Kehren wir zurück, Schwesterchen, nach Hause!« Sie kehrten nach Hause zurück, hatten kaum Zeit, sich zu setzen, als der Donner krachte, die Decke barst und ein Rabe hereinflog. Der Rabe ließ sich zu Boden fallen und wurde ein schöner Bursche. Die vorigen waren schon schön gewesen, aber dieser war noch besser. »Nun, Iwan-Zarewitsch! Früher kam ich als Gast, aber jetzt komme ich als Freier. Gib mir Anna-Zarewna zur Frau!« – »Ich lasse dem Schwesterchen ihren Willen. Wenn du ihr gefällst, soll sie dich nehmen.« Da wurde Anna-Zarewna des Raben Frau, und er trug sie fort in sein Reich.

So blieb Iwan-Zarewitsch allein. Ein ganzes Jahr lebte er ohne Schwestern, und es wurde ihm langweilig. »Will mal gehen«, sagt er, »die Schwestern besuchen!« Er machte sich auf den Weg, immer weiter und weiter. Da sieht er: es liegt im Felde ein geschlagenes Heer. Fragt Iwan-Zarewitsch: »Wenn es hier noch einen lebendigen Menschen gibt, so soll er mir sagen, wer dieses gewaltige Heer geschlagen hat.« Da rief ein lebendiger Mensch: »Dieses gewaltige Heer schlug Marja Morewna, die wunderschöne Zarentochter.« Iwan-Zarewitsch ritt weiter. Da sah er weiße Zelte, und ihm entgegen kam Marja Morewna, die wunderschöne Zarentochter: »Guten Tag, Zarewitsch, wohin führt dich Gott? Reitest du freiwillig oder unfreiwillig?« Antwortete ihr Iwan-Zarewitsch: »Tapfere Helden reiten nicht gegen ihren Willen!« – »Nun, wenn's nicht eilt, wohne ein Weilchen bei mir in den Zelten.« Iwan-Zarewitsch war es zufrieden, übernachtete zwei Nächte in den Zelten, gefiel der Marja Morewna und nahm sie zur Frau. Marja Morewna, die wunderschöne Zarentochter, nahm ihn mit sich in ihr Reich.

Sie lebten zusammen eine Zeitlang. Da gefiel es der Zarentochter, in den Krieg zu ziehen. Die ganze Wirtschaft zu Hause überläßt sie Iwan-Zarewitsch und befiehlt: »Überall geh herum, auf alles paß auf, nur hüte dich, in diese Kammer hineinzusehen!« Er hielt es nicht aus. Kaum war Marja Morewna fortgezogen, da lief er gleich zu der Kammer, öffnete die Tür, blickte hinein: Da hängt Koschtschej der Unsterbliche, angeschmiedet mit zwölf Ketten. Und es bittet der Koschtschej den Iwan-Zarewitsch: »Erbarme dich meiner, gib mir zu trinken! Zehn Jahre quäle ich mich hier, habe nichts gegessen, nichts getrunken – in der Kehle ist's ganz trokken!« Der Zarewitsch reichte ihm einen Eimer mit Wasser. Der trank ihn aus und bat: »Mit einem Eimer kann ich den Durst nicht löschen, gib mir noch mehr!« Der Zarewitsch reichte ihm noch einen Eimer. Koschtschej trank ihn aus und bat um einen dritten. Als er aber den dritten ausgetrunken hatte, da faßte er all seine frühere Kraft zusammen, schüttelte die Ketten und zerriß alle zwölf mit einem Ruck. »Danke, Iwan-Zarewitsch!« sagte Koschtschej der Unsterbliche, »jetzt wirst du Marja Morewna nie wiedersehen, genauso, wie du deine Ohren nicht siehst!« Und wie ein furchtbarer Wirbelwind flog er zum Fenster hinaus, holte Marja Morewna, die wunderschöne Zarentochter, auf dem Wege ein, ergriff sie und trug sie fort zu sich.

Iwan-Zarewitsch aber fing bitterlich an zu weinen, bereitete sich zur Reise vor und machte sich auf den Weg. »Komme, was kommen mag, aber ich muß Marja Morewna finden!« Er ging einen Tag, er ging einen zweiten, im Morgendämmer des dritten sah er einen wunderbaren Palast. Beim Palast stand eine Eiche, auf der Eiche saß ein heller Falke. Der Falke flog von der Eiche auf, ließ sich zu Boden fallen, verwandelte sich in einen schönen Burschen und rief: »Ach Schwager, mein lieber Schwager, ist dir der Herrgott gnädig?« Und Marja-Zarewna kam herausgelaufen, begrüßte den Bruder freudig, fragte ihn nach seiner Gesundheit, erzählte ihm von sich und ihrem Leben. Drei Tage blieb der Zarewitsch bei ihnen zu Gast und sprach dann: »Lange kann ich nicht bei euch bleiben. Ich gehe und suche meine Frau, Marja Morewna, die wunderschöne Zarentochter.« – »Schwer wird's dir sein, sie zu finden«, antwortete der Falke, »laß jedenfalls deinen silbernen Löffel hier. So können wir ihn betrachten und dabei an dich denken.« Iwan-Zarewitsch ließ seinen silbernen Löffel beim Falken und machte sich auf den Weg.

Er ging einen Tag, einen zweiten, in der Morgendämmerung des dritten Tages sah er einen Palast, der war noch schöner als der erste. Neben dem Palast stand eine Eiche, auf der Eiche saß ein Adler. Der Adler flog vom Baum herunter, ließ sich zu Boden fallen, wurde ein schöner Bursche und rief: »Steh auf, Olga-Zarewna, unser lieber Bruder kommt!« Olga-Zarewna kam sogleich gelaufen, fing an, ihn zu küssen und zu umarmen, ihn nach seiner Gesundheit auszufragen, von ihrem eigenen Leben zu erzählen. Iwan-Zarewitsch blieb drei Tage bei ihnen zu Gast und sagte: »Länger bei euch bleiben kann ich nicht. Ich bin unterwegs, um meine Frau zu suchen, Marja Morewna, die wunderschöne Zarentochter.« Da antwortete der Adler: »Schwer wird's dir werden, sie zu finden. Laß deine silberne Gabel bei uns. Wir werden sie betrachten und an dich denken.« Er ließ die silberne Gabel da und machte sich auf den Weg. Einen Tag ging er und einen zweiten, in der Morgendämmerung des dritten sah er einen Palast, schöner als die beiden ersten. Neben dem Palast stand eine Eiche, auf der Eiche saß ein Rabe. Flog der Rabe von der Eiche herab, ließ sich zu Boden fallen, wurde ein schöner Bursche und rief: »Anna-Zarewna, komm schnell, unser Bruder ist da!« Anna-Zarewna kam herausgelaufen, empfing ihn freudig, fing an, ihn zu küssen, zu umarmen, nach der Gesundheit zu fragen, von ihrem Leben zu erzählen. Iwan-Zarewitsch wohnte drei Tage bei ihnen und sagte: »Lebt wohl! Ich gehe jetzt, um meine Frau zu suchen – Marja Morewna, die wunderschöne Zarentochter.« Antwortete der Rabe: »Schwer wird's sein, sie zu finden. Laß deine silberne Tabaksdose bei uns. Wir werden sie betrachten und an dich denken.« Der Zarewitsch gab ihm die silberne Tabaksdose, verabschiedete sich und machte sich auf den Weg.

Einen Tag ging er, einen zweiten, am dritten aber kam er endlich zu Marja Morewna. Wie sie ihren Liebsten sah, warf sie sich ihm an die Brust, weinte und sprach: »Ach, Iwan-Zarewitsch, warum hast du mir nicht gehorcht – hast in die Kammer gesehen und Koschtschej den Unsterblichen herausgelassen?« – »Verzeih mir, Marja Morewna! Denk nicht an Gewesenes, wollen wir lieber reiten, solange der Unsterbliche nicht zu sehen ist. Vielleicht holt er uns nicht ein!« Sie machten sich fertig und ritten davon.

Koschtschej aber war auf der Jagd. Am Abend kehrt er nach Hause zurück, unter ihm stolpert sein gutes Roß. »Was stolperst du, hungriges Vieh? Oder witterst du Unglück?« Antwortet das Roß: »Iwan-Zarewitsch ist dagewesen, hat Marja Morewna entführt.« – »Kann man sie wohl wieder einholen?« – »Man kann Weizen säen, abwarten, bis er reif wird, ihn ernten, dreschen, in Mehl verwandeln, fünf Öfen voll Brot bereiten, das Brot aufessen und dann die Verfolgung aufnehmen – auch dann kommen wir noch zurecht!« Koschtschej ritt davon, holte Iwan-Zarewitsch ein: »Nun«, sagt er, »das erste Mal vergebe ich dir wegen deiner Güte, daß du mir

Wasser zu trinken gabst, und ein zweites Mal werde ich dir verzeihen, doch ein drittes Mal hüte dich – in Stücke zerhacke ich dich dann!« Er nahm ihm Marja Morewna fort und führte sie weg. Iwan-Zarewitsch aber setzte sich auf einen Stein und fing an zu weinen. Er weinte und weinte, und dann kehrte er wieder um zu Marja Morewna. Koschtschej der Unsterbliche war wieder nicht zu Hause. »Reiten wir, Marja Morewna!« – »Ach, Iwan-Zarewitsch, er holt uns ja ein!« – »Mag er uns einholen, so haben wir doch das eine und andere Stündchen miteinander verbracht.« Sie machten sich auf und ritten davon.

Koschtschej der Unsterbliche kehrt nach Hause zurück, unter ihm stolpert das gute Roß. »Was stolperst du, hungriges Vieh? Oder witterst du Unglück?« – »Iwan-Zarewitsch ist dagewesen, hat Marja Morewna mit sich genommen.« – »Und kann man sie wohl einholen?« – »Man kann Gerste säen, abwarten, bis sie reif wird, sie ernten, mahlen, Bier brauen, trinken, bis man betrunken ist, sich ausschlafen, bis man sich selbst zuwider wird, und dann die Verfolgung aufnehmen – auch dann kommen wir noch zurecht!« Koschtschej ritt davon, erreichte Iwan-Zarewitsch: »Ich habe dir doch gesagt, daß du Marja Morewna nicht sehen sollst, wie du deine eigenen Ohren nicht sehen kannst!« Er nahm sie ihm fort und führte sie heim.

Da blieb Iwan-Zarewitsch allein, weinte bitterlich und kehrte wieder zu Marja Morewna zurück. Auch dieses Mal war der Koschtschej nicht zu Hause. »Laß uns reiten, Marja Morewna!« – »Ach, Iwan-Zarewitsch, er holt uns ja doch wieder ein und zerhackt dich in Stücke!« – »So mag er! Ich kann nicht ohne dich leben.« Sie machten sich auf und ritten davon. Koschtschej der Unsterbliche kommt heimwärts geritten, unter ihm stolpert das gute Roß. »Was stolperst du? Oder witterst du Unglück?« – »Iwan-Zarewitsch ist dagewesen, hat Marja Morewna mitgenommen.« Koschtschej jagte dahin, holte Iwan-Zarewitsch ein, zerhackte ihn in ganz kleine Stücke und steckte ihn in eine Teertonne. Er nahm diese Tonne, umwand sie mit eisernen Ringen und warf sie ins blaue Meer, Marja Morewna aber schleppte er heim zu sich.

Zu derselben Zeit wurde bei den Schwagern das Silber schwarz. »Ach«, sprachen sie, »es ist ein Unglück geschehen!« Der Adler flog schnell zum blauen Meer, faßte die Tonne und holte sie ans Ufer, der Falke flog nach dem Wasser des Lebens und der Rabe nach dem Wasser des Todes. Dann kamen sie alle drei an einem Platz zusammen, zerschlugen die Tonne, holten die Stücke von Iwan-Zarewitsch heraus, wuschen sie und legten sie richtig zusammen. Der Rabe besprengte ihn mit dem Wasser des Todes – da wuchs der Körper zusammen und verband sich zum Ganzen. Der Falke sprengte Wasser des Lebens darüber – da erzitterte Iwan-Zarewitsch, stand auf und sagte: »Ach, wie habe ich lange geschlafen!« – »Du hättest noch länger geschlafen, wenn wir nicht gewesen wären!« antworteten die Schwager. »Komm jetzt zu uns zu Gast!« – »Nein, Brüder, ich muß Marja Morewna suchen.«

Und so kam er zu Marja Morewna und sagte: »Erkunde von Koschtschej dem Unsterblichen, wo er sein gutes Roß herhat!« Da paßte Marja Morewna einen guten Augenblick ab und begann den Koschtschej auszufragen. Koschtschej sagte: »Hinter dreimal neun Ländern, im dreißigsten Zarenreich, hinter einem Feuerfluß, da lebt die Baba-Jaga. Sie hat da so eine Stute, auf der sie täglich einmal um die Welt fliegt. Sie hat auch noch viele andere sehr gute Stuten. Ich war bei ihr drei Tage Pferdehirt, und keine einzige Stute ging mir verloren, dafür schenkte mir die Baba-Jaga ein Hengstlein.« – »Aber wie bist du denn über den Feuerfluß gekommen?« – »Ich hab da so ein Tuch – winke ich mit ihm dreimal nach rechts, so entsteht eine hohe, hohe Brücke, und das Feuer kann sie nicht erreichen!« Marja Morewna hörte ihn an, erzählte alles Iwan-Zarewitsch, auch das Tuch brachte sie gleich mit und gab es ihm.

Iwan-Zarewitsch kam gut über den Feuerfluß und ging weiter zur Baba-Jaga. Lange ging er, ohne zu essen und zu trinken. Unterwegs sah er einen fremden Meeresvogel mit seinen Jungen. Sagte Iwan-Zarewitsch: »Will doch ein Junges essen!« – »Iß es nicht, Iwan-Zarewitsch!« bat der Vogel, »bald wirst du mich brauchen!« Iwan-Zarewitsch ging weiter. Da sah er im Walde einen Bienenstock. »Ich will doch ein wenig Honig nehmen«, sagte er. Da rief die Bienenkönigin: »Rühre meinen Honig nicht an, Iwan-Zare-witsch, bald wirst du mich brauchen!« Er rührte nichts an und ging weiter. Da traf er eine Löwin mit einem Löwenjungen. »Die-ses Löwenjunge will ich doch wenigstens essen, einen Hunger hab ich, schon ganz übel ist mir!« – »Rühr es nicht an, Iwan-Zarewitsch«, bat die Löwin, »bald wirst du mich brauchen!« – »Gut, magst du deinen Willen haben!« So ging er hungrig seines Weges.

Er ging und ging – da steht das Haus der Baba-Jaga, um das Haus zwölf Pfähle, auf elf Pfählen ein Menschenkopf, nur einer ist noch leer. »Guten Tag, Großmutter!« – »Guten Tag, Iwan-Zarewitsch! Warum bist du gekommen – aus eigenem Willen oder aus Not?« – »Ich komme, um mir bei dir ein gutes Roß zu verdie-nen!« – »Bitte, sehr gerne, Zarewitsch! Bei mir braucht man nicht ein Jahr zu dienen, nur drei Tage, alles in allem. Bewahrst und hütest du meine Stuten gut, so gebe ich dir ein gutes Roß, wenn nicht, nun, dann sei mir nicht böse, dann muß dein Kopf auf der zwölften Stan-ge stecken.« Iwan-Zarewitsch war es zufrieden. Die Baba-Jaga gab ihm zu essen, zu trinken und hieß ihn, an die Arbeit zu gehen.

Kaum hatte er die Stuten ins Feld getrieben, da warfen sie die Schweife in die Höhe und liefen alle über die Wiesen auseinander. Der Zarewitsch hatte nicht Zeit, die Augen zu heben, da waren sie schon alle verschwunden. Iwan-Zarewitsch weinte bitterlich und wurde ganz traurig, setzte sich auf einen Stein und schlief ein. Die gute Sonne war schon beim Untergehen, da kam der Meeresvogel geflogen und weckte ihn: »Wach auf, Iwan-Zarewitsch, die Stuten sind jetzt zu Hause!« Der Zarewitsch stand auf und kehrte nach Hause zurück. Die Baba-Jaga aber lärmt und schimpft ihre Stu-ten: »Warum seid ihr nach Hause gekommen?« – »Wie sollten wir denn nicht nach Hause kommen? Vögel kamen geflogen, aus der ganzen Welt, haben uns beinahe die Augen ausgehackt!« – »Nun, morgen lauft nicht über die Wiesen, zerstreut euch in dunklen Wäldern.«

Iwan-Zarewitsch schlief gut und die ganze Nacht durch. Am Mor-gen sagte die Baba-Jaga zu ihm: »Paß auf, Zarewitsch! Wenn du die Stuten nicht richtig hütest, wenn du auch nur eine einzige verlierst –

sei sicher: Auf dem Pfahl sitzt dein junges Köpfchen!« Er trieb die Stuten ins Feld. Sofort erhoben sie die Schweife und liefen in die dunklen Wälder. Wieder setzte sich der Zarewitsch auf einen Stein, weinte und weinte und schlief darüber ein. Die gute Sonne ging gerade hinter dem Wald unter, da kam die Löwin angelaufen. »Wach auf, Iwan-Zarewitsch, die Stuten sind alle beisammen.« Iwan-Zarewitsch stand auf und ging nach Hause. Die Baba-Jaga lärmt schlimmer als zuvor und schreit ihre Stuten an: »Weshalb seid ihr zurückgekehrt?« – »Wie sollten wir nicht zurückkehren, es kamen wilde Tiere aus der ganzen Welt gelaufen, hätten uns beinahe zerrissen!« – »Nun, morgen lauft ihr mir ins blaue Meer!«

Wieder schlief Iwan-Zarewitsch die ganze Nacht. Am Morgen schickt ihn die Baba-Jaga die Stuten hüten. »Bringst du sie nicht wieder heim – dann muß dein junges Köpfchen auf den Pfahl!« Er trieb die Stuten ins Feld. Sofort erhoben sie ihre Schweife, verschwanden ihm aus den Augen, liefen ins blaue Meer und stehen da im Wasser bis zum Halse. Iwan-Zarewitsch setzte sich auf einen Stein, fing an zu weinen und schlief ein. Die gute Sonne ging hinter dem Wald unter, da kam die Biene geflogen und spricht: »Wach auf, Zarewitsch, die Stuten sind alle beisammen, aber wenn du nach Hause zurückkehrst, komm der Baba-Jaga nicht unter die Augen, geh in den Stall und versteck dich hinter einer Krippe. Dort ist ein ruppiges Hengstlein – wälzt sich im Mist. Das stiehlst du, und in dunkler Mitternacht verlaß das Haus!« Iwan-Zarewitsch stand auf, ging vorsichtig in den Stall und legte sich hinter eine Krippe. Die Baba-Jaga lärmt und schreit: »Weshalb seid ihr zurückgekommen?« – »Wie sollten wir nicht umkehren? Es kamen Bienen in Scharen geflogen, aus der ganzen Welt – und die stachen uns von allen Seiten bis aufs Blut!«

Die Baba-Jaga schlief ein. Genau um Mitternacht aber stahl Iwan-Zarewitsch das ruppige Hengstlein, sattelte es, schwang sich hinauf und jagte zum Feuerfluß. Wie er an den Fluß kam, winkte er dreimal mit dem Tuch zur Rechten – und plötzlich, hast du nicht gesehen, hing eine hohe, schöne Brücke über dem Fluß! Der Zarewitsch ritt über die Brücke und winkte mit dem Tuch zur Linken, nur zweimal – da blieb über dem Fluß eine ganz, ganz schwache Brücke! Am Morgen erwachte die Baba-Jaga – so viel sie auch schaute, das ruppige Hengstlein war nicht zu sehen! Sie stürzte davon. Wie der Wind jagt sie im eisernen Mörser dahin, treibt ihn mit dem Stößel an, verwischt ihre Spur mit dem Besen. So kommt sie zum Feuerfluß, schaut hin und denkt: »Die Brücke ist gut!« Sie fährt auf die Brücke. Kaum aber hat sie die Mitte erreicht, so stürzt die Brücke ein und die Baba-Jaga, tschuburach, in den Fluß! Da fand sie einen gewaltsamen Tod! Iwan-Zarewitsch ließ dann das Hengstlein auf grünen Wiesen weiden, bis es stark war. Und es wurde aus ihm ein wunderbares Roß.

So kommt der Zarewitsch zu Marja Morewna. Sie lief ihm entgegen und stürzte ihm an die Brust. »Wie hat dich Gott auferstehen lassen?« – »So und so«, sagt er. »Reiten wir!« – »Ich fürchte mich, Iwan-Zarewitsch! Wenn der Koschtschej uns einholt, wirst du wieder zerhackt.« – »Nein, er holt uns nicht ein! Jetzt habe ich ein schönes, gutes Roß, das fliegt wie ein Vogel.« Sie stiegen aufs Pferd und ritten davon. Koschtschej der Unsterbliche kommt heimwärts geritten, da stolpert unter ihm sein Roß. »Was stolperst du, hungriges Vieh? Oder witterst du Unglück?« – »Iwan-Zarewitsch ist dagewesen, hat Marja Morewna entführt.« – »Und kann man sie wohl einholen?« – »Gott weiß! Iwan-Zarewitsch hat jetzt ein gutes Roß, das ist besser als ich.« – »Nein, das kann ich nicht dulden!« sagt Koschtschej der Unsterbliche, »ich muß ihn verfolgen!« Ob's lange dauerte, ob's kurz dauerte – er holte Iwan-Zarewitsch ein, sprang vom Pferde und wollte mit scharfem Säbel zuschlagen. Da schlug Iwan-Zarewitschs Roß mit seinem starken Huf aus und traf den Kopf Koschtschejs des Unsterblichen. Der barst. Den Rest gab ihm Iwan-Zarewitsch mit der Keule. Dann häufte der Zarewitsch viel Holz auf, schürte ein Feuer, verbrannte Koschtschej den Unsterblichen auf dem Scheiterhaufen und ließ die Asche vom Winde verwehen.

Marja Morewna setzte sich auf Koschtschejs Roß und Iwan-Zarewitsch auf sein eigenes, und beide ritten zu Gast, zuerst zum Raben, dann zum Adler und schließlich auch zum Falken. Wohin sie auch kamen, überall wurden sie mit Freude begrüßt: »Ach, Iwan-Zarewitsch, wir hatten keine Hoffnung mehr, dich jemals wiederzusehen! Nun, du hast dich aber auch nicht umsonst angestrengt. Eine solche Schönheit wie Marja Morewna kann man in der ganzen Welt suchen und findet keine zweite!« So verging die Zeit in Freude, und sie ritten in ihr eigenes Reich. Sie kamen dort an und begannen, herrlich und in Freuden zu leben und Gutes zu erstreben.

Iwan-Zarewitsch und der Weiße Recke

In einem Zarenreiche, in einem Königreiche, lebte einst ein Zar. Dieser Zar hatte drei Töchter und einen Sohn, Iwan-Zarewitsch. Der Zar wurde alt und starb, und Iwan wurde sein Nachfolger. Als die Könige der umliegenden Reiche das erfuhren, sammelten sie sogleich ungezählte Heere und überzogen ihn mit Krieg. Iwan-Zarewitsch weiß nicht, was er machen soll. Er kommt zu seinen Schwestern und fragt: »Meine lieben Schwestern, was soll ich tun? Alle Könige überziehen mich mit Krieg!« – »Ach, du tapferer Krieger, wovor hast du Angst? Wie kommt es denn, daß der Weiße Recke gegen die Baba-Jaga, das Goldbein, kämpft, schon dreißig Jahre nicht aus dem Sattel steigt und keine Ruhe kennt? Du aber zitterst schon, ohne irgend etwas gesehen zu haben!«
Sofort sattelte Iwan-Zarewitsch sein gutes Roß, legte seine Kriegsrüstung an, nahm sein stählernes Schwert, die weitreichende Lanze und die seidene Peitsche, betete zu Gott und ritt gegen den Feind. Er schlägt den Feind nicht so sehr mit dem Schwert, als daß er ihn mit dem Pferde niedertritt. So schlug er alle feindlichen Heere, kehrte in die Stadt zurück, legte sich schlafen und schlief dreimal vierundzwanzig Stunden, ohne aufzuwachen. Am vierten Tag erwachte er, trat auf den Balkon, blickte ins weite Feld und sieht – die Könige haben noch mehr Heere gesammelt und sind wieder

dicht an die Mauern herangekommen. Da wurde der Zarensohn traurig und geht zu seinen Schwestern.

»Ach, liebe Schwestern, was soll ich machen? Eine Heeresmacht habe ich vernichtet, eine neue steht vor der Stadt und droht schrecklicher als zuvor.« – »Was bist du denn für ein Krieger! Hast einen Tag gekämpft und drei Tage durchgeschlafen. Wie kann denn der Weiße Recke mit der Baba-Jaga, dem Goldbein, kämpfen, er steigt dreißig Jahre nicht vom Pferde, kennt keine Ruhe!?«

Iwan-Zarewitsch lief in die weißsteinernen Ställe, sattelte sein gutes Heldenroß, legte seine Kriegsrüstung an, umgürtete sich mit seinem stählernen Schwert, nahm in die eine Hand die weitreichende Lanze, in die andere die seidene Peitsche, betete zu Gott und ritt gegen den Feind. Es ist kein heller Falke, der auf Gänse, Schwäne oder auf graue Enten niederstößt – es ist Iwan-Zarewitsch, der das feindliche Heer überfällt. Nicht so sehr er ist es, der kämpft, als sein Roß, das den Feind niedertritt. So schlug er die gewaltige Kriegsmacht, kehrte nach Hause zurück, legte sich schlafen und schlief sechs Tage, ohne aufzuwachen.

Am siebenten erwachte er, trat auf den Balkon, blickte ins weite Feld – da hatten die Könige eine noch weit größere Heeresmacht gesammelt und die ganze Stadt umstellt. – Iwan der Zarensohn geht wieder zu den Schwestern. »Was soll ich tun? Zwei Heere habe ich vernichtet, und schon steht die dritte Heeresmacht unter den Mauern, noch drohender als die früheren.« – »Ach, du tapferer Krieger, hast einen Tag gekämpft und ganze sechs, ohne aufzuwachen, geschlafen. Wie kämpft denn der Weiße Recke mit der Baba-Jaga, dem Goldbein, ohne seit dreißig Jahren vom Pferde zu steigen und ohne sich Ruhe zu gönnen!« Bitter hörte sich das an. Der Zarensohn lief zu den weißsteinernen Ställen, sattelte sein gutes Heldenroß, legte seine Kriegsrüstung an, umgürtete sich mit seinem stählernen Schwert, in die eine Hand nahm er die weitreichende Lanze, in die andere die seidene Peitsche, betete zu Gott und ritt gegen den Feind. Es ist kein heller Falke, der auf Gänse, Schwäne oder graue Enten niederstößt – es ist Iwan-Zarewitsch, der das feindliche Heer überfällt, nicht so sehr er ist es, der schlägt, als sein Roß, das den Feind zertritt. So schlug er die gewaltige Kriegsmacht, kehrte nach Hause zurück, legte sich schlafen und schlief neun Tage, ohne aufzuwachen. Am zehnten Tage erwachte er und berief alle Minister und Senatoren zu sich. »Meine Herren Minister und Senatoren! Ich gedenke, in fremde Länder zu reisen, um den Weißen Recken zu sehen. Ich bitte euch, unterdessen zu richten und zu rechten, alle Dinge der Wahrheit gemäß zu entscheiden.«

Darauf verabschiedete er sich von den Schwestern, stieg auf sein Roß und ritt davon. Ob es nun lange dauerte oder kurz – schließlich kam er in einen dunklen Wald. Da sieht er eine kleine Hütte stehen. In der Hütte wohnt ein alter Mann. Iwan-Zarewitsch trat bei ihm ein und sagt: »Guten Tag, Großvater!« – »Guten Tag, russischer Zarensohn! Wohin führt dich Gott?« – »Ich suche den Weißen Recken. Weißt du nicht, wo er zu finden ist?« – »Ich selbst weiß es nicht, aber wart einmal, ich will meine treuen Diener zusammenrufen und sie fragen.« Der Alte trat hinaus auf die Treppe, blies auf seinem silbernen Horn – da plötzlich kamen von allen Seiten Vögel zusammengeflogen. Es kamen ihrer unzählige angeflogen, als schwarze Wolke bedeckten sie den ganzen Himmel. Da rief der alte Mann mit lauter Stimme und pfiff mit einem gellenden Pfiff: »Ihr meine treuen Diener, ihr meine Zugvögel, habt ihr nichts vom Weißen Recken gesehen oder gehört?« – »Nein, nie etwas gesehen, nie etwas gehört!« – »Nun, Iwan-Zarewitsch«, sagt der alte Mann, »geh jetzt zu meinem älteren Bruder, vielleicht weiß der es. Da, nimm dieses Knäuel und wirf es vor dich hin; wohin das Knäuel rollt, dahin lenke auch dein Roß.«

Iwan-Zarewitsch schwang sich auf sein gutes Roß, warf das Knäuel vor sich hin und ritt hinter ihm her. Der Wald aber wurde immer dunkler und dunkler. Kommt der Zarensohn vor eine kleine Hütte geritten, steigt vom Pferde und tritt ein. In der Hütte sitzt ein alter Mann mit schlohweißem Haar. »Guten Tag, Großvater!« – »Guten Tag, russischer Zarensohn! Wohin des Wegs?« – »Ich suche den Weißen Recken; weißt du vielleicht, wo er ist?« – »Wart mal, ich will meine treuen Diener rufen und sie fragen.« Der Alte trat auf die Treppe hinaus, blies auf einem silbernen Horn – und plötzlich kamen von allen Seiten viele verschiedene Tiere. Er rief mit lauter Stimme, er pfiff einen gellenden Pfiff: »Ihr meine treuen Diener, ihr wilden Tiere, habt ihr nichts vom Weißen Recken gesehen oder gehört?« – »Nein, nichts!« – »Nun, jetzt zählt aber mal, ob ihr auch alle da seid, vielleicht sind noch nicht alle gekommen.« Die Tiere zählten – da fehlte die krumme, einäugige Wölfin. Der Alte schickte nach ihr, und sofort liefen die Läufer und führten sie herbei. »Sag, einäugige Wölfin, kennst du den Weißen Rekken?« – »Wie soll ich ihn nicht kennen, wo ich doch immer bei ihm bin! Er schlägt die Heere, und ich ernähre mich von den Erschlagenen.« – »Wo ist er denn jetzt?« – »Im weiten Felde. Er schläft im Zelt auf dem großen Grabhügel. Er kämpfte mit der Baba-Jaga, dem Goldbein, nach dem Kampf aber legte er sich für zwölf Tage schlafen.« – »Führe Iwan-Zarewitsch dorthin, wo er schläft!« Die Wölfin lief, und hinter ihr her ritt der Zarensohn. So kommt er zum großen Grabhügel, tritt in das Zelt – der Weiße Recke schläft einen schweren Schlaf. »Da sprachen doch meine Schwestern immer davon, daß der Weiße Recke kämpft, ohne sich Ruhe zu gönnen, er aber hat sich für zwölf Tage schlafen gelegt! Sollte ich nicht auch ein wenig schlafen?« Iwan-Zarewitsch überlegte es sich eine Weile und legte sich dann neben den anderen. Da kam ins Zelt ein kleiner Vogel geflogen, flattert über dem Kopf des Weißen Rekken und spricht solche Worte: »Steh auf, erwache, Weißer Recke, und laß meinen Bruder, Iwan-Zarewitsch, eines bösen Todes sterben, denn sonst steht er auf und wird dich töten!« – Iwan-Zarewitsch sprang auf, fing das Vögelchen, riß ihm das rechte Beinchen ab, warf es hinter das Zelt und legte sich wieder neben den Weißen Recken.

Er hatte noch nicht Zeit gehabt, wieder einzuschlafen, da kam ein anderes Vögelchen geflogen, flatterte über dem Kopf des Weißen Recken und sagt: »Steh auf, erwache, Weißer Recke, und gib meinem Bruder, Iwan-Zarewitsch, einen bösen Tod, sonst steht er auf und wird dich töten!« Iwan-Zarewitsch sprang auf, fing das Vögelchen, riß ihm den rechten Flügel ab, warf es aus dem Zelt und legte sich wieder an den früheren Platz. Da kommt ein drittes Vögelchen geflogen, flattert um das Kopfende und spricht: »Steh auf, erwache, Weißer Recke, und gib meinem Bruder, Iwan-Zarewitsch, einen bösen Tod, sonst steht er auf und wird dich töten!« Iwan-Zarewitsch sprang auf, fing das Vögelchen und riß ihm den Schnabel ab. Das Vögelchen warf er fort, selbst aber legte er sich wieder hin und schlief fest ein.

Als die Zeit kam, da erwachte der Weiße Recke und sah neben sich einen ganz unbekannten Helden liegen. Er faßte sein Schwert und wollte ihm einen bösen Tod geben, aber er besann sich noch zur rechten Zeit: »Nein«, denkt er, »der Fremde überraschte mich im Schlaf, aber er wollte sein Schwert nicht mit meinem Blute beflekken. Auch für mich wäre das weder Ehre noch Ruhm, ihn zu erschlagen! Ein Schlafender ist wie ein Toter. Ich will ihn lieber wekken!« So weckte er Iwan-Zarewitsch und fragt: »Bist du ein guter oder ein schlechter Mensch? Sag: wie heißest du und weshalb bist du gekommen?« – »Ich heiße Iwan-Zarewitsch; hergekommen aber bin ich, um dich zu sehen und deine Kraft zu erproben.« – »Du scheinst mir recht kühn, du Zarensohn! Ohne zu fragen, bist du ins Zelt gekommen, ohne Erlaubnis hast du dich ausgeschlafen, dafür hast du den Tod verdient!« – »Ach du, Weißer Recke, bist noch nicht über den Graben gesprungen und prahlst schon; wart, vielleicht stolperst du noch! Du hast zwei Hände, und auch mich hat die Mutter nicht einhändig zur Welt gebracht.«

Sie schwangen sich auf ihre Heldenrosse, sprengten aufeinander zu und stießen so stark zusammen, daß ihre Lanzen zersplitterten und die guten Rosse in die Knie sanken. Iwan-Zarewitsch schlug den Weißen Recken aus dem Sattel und schwang sein scharfes Schwert über ihm. Da bat der Weiße Recke: »Gib mir nicht den Tod, laß mir das Leben! Ich werde mich von nun an deinen jüngeren Bruder nennen, werde dich wie einen Vater ehren.« Iwan-Zarewitsch faßte ihn bei der Hand, hob ihn von der Erde auf, küßte ihn auf den Mund und nannte ihn seinen jüngeren Bruder.

»Ich habe gehört, Bruder, daß du schon dreißig Jahre mit der Baba-Jaga, dem Goldbein, kämpfst. Weshalb habt ihr denn eigentlich Krieg miteinander?« – »Sie hat eine schöne Tochter, die will ich haben und heiraten.« – »Na«, sagte der Zarensohn, »ist man befreundet, so hilft man sich in der Not! Reiten wir zusammen in den Krieg.«

Sie schwangen sich auf ihre Rosse und ritten hinaus ins weite Feld. Die Baba-Jaga, das Goldbein, stellte ihnen eine unübersehbare Kriegsmacht entgegen. Es sind nicht helle Falken, die auf einen Schwarm Tauben stoßen – es sind starke, mächtige Recken, die ins feindliche Heer einfallen! Sie schlagen den Feind nicht so sehr mit ihren Schwertern, als daß sie ihn mit ihren Rossen zertreten. Sie erschlugen und erdrückten viele Tausende. Die Baba-Jaga ergriff die Flucht, Iwan-Zarewitsch aber verfolgte sie. Er kam ihr schon ganz nah – da lief sie zu einem tiefen Abgrund, hob eine eiserne Platte auf und verschwand unter der Erde.

Iwan-Zarewitsch und der Weiße Recke kauften eine große Menge Ochsen, schlachteten sie, zogen ihnen das Fell ab und schnitten sich Riemen zurecht. Aus diesen Riemen flochten sie sich ein Tau, das war so lang, daß das eine Ende hier bei ihnen war, das andere Ende aber jene Welt erreichte. Da spricht der Zarensohn zum Weißen Recken: »Laß mich schnell in diesen Abgrund hinab, aber zieh das Tau nicht wieder heraus. Wart, bis ich am Tau zerren werde, erst dann zieh!« Der Weiße Recke ließ ihn bis auf den Grund hinunter.

Hier sah sich Iwan-Zarewitsch um und ging dann, die Baba-Jaga zu suchen. So ging und ging er – da sieht er: hinter einem Gitter sitzen viele Schneider. »Was macht ihr denn da?« – »Ach, Iwan-Zarewitsch, wir sitzen hier und nähen für das Heer der Baba-Jaga.« – »Wie näht ihr denn?« – »Das weiß doch jeder: Ein Stich mit der Nadel, und schon schwingt sich ein Kosake mit der Pike in den Sattel, stellt sich in Reih und Glied, und los geht es in den Krieg gegen den Weißen Recken!« – »Ach, ihr Lieben, schnell näht ihr, aber nicht fest. Stellt euch mal in eine Reihe, ich will euch lehren, wie man fester näht!« Sofort stellten sie sich in einer Reihe auf. Iwan-Zarewitsch aber schwingt sein Schwert, und schon liegen alle Köpfe da. So erschlug er die Schneider und ging weiter.

Er ging und ging – da sieht er: hinter einem Gitter sitzen viele Schuster. »Was macht ihr denn hier?« – »Wir sitzen und bereiten ein Heer für die Baba-Jaga, das Goldbein.« – »Wie macht ihr das denn?« – »Ach, das machen wir so: ein Stich mit der Ahle gibt gleich einen Soldaten mit einer Flinte; er schwingt sich in den Sattel, stellt sich in Reih und Glied und zieht in den Krieg gegen den Weißen Recken.« – »Ach, Kinder, schnell arbeitet ihr, aber falsch. Gut Ding will Weile haben. Stellt euch mal in eine Reihe, ich will euch was Besseres lehren!« So stellten sie sich in eine Reihe. Iwan-Zarewitsch schwingt sein Schwert, und schon liegen alle Köpfe da. So erschlug er die Schuster und machte sich wieder auf den Weg.

Ob lang, ob kurz – endlich kam er zu einer großen, herrlichen Stadt. In jener Stadt steht ein wunderbarer Zarenpalast, in ihm aber sitzt ein Mädchen von unbeschreiblicher Schönheit. Sie schaute zum Fenster hinaus und sah den guten Burschen, und ihr gefielen seine schwarzen Locken, seine Falkenaugen, seine Zobelbrauen, seine Reckengebärden. Sie rief den Zarensohn zu sich, fragte ihn aus, wohin und woher des Wegs. Da erzählte er ihr, daß er die Baba-Jaga, das Goldbein, finden müsse. »Ach, Iwan-Zarewitsch, ich bin ja ihre Tochter. Sie schläft jetzt einen tiefen Schlaf, hat sich für zwölf Tage zur Ruhe gelegt.« – Sie führte Iwan-Zarewitsch aus der Stadt hinaus und zeigte ihm den Weg. Iwan-Zarewitsch ging zur Baba-Jaga, dem Goldbein, traf sie schlafend, zückte sein Schwert und schlug ihr den Kopf ab. Der Kopf rollte und sprach: »Schlag noch weiter, Iwan-Zarewitsch!« – »Ein guter Reckenschlag genügt!« antwortete der Zarensohn, kehrte in den Palast des schönen Mädchens zurück und setzte sich mit ihr an eichene Tische mit gestickten Tischtüchern. Er aß sich satt und trank sich satt und fragte dann: »Gibt es in der Welt jemand, der stärker ist als ich und schöner als du?« – »Ach, Iwan-Zarewitsch, was bin ich für eine Schönheit? Da lebt hinter dreimal neun Ländern, im dreißigsten Zarenreich, die Tochter des Drachenzaren, und die ist wirklich eine unsagbare Schönheit. Sie hat ihre Füße gewaschen, und ich habe mich in jenem Wasser gebadet!«

Iwan-Zarewitsch faßte das schöne Mädchen an ihrer weißen Hand, führte sie an jene Stelle, wo das Tau hing, und gab dem Weißen Rekken ein Zeichen. Der faßte das Tau und zog. So zog er den Zarensohn und das schöne Mädchen heraus. »Guten Tag, Weißer Rekke!« sagte Iwan-Zarewitsch, »da hast du eine Braut! Leb wohl und freue dich, traure nicht mehr, ich aber will jetzt ins Drachenreich reiten.«

Er schwang sich auf sein Heldenroß, verabschiedete sich vom Weißen Recken und seiner Braut und ritt hinter dreimal neun Länder. Ob lang, ob kurz, ob tief, ob hoch – schnell läßt sich ein Märchen erzählen, aber nicht schnell geschieht eine Tat – so kam er in das Drachenreich, tötete den Drachenzaren, befreite die wunderschöne Zarentochter und heiratete sie. Dann kehrte er heim und fing an, mit seiner jungen Frau zu leben – glücklich und reich.

Buchtan Buchtanowitsch

In einem Zarenreiche, in einem Königreiche, lebte einmal ein gewisser Buchtan Buchtanowitsch. Dieser Buchtan Buchtanowitsch hatte sich mitten im Feld einen Ofen auf Pfosten gebaut. Auf diesem Ofen liegt er eine halbe Elle tief in Küchenschabenmilch. Da kam zu ihm die Füchsin und sagt: »Buchtan Buchtanowitsch, soll ich dich mit der Tochter des Zaren verheiraten?« – »Was fällt dir ein, Füchschen!« – »Hast du Geld?« – »Ja, alles in allem einen Fünfer.« – »Das ist nicht viel, aber gib ihn her!« Die Füchsin ging, wechselte den Fünfer in ganz kleines Geld – in Kopeken, halbe Kopeken und Viertelkopeken, ging damit zum Zaren und sagt: »Zar, Herr über Leben und Tod, gib mir ein Viertelmaß – ich muß bei Buchtan Buchtanowitsch Geld abmessen.« Der Zar sagt: »Nimm dir das Maß.« Die Füchsin brachte das Maß heim, klemmte eine Kopeke und eine halbe Kopeke hinter den Reifen, brachte das Maß so wieder zurück zum Zaren und sagt: »Zar, Herr über Leben und Tod, dieses Maß ist zu klein, gib mir ein größeres – ich muß Geld bei Buchtan Buchtanowitsch abmessen.« – »Nimm es dir.« Die Füchsin nahm es und brachte es heim. Wieder klemmte sie eine Kopeke und eine halbe hinter den Reifen und trug es zum Zaren: »Zar, Herr über Leben und Tod! Auch dieses Maß ist noch zu klein, gib ein noch größeres.« – »Nimm es.« Die Füchsin nahm es, brachte es nach Hause, klemmte das letzte Kleingeld hinter den Reifen und brachte es zum Zaren. Der Zar sagt: »Hast du alles abgemessen, Füchschen?« Das Füchschen sagte: »Alles ist in Ordnung. Nun aber, Zar, Herr über Leben und Tod, ich komme mit einem sehr guten Angebot zu dir: Gib deine Tochter dem Buchtan Buchtanowitsch zur Frau.« – »Schön, aber vorher zeige mir den Bräutigam.« Die Füchsin lief nach Hause. »Buchtan Buchtanowitsch, hast du irgendwelche Kleider? Zieh sie an!« Buchtan Buchtanowitsch zog sich an und ging mit der Füchsin zum Zaren.

So gingen sie nebeneinander und kamen schließlich auch an einen Steg, der über eine morastige Stelle führte. Das Füchschen stieß den Buchtan Buchtanowitsch, und er fiel in den Dreck. Da rief die Füchsin: »Was machst du, was machst du nur für Geschichten, Buchtan Buchtanowitsch?« Selbst aber schmierte sie ihn nur noch mehr mit Schmutz ein. »Warte hier, Buchtan Buchtanowitsch, ich laufe mal schnell zum Zaren hinüber.« Das Füchschen kam zum Zaren gelaufen und sagt: »Zar, Herr über Leben und Tod, Buchtan Buchtanowitsch und ich gingen über einen Steg – so einen ganz schlechten Steg – wir haben nicht gut aufgepaßt und sind hinuntergefallen; Buchtan Buchtanowitsch ist ganz schmutzig geworden; so kann er nicht in die Stadt kommen; hast du nicht irgendwelche Alltagskleider?« – »Ja, nimm dir welche.« Das Füchschen lief zurück. »Buchtan Buchtanowitsch, da hast du – zieh dich um und komm!«

Sie kamen zum Zaren. Dort war schon der Tisch gedeckt. Buchtan Buchtanowitsch sieht nichts, denn er sieht immer nur sich selbst an – noch nie in seinem Leben hat er solche Kleider gesehen! Da zwinkerte der Zar dem Füchschen zu: »Füchschen, weshalb sieht Buchtan Buchtanowitsch nirgendwo hin und schaut immer nur sich selbst an?« – »Zar, Herr über Leben und Tod, er schämt sich sicher, daß er solche Kleider anhat; denn Buchtan Buchtanowitsch hat in seinem ganzen Leben noch nie so ärmliche Kleider getragen. Zar, Herr über Leben und Tod, gib ihm doch die Kleider, die du zu Ostern trägst.« – Dem Buchtan Buchtanowitsch aber flüsterte das Füchschen zu: »Schau dich nicht immer so an!« Da sah Buchtan Buchtanowitsch auf, erblickte einen vergoldeten Stuhl und schaut jetzt nur noch den Stuhl an. Der Zar flüsterte dem Füchschen zu: »Füchschen, warum sieht Buchtan Buchtanowitsch nichts außer dem Stuhl?« – »Zar, Herr über Leben und Tod, weil bei ihm in der Badestube viele solcher Stühle stehen.« Der Zar warf den Stuhl zur Tür hinaus. Das Füchschen aber flüsterte Buchtan Buchtanowitsch zu: »Blicke nicht immer auf eine Stelle; sieh mal hierhin und mal dorthin.«

Na, endlich begannen sie über die richtige Angelegenheit zu sprechen, über die Brautwerbung. Ja, und dann wurde Hochzeit gemacht. Das geht schnell bei so einem Zaren! Kein Bier ist zu brauen, kein Schnaps ist zu brennen – alles ist immer fertig. Man belud drei Schiffe für Buchtan Buchtanowitsch und sie fuhren nach Hause. Buchtan Buchtanowitsch fährt mit seiner jungen Frau zu Schiff, das Füchschen aber läuft immer längs dem Ufer. Da erblickte Buchtan Buchtanowitsch seinen Ofen und rief: »Füchschen! Guck mal da, mein Ofen!« – »Schweig still, Buchtan Buchtanowitsch, es ist eine Schande!« – Buchtan Buchtanowitsch fährt weiter, das Füchschen aber läuft längs dem Ufer voraus. Es kam angelaufen, kletterte auf eine steile Anhöhe: am steilen Ufer aber steht ein riesengroßes steinernes Haus, und dahinter liegt ein ungeheures Zarenreich. Das Füchschen lief ins Haus – drinnen keine Menschenseele; es lief weiter durch die Gemächer – da plötzlich liegt dort, lang ausgestreckt, Drache Drachowitsch, auf dem Ofen sitzt Rabe Rabowitsch, auf dem Thron aber sitzt Gockel Gockelowitsch. Das Füchschen sagt: »Was fällt euch ein, hier zu sitzen! Der Zar kommt mit dem Feuer, die Zarin mit dem Blitz, sie werden euch zu Asche verbrennen.« – »Füchschen, ach Füchschen! Wohin mit uns?« – »Gockel Gockelowitsch, geh du in die Tonne!« Das Füchschen steckt den Gockel in die Tonne. »Rabe Rabowitsch, setz dich in den Mörser, schnell!« Es steckte den Raben in den Mörser. Den Drachen aber wickelte das Füchschen in Stroh und brachte ihn auf die Straße hinaus.

Die Schiffe kamen an. Das Füchschen befahl, alle drei Dinge ins Wasser zu werfen, die Tonne, den Mörser und das Stroh. Die Kosaken gehorchten sofort. Buchtan Buchtanowitsch brachte all sein Hab und Gut in dieses Haus hinein und lebte dort lange und lebte dort gut. Er herrschte und regierte dort bis an sein Lebensende.

Der kristallene Berg

In einem Zarenreiche, in einem Königreiche, lebte einst ein Zar. Dieser Zar hatte drei Söhne. Da sprechen seine Söhne zu ihm: »Sehr verehrter Herr Vater, gib uns deinen Segen, wir wollen auf die Jagd reiten!« Der Vater segnete sie, und sie ritten nach verschiedenen Seiten. Der jüngste Sohn ritt und ritt und verirrte sich. Er kommt auf eine Waldlichtung, da liegt ein totes Pferd, und rundherum hat sich allerhand Getier, Vögel und Kleintiere versammelt. Da erhob sich ein Falke, kam zum Zarensohn geflogen, setzte sich ihm auf die Schulter und spricht: »Iwan-Zarewitsch, teil dieses Pferd unter uns! Es liegt schon dreiunddreißig Jahre hier, wir aber streiten uns, wie wir es teilen sollen, und können es nicht.« Der Zarensohn stieg von seinem guten Roß und teilte das tote Pferd. Den großen Tieren gab er die Knochen, den Vögeln das Fleisch, die Haut den Schlangen und den Kopf den Ameisen. »Danke, Iwan-Zarewitsch«, sagte der Falke, »für diesen Dienst wirst du dich immer, sobald du nur willst, in einen hellen Falken oder in eine Ameise verwandeln können.«

Iwan-Zarewitsch ließ sich auf die feuchte Erde fallen, wurde zum hellen Falken, schwang sich in die Luft und flog ins dreißigste Zarenreich. Aber mehr als die Hälfte dieses Reiches war schon unter einem kristallenen Berg verschwunden. Er flog geradewegs in den Palast, verwandelte sich wieder in den guten Burschen und fragt die Schloßwache: »Ob euer Zar mich wohl in seine Dienste nimmt?« – »Weshalb sollte er einen so feinen Burschen nicht nehmen!«

So trat er bei jenem Zaren in den Dienst und lebt bei ihm eine Woche, eine zweite und eine dritte Woche. Eines Tages bat die Zarentocher: »Mein Herr Vater, gestatte mir, mit Iwan-Zarewitsch auf dem Kristallberg spazierenzugehen.« Der Zar erlaubte es. Sie schwangen sich auf ihre guten Rosse und ritten fort. Sie kommen zum Kristallberg, da plötzlich – wer weiß woher – sprang vor ihnen eine goldene Ziege über den Weg. Der Zarensohn setzte ihr nach, jagte und jagte, konnte sie nicht erreichen und kehrte zurück – da war die Zarentochter verschwunden. Was sollte er tun? Wie sollte er dem Zaren vor die Augen treten? – Er verkleidete sich als uralter Mann, so daß ihn niemand erkennen konnte, ging in den Palast und spricht zum Zaren: »Eure Majestät, lassen Sie mich Ihre Herde hüten.« – »Gut, sei mein Viehhirt; wenn der dreiköpfige Drache geflogen kommt, dann gib ihm drei Kühe, kommt der sechsköpfige, dann gib ihm sechs Kühe, und dem zwölfköpfigen zähle zwölf Kühe ab.«

Iwan-Zarewitsch trieb die Herde über Berge und Täler, da plötzlich kommt vom See her der dreiköpfige Drache geflogen und sagt: »Ach, Iwan-Zarewitsch, womit gibst du dich bloß ab? Statt zu kämpfen hütest du eine Herde! Na, her mit den drei Kühen!« – »Ist das nicht ein bißchen viel?« antwortete der Zarensohn, »ich selbst esse nur ein Entchen am Tag, und du willst gleich drei ganze Kühe … Keine einzige sollst du haben!« Der Drache wurde böse und packte sechs Kühe anstatt der drei. Iwan-Zarewitsch verwandelte sich sofort in einen hellen Falken, riß dem Drachen alle drei Köpfe ab und trieb die Herde nach Hause.

»Nun, wie war's, Alterchen?« fragt der Zar, »ist der dreiköpfige Drache dagewesen, und hast du ihm drei Kühe gegeben?« – »Nein, Eure Majestät, ich habe ihm keine einzige gegeben!« Am anderen Tage treibt der Zarensohn wieder die Herde über Berge und Täler. Da kommt vom See her der sechsköpfige Drache geflogen und verlangt sechs Kühe: »Ach, du gefräßiges Untier! Ich selbst esse am Tage ein einziges Entchen, und du verlangst so viel! Du bekommst keine einzige Kuh!« Der Drache wurde böse und packte zwölf Kühe anstatt der sechs. Der Zarensohn aber verwandelte sich in einen hellen Falken, stürzte sich auf den Drachen und riß ihm alle sechs Köpfe ab. Dann trieb er die Herde nach Hause. Der Zar fragt ihn: »Nun, Alterchen, ist der sechsköpfige Drache dagewesen, hat er viel von meiner Herde mitgenommen?« – »Dagewesen ist er schon, aber er hat nichts mitgenommen!«

Spät am Abend verwandelte sich Iwan-Zarewitsch in eine Ameise und kroch durch eine kleine Ritze in den Kristallberg. Da sieht er im Berge die Zarentochter sitzen. »Guten Abend,« sagt Iwan-Zarewitsch, »wie kommst du hierher?« – »Mich hat der zwölfköpfige Drache geraubt. Er wohnt auf dem See meines Vaters – im Bauch dieses Drachen befindet sich ein Kasten, im Kasten sitzt ein Hase, im Hasen eine Ente, in der Ente ist ein Ei, im Ei ist ein Samenkorn. Wenn du den Drachen tötest und das Samenkorn erlangst, dann kannst du den Kristallberg vernichten und mich befreien.« Iwan-Zarewitsch kroch aus dem Berge heraus, verwandelte sich wieder in den Hirten und trieb die Herde nach Hause.

Plötzlich kommt der zwölfköpfige Drache geflogen: »Ach, Iwan-Zarewitsch, womit gibst du dich bloß ab! So einer wie du sollte kämpfen, du aber hütest Kühe … Na, zähl zwölf Kühe ab!« – »Das ist reichlich viel, mein Lieber – ich esse täglich ein Entchen, und du willst gleich zwölf Kühe!« Da fingen sie an zu kämpfen, und ob es nun lange dauerte oder kurz – Iwan-Zarewitsch besiegte den zwölfköpfigen Drachen, schnitt ihn auf und fand in ihm einen Kasten, im Kasten einen Hasen, im Hasen eine Ente, in der Ente – ein Ei, im Ei – ein Samenkorn.

Iwan-Zarewitsch nahm das Samenkorn, zündete es an und hielt es an den Kristallberg – da taute der Berg auf. Iwan-Zarewitsch führte die Zarentochter heraus und brachte sie zum Vater. Der freute sich und sprach zu Iwan-Zarewitsch: »Sei mein Schwiegersohn!« Da wurden sie getraut. Auf dieser Hochzeit war ich auch, trank Met und Bier, wie es so Brauch, es floß mir wohl den Bart entlang, kam aber nicht im Munde an.

Der Feuervogel und Wassilissa die Zarentochter

In einem Zarenreiche, hinter dreimal neun Reichen, im dreißigsten Kaiserreiche lebte ein starker, mächtiger Zar. Dieser Zar hatte einen jungen Jäger, und der junge Jäger hatte einen schönen, starken Hengst. Einmal ritt der Jäger auf seinem schönen, starken Hengst in den Wald zur Jagd. Er reitet auf dem Wege, auf dem breiten Wege, da sieht er, auf dem Boden liegt des Feuervogels goldene Feder. Wie Feuer leuchtet die Feder! Da sagt zu ihm der schöne, starke Hengst: »Nimm die goldene Feder nicht. Nimmst du sie, so findest du Kummer und Leid!« – »Soll ich sie nun aufheben oder nicht?« dachte der gute Bursche. »Hebe ich sie auf und schenke sie dem Zaren, so belohnt er mich reich.« Wem ist königliche Gnade nicht lieb? Und so gehorchte der Jäger dem Hengst nicht, hob die Feder des Feuervogels auf, trug sie fort und überreichte sie dem Zaren als Geschenk. »Danke!« sagt der Zar, »nun, wenn du schon des Feuervogels Feder gefunden hast, so verschaff mir auch den Vogel selbst; wenn nicht, bezahlst du es mit deinem Kopf!« Der Jäger begann bitterlich zu weinen und ging zu seinem schönen, starken Hengst. »Worüber weinst du, Herr?« – »Der Zar hat mir befohlen, ihm den Feuervogel zu bringen.« – »Ich habe dir doch gesagt: Nimmst du die Feder, so findest du Leid! Nun, fürchte dich nur nicht und sei nicht so traurig, das ist noch kein Unglück, das Unglück kommt erst! Geh zum Zaren und verlange: Morgen sollen hundert Sack türkischer Weizen im offenen Feld ausgestreut werden.« So befahl der Zar, im offenen Feld hundert Sack türkischen Weizen auszustreuen.

Am andern Tage, als die Sonne aufging, ritt der junge Jäger ins offene Feld, ließ seinen Hengst frei weiden, er selbst aber versteckte sich hinter einem Baum. Plötzlich rauschte der Wald, die Meereswogen schäumten auf – da kommt der Feuervogel geflogen. Er kommt, läßt sich zur Erde nieder und pickt den Weizen. Der schöne, starke Hengst näherte sich dem Vogel, trat mit seinem Huf auf einen Flügel und drückte ihn fest an die Erde. Der Jäger sprang hinter dem Baume hervor, lief herzu, band den Feuervogel mit Stricken, stieg zu Pferde und jagte zum Schloß. So bringt er dem Zaren den Feuervogel. Der Zar sah ihn, freute sich, dankte für den Dienst, verlieh dem Jäger einen höheren Rang und gab ihm sofort eine neue Aufgabe: »Hast du es verstanden, den Feuervogel zu fangen, so schaff mir auch eine Braut herbei. Hinter dreimal neun Ländern, am äußersten Rande der Welt, wo die liebe rote Sonne aufgeht, da wohnt Wassilissa die Zarentochter – die muß ich haben. Schaffst du sie her, wirst du mit Gold und Silber belohnt, wenn nicht, bezahlst du es mit deinem Kopf.« Bittere Tränen vergoß der Jäger und ging zu seinem schönen, starken Hengst. »Worüber weinst du, Herr?« fragt der Hengst. – »Der Zar befiehlt mir, Wassilissa die Zarentochter zu holen.« – »Weine nicht, gräme dich nicht. Das ist noch kein Unglück, das Unglück kommt erst! Geh zum Zaren und bitte ihn um ein Zelt mit goldverziertem Dach und allerlei Speise und Trank für den Weg.« Der Zar gab ihm Speise und Trank und das Zelt mit goldverziertem Dach. Da stieg der junge Jäger auf seinen schönen, starken Hengst und ritt durch dreimal neun Länder. Über kurz, über lang – kommt der junge Jäger an den Rand der Welt, wo die liebe rote Sonne aus dem blauen Meer aufsteigt. Er blickt in die Ferne – da, auf dem blauen Meer, fährt Wassilissa die Zarentochter in einem kleinen, silbernen Kahn und rudert mit goldenem Ruder. Der junge Jäger ließ seinen Hengst auf grünen Wiesen weiden, frisches Gras rupfen, selbst aber schlug er das Zelt mit dem goldverzierten Dach auf, tischte allerlei Speise und Trank auf, setzte sich ins Zelt, greift zu und wartet auf Wassilissa die Zarentochter. Wassilissa die Zarentochter aber bemerkte das goldverzierte Dach, ruderte ans Ufer, stieg aus dem kleinen, silbernen Boot und bewunderte das Zelt. »Guten Tag, wie geht es, Wassilissa, du Zarentochter«, sagt der junge Jäger, »komm, wir wollen Salz und Brot

essen, überseeische Weine trinken.« Wassilissa die Zarentochter trat ins Zelt. Da fingen sie an zu essen, zu trinken und fröhlich zu sein. Die Zarentochter trank ein Glas vom überseeischen Wein, wurde ganz benommen und versank in tiefen Schlaf. Der Bursche rief seinen schönen, starken Hengst. Er kam gelaufen. Gleich darauf bricht der Jäger schnell sein Zelt mit dem goldverzierten Dach ab, setzt sich auf den schönen, starken Hengst, hebt die schlafende Wassilissa hinauf und reitet davon, so schnell, wie ein Pfeil fliegt. So kommt er zum Zaren. Der erblickte Wassilissa die Zarentochter, freute sich, dankte dem Jäger für seinen treuen Dienst, belohnte ihn mit großen Schätzen und verlieh ihm einen hohen Rang. Als Wassilissa die Zarentochter erwachte und erkannte, daß sie fernfern vom blauen Meer war, fing sie an zu weinen, zu trauern und sah ganz unglücklich aus. Wieviel der Zar ihr auch zuredete – alles umsonst. Da wollte sie der Zar heiraten, sie aber spricht: »Mag der, welcher mich hierherbrachte, zum blauen Meer reiten. Inmitten jenes Meeres liegt ein großer Stein, unter jenem Stein ist mein Hochzeitskleid versteckt – ohne das Kleid heirate ich nicht!« Der Zar schickt sofort nach dem jungen Jäger: »Reite schnell an den Rand der Welt, wo die rote Sonne aufgeht. Dort liegt ein großer Stein im blauen Meer, unter diesem Stein ist das Hochzeitskleid von Wassilissa der Zarentochter versteckt. Reit und bring es her. Die Zeit ist gekommen, Hochzeit zu halten! Holst du es – mehr denn je belohn ich dich, wenn nicht – bezahlst du es mit deinem Kopf.« Bittere Tränen vergoß der junge Jäger und ging zu seinem schönen, starken Hengst. »Nun, dieses Mal«, denkt der Jäger, »ist der Tod mir sicher!« – »Worüber weinst du, Herr?« fragt ihn der Hengst. »Der Zar will, daß ich vom Grunde des Meeres das Hochzeitskleid Wassilissas hole.« – »Siehst du, sagte ich's dir nicht: Nimm die goldene Feder nicht, findest damit nur Leid! Nun, fürchte dich nur nicht, das ist noch kein Unglück, das Unglück kommt erst! Steige auf, wir reiten zum blauen Meer.«
Über kurz, über lang kommt der junge Jäger an den Rand der Welt geritten und hält am blauen Meer. Der Hengst sieht, wie ein riesengroßer Meerkrebs über den Sand kriecht, und drückt ihn mit

seinem schweren Huf zu Boden. Da flehte der Meerkrebs: »Gib mir nicht den Tod, laß mir das Leben! Ich tue alles, was du willst.« Da antwortete ihm der Hengst: »Inmitten des blauen Meeres liegt ein großer Stein, unter jenem Stein ist das Hochzeitskleid Wassilissas versteckt. Hol mir das Kleid!« Der Krebs rief mit lauter Stimme über das ganze blaue Meer. Sofort geriet das blaue Meer in große Wallung. Es krochen von allen Seiten ans Ufer Krebse, große und kleine – der Sand wurde ganz schwarz. Da erließ der gefangene Meerkrebs seine Befehle. Alle die Krebse stürzten ins Wasser, und nach einer Stunde brachten sie vom Grunde des Meeres, unter dem Stein hervor, das Hochzeitskleid von Wassilissa der Zarentochter.

So kommt der junge Jäger zum Zaren geritten und bringt das Hochzeitskleid mit. Doch Wassilissa die Zarentochter hat sich schon wieder etwas Neues ausgedacht: »Ich werde dich«, sagt sie zum Zaren, »nicht heiraten, solange du dem jungen Jäger nicht befiehlst, in kochendem Wasser zu baden.« Der Zar befahl, einen gußeisernen Kessel mit Wasser zu füllen, es zu erhitzen und den Jäger in das kochende Wasser zu werfen. – Alles ist bereit, das Wasser kocht, es brodelt nur so. Man führt den armen Jäger herbei. »Nun kommt das richtige Unglück!« denkt er. »Ach, warum nahm ich die goldene Feder des Feuervogels? Warum gehorchte ich dem Hengste nicht?« Wie er so an seinen schönen, starken Hengst dachte, sagt er zum Zaren: »Oh, Zar-Herrscher, erlaube mir, vor dem Tode Abschied vom Hengst zu nehmen.« – »Gut, geh, verabschiede dich.« So kam der Jäger zu seinem schönen, starken Hengst und weinte viele Tränen. »Worüber weinst du, Herr?« – »Der Zar will, daß ich in kochendem Wasser baden soll.« – »Fürchte dich nicht, weine nicht, du wirst am Leben bleiben!« sagte ihm der Hengst und besprach den Jäger schnell mit Zaubersprüchen, damit das kochende Wasser seinem weißen Leib nichts anhaben sollte. Da kehrte der Jäger aus dem Stall zurück. Sofort ergriffen ihn die Leute, und hinein mit ihm in den Kessel! Er aber tauchte absichtlich ein-, zweimal unter, sprang aus dem Kessel heraus – und wurde so schön, kein Märchen erzählt es, keine Feder beschreibt es. Als der Zar sah, daß der junge Jäger so schön geworden war, wollte er auch baden. Er stieg in seiner Dummheit ins Wasser und war im gleichen Augenblick verbrüht. Den Zaren beerdigte man, und an seiner Stelle wählte man den jungen Jäger zum Zaren. Er heiratete Wassilissa die Zarentochter und lebte mit ihr viele Jahre in Liebe und Eintracht.

Das Zauberpferd

In einem Zarenreiche, in einem Königreiche, lebte einmal ein alter Mann mit seiner alten Frau, und in ihrem ganzen Leben hatten sie keine Kinder gehabt. Eines Tages kam es ihnen in den Sinn, daß sie alt würden, daß sie bald sterben müßten und daß der Herr ihnen keinen Nachkommen gegeben habe, und da fingen sie denn an zu beten, Gott möge ihnen ein Kind geben, das für ihre Seelen beten könnte. Und so tat der Alte ein Gelübde: Wenn die Frau ein Kind bekommt, dann will er den zum Gevatter nehmen, der ihm als erster begegnet. Es verging eine Zeit, und die Frau gebar einen Sohn. Der Alte freute sich, machte sich auf und ging einen Gevatter suchen. Kaum tritt er vors Tor, da rollt ihm ein Wagen entgegen mit vier Pferden davor; im Wagen aber sitzt der Zar. Der Alte kannte den Zaren nicht, dachte, es wäre ein vornehmer Herr, blieb stehen und verbeugte sich tief. »Was willst du, Alterchen?« fragt ihn der Zar. »Ich bitte um die Gnade – nimm meine Worte nicht übel auf –, aber kannst du nicht Gevatter stehen bei meinem neugeborenen Sohn?« – »Hast du denn keine Bekannten im Dorf?« – »Ich habe viele Bekannte und viele Freunde, aber sie taugen nicht als Gevatter, denn ich habe ein Gelübde getan: den ersten, der mir begegnet, darum zu bitten.« – »Gut«, sagt der Zar, »da hast du hundert Rubel für die Taufe, und morgen komme ich selbst.« Am andern Tage kam er zum Alten. Sofort wurde der Priester gerufen, das Kind getauft, und es erhielt den Namen Iwan.

Und es begann dieser Iwan zu wachsen, nicht in Tagen, sondern in Stunden – wie ein Hefeteig hebt er sich; und jeden Monat erhält er per Post hundert Rubel als Geschenk vom Zaren.

Es vergingen zehn Jahre, er war schon ganz groß und fühlte in sich eine gewaltige Kraft. In dieser Zeit fiel dem Zaren ein: »Ich habe doch da irgendwo ein Patenkind, aber wie es ist – das weiß ich nicht.« Er wollte es persönlich sehen und erließ sofort einen Befehl, daß Iwan der Bauernsohn, ohne zu zögern, vor seinen hellen Augen erscheinen sollte. Da rüstete der Alte seinen Sohn aus, gab ihm Geld und spricht: »Da hast du hundert Rubel, geh in die Stadt auf den Markt und kauf dir ein Pferd, denn deine Reise geht in ein fernes Land – zu Fuß kommst du nicht weit.« Iwan ging in die Stadt. Unterwegs traf er einen alten Mann, der sagt: »Guten Tag, Iwan Bauernsohn, wohin geht die Reise?« Antwortet der gute Bursche: »Ich gehe, lieber Großvater, in die Stadt und möchte mir dort ein Pferd kaufen.« – »Nun, dann hör auf mich, wenn du dein Glück machen willst. Wenn du auf den Pferdemarkt kommst, dann wird dort ein Bauer sein, der verkauft ein ganz schlechtes, räudiges Pferd; gerade dieses Pferd wähle dir aus, und wieviel der Mann auch dafür verlangt – zahl es, handle nicht. Sobald du es gekauft hast, führe es nach Hause und laß es zwölf Tage lang jeden Abend und jeden Morgen im Tau der grünen Wiesen weiden – dann wirst du es nicht wiedererkennen!« Iwan bedankte sich beim alten Mann für den Rat und ging in die Stadt. Er kommt auf den Pferdemarkt, da steht auch schon der Bauer und hält ein schlechtes, räudiges Pferdchen am Zügel. »Verkaufst du das Pferd?« – »Ja, ich verkaufe es.« – »Und was willst du dafür?« – »Hundert Rubel.« Iwan der Bauernsohn nahm hundert Rubel heraus, gab sie dem Mann, nahm das Pferd und führte es nach Hause. Als sein Vater es sah, da winkte er bloß mit der Hand ab: »Verlorenes Geld!« – »Wart ab, Vater, vielleicht erholt sich das Pferdchen und wird noch mein Glück.« Und nun ließ Iwan sein Pferd jeden Morgen und jeden Abend auf grünen Wiesen weiden. Als dann zwölf Morgenröten und zwölf Abendröten vorüber waren – da war sein Pferd so stark, fest und schön geworden, nicht zu erdenken, nicht zu erraten, vielleicht im Märchen zu sagen; und so gescheit, daß Iwan nur etwas zu denken braucht, gleich weiß es das Pferd. Darauf machte Iwan der Bauernsohn ein Zaumzeug, wie es sich für ein Heldenpferd geziemt, sattelte sein gutes Roß, verabschiedete sich von Vater und Mutter und ritt in die Hauptstadt zum Zaren.

Ob es nun lang oder kurz, weit oder nah war, er kam zum Zarenpalast, sprang vom Pferde, band es an den Ring des Eichenpfostens und ließ dem Zaren seine Ankunft melden. Der Zar befahl, ihn nicht warten zu lassen und ihn ohne Zögern in die Gemächer zu führen. Iwan betrat die Gemächer des Zaren, betete vor den Heiligenbildern, verbeugte sich vor dem Zaren und sprach: »Ich wünsche Gesundheit, Eure Majestät!« – »Guten Tag, Patensohn!« antwortete der Herrscher, lud ihn an den Tisch, bewirtete ihn mit allerhand Getränken und Speisen, selbst aber schaut er auf ihn und wundert sich: »Ein feiner Bursche, schön von Gesicht, klug im Kopf, groß von Wuchs; keiner wird glauben, daß er erst zehn Jahre alt ist, ein jeder wird ihn auf zwanzig oder mehr schätzen. Man sieht an allem«, denkt der Zar, »daß der Herrgott mir in diesem Patenkind keinen einfachen Krieger, sondern einen großmächtigen Helden gegeben hat.« Und so gab ihm der Zar Offiziersrang und befahl ihm, dazubleiben und den Dienst aufzunehmen.

Iwan der Bauernsohn hatte seinen Dienst gern, keine Arbeit war ihm zu schwer, für die Wahrheit stand er immer aufrecht ein. Dafür gewann ihn der Herrscher lieb; er hatte ihn lieber als alle seine Generäle und Minister und vertraute keinem von ihnen so sehr wie seinem Patensohn. Da wurden die Generäle und die Minister böse auf Iwan und beratschlagten untereinander, wie sie ihn beim Herrscher schlechtmachen könnten. Einmal nun hatte der Zar die Vornehmen und Vertrauten zu einem Mittagessen eingeladen. Als man sich zu Tisch gesetzt hatte, da sagte der Zar: »Hört, ihr Herren Generäle und Minister, wie denkt ihr über mein Patenkind?« – »Was soll man da sagen, Eure Majestät! Wir haben von ihm weder Schlechtes noch Gutes erfahren, eins nur ist schlecht – er prahlt recht viel. Wir haben schon öfters aus seinem Munde gehört, daß in dem und dem Königreich, hinter dreimal neun Ländern, ein großer Marmorpalast steht, um ihn eine sehr hohe Mauer, die keiner überwinden kann, weder zu Fuß noch zu Pferde. In diesem Schlosse wohnt die Königstochter Nastasja die Wunderschöne. Niemand kann sie erlangen, und nur er, so prahlt Iwan, werde sie bekommen und heiraten.«

Der Zar hörte sich diese Beschuldigung an, befahl, Iwan zu rufen, und sprach zu ihm: »Was prahlst du eigentlich vor den Generälen und Ministern, daß du Nastasja die Königstochter bekommen kannst, mir aber hast du nichts davon gemeldet?« – »Oh, Majestät«, antwortet Iwan der Bauernsohn, »von so etwas habe ich nicht einmal geträumt.« – »Jetzt ist's zu spät, Ausreden zu machen; wenn bei mir einer sagt, er könne es, dann muß er es auch tun; tust du es aber nicht – dann kommt mein Schwert, und dein Kopf ist nichts mehr wert!« Da wurde Iwan der Bauernsohn sehr traurig, ließ den Kopf tiefer als die mächtigen Schultern hängen und ging zu seinem guten Roß. Da spricht zu ihm sein Roß mit menschlicher Stimme: »Weshalb, Herr, bist du so traurig und sagst mir nicht die Wahrheit?« – »Ach, mein gutes Roß, wie kann ich fröhlich sein? Die Minister haben mich vor dem Herrscher selbst beschuldigt, ich hätte behauptet, daß ich die Königstochter Nastasja die Wunderschöne erlangen und heiraten würde. Da hat mir der Zar befohlen, diese Sache auch auszuführen, sonst verliere ich meinen Kopf.« – »Sei nicht traurig, Herr! Bete zu Gott und lege dich schlafen; der Morgen ist weiser als der Abend. Wir wollen die Sache schon machen; bitte nur den Zaren um etwas mehr Geld, damit wir immer genügend zu essen und zu trinken haben.« Iwan schlief die Nacht, stand morgens auf, erschien beim Zaren und bat um Geld für die Reise. Der Zar ließ ihm soviel geben, wie er brauchte. Da nahm der gute Bursche das Geld, legte seinem Pferd das Heldenzaumzeug an, schwang sich in den Sattel und ritt davon.

Ob es nah war oder weit, ob es schnell ging oder langsam, er kam über dreimal neun Länder in das dreißigste Königreich und hielt vor dem Marmorpalast. Um den Palast erhoben sich hohe Mauern, weder Tore noch Türen waren zu sehen; wie sollte er da hineinkommen? Da spricht das gute Roß zu Iwan: »Wir wollen bis zum Abend warten! Sobald es dunkel wird, verwandle ich mich in einen grau-flügligen Adler und fliege mit dir über die Mauer. Zu der Zeit wird die wunderschöne Königstochter auf ihrem weichen Bette schlafen; geh geradewegs zu ihr ins Schlafzimmer, nimm sie ganz leise und vorsichtig auf deine Arme und trage sie kühn heraus.« Gut. So warteten sie denn bis zum Abend. Kaum war es dunkel geworden, da ließ sich das Roß auf die feuchte Erde fallen, verwandelte sich in einen grauflügligen Adler und sagt: »Nun ist es Zeit, an die Arbeit zu gehen. Paß gut auf und mach keine Fehler!« Iwan der Bauernsohn setzte sich auf den Adler; der Adler hob sich hoch ins Firmament, flog über die Mauer und setzte Iwan auf dem weiten Hof ab. Darauf ging der gute Bursche in den Palast. Er geht durch die Räume und sieht, daß es überall ganz still ist, die ganze Dienerschaft liegt in einem tiefen Schlaf. So kam er ins Schlafzimmer. Auf dem Bettchen liegt die Königstochter Nastasja die Wunderschöne und schläft, sie hat im Schlaf die kostbaren Zobeldecken aufgedeckt. Der gute Bursche konnte sich nicht satt sehen an ihrer unbeschreiblichen Schönheit, an ihrem weißen Leib, eine heiße Liebe ergriff ihn, seine Sinne verwirrten sich, er hielt es nicht aus und küßte die Königstochter auf ihre Zuckerlippen. Davon erwachte das schöne Mädchen und schrie vor Schreck laut auf. Auf ihr Rufen kamen die treuen Diener angelaufen, hielten Iwan den Bauernsohn fest und banden ihn an Händen und Füßen. Die Königstochter befahl, ihn ins Gefängnis zu werfen und ihm täglich einen Becher Wasser und ein Pfund Schwarzbrot zu geben. So sitzt Iwan im sicheren Verlies und denkt traurige Gedanken: »Sicherlich werde ich hier meinen ungestümen Kopf verlieren!« Sein gutes Heldenroß aber ließ sich auf die Erde fallen und wurde ein kleiner Vogel, kam zu ihm durch ein zerbrochenes Fensterchen und sagt: »Nun, Herr, höre: Morgen werde ich die Tür sprengen und dich befreien; versteck dich im Garten hinter jenem Busch; dort wird die Königstocher Nastasja die Wunderschöne vorüber-gehen, ich aber werde mich in einen alten Bettler verwandeln und werde sie um ein Almosen bitten; paß gut auf, sei klug, sonst geht es dir wieder schlecht.« Iwan wurde ganz fröhlich, das Vögelchen aber flog fort. Am anderen Tage galoppierte das Heldenroß zum Gefängnis und schlug die Tür mit den Hufen ein; Iwan der Bauernsohn lief hinaus in den Garten und versteckte sich hinter einem grünen Busch. Da kam die wunderschöne Königstochter heraus, um im Garten spazierenzugehen. Kaum war sie bei dem Busch angelangt, da trat ein alter Bettler vor sie hin, verbeugte sich und bat unter Tränen um ein Almosen. Während das schöne Mädchen den Geldbeutel hervorholte, sprang Iwan der Bauernsohn hervor, ergriff sie und hielt ihr den Mund so fest zu, daß sie keinen Laut hervorbringen konnte. Im selben Augenblick verwandelte sich der Alte in einen grauflügligen Adler, schwang sich mit der Königstochter und dem guten Burschen hoch, hoch in die Lüfte, flog über die Mauer, ließ sich zur Erde nieder und wurde wieder zum Heldenroß. Iwan der Bauernsohn stieg auf, hob Nastasja die Königstochter vor sich in den Sattel und sagte zu ihr: »Nun, wunderschöne Königstochter, jetzt sperrst du mich nicht wieder ins Gefängnis?!« Antwortet ihm die wunderschöne Königstocher: »Es ist wohl mein Schicksal, die Deine zu werden; mach mit mir, was du willst!« So reiten sie. Ob nah, ob weit, ob schnell, ob langsam, sie kommen auf eine große, grüne Wiese. Auf dieser Wiese stehen zwei Riesen und bearbeiten sich gegenseitig mit ihren Fäusten. Sie sind schon bis aufs Blut zerschunden und zerschlagen, aber keiner kann den andern unterkriegen. Neben ihnen liegen im Grase ein Ofenwisch und ein Schürhaken. »Hört mal, ihr Lieben!« fragt sie Iwan der Bauernsohn, »weshalb prügelt ihr euch eigentlich?« Die Riesen hören auf, sich zu schlagen, und sprechen zu ihm: »Wir beide sind leibliche Brüder; unser Vater ist gestorben und hat uns nichts weiter hinterlassen als da diesen Ofenwisch und diesen Schürhaken; wir fingen an, das Ererbte zu teilen, und gerieten dabei aneinander: jeder, siehst du, will alles für sich haben! Da beschlossen wir, nicht auf Leben, sondern auf Tod zu kämpfen; wer von uns am Leben bleibt, der erhält beides.« – »Und kämpft ihr schon lange?« – »Ja, schon drei Jahre ist's her, daß wir uns prügeln, und es kommt nichts dabei heraus!« – »Ach ihr, da habt ihr was Rechtes, um das ihr auf Leben und Tod kämpft. Ein schöner Gewinn – Ofenwisch und

Schürhaken!«–»Sprich nicht von Dingen, Bruder, von denen du nichts verstehst! Mit diesem Ofenwisch und diesem Haken kann man jeden Feind besiegen, und sei er noch so mächtig und zahlreich. Wie viele Truppen der Feind auch ins Feld führen mag, man braucht ihn nicht zu fürchten. Wo du mit dem Ofenbesen hinfegst, da entsteht eine Straße, und schwingt der Besen mal ein wenig darüber hinaus, dann ist auch noch ein Gäßchen an der Straße dran. Und der Schürhaken ist auch nützlich; was man mit ihm an Truppen faßt, das nimmt man gleich gefangen!« – »Ja, das sind gute Dinge«, denkt Iwan, »die könnte auch ich brauchen. – Na, Brüder«, sagt er, »wenn ihr wollt, will ich gerecht zwischen euch teilen.« – »Teile, guter Mensch!« Iwan der Bauernsohn stieg von seinem Heldenroß, faßte eine Handvoll feinen Sand, führte die Riesen in den Wald und streute den Sand in alle vier Himmelsrichtungen. »So«, sagte er dann, »jetzt sammelt den Sand ein; wer am Ende mehr von ihm hat, der bekommt den Ofenwisch und den Haken.« Die Riesen stürzten hin und fingen an, den Sand einzusammeln, Iwan aber ergriff unterdessen den Schürhaken und den Ofenwisch, schwang sich in den Sattel – und weg war er.

Über kurz oder lang kommt er in sein eigenes Land zurück und sieht, daß kein geringes Unglück über seinen Paten gekommen ist: das ganze Zarenreich ist erobert, die Hauptstadt wird von unübersehbaren Heerscharen belagert, und der Feind droht, die Stadt zu verbrennen und den Zaren selbst grausam hinzurichten. Iwan der Bauernsohn ließ die Königstochter in einem nahen Wäldchen, selbst aber stürmte er gegen das feindliche Heer. Wo er mit dem Ofenwisch fegt, dort lichten sich die feindlichen Reihen, wo er noch weiterfegt, entsteht eine Gasse. In kurzer Zeit erschlug er Hunderte, Tausende; was aber dem Tode entging, das faßte er mit dem Haken und führte es lebend mit sich in die Hauptstadt. Der Zar empfing ihn freudig, befahl, die Trommeln zu rühren, die Trompeten zu blasen, verlieh ihm den Generalsrang und gab ihm sehr viel Geld. Hier fiel Iwan dem Bauernsohn seine Königstochter Nastasja die Wunderschöne wieder ein, er nahm kurzen Urlaub und brachte sie geradewegs in den Palast. Der Zar lobte ihn für seine Heldenkühnheit, befahl, ein Haus für ihn zu richten und die Hochzeit zu feiern. So heiratete Iwan der Bauernsohn die wunderschöne Königstochter, feierte eine reiche Hochzeit und lebte herrlich und ohne Sorgen. Da habt ihr das Märchen, und mir bitte einen Kranz von Brezeln!

Zweie aus dem Sack

Es lebte einmal ein Alter mit seiner Alten, und jeden Tag schlägt sie ihn, bald mit dem Besen, bald mit dem Schürhaken. Es war gar kein Leben für den Alten. Da ging er ins Feld, nahm seine Vogelnetze mit und stellte sie auf. So fing er einen Kranich und spricht zu ihm: »Sei du mein Sohn! Ich bringe dich zu meiner Alten, vielleicht wird sie dann weniger böse mit mir sein.« Der Kranich antwortet ihm: »Lieber Vater, gehen wir zusammen in mein Haus!« So ging der Alte mit in das Haus des Kranichs.

Als sie ankamen, nahm der Kranich einen Sack von der Wand und sagte: »Zweie aus dem Sack!« – Sofort krochen zwei Burschen aus dem Sack heraus, stellten eichene Tische auf, bedeckten sie mit seidenen Tischtüchern und reichten verschiedene Speisen und Getränke herum. Als der Alte solche Herrlichkeiten sah, die er sein Lebtag nicht gekannt hatte, da freute er sich sehr.

Der Kranich aber spricht zu ihm: »Nimm diesen Sack an dich und trag ihn zu deiner Alten.« Der Alte tat es und ging. Der Weg war weit. Die Nacht brach an. Da kehrte der Alte bei seiner Gevatterin ein. Die Gevatterin hatte drei Töchter. Sie tischten ihm auf, was Gott gegeben hatte. Er aber sitzt und ißt nicht. Dann sagte er zur Gevatterin: »Dein Essen taugt nichts!« »Ein besseres habe ich nicht, Lieber!« antwortete die Gevatterin. Er aber sagt: »Nimm das Essen weg!« – und dann wendet er sich zu seinem Sack und sagt, wie ihn der Kranich gelehrt hat: »Zweie aus dem Sack!« Im selben Augenblick krochen zwei aus dem Sack und begannen, eichene Tische aufzustellen, seidene Tischtücher auszubreiten und verschiedene Speisen und Getränke aufzutragen.

Die Gevatterin und ihre Töchter wunderten sich, und die Frau wollte dem Alten den Sack stehlen und sagte zu ihren Töchtern: »Geht, heizt die Badestube; vielleicht will das Gevatterchen ein kleines Dampfbad nehmen.« Kaum war er in die Badestube gegangen, da ließ die Frau ihre Töchter einen ganz ebensolchen Sack nähen, wie ihn der Alte hatte, seinen Sack aber nahmen sie an sich. Der Alte kam aus der Badestube, nahm den falschen Sack und ging fröhlich heim zu seiner Alten.

Er kommt auf den Hof und ruft mit lauter Stimme: »Alte, Alte, komm und begrüße mich und deinen Sohn, den Kranich!« Die Alte wirft ihm rasch einen Blick zu und brummt vor sich hin: »Wart nur, du alter Köter! Ich werde dich schon mit der Ofengabel bewirten.« Der Alte aber sagt wieder: »Alte! Begrüße mich und deinen Sohn, den Kranich.« So tritt der Alte in die Hütte, hängt den Sack an einen Nagel und ruft: »Zweie aus dem Sack!« Aber aus dem Sack kommt niemand. Die Alte sieht, daß er wer weiß was für einen Unsinn spricht, ergreift einen nassen Besen und fängt an, den Alten zu bearbeiten.

Der Alte erschrak, begann zu weinen und ging wieder ins Feld. Da steht neben ihm der Kranich, sieht sein Unglück und spricht: »Gehen wir, mein Lieber, wieder zu mir nach Hause.« So ging er denn mit. Beim Kranich aber hängt wieder so ein Sack. »Zweie aus dem Sack!« ruft der Kranich. Die zwei krochen aus dem Sack und trugen wieder ein Mittagessen auf. »Nimm dir diesen Sack«, sagt der Kranich zum Alten. Er nahm ihn und ging und ging des Wegs, und schließlich wurde er hungrig und wollte essen. Und so rief er, wie der Kranich es ihn gelehrt hatte: »Zweie aus dem Sack!« Die zwei krochen aus dem Sack – ganz famose Burschen mit Knotenstökken, und fingen an, ihn zu schlagen. Dazu sprachen sie: »Geh nicht zur Gevatterin, nimm kein Dampfbad bei ihr!« – und so lange schlugen sie auf den Alten ein, bis er in seiner großen Not vor sich hinstammelte: »Zweie in den Sack!«

Kaum hatte er diese Worte gesagt, verschwanden die beiden im

Sack. Da nahm der Alte den Sack und ging weiter. Er kam zur Gevatterin, hängte den Sack an einen Nagel und spricht zur Gevatterin: »Heize mir das Bad!« Sie heizte es. Der Alte ging in die Badestube: dämpfen tut er sich nicht, baden tut er auch nicht, sitzt nur so ganz müßig da.

Die Gevatterin rief ihre Töchter, rief sie zu Tisch, denn sie hatte Hunger, und sagte: »Zweie aus dem Sack!« Da krochen die beiden mit ihren Knotenstöcken aus dem Sack und fingen an, die Gevatterin zu schlagen, und dazu sagten sie: »Gib des Alten Sack heraus!« Als sie die Gevatterin eine Weile geschlagen hatten, da sagt sie zur ältesten Tochter: »Geh, ruf den Gevatter aus der Badestube und sag ihm, daß die zwei mich schon furchtbar zugerichtet haben.«

»Bin noch nicht fertig mit dem Dampfbad«, antwortet der Alte. Die zwei aber schlagen die Gevatterin unterdessen immer mehr und mehr und sprechen dazu: »Gib des Alten Sack heraus!« Da schickt die Gevatterin die zweite Tochter: »Lauf schnell und sag dem Alten, er möchte kommen.« Er aber antwortet, er habe seinen Kopf noch nicht gewaschen. Da schickt sie die dritte Tochter. »Ich bin noch nicht fertig gewaschen«, sagt der Alte. Da verlor die Gevatterin die Geduld und ließ den gestohlenen Sack holen.

Jetzt kam der Alte aus der Badestube heraus, erblickte seinen ersten Sack und sagt: »Zweie in den Sack!« Da verschwanden die beiden mit ihren Knotenstöcken im Sack. Der Alte nahm beide Säcke – den bösen und den guten – und ging nach Hause.

So kommt er auf seinen Hof und ruft: »Alte, begrüße mich und deinen Sohn, den Kranich!« Sie wirft ihm wieder einen schnellen Blick zu und denkt: »Komm du nur ins Haus herein, ich werde dir's zeigen!« Der Alte kam ins Haus hinein und ruft die Alte: »Komm, setz dich an den Tisch!« Und dann sagte er: »Zweie aus dem Sack!« Die beiden kamen aus dem guten Sack gekrochen, stellten Tische zurecht und Essen und Trinken darauf. Die Alte aß und trank sich satt und lobte den Alten: »Na, Alter, das hast du gut gemacht, ich werde dich jetzt nicht mehr schlagen.« Als der Alte sich satt gegessen hatte, ging er hinaus auf den Hof, trug den guten Sack in die Vorratskammer, den bösen aber hängte er an einen Haken in der Stube. Selbst aber geht er auf dem Hof hin und her, tut nichts, bringt die Zeit nur so hin. Da bekam die Alte Lust, noch ein Gläschen zu trinken, und sie wiederholte die Worte des Alten: »Zweie aus dem Sack!« Da kamen die beiden mit ihren Knotenstöcken aus dem Sack gestiegen und fingen an, die Alte zu schlagen. Sie schlugen sie so lange, bis sie es nicht mehr aushielt! Da rief sie den Alten: »Alterchen, Alterchen, komm herein, mich schlagen zwei!« Er aber kommt nicht herein, kichert nur und spricht: »Sie werden's dir schon zeigen!«

Die beiden aber schlagen die Alte immer mehr und sagen dazu: »Schlag den Alten nicht! Schlag den Alten nicht!« Endlich erbarmte sich der Alte über die Alte, kam in die Hütte und sagte: »Zweie in den Sack!« Die beiden krochen sogleich in den Sack. Seit dieser Zeit lebten die beiden Alten in Frieden und Freundschaft miteinander, so daß der Alte seine Alte überall nicht genug loben konnte – damit ist aber auch das Märchen zu Ende.

Der Hahn und die Handmühle

Es lebten einmal ein Alter und eine Alte, und sie waren ganz, ganz arm! Brot hatten sie nicht. So fuhren sie in den Wald, sammelten Eicheln, brachten sie nach Hause und fingen an zu essen. Ob sie nun lange Zeit oder kurze Zeit aßen, jedenfalls ließ die Alte eine Eichel in den Keller fallen. Die Eichel keimte und wuchs in kurzer Zeit bis zum Fußboden. Die Alte bemerkte es und sagt: »Alter! Wir müssen ein Loch in den Fußboden schlagen, damit die Eiche wachsen kann. Wenn sie groß ist, brauchen wir nicht mehr nach Eicheln in den Wald zu fahren, wir können sie dann im Hause pflücken.« Der Alte schlug ein Loch in den Fußboden. Der Baum wuchs und wuchs und erreichte die Decke. Der Alte nahm auch die Decke auseinander und nachher auch noch das Dach. Der

Baum aber wächst und wächst immer weiter und wuchs endlich bis zum Himmel.

Als die beiden Alten wieder einmal keine Eicheln hatten, nahm der Alte einen Sack und kletterte auf die Eiche. Er kletterte und kletterte und kam in den Himmel. Dort ging er herum und sieht plötzlich ein Hähnchen-Goldkämmchen, Sammetköpfchen, und da stand auch eine Handmühle. Der Alte überlegte nicht lange, nahm das Hähnchen und die Handmühle und stieg wieder hinunter. Er kam unten an und sagt: »Was sollen wir jetzt tun, Alte, was sollen wir essen?« –

»Wart!« sagte die Alte, »ich will mal die Handmühle versuchen.« Sie nahm die Mühle und fing an zu mahlen, da: ein Pfannkuchen springt heraus, eine Pastete; ein Pfannkuchen, eine Pastete! Bei jeder Drehung – immer wieder ein Pfannkuchen, eine Pastete! Da hatte der Alte zu essen!

Zu der Zeit fuhr ein Gutsherr vorüber und hielt vor der Hütte der Alten. »Habt ihr nicht«, fragt er, »etwas zu essen?« Die Alte sagt: »Was möchtest du denn essen, mein Lieber, vielleicht Pfannkuchen?« Sie nahm die Handmühle und drehte sie – da fielen lauter Pfannkuchen und Pasteten heraus. Der Herr aß und sagte: »Verkauf mir, Großmutter, deine Mühle.« – »Nein«, sagt die Alte, »ich kann sie nicht verkaufen.« Da stahl er ihr die Mühle.

Als die Alten merkten, daß die Mühle gestohlen war, fingen sie an zu trauern. »Wart«, sagte das Hähnchen-Goldkämmchen, »ich fliege ihm nach und hole ihn ein!«

Es kam zum Herrenhaus geflogen, setzte sich auf das Tor und kräht: »Kikeriki! Bojar, Bojar! Gib unsre Mühle heraus, die goldne, die blaue! Bojar, Bojar, gib unsre Mühle heraus, die goldne, die blaue!« Als der Herr das hörte, befahl er sofort: »He, Bursche! Nimm ihn und wirf ihn ins Wasser.« Man fing das Hähnchen und warf es in den Brunnen. Da sprach das Hähnchen vor sich hin: »Schnäbelchen, Schnäbelchen! Trink das Wasser; Mündchen, Mündchen! Trink das Wasser« – und trank das ganze Wasser aus.

Als es damit fertig war, flog es zum Herrenhaus, setzte sich auf den Balkon und kräht wieder: »Kikeriki! Bojar, Bojar! Gib unsre Mühle heraus, die goldne, die blaue! Bojar, Bojar! Gib unsre Mühle heraus, die goldne, die blaue!«

Der Herr befahl dem Koch, das Hähnchen in den heißen Ofen zu stecken. Man fing das Hähnchen, warf es in den heißen Ofen – geradewegs ins Feuer. Da sprach das Hähnchen vor sich hin: »Schnäbelchen, Schnäbelchen! Gieß Wasser; Mündchen, Mündchen! Gieß Wasser« – und löschte das ganze Feuer im Ofen aus. Dann flatterte es auf, flog ins Zimmer des Bojaren und krähte wieder: »Kikeriki! Bojar, Bojar! Gib unsre Mühle heraus, die goldne, die blaue! Bojar, Bojar! Gib unsre Mühle heraus, die goldne, die blaue!«

Die Gäste hörten das und rannten alle aus dem Hause, der Hausherr aber rannte hinter ihnen her. Da ergriff das Hähnchen-Goldkämmchen die Handmühle und flog mit ihr fort.

Der Zauberring

In so einem Ort, in so einem großen Dorf, lebte einmal ein Bauer, nicht arm und nicht reich. Er hatte einen Sohn, dem hinterließ er dreihundert Rubel. »Da hast du das Geld, mein Sohn! Ich segne dich, und diese dreihundert Rubel bekommst du, wenn du erwachsen bist.« Der Sohn wuchs heran, wurde verständig und spricht zu seiner Mutter: »Ich weiß es noch, der verstorbene Vater segnete mich und hinterließ mir dreihundert Rubel. Gib mir jetzt wenigstens einen Hunderter.« Sie gab ihm hundert Rubel, er machte sich mit ihnen auf den Weg und traf einen Mann, der führte einen langohrigen Hund. Er sagt zum Mann: »Verkauf mir diesen Hund!« Der Mann sagt: »Na, gib hundert Rubel!« So gab er ihm hundert Rubel für den Hund, führte den nach Hause, gibt ihm zu trinken und zu essen. Nachher erbat er sich von der Mutter noch hundert Rubel. Die Mutter gab sie ihm. Er machte sich auf den Weg und trifft wieder einen Mann, der führt ein Katerchen-Goldschwänzchen. Er sagt zum Mann: »Verkauf mir dieses Katerchen!« Der

Mann sagt: »Kauf ihn!« – »Was willst du für ihn?« Der Mann sagt: »Wie wäre es mit hundert Rubeln?« So kaufte er das Katerchen für hundert Rubel. Er nahm es, führte es nach Hause, gab ihm zu trinken und zu essen. Na, und dann bat er die Mutter um noch einmal hundert Rubel. Die Mutter spricht zu ihm: »Du mein liebes Kind, wofür du nur das Geld ausgibst, das sind doch ganz unnütze Einkäufe!« – »Ach, meine liebe Mutter, traure nicht ums Geld, es kommt schon wieder zu uns zurück!« Da gab sie ihm auch noch die dritten hundert Rubel. Er machte sich wieder auf den Weg. Na schön.

In so einem Ort, in so einer Stadt, da war die Königstochter gestorben, an ihrem Finger aber hatte sie einen goldenen Ring. Er, der gute Bursche, wollte ihr zu gern diesen Ring vom Finger ziehen. Da bestach er die Wachen, und sie ließen ihn zur Königstochter. Er trat heran, zog ihr den Ring vom Finger und ging damit zu seiner Mutter. Keiner hielt ihn auf. Über kurz oder lang trat er hinaus auf die Freitreppe, tat den Ring aus einer Hand in die andere, da sprangen aus dem Ring dreihundert tapfere Burschen und hundertsiebzig Helden und fragen ihn: »Was sollen wir für dich tun?« – »Dieses: Als erstes reißt meine alte Hütte ab und stellt an ihre Stelle ein Haus aus Stein, aber daß meine Mutter nichts davon merkt!« Sie machten das in einer Nacht. Am Morgen steht die Mutter auf und wundert sich: »Wessen Haus ist das?« Der Sohn sagt zu ihr: »Meine liebe Mutter, wundere dich nicht, sondern bete zu Gott! Das ist unser Haus.«

So leben sie nun eine Weile in diesem Hause – da kam er in das Alter, eine Frau zu nehmen. In einem Zarenreiche, in einem Königreiche, hatte ein Zar eine Tochter, und die wollte er heiraten: »Wirb doch für mich, meine liebe Mutter! In jenem Zarenreiche hat ein Zar eine schöne Tochter.« Die Mutter spricht zu ihm: »Du mein liebes Kind, wie können wir an eine Zarentochter denken?« Er aber gibt ihr zur Antwort: »Du meine liebe Mutter, bete nur zum Heiland, trinke einen Krug Kwaß, voll bis zum Rand, und lege dich schlafen! Der Morgen ist weiser als der Abend.« Selbst aber trat der gute Bursche hinaus auf die Freitreppe, tat den Ring aus einer Hand in die andere – da sprangen dreihundert tapfere Burschen und hundertsiebzig Helden heraus und fragen ihn: »Was sollen wir tun?« – »Findet mir so kostbare Sachen, wie sie der Zar nicht einmal hat, und bringt sie mir auf goldenen Präsentiertellern! Ich will sie dem Zaren und der Zarentochter schenken.« Sofort brachten sie ihm solche Sachen. Er aber schickte seine Mutter als Brautwerberin mit ihnen zum Zaren.

So kam die Mutter zum Zaren, der Zar aber staunt: »Wo hast du, Alte, solche Sachen her?« Die Zarentochter kam auch heraus, betrachtet die Sachen und sagt: »Nun, liebe Alte, sag deinem Sohn, er soll in einer Nacht auf der Wiese des Zaren einen neuen Palast erbauen, schöner als der meines Vaters. Und dann soll er von Palast zu Palast eine kristallene Brücke bauen, und diese Brücke soll mit verschiedenen schöngewirkten Teppichen belegt sein. Wenn er das kann, dann will ich deinen Sohn heiraten. Wenn nicht, dann muß sein Kopf auf den Richtblock!«

Die Mutter kommt nach Hause, weint bitterlich und spricht zum Sohn: »Mein liebes Kind, ich habe dir doch gesagt, daß man nicht um eine Zarentochter werben soll! Jetzt hat die Zarentochter mir befohlen, dir zu sagen, wenn du sie heiraten willst, so mußt du in einer Nacht einen neuen Palast auf der Wiese des Zaren erbauen, schöner als der Zarenpalast. Von Palast zu Palast soll eine kristallene Brücke führen, und diese kristallene Brücke soll bedeckt sein mit verschiedenen schöngewirkten Teppichen; und wenn du das nicht fertigbringst, dann muß dein Kopf auf den Richtblock! Wie willst du diese Aufgabe lösen, mein Kind?« Antwortet er: »Du meine geliebte Mutter, zweifle nicht, bete zum Heiland, trink einen Krug Kwaß, voll bis zum Rand, und lege dich schlafen! Der Morgen ist weiser als der Abend.«

Selbst aber ging der gute Bursche auf die Freitreppe hinaus, tat den Ring aus einer Hand in die andere – da sprangen dreihundert tapfere Burschen und hundertsiebzig Helden heraus und fragen: »Was sollen wir tun?« Da sagt er zu ihnen: »Meine lieben Freunde, bemüht euch doch bitte, in einer einzigen Nacht auf der Wiese einen neuen Palast zu erbauen, schöner als der des Zaren, und von

Palast zu Palast soll eine kristallene Brücke führen, und diese Brücke soll bedeckt sein mit verschiedenen schöngewirkten Teppichen.« So bauten diese Burschen und Helden in einer einzigen Nacht alles, was ihnen aufgetragen war. Der Zar stand am Morgen auf, schaute durchs Fernrohr auf seine Wiesen und wundert sich, daß dort ein Palast steht, schöner als seiner; und er schickt einen Läufer, der soll den guten Burschen holen, damit er um die Zarentochter wirbt, denn die Zarentochter sei einverstanden, ihn zu heiraten. So verlobten sie sich, wie es sich gehört, und bald wurde Hochzeit gefeiert.

So lebten die beiden, ob lang, ob kurz – da fragt die Zarentochter eines Tages ihren Mann: »Sag mir doch bitte, wie kannst du nur solch eine Sache in einer einzigen Nacht machen? Jetzt wollen wir doch keine Geheimnisse mehr voreinander haben.« So schmeichelte sie und redete ihm gut zu und goß ihm immerzu verschiedene Schnäpse ein. Schließlich machte sie ihn ganz betrunken, und da sagte er ihr: »Hier, damit – mit diesem Ring mache ich's!« Sie aber nahm dem Betrunkenen den Ring fort, tat ihn aus einer Hand in die andere – da sprangen dreihundert tapfere Burschen und hundertsiebzig Helden heraus und fragen: »Was befehlt Ihr zu tun?« – »Dieses: Nehmt diesen Säufer und werft ihn auf meines Vaters Wiese, mich aber tragt mit dem ganzen Palast über dreimal neun Länder, in das dreißigste Zarenreich zu dem und dem König!« Und sie brachten die Königstochter in einer einzigen Nacht dorthin, so wie sie es befohlen hatte.

Am Morgen steht der Zar auf, schaut durch das Fernrohr auf seine Wiesen – aber da ist kein Palast mehr und keine kristallene Brücke, da liegt nur so ein Mensch herum. Der Zar schickt seine Leute: »Bringt in Erfahrung, was da für ein Mensch herumliegt!« Da liefen seine Leute hin, kamen zurück und sprechen zum Zaren: »Euer Schwiegersohn liegt da ganz allein herum!« – »Geht und führt ihn vor mich!« Sie führten ihn zum Zaren, der aber fragt: »Wo hast du die Zarentochter gelassen, und auch den Palast?« Er antwortet: »Eure Zarische Majestät, ich weiß es nicht! Es ist mir, als hätte ich sie im Schlaf verloren.« Der Zar sagt: »Ich gebe dir drei Monate Zeit, damit du dich besinnst, wo die Zarentochter ist. Sind die drei Monate um, und du hast es nicht gefunden, dann wirst du hingerichtet.« Und er ließ ihn in einen festen Turm sperren.

Da sagt der Kater zum Hund, dem Hängeohr: »Was sagst du dazu? Unser Herr sitzt hinter Schloß und Riegel. Die Zarentochter hat ihn betrogen, hat ihm den Ring von der Hand genommen und ist über dreimal neun Länder in das dreißigste Zarenreich verschwunden. Wir müssen den Ring wiederbekommen! Laß uns dorthin laufen!« Und sie liefen fort. Wo sie unterwegs über Seen und Flüsse schwimmen mußten, da setzte sich der Kater dem Hunde Hängeohr auf den Rücken, und der schwimmt mit ihm hinüber. Ob lang, ob kurz – sie kamen über dreimal neun Länder in das dreißigste Zarenreich. Da sagte der Kater zum Hunde: »Wenn man in der königlichen Küche Holz verlangt, dann lauf und bring es sofort! Ich aber gehe in den Keller zur Haushälterin. Was sie sich nur wünscht, das beschaffe ich ihr sofort.«

So lebten sie am königlichen Hof. Da sagt die Haushälterin zum König: »Ich habe da im Keller ein Katerchen Goldschwänzchen. Was ich mir nur wünsche, sofort beschafft er es mir!« Der Koch sagt: »Ich aber habe einen Hund Hängeohr; kaum schicke ich den Jungen nach Holz, rennt schon der Hund Hals über Kopf davon und holt es!« Der König befiehlt: »Führt den Hund Hängeohr zu mir ins Schlafgemach!« Die Zarentochter aber befiehlt: »Zu mir aber führt das Katerchen Goldschwänzchen!« So brachte man Kater und Hund herbei, und sie mußten Tag und Nacht im Palast verbringen. Die Zarentochter aber nimmt jedesmal, wenn sie sich schlafen legt, den Ring in den Mund. Da läuft eines Nachts eine Maus durchs Zimmer, der Kater aber faßt sie am Genick. Die Maus sagt: »Tu mir nichts, Kater! Ich weiß, weshalb du gekommen bist. Du bist gekommen, um den Ring zu holen – ich werde ihn dir verschaffen.« Der Kater ließ sie los. Die Maus sprang aufs Bett zur Königstochter, steckte ihr das Schwänzchen in den Mund und bewegte es. Die Zarentochter spuckte aus, und da fiel ihr der Ring aus dem Munde. Der Kater packt ihn und ruft dem Hund Hängeohr zu: »Schlaf nicht, paß auf!« Dann stürzten sie beide zum Fenster, sprangen hinaus und rannten: wo es trocken ist, da laufen sie, wo Flüsse und Seen sind, da schwimmen sie.

So kamen sie in ihre Heimat und geradewegs zum Gefängnis ...
Der Kater kletterte hinein. Als sein Herr ihn erblickte, fing er an, ihn zu streicheln, der Kater aber schnurrte seine Liederchen und legte ihm den Ring auf die Hand. Der Herr freute sich, tat den Ring aus einer Hand in die andere – da sprangen dreihundert tapfere Burschen und hundertsiebzig Helden heraus: »Was befehlt Ihr, was sollen wir tun?« Er aber sagte: »Weil ich so traurig bin, möchte ich einen ganzen Tag und eine ganze Nacht lang eine wunderschöne Musik hören.« Sofort erklang die Musik. Der Zar aber schickte einen Boten zu ihm, ob er sich besonnen habe. Als der Abgesandte des Zaren kommt, muß er immer der Musik lauschen. Da schickte der Zar einen zweiten, aber auch dieser kam nicht wieder. So schickte er einen dritten, auch der kam nicht wieder. Da ging der Zar selbst zum Schwiegersohn, aber auch er wurde ganz verzaubert von der Musik. Erst als die Musik aufhörte, stellte der Zar seine Frage. Da sagt der Schwiegersohn: »Eure Zarische Majestät, befreit mich für eine einzige Nacht, und ich bringe Euch Eure Zarentochter wieder.«

So trat er denn auf die Freitreppe, tat den Ring aus einer Hand in die andere – da sprangen dreihundert tapfere Burschen und hundertsiebzig Helden heraus und fragen: »Was befehlt Ihr, was sollen wir tun?« – »Bringt die Zarentochter und den Palast zurück, und daß mir alles wieder am alten Platz steht, und alles in einer Nacht!« Am Morgen stand die Zarentochter auf und sieht, daß sie am früheren Ort ist. Da erschrak sie sehr und wußte nicht, was mit ihr geschehen würde. Ihr Mann aber ging zum Zaren: »Eure Zarische Majestät, wie sollen wir die Zarentochter richten?« – »Du mein lieber Schwiegersohn, wollen wir sie nur mit Worten beschämen, und dann lebt glücklich und in Frieden!«

Das Wunderhuhn

Hinter dreimal neun Ländern, im dreißigsten Zarenreich, nicht in unserem Reich, lebte einmal ein Alter mit seiner Frau in bitterer Not und in Armut. Sie hatten zwei Söhne – jung an Jahren, für die Arbeit noch nicht stark genug. Da machte sich der Alte auf den Weg, ging in die Welt, verdiente hier und da und hatte schließlich doch nur einen Zwanziger. So geht er nach Hause, ihm entgegen aber kommt ein bitterer Säufer, der hält in den Händen ein Huhn. »Alterchen, kauf das Hühnchen!« – »Was kostet es?« – »Gib einen halben Rubel.« – »Nein, Lieber! Nimm zwanzig Kopeken, das ist genug für dich. Dann trinkst du dein Gläschen Schnaps und legst dich schlafen!« Das Säuferchen nahm den Zwanziger und gab dem Alten das Huhn. So kehrte der Alte heim, zu Hause aber litten sie schon lange Hunger – kein Stückchen Brot! »Da habe ich dir, Frau, ein Huhn mitgebracht!« Fing die Frau an zu schelten: »Ach du alter Esel, bist wohl ganz von Sinnen! Die Kinder sitzen ohne Brot, er aber kauft ein Huhn; man muß es doch füttern!« – »Halt den Mund, du Dumme! Was frißt schon ein Huhn viel? Dafür wird es uns Eierchen legen und wird Küken ausbrüten, die können wir dann verkaufen und dafür Brot kaufen ...« Darauf machte der Alte ein Nest und setzte das Huhn unter den Ofen. Am Morgen sieht er, daß das Huhn einen Edelstein gelegt hat. Da spricht der Alte zu seiner Frau: »Nun, Frau, bei anderen legen die Hühner Eier, bei uns aber Steinchen; was sollen wir jetzt machen?« – »Trag es in die Stadt; vielleicht kauft es dir jemand ab!« So ging der Alte in die Stadt; geht an den Verkaufsständen vorüber und zeigt den Edelstein. Von allen Seiten kamen die Kaufleute zusammengelaufen, schätzten den Stein ab und kauften ihn schließlich für fünfhundert Rubel.

Von dem Tage an begann der Alte, mit Edelsteinen zu handeln, die ihm sein Huhn legte; er wurde schnell reich, trat in den Kaufmannsstand, baute sich eine Menge Läden, stellte Verkäufer an und begann auch, mit Schiffen über das Meer zu fahren und in fremden

Ländern Handel zu treiben. So machte er sich wieder einmal in fremde Länder auf und befiehlt der Frau: »Frau, paß auf das Huhn auf, hüte es wie deinen Augapfel; wenn das Huhn verloren geht, dein Kopf nicht mehr lange auf den Schultern steht!« Kaum war er abgereist, da kam die Frau auf schlechte Gedanken – sie ließ sich mit einem ihrer Verkäufer ein. »Wo nehmt ihr eigentlich immer diese Edelsteine her?« fragte der Verkäufer. – »Das ist das Hühnchen, das sie uns legt.« Der Verkäufer nahm das Huhn, schaute nach und entdeckte unter dem rechten Flügel eine goldene Inschrift. »Wer den Kopf aufißt – der wird König; und wer das Gekröse ißt – der wird Gold speien.« »Brat du mir mal«, sagte er, »dieses Hühnchen zum Mittagessen!« – »Ach, liebster Freund, das geht ja nicht! Denn wenn mein Mann heimkehrt, dann bringt er mich um.« Der Verkäufer aber wollte nichts davon hören: »Brat es nur, brat es – und damit Schluß!« Am nächsten Tage ließ die Frau den Koch kommen und befahl ihm, das Huhn zu schlachten und es zum Mittagessen mit Kopf und Gekröse zu braten. Der Koch schlachtete das Huhn und stellte es in den Ofen, dann ging er für einen Augenblick hinaus. Unterdessen kamen die Kinder der Frau aus der Schule nach Hause, schauten in den Ofen und wollten vom Gebratenen kosten. Der ältere Bruder aß den Hühnerkopf, der jüngere aber aß das Gekröse. Die Zeit des Mittagessens kam heran, und das Huhn wurde aufgetragen. Als der Verkäufer sah, daß Kopf und Gekröse fehlten, wurde er wütend, beschimpfte die Frau und ging fort. Die Frau lief ihm nach und versuchte auf alle Arten, ihn zu besänftigen, er aber besteht darauf: »Bring deine Kinder um«, sagt er, »nimm Eingeweide und Gehirn heraus und bereite mir das zum Abendessen, sonst will ich nichts mehr von dir wissen!« Die Frau brachte ihre Kinder zu Bett, dann rief sie ihren Koch und befahl ihm, die schlafenden Kinder in den Wald zu bringen; dort solle er sie töten, Eingeweide und Gehirn herausnehmen und daraus ein Abendessen bereiten. Der Koch brachte die beiden Knaben in den dunklen Wald, hielt an und begann, sein Messer zu wetzen. Da erwachten die Knaben und fragten: »Warum wetzest du das Messer?« – »Darum, weil eure Mutter mir befohlen hat, eure Eingeweide und Ge-

hirne herauszuschneiden und daraus ein Abendessen zu machen.« –
»Ach, liebes Großväterchen, töte uns nicht; wir geben dir Gold,
soviel du willst, nur habe Erbarmen mit uns – laß uns frei!« Der
jüngere Bruder spie ihm die Taschen voll Gold, und so war der Koch
einverstanden, sie freizulassen. Er ließ die Knaben im Walde zurück und kehrte heim. Zu seinem Glück hatte zu Hause die Hün-
din Junge geworfen. Da ergriff er zwei junge Hunde, tötete sie, nahm
ihre Gedärme und Gehirn, briet es und ließ es zum Abendessen auftragen. Der Verkäufer stürzte sich nur so auf diese Speise,
fraß alles herunter – und wurde weder König noch Königssohn,
sondern blieb das, was er schon gewesen war: ein gemeiner Verkäufer.

Die Knaben gingen durch den Wald, und als er zu Ende war, kamen
sie auf die große Straße und gingen, wohin die Augen sahen. Über
kurz oder über lang kamen sie an einen Kreuzweg, da war ein Pfosten, und am Pfosten steht geschrieben: Wer rechts geht, der bekommt ein Zarenreich, wer links geht, der wird viel Böses und Kummer erleiden, dafür aber auch die wunderschöne Zarentochter
heiraten. Die Brüder lasen diese Aufschrift und beschlossen, sich
zu trennen: der ältere ging nach rechts, der jüngere nach links. Der
ältere ging und ging und kam endlich in eine unbekannte Hauptstadt. In der Stadt sind viele, viele Menschen, aber alle in Trauer,
alle sehr bekümmert. Er nahm Quartier bei einer ganz alten, armen
Frau: »Gib«, sagt er, »einem aus fernen, fremden Ländern gekom-
menen Menschen eine Bleibe für die dunkle Nacht.« – »Ich würde dich gern einlassen, aber ich habe wirklich keinen Platz; es ist
schon so eng!« – »Laß mich herein, Großmutter! Ich bin so ein
Mensch wie du, ich brauche nicht viel Platz – irgendwo in einer
Ecke kann ich schlafen.« Die Alte ließ ihn ein, und sie kamen ins
Gespräch. »Weshalb, Großmutter«, fragt der Wanderer, »herrscht
bei euch in der Stadt ein so fürchterliches Gedränge, sind die Un-
terkünfte so teuer und alle Leute in Trauerkleidung und kummervoll?« – »Ja, siehst du, unser König ist gestorben; da haben die Bojaren öffentlich bekannt gemacht, alle, alt und jung, sollen sich versammeln, und jeder bekommt eine Kerze, und mit diesen Kerzen

gehen die Leute in die Kirche. Bei wem sich die Kerze von selbst entzünden wird, der soll König werden!« Am Morgen stand der Knabe auf, wusch sich, betete zu Gott, dankte seiner Wirtin für Salz und Brot und für das weiche Bett und ging in die Kirche. Er kommt hin – Menschen sind da, so viel, daß man sie in drei Jahren nicht zählen könnte! Kaum nahm er eine Kerze in die Hand – da entzündete sie sich von selbst. Sogleich stürzten alle auf ihn los, versuchten, seine Kerze auszublasen, auszulöschen, ihr Feuer aber brennt um so heller. Nichts zu machen, sie sahen ein, daß er der König war, kleideten ihn in goldene Gewänder und führten ihn in den Palast.

Der jüngere Bruder, der nach links gegangen war, hörte, daß in einem gewissen Zarenreiche eine wunderschöne Zarentochter sei, von unbeschreiblichem Liebreiz, nur sehr geldgierig, und die hätte überall bekannt gegeben, daß sie denjenigen heiraten würde, der ihr Heer ganze drei Jahre unterhalten könne. Wie sollte er da nicht sein Glück versuchen? Er machte sich auf; und wie er immer so weiter auf dem breiten Wege dahinging, speit er immerzu reines Gold in ein Säckchen. Über kurz oder lang, nah oder weit – kommt er zur wunderschönen Zarentochter und sagte, er sei bereit, ihre Aufgabe zu erfüllen. Gold braucht er sich ja nicht zu leihen: er spuckt nur mal hin – und fertig! Drei Jahre lang unterhielt er das Heer der Zarentochter, gab ihm zu essen, zu trinken und kleidete es. Es wäre schon an der Zeit gewesen, ein fröhliches Fest und dann auch die Hochzeit zu feiern, die Zarentochter aber machte Ausflüchte. Sie fragte und forschte so lange, bis sie erfuhr, wo sein Reichtum herkam. Dann lud sie ihn zu sich ein, bewirtete ihn reichlich und gab ihm auch ein Brechmittel ein. Da wurde dem guten Burschen ganz übel, und er erbrach das Hühnergekröse; die Zarentochter aber ergriff und verschlang es. Seit diesem Tage begann sie Gold zu speien; ihr Bräutigam aber hatte das Nachsehen. »Was soll ich mit diesem Flegel machen?« fragt die Zarentochter ihre Bojaren und ihre Generäle. »Was so einem Menschen alles für ein Unsinn in den Kopf kommen kann – stellt euch vor – er will mich heiraten!« Die Bojaren sagen: »Man muß ihn aufhängen!« Die Generäle sagen: »Man

muß ihn erschießen!« Die Zarentochter aber dachte sich etwas ganz
Neues aus – sie befahl, ihn in den Abort zu werfen.

Dem guten Burschen gelang es nur mit Müh und Not, dort herauszukommen. Dann machte er sich auf den Weg und denkt die
ganze Zeit nur immer daran, wie er wohl der Zarentochter den
Schimpf und schlechten Scherz heimzahlen könne. Lange ging er
und kam in einen finsteren Wald. Da sieht er, daß sich dort drei
Männer prügelten, einander nur so mit den Fäusten bearbeiten!
»Weshalb prügelt ihr euch?« – »Wir haben da drei Dinge im Walde gefunden, können sie aber nicht unter uns teilen: ein jeder will
sie für sich haben!« – »Und was sind das für Dinge? Lohnt es überhaupt, um sie zu streiten?« – »Und wie! Hier das Fäßchen – brauchst
nur einmal anzuklopfen, sofort springt eine Kompanie Soldaten
heraus; da der fliegende Teppich – wo du nur hinwillst, sofort
fliegt er dorthin; und endlich hier die selbstschlagende Peitsche –
schlägst du mit ihr ein Mädchen und sagst dazu: du warst ein
Mädchen, sei jetzt eine Stute! Sofort verwandelt sich das Mädchen in eine Stute.« – »Ja, das sind wichtige Dinge – und schwer
zu teilen! Und ich denke, daß es vielleicht so am besten geht: ich
will einen Pfeil da in die Richtung schießen, ihr aber lauft hinterher, und wer von euch als erster zum Pfeil kommt, dem gehört
das Fäßchen; dem zweiten gehört der fliegende Teppich, und der
letzte bekommt die selbstschlagende Peitsche.« – »Gut, schieß
den Pfeil ab!« Der Bursche schoß den Pfeil ganz weit weg. Alle
drei stürzten hinter ihm her, sie rennen und keiner von ihnen sieht
sich um! Der gute Bursche aber nahm das Fäßchen und die Peitsche, setzte sich auf den fliegenden Teppich, zupfte an einer Ek-
ke – und erhob sich. Er flog höher als die Wipfel des Waldes, tiefer als die ziehenden Wolken dahin und kam dort an, wo er hin-
wollte. Er ließ sich nieder auf die Wiesen der wunderschönen Zarentochter. Dann klopfte er immerzu an das Fäßchen, und heraus
quoll ein unübersehbares Heer: Fußvolk, Reiterei und Artillerie
mit Kanonen und Pulverkisten. Der gute Bursche ließ sich ein
Pferd vorführen, schwang sich in den Sattel und nahm die Parade ab, grüßte und gab den Befehl zum Abmarsch. Die Trommeln

wirbelten, die Trompeten schmetterten, das Heer rückt vor und schießt dabei.

Das sah die Zarentochter von ihrem Palast aus, erschrak furchtbar und schickt ihre Bojaren und Generäle, damit sie Frieden schließen sollten. Der gute Bursche befahl, diese Abgesandten zu ergreifen, bestrafte sie streng und schmerzhaft und schickte sie dann wieder zurück: »Mag die Königstochter selbst kommen und um Frieden bitten.« Nichts zu machen, die Zarentochter mußte sich auf den Weg machen. Sie stieg aus dem Wagen, ging auf den guten Burschen zu, erkannte ihn und erstarrte; er aber nahm die selbstschlagende Peitsche, schlug sie damit auf den Rücken und sprach: »Du warst ein Mädchen, nun sei eine Stute!« Im selben Augenblick verwandelte sich die Zarentochter in eine Stute, er warf ihr den Zaum über, sattelte sie, schwang sich hinauf und sprengte ins Königreich seines älteren Bruders. Er jagte dahin mit aller Kraft, setzt die Sporen tüchtig ein und treibt noch mit drei eisernen Gerten an, ihm aber folgt sein unübersehbares Heer. Über lang oder kurz kamen sie an die Grenze: da hielt der gute Bursche an, sammelte sein Heer wieder in das Fäßchen und ritt in die Hauptstadt. So reitet er am Königsschloß vorüber, da erblickte ihn der König selbst und bewundert die Stute: »Was reitet dort für ein Held! Solch eine herrliche Stute habe ich mein Lebtag nicht gesehen!« So schickt er denn seine Generäle, die sollen die Stute kaufen. »Sieh mal einer an«, sagte der Bursche, »was ihr für einen scharfäugigen König habt! So kann man ja in eurer Stadt nicht einmal mit seiner eignen jungen Frau spazierengehen. Wenn ihm schon die Stute so in die Augen sticht, wie wird das erst mit der Frau sein, die nimmt er einem dann wohl einfach weg!« Er kommt in den Palast: »Guten Tag, lieber Bruder!« – »Ach, ich habe dich gar nicht erkannt!« Dann ging es ans Umarmen und Küssen. »Was hast du da für ein Fäßchen?« – »Das ist zum Trinken, Bruder; ohne Wasser geht's ja nicht unterwegs.« – »Und der Teppich?« – »Setz dich drauf, dann weißt du's!« Sie setzten sich auf den fliegenden Teppich; der jüngere Bruder zupfte an einer Ecke und sie flogen höher als die Wipfel des Waldes, tiefer als die ziehenden Wolken – geradewegs in ihr Vaterland.

Sie kamen dort an und mieteten sich bei ihrem eigenen Vater ein. So leben sie, wer sie aber sind, das sagen sie weder dem Vater noch der Mutter. Einmal gaben sie ein Fest für die ganze Christenheit, und es sammelte sich eine unübersehbare Menge Volks. Drei Tage lang durften alle ganz umsonst essen und trinken, dann aber fragten die Brüder, ob nicht jemand eine seltsame Geschichte erzählen könne. Keiner meldete sich. »Wir sind unerfahrene Leute!« – »Na, dann will ich erzählen«, spricht der jüngere Bruder, »aber niemand darf mich unterbrechen! Wer mich dreimal unterbricht, der wird hingerichtet.« Alle waren einverstanden. Da fing er an zu erzählen, wie einst ein Alter mit seiner Frau lebte, wie sie ein Huhn hatten, das Edelsteine legte, wie die Frau sich mit dem Verkäufer einließ ... »Was lügst du da!« unterbrach ihn die Hausfrau. Er aber fährt in seiner Geschichte fort. Er erzählte, wie das Huhn geschlachtet wurde; die Mutter unterbrach ihn wieder. Als er in seiner Geschichte an die Stelle kam, wo die Frau ihre Kinder umbringen wollte, da hielt sie es zum dritten Mal nicht aus: »Das ist nicht wahr!« sagt sie, »so etwas kann gar nicht sein, daß eine Mutter ihre eigenen Kinder umbringen läßt!« – »Du siehst, daß es möglich ist! Erkenne uns, Mutter, denn wir sind deine Kinder ...« Hier wurde alles offenbar. Der Vater befahl, seine Frau in kleine Stücke zu zerhacken. Den Verkäufer ließ er an Pferdeschweife binden. Die Pferde stürmten nach verschiedenen Seiten davon und zerstreuten seine Knochen über das weite Feld. »Einem Hunde der Tod eines Hundes!« sagte der Alte, verteilte sein ganzes Hab und Gut an die Armen und fuhr in das Königreich seines älteren Sohnes, um von nun an dort zu leben. Der jüngere Sohn aber schlug mit aller Kraft mit der selbstschlagenden Peitsche auf seine Stute: »Du warst eine Stute, sei jetzt ein Mädchen!« Die Stute verwandelte sich in die wunderschöne Zarentochter. Jetzt versöhnten sie sich, waren gut miteinander und ließen sich trauen. Es war eine herrliche Hochzeit. Ich war auch dort, trank Met, es floß über den Bart, aber in den Mund kam nichts.

Das wunderbare Hemd

In einem Regiment diente ein braver Soldat. Einmal bekam er von zu Hause hundert Rubel geschickt. Das erfuhr der Feldwebel und lieh sich das Geld vom Soldaten. Als aber die Zeit kam, die Schuld zurückzuzahlen, da ließ er ihm statt des Geldes hundert Stockhiebe geben. »Ich«, sagt er, »habe dein Geld nie gesehen, du verleumdest mich!« Der Soldat ärgerte sich und lief fort in den Wald; er legte sich unter einen Baum, um sich auszuruhen, da kommt plötzlich ein sechsköpfiger Drache geflogen. Er ließ sich neben dem Soldaten nieder und fragte ihn, was er so mache, wie er lebe. Dann sprach der Drache: »Statt dich hier im Walde herumzutreiben, solltest du lieber für drei Jahre in meinen Dienst treten.« – »Einverstanden!« antwortet der Soldat. – »Also, setz dich auf meinen Rücken.« Der Soldat lud seine Siebensachen auf den Drachen. Da sprach der Drache: »Ach du, Soldat, weshalb nimmst du denn diesen Schund mit?« – »Was willst du, Drache! Schon für einen einzigen Knopf, der fehlt, wird der Soldat hart geschlagen, wie soll er da seine Sachen im Stich lassen?« Der Drache brachte den Soldaten in seinen Palast und befahl: »Sitz drei Jahre neben diesem Kessel und koch den Brei!« Er selbst aber flog für diese ganze Zeit in die weite Welt, in ferne Länder.

Die Arbeit des Soldaten ist nicht schwer: Hat er das Holz unter den Kessel gelegt, dann sitzt er so da – trinkt sein Schnäpschen und ißt was dazu. Der Schnaps des Drachen ist aber nicht so einer wie bei uns, mit Wasser gemacht, sein Schnaps ist schön stark! Nach drei Jahren kam der Drache wieder: »He, Soldat, ist der Brei fertig?« – »Ich denke doch, daß er fertig ist! Ich habe das Feuer in den drei Jahren nicht einmal ausgehen lassen.« Der Drache fraß den ganzen Brei auf, lobte den Soldaten für den treuen Dienst und stellte ihn noch einmal für drei Jahre an. Auch diese Zeit verging; der Drache aß den Brei und behielt den Soldaten abermals für drei Jahre. Zwei Jahre kochte der Soldat den Brei, im dritten aber kam ihm plötzlich der Gedanke: »Was lebe ich da schon das neunte

Jahr beim Drachen, koche seinen Brei und habe ihn noch kein einziges Mal probiert. Will ihn doch mal versuchen!« Er hob den Deckel, im Kessel aber sitzt der Feldwebel. »Das ist ja ausgezeichnet!« denkt der Soldat, »mit dir will ich meinen Spaß haben. Deine Stockhiebe sind einen Freundschaftsdienst wert!« Und er fing an, Holz heranzuschleppen und unterzulegen, soviel er nur immer konnte; sein Feuer wurde so stark, daß er nicht nur das Fleisch, sondern auch alle Knochen zerkochte! Der Drache kam geflogen, fraß den Brei auf und lobte den Soldaten: »Nun, Soldat, bisher war der Brei schon gut, aber diesmal ist er noch viel besser! Zur Belohnung darfst du dir etwas aussuchen.« Der Soldat sah sich um und wählte ein Heldenroß und ein Hemd aus grober Leinwand. Dieses Hemd aber war kein einfaches Hemd, sondern ein Zauberhemd: kaum hat man es an – gleich ist man ein Held.

Daraufhin reitet der Soldat zu einem König, hilft ihm in einem schweren Krieg und heiratet seine wunderschöne Tochter. Aber der Königstochter gefiel es nicht, daß man sie einem einfachen Soldaten zur Frau gegeben hatte; sie ließ sich deshalb mit einem benachbarten Prinzen ein, und um zu erfahren, worin die Heldenkraft des Soldaten bestand, fing sie an, sich bei ihm einzuschmeicheln. Nachdem sie es erfahren hatte, nahm sie den Augenblick wahr, als ihr Mann schlief, zog ihm das Hemd aus und gab es dem Prinzen. Der zog das Zauberhemd an, ergriff das Schwert, hieb den Soldaten in ganz kleine Stücke, steckte sie in einen Sack und befahl den Pferdeknechten: »Da nehmt diesen Sack, bindet ihn an den Schwanz irgendeiner Mähre und jagt sie ins weite Feld!« Die Pferdeknechte machten sich daran, den Befehl auszuführen, das Heldenroß des Soldaten aber verwandelte sich in eine elende Mähre und lief ihnen immer vor der Nase herum. Da nahmen die Knechte die Mähre, banden ihr den Sack an den Schwanz und trieben sie ins weite Feld. Das Heldenroß jagte schneller als ein Vogel dahin, kam zum Drachen gelaufen, blieb vor dem Palast stehen und wieherte drei Tage und drei Nächte lang, ohne aufzuhören. Gerade damals schlief der Drache sehr, sehr fest, wachte nur mit Mühe auf vom Pferdegewieher und Getrappel, trat heraus, sah nach, was im Sack war und rief: »Ach!« Dann nahm er alle die kleinen Stücke, legte sie zusammen, übergoß sie mit dem Wasser des Todes – da wuchs der Körper des Soldaten zusammen; dann spritzte er das Wasser des Lebens darüber – und der Soldat wurde lebendig: »Pfui«, sagt er, »was habe ich lange geschlafen!« – »Du hättest noch viel länger geschlafen, wenn dein gutes Roß nicht gewesen wäre!« antwortete der Drache; dann lehrte er den Soldaten die Kunst, verschiedenerlei Gestalt anzunehmen.

Da verwandelte sich der Soldat in eine Taube, flog zum Prinzen, mit dem seine ungetreue Frau jetzt zusammenlebte, und setzte sich ans Küchenfenster. Ihn erblickte eine junge Köchin. »Ach«, sagt sie, »was ist das für ein schöner Täuberich!« Sie öffnete das Fenster und ließ ihn in die Küche herein. Der Täuberich ließ sich zu Boden fallen und wurde ein prächtiger Bursche: »Tu mir einen Gefallen, schönes Mädchen, und ich werde dich heiraten.« – »Was soll ich denn tun?« – »Verschaff mir vom Prinzen das Hemd aus grober Leinwand.« – »Ja, aber er zieht es doch niemals aus! Höchstens dann, wenn er im Meer badet.« Der Soldat erkundete, wann der Prinz gewöhnlich badete, ging an den Weg und verwandelte sich in ein Blümchen. Schon kommen der Prinz und die Königstochter heraus und gehen zum Meer, hinter ihnen aber die junge Köchin mit der frischen Wäsche. Da erblickte der Prinz das Blümchen und freute sich an ihm, die Königstochter aber erriet es sofort: »Oh! Das ist ja der verfluchte Soldat, der sich verwandelt hat!« Sie pflückte das Blümchen, zerdrückte es schnell und riß die Blättchen ab; aber schon verwandelte sich die Blume in eine kleine Fliege und verbarg sich unbemerkt am Busen der Köchin. Kaum hatte sich der Prinz ausgezogen und war ins Wasser gestiegen, da flog die kleine Fliege auf und verwandelte sich in einen hellen Falken; der Falke ergriff das Hemd und trug es fort, verwandelte sich darauf in einen prächtigen Burschen und zog das Hemd an. Dann ergriff der Soldat das Schwert und tötete die ungetreue Frau und ihren Liebhaber, selbst aber heiratete er das schöne Mädchen, die junge Köchin.

Geh dahin – ich weiß nicht, wohin, bring mir das – ich weiß nicht, was

In einem Reiche lebte ein König ganz allein und ohne Frau. Er hatte eine ganze Kompanie Jäger, die gingen auf die Jagd, schossen Zugvögel und versorgten des Königs Tisch mit Wild. In jener Kompanie diente ein tüchtiger Jäger mit Namen Fedot; er traf scharf ins Ziel, hatte wohl niemals vorbeigeschossen, und deshalb liebte ihn der König mehr als alle seine Kameraden. Einmal mußte Fedot ganz früh am Morgen zur Jagd. Er kam in einen dunklen, dichten Wald und sieht, auf dem Baume sitzt eine Turteltaube. Fedot hob die Flinte, zielte, schoß – und zerschoß dem Vogel ein Flügelchen. Der Vogel fiel vom Baum auf die feuchte Erde. Der Jäger hob ihn auf, will ihm den Kopf abreißen und ihn in die Jagdtasche stecken. Da fleht die Turteltaube: »Ach, braver Jäger, nimm mir nicht mein ungestümes Köpfchen, treib mich nicht von dieser weißen Welt! Nimm mich lieber lebend mit dir in dein Haus, setz mich auf die Fensterbank und beobachte mich: Sobald ich beginne, einzuschlafen, hol mit deiner rechten Hand aus und schlag mich – dann wirst du ein großes Glück erfahren!« Der Jäger wunderte sich sehr. »Was ist das?« denkt er, »sieht aus wie ein Vogel, aber spricht mit menschlicher Stimme! Das ist mir doch noch nie vorgekommen …!«
Er brachte den Vogel nach Hause, setzte ihn auf das Fensterbrett und steht und wartet. Es verging einige Zeit – die Turteltaube legt ihr Köpfchen unter den Flügel und schlummert ein. Der Jäger hob die rechte Hand, holte aus und schlug, aber ganz leicht – zur Erde fiel die Turteltaube und wurde ein liebes Mädchen, und so schön, nicht zu erdenken, nicht zu erraten, nur im Märchen zu sagen! Eine solche Schönheit hatte es noch nie in der Welt gegeben! Sie sagt zum guten Burschen, zum königlichen Jäger: »Hast du es verstanden, mich zu erlangen, dann versteh auch, mit mir zu leben. Du sollst mein mir bestimmter Mann sein und ich die dir von Gott gegebene Frau!« Nachdem sie das beschlossen hatten, heiratete

Fedot sie. Er lebt vor sich hin – hat es schön mit seiner jungen Frau, vergißt aber auch den Dienst dabei nicht: jeden Morgen, kaum daß es tagt, nimmt er seine Flinte und geht in den Wald, schießt allerhand Wild und trägt es in die Küche des Königs.

Seine Frau aber merkt, daß er vom Jagen sehr müde wird, und sagt zu ihm: »Hör mal, mein Lieber, du tust mir leid. Jeden Tag, den Gott gibt, strengst du dich an, streifst durch Wälder und Sümpfe, immer kommst du naß wie 'ne Katze nach Hause, und das alles bringt uns gar keinen Nutzen. Was ist das für ein Handwerk! Ich weiß etwas, das uns mehr einbringen soll. Geh und verschaff dir zweihundert Rubel, damit richten wir die Sache dann!« Fedot lief zu den Kameraden. Beim einen lieh er einen Rubel, beim anderen lieh er zwei Rubel und brachte so rund zweihundert Rubel zusammen. Er bringt sie seiner Frau. »Nun«, sagt sie, »kauf jetzt für all dieses Geld verschiedenfarbige Seide.« Der Jäger kaufte für die zweihundert Rubel verschiedenfarbige Seide. Sie nahm sie und sagt: »Sorge dich nicht, bete zu Gott und lege dich schlafen! Der Morgen ist weiser als der Abend!« Der Mann schlief ein, die Frau aber trat hinaus auf die Treppe, öffnete ihr Zauberbuch – und sofort erschienen vor ihr zwei unbekannte Burschen. »Was wünschst du? Befiehl!« – »Nehmt da diese Seide und wirkt mir in einer Stunde einen Teppich, aber so schön muß er sein, wie ihn die Welt noch nicht gesehen hat! Auf dem Teppich muß das ganze Königreich dargestellt sein, mit Städten und Dörfern, mit Flüssen und Seen.« Sie gingen an die Arbeit und – von einer Stunde gar nicht zu reden – in zehn Minuten war der Teppich fertig, ein wahres Wunder! Sie gaben ihn der Frau des Jägers und weg waren sie, als wären sie nie gewesen!

Am Morgen gibt sie dem Mann den Teppich: »Da«, sagt sie, »trag ihn zum Kaufhof und verkauf ihn, aber paß auf: nenne keinen Preis, was man dir gibt, das nimm!« Fedot nahm den Teppich, hängte ihn über die Schulter und ging durch die Reihen des Kaufhofs. Ein Kaufmann sah ihn, kam herzugelaufen und fragt: »Hör mal, mein Ehrenwerter, verkaufst du etwa?« – »Ja, ich verkaufe.« – »Und was kostet der Teppich?« – »Du bist doch der Kaufmann, mach ein An-

gebot!« Da überlegte der Kaufmann lange und kann des Teppichs
Wert nicht schätzen – es geht einfach nicht! Darauf kam ein anderer Kaufmann herbeigelaufen, dann ein dritter, ein vierter ...
schließlich versammelte sich eine Menschenmenge, alle blicken
auf den Teppich, staunen, aber können seinen Wert nicht schätzen. In diesem Moment kommt durch den Kaufhof der Schloß-
kommandant gefahren, er erblickte die Menge und wollte erfahren,
was los wäre, was die Kaufleute so über die Maßen erregte. Er stieg
aus dem Wagen, trat herzu und sagt: »Guten Tag, ihr Kaufleute,
ihr Handelsleute, ihr überseeischen Gäste, worum handelt es sich
hier?« – »So und so, wir können den Wert dieses Teppichs nicht
schätzen.« Der Kommandant betrachtete den Teppich und staunte.
»Hör mal, Jäger«, sagt er, »sag mir ganz aufrichtig, wo hast du diesen prachtvollen Teppich her?« – »Den hat meine Frau gewirkt.« –
»Wieviel willst du denn für ihn haben?« – »Ich weiß den Preis selbst
nicht. Meine Frau sagte, ich solle nicht handeln, was man uns gibt –
das soll uns recht sein!« – »Nun, da hast du zehntausend!« Der Jäger
nahm das Geld und gab ihm den Teppich.
Dieser Kommandant aber gehörte zum Gefolge des Königs und
trank und aß an dessen Tisch. Er fuhr gerade zum Mittagessen zum
König und nahm den Teppich mit. »Wünschen Euer Majestät vielleicht zu sehen, was für eine wunderbare Ware ich heute gekauft
habe?« Der König betrachtete den Teppich – sein ganzes Reich, wie
auf der flachen Hand! Er sagte bloß: »Ach!« und fuhr dann fort:
»Das ist aber ein Teppich! In meinem ganzen Leben habe ich so
etwas Kunstvolles nicht gesehen. Nun, Kommandant, mach was
du willst, aber den Teppich behalte ich!« Sofort nahm der König
fünfundzwanzigtausend aus der Tasche und zählte sie dem Kommandanten hin, den Teppich aber hängte er in seinen Palast. »Macht
nichts«, denkt der Kommandant, »ich bestelle mir einen zweiten,
noch schöneren.«
Er eilte zum Jäger, fand dessen Hütte, kommt in die Stube – aber
als er die Frau des Jägers erblickte, vergaß er augenblicklich sich selbst
und seine ganze Angelegenheit; er steht da und weiß nicht, weshalb
er gekommen ist. Vor ihm steht eine solche Schönheit, eine Ewig-

keit will er sie ansehen: nur sehen und immer nur ansehen! So blickt er auf die fremde Frau, im Kopf aber jagen sich die Gedanken: »Wie ist das nur möglich? Es ist unerhört, daß ein einfacher Soldat einen solchen Schatz besitzt. Selbst ich, ein so naher Diener des Königs, ein General, habe eine solche Schönheit noch nie gesehen!« Kaum gelang es ihm, sich auf sich selbst zu besinnen, ungern ging er heimwärts.

Seit jener Zeit, seit jener Begegnung, war er ganz außer sich. Im Schlafen und Wachen denkt er nur an die eine, an die wunderschöne Jägersfrau. Er ißt – und weiß es nicht, er trinkt – und weiß es nicht, immer sieht er nur sie! Das bemerkte der König und fragt: »Was ist mit dir geschehen? Warum bist du so traurig?« – »Ach, Eure Majestät, ich habe die Frau des Jägers gesehen – solche Schönheit gibt es nicht wieder! Ich kann nur noch an sie denken – Essen und Trinken sind mir zuwider, und kein Mittel hilft dagegen!« Den König überkam die Lust, sich an ihrem Anblick zu erfreuen, er befahl, die Pferde anzuspannen, und fuhr zum Haus des Jägers. Er tritt in die Stube und sieht – eine unausdenkbare Schönheit! Wer sie ansieht – ob alt, ob jung, ein jeder verliebt sich sogleich maßlos. Da erfaßt auch sein Herz die Liebesglut. »Warum«, denkt er im stillen, »gehe ich herum ohne Frau und unverheiratet? Diese Schönheit müßte ich heiraten. Was braucht sie eine Jägersfrau zu sein? Ihr ist's in die Wiege gelegt, Königin zu werden!«

So kehrte der König in den Palast zurück und sagt zum Kommandanten: »Hör mal, hast du es erreicht, mir die Frau des Jägers, eine unglaubliche Schönheit, zu zeigen, dann sei auch so geschickt, ihren Mann zu beseitigen! Ich will sie selbst heiraten … Und beseitigst du ihn nicht, dann – nimm es mir nicht übel – kommst du an den Galgen, wenn du auch noch so ein treuer Diener bist!« Da ging der Kommandant fort, trauriger denn je. Er kann sich nicht vorstellen, wie er den Jäger beseitigen soll.

Er geht über unbebaute Plätze, durch die engsten Gassen, da kommt ihm die Baba-Jaga entgegen: »Halt, königlicher Diener, ich kenne all deine Gedanken. Wenn du willst, so helfe ich dir in deinem Kummer.« – »Ach ja, hilf mir doch, Großmutter! Was du willst, das zahle ich.«–»Du hast den königlichen Befehl erhalten, Fedot den Jäger zu beseitigen. Das wäre keine große Sache. Er selbst ist ja recht einfältig, doch seine Frau ist sehr listig! Nun, aber wir wollen ihr ein Rätsel zu raten geben, das sie nicht so bald errät. Kehre zum König zurück und sage ihm: hinter dreimal neun Ländern, im dreißigsten Zarenreich ist eine Insel; auf jener Insel gibt es einen Hirsch mit Goldgeweih. Der König soll ein halbes Hundert Matrosen aussuchen – die alleruntauglichsten, die bittersten Säufer, und dann soll er ein Schiff zur Ausfahrt bereitstellen, ein altes, verfaultes Schiff, das schon seit dreißig Jahren außer Dienst ist. Auf diesem Schiffe soll er Fedot den Jäger hinausschicken, um den Hirsch mit dem Goldgeweih zu fangen. Um die Insel zu erreichen, muß man – nicht zu knapp und nicht zu reichlich gerechnet – drei Jahre fahren, und zurück von der Insel sinds' nochmal drei Jahre, also sechs. Das Schiff wird in See stechen, einen Monat seine Pflicht tun und dann untergehen: der Jäger und die Matrosen gehen dann mit zugrunde!« Der Kommandant hörte diese Rede an, dankte der Baba-Jaga für den Rat, belohnte sie mit Gold und lief schnell zum König. »Majestät!« sagt er, »so und so, man kann den Jäger auf sichere Art beseitigen.«

Der König war mit allem einverstanden und erließ sofort einen Flottenbefehl: Bereitzustellen sei ein altes, verfaultes Schiff, ausgerüstet mit Mundvorrat für sechs Jahre, bemannt mit fünfzig Matrosen, den allerheruntergekommensten und bittersten Säufern. Da liefen die Boten durch alle Schenken, durch alle Gasthäuser und sammelten Matrosen. Es war eine rechte Freude, die anzusehen! Dem einen war das Auge ausgeschlagen, dem andern die Nase schiefgeschlagen. Sobald man dem König gemeldet hatte, daß das Schiff bereit sei, befahl er den Jäger zu sich. »Nun, Fedot, mein bester Jäger und Schütze, leiste mir einen Dienst, fahre hinter dreimal neun Länder in das dreißigste Zarenreich – dort ist eine Insel, auf der gibt es einen Hirsch mit Goldgeweih; fang ihn lebend und bring ihn hierher!« Nachdenklich wurde der Jäger, weiß nicht, was er antworten soll. »Ob du nun nachdenkst oder nicht nachdenkst«, sagte der König, »wenn du die Sache nicht machst, mein Schwert ich schwingen werde, dein Kopf dann rollt zur Erde!« Fedot machte linksum kehrt und verließ den Palast.

Abends kehrt er heim, tieftraurig, kein Wort ist aus ihm herauszubringen. Da fragt ihn seine Frau: »Was bist du so traurig, mein Liebster? Oder ist dir nicht wohl?« Da erzählte er ihr alles. »Also das macht dich traurig? Ist mir auch was Rechtes! Das ist ein elendes Dienstchen und kein richtiger Dienst. Bete nur zu Gott und lege dich schlafen, der Morgen ist weiser als der Abend. Alles wird gemacht werden.« Der Jäger legte sich hin und schlief ein, seine Frau aber schlug das Zauberbuch auf – da plötzlich erschienen vor ihr zwei unbekannte Burschen: »Was wünschst du, was sollen wir tun?« – »Geht über dreimal neun Länder ins dreißigste Zarenreich auf eine Insel, fangt den Hirsch mit dem Goldgeweih und bringt ihn her!« – »Zu Befehl! Bei Sonnenaufgang wird alles ausgeführt sein.« Wie ein Wirbelwind flogen sie auf jene Insel, ergriffen den Hirsch mit dem Goldgeweih und brachten ihn auf den Hof des Jägers. Eine Stunde vor Sonnenaufgang hatten sie alles getan und verschwanden, als wären sie nie dagewesen.

Die Jägersfrau – die Schöne – weckte ihren Mann und sagt zu ihm: »Geh und sieh – der Hirsch mit dem Goldgeweih geht auf deinem Hof spazieren. Nimm ihn aufs Schiff, fahre fünf Tage vorwärts, am sechsten wende und kehre zurück.« Der Jäger tat den Hirsch in einen festen, geschlossenen Käfig und brachte ihn aufs Schiff. »Was ist das?« fragen die Matrosen. »Allerhand Proviant und Arzneien, die Reise ist lang, wir werden manches brauchen!«

Dann kam die Zeit der Abfahrt; viel Volks kam die Schiffer begleiten, der König selbst kam, verabschiedete sich von Fedot und machte ihn zum Ältesten über alle Matrosen. Schon den fünften Tag fährt das Schiff, die Ufer sind längst nicht mehr zu sehen, da befahl Fedot der Jäger, ein Faß Wodka, das vierzig Eimer faßte, an Deck zu rollen, und spricht zu den Matrosen: »Trinkt, ihr Lieben, spart nicht. Eure Seele sei euch das Maß!« Sie aber freuen sich, stürzten zum Faß und trinken den Schnaps und tranken so viel, daß sie da beim Faß niederstürzten und in festen Schlaf versanken. Der Jäger ergriff das Steuer, wendete das Schiff und fuhr zurück.

Damit die Matrosen aber nichts merken, füllt er sie vom Morgen bis zum Abend mit Schnaps. Kaum sperren sie die Augen auf, so steht da auch schon ein neues Faß – bitte, ihr Lieben, vertreibt euch den Katzenjammer!

Genau am elften Tage legte das Schiff im Hafen an, hißte die Flagge und schießt die Kanonen ab. Der König hörte sie und stürzte zum Hafen – was ist denn da los? Er erblickte den Jäger, geriet in furchtbaren Zorn und schrie ihn wütend an: »Wie wagst du es, vor Ablauf der Zeit zurückzukehren?« – »Ja, wo sollte ich denn hin, Majestät? Mancher Dummkopf fährt vielleicht zehn Jahre übers Meer und bringt doch nichts Gescheites zuwege; wir aber sind, statt sechs Jahre, alles in allem nur zehn Tage gefahren und haben es doch geschafft. Vielleicht möchten Majestät den Hirsch mit dem Goldgeweih sehen?« Gleich wurde der Käfig vom Schiff gehoben und der Hirsch herausgelassen. Der König sieht, daß der Jäger recht hat und daß er ihm nichts anhaben kann! Er erlaubte ihm, nach Hause zu gehen, und die Matrosen ließ er für sechs Jahre frei. Keiner darf sie zum Dienst zwingen, da sie diese Jahre schon abgedient haben.

Am andern Tage befahl der König den Kommandanten zu sich und fuhr ihn an: »Was fällt dir ein«, sagt er, »du willst wohl Scherz mit mir treiben? Du hältst wohl nicht viel von deinem Kopf! Mach, was du willst, aber finde einen Weg, so daß Fedot der Jäger eines bösen Todes stirbt.« – »Eure königliche Majestät, gestatten Sie mir, nachzudenken, vielleicht bringe ich es noch in Ordnung.« – Der Kommandant geht über unbebaute Plätze und durch die engsten Gassen, da trifft er die Baba-Jaga. »Halt, königlicher Diener, ich kenne deine Gedanken; willst du, so helf ich dir!« – »Hilf mir, Großmutter! Der Jäger ist zurückgekehrt und hat den Hirsch mit dem Goldgeweih mitgebracht.« – »Ja, ja, ich habe es schon gehört, er selbst ist ein einfältiger Mensch, ihn zu erledigen eine Kleinigkeit – nicht schwieriger, als eine Prise Tabak zu schnupfen – aber seine Frau ist sehr listig. Nun, wir werden ihr eine andere Aufgabe geben, mit der sie nicht so leicht fertig wird! Geh zum König und sage ihm, er solle dem Jäger befehlen: ›Geh dahin – ich weiß nicht, wohin, und bringe mir das – ich weiß nicht, was.‹ Diese

Aufgabe wird er sein Lebtag nicht lösen. Entweder hört man nie mehr von ihm, oder er kommt mit leeren Händen zurück.« Der Kommandant belohnte die Baba-Jaga mit Gold und lief zum König. Der König hörte ihn an und befahl, den Jäger zu rufen.

»Nun, Fedot, du kannst was, bist mein bester Jäger. Einen Dienst hast du mir erwiesen, du hast den Hirsch mit dem Goldgeweih geholt – erweise mir noch einen: Geh dahin – ich weiß nicht, wohin, bring mir das – ich weiß nicht, was! Und vergiß nicht: wenn du es nicht bringst – dann zieh ich mein Schwert, und dein Kopf ist nichts wert!« Der Jäger machte linksum kehrt und ging aus dem Palast. Er kommt nach Hause, traurig und tief in Gedanken. Da fragt ihn seine Frau: »Was bist du so traurig, mein Liebster? Ist wieder was Schlimmes geschehen?« – »Ach«, sagt er, »ein Unglück haben wir uns vom Halse geschafft, da kommt schon das nächste. Der König schickt mich dahin – ich weiß nicht, wohin, befiehlt mir zu bringen das – ich weiß nicht, was. Deine Schönheit ist die Plage, für die ich alles Unglück trage!« – »Ja, dieser Dienst ist nicht gering! Um dorthin zu kommen, muß man neun Jahre gehen und dann noch neun Jahre zurück – das macht achtzehn Jahre; und ob etwas dabei herauskommt, weiß Gott allein!« – »Was soll ich denn machen?« – »Bete zu Gott und lege dich schlafen! Der Morgen ist weiser als der Abend. Morgen wirst du alles erfahren.« Der Jäger legte sich schlafen, seine Frau aber wartete die Nacht ab, öffnete das Zauberbuch – und sofort erschienen vor ihr die beiden Burschen: »Was wünschst du, was brauchst du?« – »Wißt ihr nicht, wie man das macht: zu gehen dahin – ich weiß nicht, wohin, zu bringen das – ich weiß nicht was?« – »Nein, das wissen wir nicht!« Sie schloß das Buch – und die Burschen waren weg.

Am Morgen weckt die Frau des Jägers ihren Mann: »Geh zum König und bitte ihn um Geld für die Reise. Er soll dir Gold geben, denn du mußt achtzehn Jahre wandern. Wenn du das Geld hast, dann komm wieder, um Abschied von mir zu nehmen!« Der Jäger ging zum König, erhielt aus der Schatzkammer einen ganzen Beutel Gold und kommt zu seiner Frau, um Abschied zu nehmen. Sie gibt ihm ein Handtuch und einen Ball: »Kommst du zur Stadt hinaus, dann wirf diesen Ball vor dich hin. Wohin er rollt – dahin geh. Und hier hast du eine Handarbeit von mir. Wo du auch sein magst, wenn du dich wäschst, trockne dir das Gesicht mit diesem Handtuch ab.« Der Jäger nahm Abschied von Frau und Freunden, verbeugte sich nach allen vier Himmelsrichtungen und ging zur Stadt hinaus. Er warf den Ball vor sich hin. Der Ball rollt und rollt, er aber folgt ihm auf dem Fuß.

Es verging ein Monat, da befiehlt der König den Kommandanten vor sich und sagt zu ihm: »Der Jäger ist für achtzehn Jahre fortgegangen, läuft in der weißen Welt herum und wird wohl nicht am Leben bleiben, denn achtzehn Jahre sind nicht zwei Wochen; viel kann ihm unterwegs passieren! Er hat eine Menge Geld, da können ihn Räuber überfallen, ihn berauben und ihn einen grausamen Tod sterben lassen. Mir scheint, jetzt könnte man sich an seine Frau heranmachen. Nimm mal meinen Wagen, fahr in das Jägerdorf und hol sie in meinen Palast!« Der Kommandant fuhr in das Jägerdorf zum Haus der schönen Jägersfrau, tritt in die Hütte und spricht: »Guten Tag, du Kluge! Der König hat befohlen, dich in seinen Palast zu bringen.« Sie kommt ins Schloß. Der König empfängt sie voller Freude, führt sie in die vergoldeten Gemächer und spricht: »Willst du Königin werden? Ich werde dich heiraten.« – »Wo hat man so etwas gesehen, wo hat man so etwas gehört: einem lebendigen Mann die Frau wegnehmen! Wenn er auch nur ein einfacher Jäger ist, so ist er doch mein rechtmäßiger Mann.« – »Wenn du es nicht freiwillig tust, dann nehme ich dich mit Gewalt!« Da lächelte die schöne Frau, ließ sich zu Boden fallen, wurde zur Turteltaube und flog zum Fenster hinaus.

Durch viele Reiche, viele Länder wanderte der Jäger. Der Ball rollt immer weiter. Wo ein Fluß ist, da wirft sich der Ball als Brücke hinüber. Will der Jäger ausruhen, so breitet sich der Ball als Federbett aus. Ob lang, ob kurz – leicht läßt sich ein Märchen erzählen, nicht leicht geschieht eine Tat – da kommt der Jäger zu einem großen, prachtvollen Schloß. Der Ball rollte bis zum Tor und verschwand. Der Jäger überlegte hin und her und dachte dann: »Will mal geradeaus gehen!« Er stieg eine Treppe hinauf und trat in ein

Gemach. Drei Mädchen von unbeschreiblicher Schönheit begrüßen ihn: »Wo kommst du her, wo gehst du hin, guter Mensch?« – »Ach, schöne Mädchen, ich habe vom weiten Weg noch nicht ausgeruht, und schon fragt ihr mich aus! Ihr solltet mir doch erst zu essen, zu trinken geben, mich zur Ruhe legen, dann erst fragt mich nach Neuigkeiten.« Sogleich richteten sie den Tisch, baten ihn, Platz zu nehmen, gaben ihm zu essen, zu trinken und brachten ihn zu Bett.

Der Jäger schlief sich aus und steht vom weichen Bette auf; die schönen Mädchen bringen ihm ein Waschbecken und ein gesticktes Handtuch. Er wusch sich mit Brunnenwasser, das Handtuch aber nimmt er nicht: »Ich habe«, sagt er, »ein Handtuch. Ich habe mein eigenes, um mir das Gesicht zu trocknen.« Er holte sein Handtuch hervor und fing an, sich abzutrocknen. Da fragen ihn die schönen Mädchen: »Guter Mensch, sag uns, wo hast du dieses Handtuch her?« – »Meine Frau hat es mir gegeben.« – »Ach, also bist du der Mann unserer leiblichen Schwester!« Sie riefen die Mutter – die Alte. Die schaute aufs Handtuch und erkannte es gleich: »Das ist die Arbeit meiner Tochter!« Sie fing an, den Gast auszufragen. Er erzählte ihr, wie er ihre Tochter geheiratet hatte, und wie der Zar ihn geschickt habe dahin – ich weiß nicht, wohin, ihm zu bringen das – ich weiß nicht, was. »Ach, lieber Schwiegersohn, von diesem Wunder habe nicht einmal ich jemals gehört! Warte mal, vielleicht wissen es meine Diener.«

Die Alte ging hinaus auf die Freitreppe und rief mit lauter Stimme – da plötzlich kamen von überall her viele Tiere gelaufen, viele Vögel geflogen. »Oh, ihr Tiere des Waldes und Vögel der Lüfte, ihr kommt überall herum. Habt ihr vielleicht gehört, wie man kommt dahin – ich weiß nicht, wohin, wie man bringt das – ich weiß nicht, was?« Alle Tiere und Vögel antworteten wie mit einer Stimme: »Nein, davon haben wir noch nie etwas gehört!«

Da entließ sie die Alte, jeden an seinen Platz: in die Dickichte, in die Wälder, in die Haine. Sie kehrte in die Stube zurück, holte ihr Zauberbuch, öffnete es – und sofort erschienen vor ihr zwei Riesen: »Was wünschst du, was brauchst du?« – »Hört mal, ihr meine treuen Diener, tragt mich und meinen Schwiegersohn zum Ozean-Meer, zum breiten, und stellt euch genau in die Mitte – dort, wo es am tiefsten ist.« Sofort ergriffen sie den Jäger und die Alte, trugen sie wie zwei wilde Wirbelwinde zum Ozean-Meer, dem breiten, und stellten sich in die Mitte – dort, wo es am tiefsten ist. Sie stehen wie zwei Säulen, auf den Händen halten sie den Jäger und die Alte. Da rief die Alte mit lauter Stimme – und es kamen zu ihr geschwommen alles Gewürm und alle Fische des Meeres. Es wimmelt nur so! Vom blauen Meer ist nichts mehr zu sehen! »Oh, ihr Würmer und Fische des Meeres, ihr schwimmt überall herum, kommt zu allen Inseln. Habt ihr nicht gehört, wie man kommen kann dahin – ich weiß nicht, wohin, wie man bringen kann das – ich weiß nicht, was?« Alle Würmer und Fische antworteten wie aus einem Munde: »Nein, davon haben wir nichts gehört!« Da plötzlich drängte sich ein alter, lahmer Frosch hervor, der schon so an die dreißig Jahre auf dem Altenteil lebte, und sagt: »Kwa-kwa, ich weiß, wo solch ein Wunder zu finden ist!« – »Nun, du Lieber, dich brauche ich gerade!« sagte die Alte, nahm den Frosch und befahl den Riesen, sie wieder nach Hause zu bringen. In einem Augenblick waren sie dort. Die Alte fing an, den Frosch auszufragen: »Wie und welchen Weg soll mein Schwiegersohn gehen?« Da antwortet der Frosch: »Diese Stelle befindet sich am Ende der Welt – sehr, sehr weit! Ich würde ihn ja gerne selbst dahin geleiten, aber ich bin doch etwas zu alt, kann kaum die Füße bewegen, ich springe da in fünfzig Jahren nicht hin.« Die Alte brachte eine große Schale und goß frische Milch hinein. Dann setzte sie den Frosch in die Schale und reicht sie dem Schwiegersohn. »Trag«, sagt sie, »diese Schale und laß dir vom Frosch den Weg zeigen!« Der Jäger nahm die Schale mit dem Frosch, verabschiedete sich von der Alten und ihren Töchtern und machte sich auf den Weg. Er geht, der Frosch aber zeigt ihm den Weg.

Ob nah, ob weit, ob lang, ob kurz – da kommt er an den Feuerfluß. Hinter jenem Fluß steht ein hoher Berg, und in ihm ist eine Tür. »Kwa-kwa!« sagt der Frosch, »laß mich aus der Schale. Wir müssen jetzt über den Fluß.« Der Jäger nahm den Frosch aus der Schale und setzte ihn auf die Erde. »Nun, mein guter Junge, setz dich auf mich, aber nicht zu vorsichtig, wirst mich schon nicht zerdrücken!« Der Jäger setzte sich auf den Frosch und drückte ihn an die Erde. Da fing der Frosch an, sich aufzublasen, blies und blies und wurde so groß wie ein Heuschober. Der Jäger hat nur einen Gedanken, wie er sich da oben halten soll, ohne herunterzufallen. »Fall ich da runter, dann schlag ich mich zu Tode!« Der Frosch war nun aufgeblasen, und wie er springt! Er sprang über den Feuerfluß hinüber und wurde wieder ganz klein. »Jetzt, mein lieber Junge, geh mal durch diese Tür, ich erwarte dich hier. Du kommst in eine Höhle, dort versteck dich! Nach einiger Zeit werden dort zwei Greise hereinkommen. Paß gut auf, was sie sprechen und tun werden. Nachher, wenn sie weggegangen sind, sprich und tu dasselbe!« Der Jäger trat an den Berg, öffnete die Tür – in der Höhle ist's so dunkel, als hätte man ihm die Augen ausgestochen –, kroch auf allen vieren und fing an, mit den Händen herumzutasten. Er fand einen leeren Schrank, setzte sich hinein und schloß ihn hinter sich. Nicht lange darauf kommen zwei Greise in die Höhle und sagen: »He, Schmat-Rasum, gib uns zu essen!« Im selben Augenblick – man weiß nicht, wie – wurden die Kronleuchter angezündet, Teller und Schüsseln klapperten, und es erschienen auf dem Tische die verschiedensten Weine und Speisen. Die Alten tranken und aßen und befehlen: »He, Schmat-Rasum, räum's ab.« Plötzlich war alles weg – kein Tisch, keine Weine, keine Speisen, die Kronleuchter verloschen. Der Jäger hört, daß die beiden Alten fortgegangen sind. Er kroch aus dem Schrank und rief: »He, Schmat-Rasum!« – »Was wünschst du?« – »Gib mir mal zu essen!« Wieder erschienen die brennenden Kronleuchter, ein gedeckter Tisch, und die verschiedensten Getränke und Speisen. Der Jäger setzte sich an den Tisch und sagt: »He, Schmat-Rasum, setz dich, du Lieber, auch an den Tisch; laß uns zusammen essen und trinken, denn allein ist es nur langweilig.« Da antwortet eine unsichtbare Stimme: »Ach, guter Mensch, woher hat dich Gott hierhergebracht? Es sind bald dreißig Jahre, daß ich den beiden Greisen treu und aufrichtig diene, und in dieser ganzen Zeit haben sie mich niemals zu Tische gebeten.« Der Jäger guckt und staunt: niemand ist zu sehen, von den Tellern aber wird's wie mit einem Besen abgefegt, und die Weinflaschen heben sich von selbst, gießen sich selbst in die Gläser – da – schon sind sie leer! Der Jäger aß und trank sich satt und sagt: »Hör mal, Schmat-Rasum, willst du mir dienen? Bei mir hat man ein gutes Leben.« – »Weshalb sollte ich nicht wollen? Mir ist das hier schon längst zuwider, du aber scheinst ein guter Mensch zu sein.« – »Nun, dann räum ab und gehen wir!«

Der Jäger geht zur Höhle hinaus, bleibt stehen und sieht sich um – niemand ist da ... »Schmat-Rasum, bist du da?« – »Bin schon da! Keine Angst, ich bleibe schon nicht zurück.« – »Gut!« sagte der Jäger und setzte sich auf den Frosch. Der Frosch blies sich auf und sprang über den Feuerfluß. Der Jäger setzte ihn in die Schale und machte sich auf den Rückweg. Er kam zur Schwiegermutter und ließ die Alte und ihre Töchter von seinem neuen Diener ordentlich bewirten. Schmat-Rasum machte das so fein, daß die Alte vor Freude beinah zu hüpfen und zu tanzen begann, dann aber befahl sie, dem Frosch für seinen treuen Dienst jeden Tag drei Schalen Milch zu geben. Der Jäger nahm Abschied und machte sich auf den Heimweg. Er ging und ging und wurde furchtbar müde; wund sind seine schnellen Füße, schlaff hängen die weißen Hände. »Ach«, sagt er, »Schmat-Rasum, wenn du wüßtest, wie müde ich bin, die Beine fallen mir fast ab!« – »Weshalb hast du denn das nicht schon längst gesagt? Ich hätte dich schnell nach Hause gebracht.« Sofort ergriff den Jäger ein wilder Wirbelwind und trug ihn so schnell durch die Luft, daß ihm die Mütze vom Kopfe flog. »He, Schmat-Rasum, halt an, meine Mütze!« – »Na, ein bißchen spät denkst du daran, Herr! Deine Mütze ist jetzt fünftausend Werst weit.« Und Städte und Dörfer und Flüsse und Wälder flimmern nur so vor den Augen ...

Der Jäger fliegt über das tiefe Meer, da hört er Schmat-Rasum sagen: »Möchtest du nicht vielleicht, daß ich dir hier auf diesem Meer eine goldene Laube baue? Du kannst dann ein wenig ausruhen und auch noch dein Glück machen.« – »Ah ja, gut, mach das!« sagte der Jäger und ließ sich sachte zum Meer hinunter. Wo einen Augenblick vorher sich nur Wogen erhoben, da erschien eine kleine Insel und auf der Insel eine goldene Laube. Sagt zum Jäger Schmat-Rasum: »Setz dich in die Laube, ruh aus und sieh mal aufs Meer. Da werden drei Handelsschiffe vorbeikommen und an der Insel anlegen. Lade die Kaufleute ein, bewirte sie und tausche mich gegen drei Wunderdinge, die die Kaufleute mit sich führen. Ich kehre dann schon wieder zu dir zurück!«

Da sieht der Jäger – von Westen her kommen drei Schiffe. Die Schiffer erblickten die Insel mit der goldenen Laube. »Was für ein Wunder!« sagen sie, »wie oft sind wir hier schon vorbeigekommen, aber außer Wasser war da nichts; jetzt aber, seht doch, eine goldene Laube! Laßt uns anlegen, uns das mal ansehen und uns an ihr freuen.« Gleich hielten sie an und warfen die Anker aus. Die drei Kaufleute, denen die Schiffe gehörten, bestiegen ein leichtes Boot und fuhren zur Insel.

»Guten Tag, guter Mensch!« – »Guten Tag, ihr fremdländischen Kaufleute, tut mir die Ehre, erholt euch, feiert und vergnügt euch. Diese Laube ist für meine Gäste erbaut.« Die Kaufleute traten in die Laube und setzten sich auf die Bank. »He, Schmat-Rasum!« rief der Jäger, »gib uns mal was zu essen und zu trinken!« Da erschien ein Tisch, auf dem Tisch Weine und Speisen; was die Seele nur begehrt, das ist sofort zur Stelle. Die Kaufleute staunen: »Ach, laß uns tauschen! Gib du uns deinen Diener, und nimm von uns dafür ein Wunderding, das du willst.« – »Was habt ihr denn für Wunderdinge?« – »Schau, hier sind sie!« Der eine Kaufmann holt aus der Tasche ein kleines Kästchen. Kaum öffnet er es – erblüht über die ganze Insel ein wunderbarer Garten mit Blumen und kleinen Wegen. Kaum schließt er das Kästchen – weg ist der Garten. Der zweite Kaufmann holte unter seinem Rockschoß ein Beil hervor und fing an zu hauen: – jap und ljap – ein Schiff! – jap und ljap – noch ein Schiff! Hundertmal schlug er – hundert Schiffe standen da, mit Segeln, mit Kanonen und mit Matrosen. Die Schiffe fahren, die Kanonen donnern, Befehle werden vom Kaufmann eingeholt ... Dann tat er das Beil wieder weg – und weg waren alle Schiffe, wie nie gewesen! Der dritte Kaufmann holte ein Horn hervor, blies ins eine Ende hinein – sofort erschien ein Heer: Infanterie, Kavallerie, mit Flinten, mit Kanonen, mit Fahnen. Von allen Regimentern wird dem Kaufmann Rapport erstattet, er aber erläßt Befehle. Truppen marschieren, Musik spielt, Fahnen flattern ... Da drehte der Kaufmann das Horn um und blies vom andern Ende hinein – und alles war weg, verschwunden die ganze Heeresmacht!

»Eure Wunderdinge sind schon gut, ich kann sie aber nicht gebrauchen!« sagte der Jäger. »Truppen und Schiffe sind Sachen des Zaren, und ich bin nur ein einfacher Soldat. Wenn ihr aber durchaus tauschen wollt, dann gebt mir für meinen unsichtbaren Diener eure drei Wunderdinge.« – »Bißchen reichlich, was?« – »Nun, wie ihr wollt. Ich tausche nicht anders!« Die Kaufleute überlegten hin und her: »Wozu brauchen wir diesen Garten, diese Regimenter und Kriegsschiffe? Laßt uns lieber tauschen, dann können wir wenigstens sorglos sein und satt und immer betrunken.« Sie gaben ihre drei Wunderdinge dem Jäger und sprechen: »He, Schmat-Rasum, wir nehmen dich mit! Wirst du uns treu und ehrlich dienen?« – »Weshalb soll man nicht dienen? Mir ist's egal, bei wem ich wohne.«

Die Kaufleute kehrten auf ihre Schiffe zurück und fingen an, ihre Mannschaften zu bewirten: »Nu mal los, Schmat-Rasum, arbeite, mach schnell!« Da betranken sich alle und fielen in einen tiefen Schlaf. Der Jäger aber sitzt in seiner goldenen Laube, ist ganz nachdenklich geworden und sagt: »Ach, ist's nicht schade? Wo mag wohl jetzt mein treuer Diener Schmat-Rasum sein?« – »Ich bin hier, Herr!« Da freute sich der Jäger und sagte: »Ist's jetzt nicht bald Zeit, nach Hause zurückzukehren?« Kaum hatte er das gesagt, da ergriff ihn ein wilder Wirbelwind und trug ihn durch die Luft. – Die Kaufleute erwachten und wollten eins gegen den Katzenjammer trinken: »He, Schmat-Rasum, gib mal was auf den Katzenjammer zu trinken!« Aber nichts geschieht, und niemand bedient sie. Soviel sie auch riefen, soviel sie auch befahlen – für keinen Groschen Sinn war in die Sache zu bringen! – »Nun, meine Herren, gründlich hat uns dieser Schuft betrogen. Jetzt wird ihn selbst der Teufel nicht mehr finden! Die Insel ist weg, und die goldene Laube ist fort.« Es trauerten, es jammerten die Kaufleute, setzten die Segel und fuhren, wohin sie fahren mußten.

Schnell kam der Jäger in seine Heimat geflogen, ließ sich am blauen Meere nieder, an einer öden Stelle. »He, Schmat-Rasum, könnte man hier nicht ein Schloß bauen?« – »Weshalb nicht? Wird gleich fertig sein!« Sofort stand das Schloß da, und so prächtig, mit Worten nicht zu sagen! Zweimal so schön wie das königliche. Der Jäger öffnete den kleinen Kasten, und um das Schloß erblühte ein Garten mit seltenen Bäumen und Blumen. Da sitzt nun der Jäger am offenen Fenster und freut sich an seinem Garten – plötzlich fliegt eine Turteltaube ins Fenster, läßt sich zu Boden fallen und wird zu seiner jungen Frau. Sie umarmten sich, begrüßten sich, fragten und erzählten. Sagt zum Schützen die Frau: »Seit der Zeit, als du von Hause gingst, flog ich immerzu durch Wälder und Haine als arme, verwaiste Turteltaube.«

Am nächsten Tage früh am Morgen trat der König auf seinen Balkon, blickte aufs blaue Meer und sieht – ganz dicht am Ufer steht ein neues Schloß und um das Schloß ein grünender und blühender Garten. »Welch einem Unverschämten ist's da plötzlich eingefallen, ohne meine Erlaubnis auf meinem Boden zu bauen?« Es liefen die Läufer und Boten, erfragten, erfuhren und melden: das Schloß dort hat der Jäger errichtet und wohnt darin mit seiner Frau. Schlimmer denn je geriet der König in Zorn, befahl, das Heer zu versammeln und ans Gestade zu ziehen, den Garten dem Boden gleichzumachen, in kleinste Stücke das Schloß zu zerschlagen, den Jäger selbst aber und seine Frau eines grausamen Todes sterben zu lassen. Der Jäger sieht, daß eine starke königliche Armee heranzieht. Schnell ergriff er das Beil, und tjap und ljap – ein Schiff! Hundertmal schlug er – hundert Schiffe stehen da. Dann zog er das Horn hervor, blies einmal – da zieht auch schon die Infanterie auf, blies ein zweites Mal – Reiterei sprengt daher. Es kommen zu ihm die Regimentskommandanten und die Schiffskapitäne, erwarten seine Befehle. Der Jäger befahl, die Schlacht zu beginnen. Sofort spielte die Musik, die Trommeln rasseln, die Regimenter marschieren. Es wanken vor dem Fußvolk die königlichen Soldaten, die Reiterei jagt nach und fängt die Fliehenden, von den Schiffen aber feuert man Kanonenkugeln in die Hauptstadt des Königs. Der König sieht, daß seine Armee nicht standhält, er eilte herbei, selbst das Heer aufzuhalten – ja, was! Keine halbe Stunde war vergangen, da hatte man auch ihn getötet. Als die Schlacht geschlagen war, versammelte sich das Volk und begann, den Jäger zu bitten, er möge das Reich in seine Hand nehmen. Er willigte ein und wurde König, und seine Frau wurde Königin.

Die kluge Ehefrau

In einem Zarenreich, in einem Königreich, lebte in einem kleinen Dorf ein Alter mit seiner Alten. Sie hatten drei Söhne: zwei kluge, der dritte aber dumm. Als für den Alten die Zeit zu sterben kam, da fing er an, sein Geld zu teilen. Dem Ältesten gab er hundert Rubel und dem zweiten auch hundert Rubel, dem Dummen aber wollte er nichts geben, denn das wäre ja doch verloren! »Nein, Vater«, sagt der Dumme, »die Kinder sind gleich, ob klug, ob dumm; gib auch mir mein Teil!« Da gab der Alte auch ihm hundert Rubel.
Der Vater starb und wurde beerdigt. Bald darauf machten sich die klugen Brüder auf, um Ochsen auf dem Markt zu kaufen. Auch der Dumme ging dorthin. Die Klugen kauften Ochsen, der Dumme aber brachte eine Katze und einen Hund nach Hause. Nach einigen Tagen spannten die älteren Brüder ihre Ochsen an und wollten losfahren. Als der jüngste Bruder das sah, fing auch er an, sich fertigzumachen. »Wohin, du Dummer? Die Leute sollen wohl was zum Lachen haben?« – »Ich weiß, was ich weiß! Die Klugen haben ihren Weg, und den Dummen ist er auch nicht verboten.«
So nahm denn der Dumme den Hund und die Katze, wälzte sich einen Sack auf den Rücken und ging fort. Er ging und ging und kam an einen breiten Fluß, hatte aber nichts, um die Fähre zu be-

zahlen. Da überlegte der Dumme nicht lange, sammelte Reisig, machte sich daraus am Ufer eine Hütte und fing an, in ihr zu leben. Da begann der Hund von überall etwas herbeizuholen, Brotrinden und anderes, und damit versorgte er sich selbst, den Herrn und die Katze. Eines Tages fuhr auf dem Fluß ein Schiff mit verschiedenen Waren vorüber. Der Dumme sah es und ruft: »He, Herr Schiffer, du gehst auf Handel aus, nimm auch meine Ware, den Gewinn zur Hälfte!« Und damit warf er seine Katze auf das Schiff. »Was sollen wir mit diesem Tier?« lachten die Matrosen. »Wir wollen es ins Wasser werfen!« – »Ach, ihr!« spricht der Schiffer, »rührt die Katze nicht an, sie soll bei uns Mäuse und Ratten fangen.« – »Na ja, das hat Sinn!«

Über lang, über kurz – legte das Schiff in einem fremden Lande an, in dem noch nie jemand eine Katze gesehen hatte und wo es so viele Ratten und Mäuse gab wie Gras auf der Wiese. Der Schiffer breitete seine Waren aus und begann zu handeln. Es fand sich auch ein Kaufmann, der sie alle kaufte und dann den Schiffer zu sich einlud. »Wir müssen auf den Gewinn trinken. Komm mit!« sagt er, »du wirst mein Gast sein!« So führte er den Gast in sein Haus, machte ihn ganz betrunken und befahl seinen Ladendienern, ihn in eine Scheune zu sperren. »Mögen ihn die Ratten fressen, dann können wir seinen ganzen Reichtum umsonst haben!« Man schleppte den Schiffer in eine dunkle Scheune und warf ihn dort auf den Boden. Ihm folgte aber immer die Katze, so sehr hatte sie sich an ihn gewöhnt – keinen Schritt wich sie von seiner Seite. Sie war also auch in dieser Scheune und fing nun an, die Ratten umzubringen. So viele brachte sie um, daß es ein ganzer Haufen war! Am Morgen kommt der Kaufmann und sieht, daß der Schiffer heil und ganz ist, die Katze aber gerade die letzten Ratten umbringt. »Verkauf mir«, sagt er, »dein Tier!« – »Bitte!« Sie handelten hin und her – und schließlich kaufte der Kaufmann die Katze für sechs Fäßchen Gold.

Der Schiffer kehrte in sein Land zurück, sah den Dummen und gab ihm drei Fäßchen Gold. »Was für eine Menge Gold! Wohin soll ich damit?« dachte der Dumme und ging durch Städte und Dörfer, um die Armen zu beschenken. Zwei Fäßchen verteilte er so, für das dritte aber kaufte er Weihrauch, häufte ihn im freien Felde auf und zündete ihn an. Wohlgerüche stiegen empor und drangen bis zu Gott in den Himmel. Plötzlich erscheint ein Engel: »Der Herrgott läßt fragen, was du dir wünschst?« – »Das weiß ich nicht«, antwortet der Dumme. »Na, dann geh in diese Richtung. Dort pflügen drei Bauern, frage sie – sie werden es dir sagen.« Der Dumme nahm seinen Knüppel und ging zu den Pflügern. So kommt er zum ersten: »Guten Tag, Alter!« – »Guten Tag, guter Mensch!« – »Lehre mich, was ich mir vom Herrgott wünschen soll.« – »Wie soll ich wissen, was du brauchst!« Der Dumme überlegte nicht lange, haute den Alten mit seinem Knüppel gerade über den Kopf und erschlug ihn. Dann ging er zum zweiten und fragt wieder: »Sage, Alter, was könnte ich mir am besten vom Herrgott wünschen?« – »Woher soll ich das wissen!« Der Dumme schlug ihn mit dem Knüppel, so daß er sofort tot umfiel. Dann kommt er zum dritten Pflüger und fragt ihn: »Sag es mir, Alter!« Der Alte antwortet: »Wenn man dir Reichtum gibt, wirst du vielleicht Gott vergessen; wünsche dir lieber eine kluge Frau!«

So kehrte der Dumme zum Engel zurück. »Nun, was hat man dir gesagt?« – »Gesagt hat man: wünsch dir keinen Reichtum, wünsch dir eine kluge Frau!« – »Gut!« sagt der Engel. »Geh zu dem und dem Fluß, setz dich auf die Brücke und sieh ins Wasser. Da wird allerhand an Fischen vorbeischwimmen – große und kleine; unter ihnen wird aber auch ein kleines Rotauge sein mit einem goldenen Ring – das fange und wirf es hinter dich auf die feuchte Erde.« – Das alles tat der Dumme. Er kam an den Fluß, setzte sich auf die Brücke, guckt ins Wasser – da schwammen viele Fische vorüber, große und kleine, und da kam auch das kleine Rotauge mit einem goldenen Ring. Er ergriff den Fisch und warf ihn hinter sich auf die feuchte Erde – da verwandelte sich das Fischchen in ein schönes Mädchen: »Guten Tag, lieber Freund!« Sie faßten einander an den Händen und gingen weiter.

So gingen und gingen sie, die Sonne begann schon zu sinken – da blieben sie stehen und übernachteten im freien Felde. Der Dumme schlief fest ein, das schöne Mädchen aber rief mit heller Stimme – sofort erschienen zwölf Arbeiter. »Baut mir einen kostbaren Palast mit einem goldenen Dach!« In einem Augenblick stand der Palast da, mit Spiegeln und Bildern. Sie hatten sich im freien Felde schlafen gelegt, nun erwachten sie in wunderbaren Gemächern. Diesen Palast mit dem goldenen Dach sah der Zar, wunderte sich, rief den Dummen zu sich und spricht: »Gestern noch war hier ein leerer Platz, und heute steht da ein Palast! Du bist wohl ein Zauberer!« – »Nein, Eure Majestät, alles geschah auf Gottes Befehl.« – »Na, wenn du es verstanden hast, in einer Nacht einen Palast hinzustellen, dann bau mir zu morgen von deinem Palast zu meinem Palast eine Brücke – einen Balken aus Silber, den nächsten aus Gold. Wenn du das nicht fertigbringst, mein Schwert ich heben werde, dein Kopf dann rollt zur Erde!«

Da ging der Dumme davon und weinte. An der Tür empfängt ihn seine Frau. »Worüber weinst du?« – »Wie soll ich nicht weinen? Der Zar-Herrscher hat mir befohlen, eine Brücke zu bauen – einen Balken aus Gold, den andern aus Silber; und wenn sie bis morgen nicht fertig ist, dann will er mir den Kopf abschlagen.« – »Mach dir keine Sorgen, mein Liebster, leg dich schlafen. Der Morgen ist weiser als der Abend.« Der Dumme legte sich hin und schlief ein. Am Morgen steht er auf – da ist alles schon fertig: eine Brücke, an der man sich ein Jahr lang nicht satt sehen kann! Der König ließ den Dummen zu sich kommen. »Gut ist deine Arbeit! Jetzt mache mir in einer einzigen Nacht, daß an beiden Seiten der Brücke Apfelbäume wachsen, an jenen Apfelbäumen sollen reife Äpfel hängen, auf ihnen sollen Paradiesvögel singen und Meerkaterchen miauen; und wenn du es nicht schaffst, mein Schwert ich heben werde, dein Kopf dann rollt zur Erde!«

Da ging der Dumme fort und weinte. An der Tür empfängt ihn seine Frau: »Worüber weinst du denn, mein Liebster?« – »Wie soll ich nicht weinen? Der König hat befohlen, daß morgen zu beiden Seiten der Brücke Apfelbäume wachsen sollen, an jenen Bäumen sollen reife Äpfel hängen, in ihnen sollen Paradiesvögel singen und Meerkaterchen miauen; und wenn das nicht gemacht wird – dann will er mir den Kopf abschlagen.« – »Mach dir keine Sorgen, leg dich nur schlafen! Der Morgen ist weiser als der Abend.« Am Morgen steht der Dumme auf – und alles ist schon fertig. Die Äpfel auf den Bäumen reifen, die Vögel singen, die Katerchen miauen. Da pflückte er Äpfel und trug sie in einer Schale zum Herrscher. Der König aß einen und noch einen Apfel und spricht: »Man muß sie loben; solch eine Süße habe ich noch niemals gekostet! Nun aber, mein Lieber, da du so geschickt bist, geh in jene Welt zu meinem verstorbenen Vater und frage ihn, wo er sein Geld versteckt hat. Wenn du es aber nicht schaffst, dorthin zu gelangen, dann denk an mein Wort: mein Schwert ich heben werde, dein Kopf dann rollt zur Erde!«

Wieder geht der Dumme fort und weint. »Worüber, Liebster, vergießt du Tränen?« fragt ihn seine Frau. – »Wie soll ich nicht weinen! Der Herrscher schickt mich in jene Welt – da soll ich seinen verstorbenen Vater fragen, wo er sein Geld versteckt hat.« – »Das ist doch noch kein Unglück! Geh zum König und bitte dir als Reisebegleiter die klugen Staatsräte aus, die ihm so böse Ratschläge geben.« Der König gab ihm zwei Bojaren als Reisebegleiter mit. Seine Frau aber verschaffte sich ein Knäuel: »Da hast du!« sagt sie, »wohin das Knäuel rollt – da geh munter hinterher.« Da rollte und rollte das Knäuel – und gradewegs ins Meer. Das Meer aber teilte sich, der Weg öffnete sich. Der Dumme machte einen Schritt und noch einen und war mit seinen Begleitern in jener Welt. Und da sieht er, daß die Teufel mit dem verstorbenen königlichen Vater Holz zur Hölle fahren und ihn mit eisernen Ruten antreiben. »Halt!« rief der Dumme. Die Teufel hoben ihre gehörnten Köpfe und fragen: »Was willst denn du?« – »Ich muß mal zwei Worte mit diesem Verstorbenen da reden, mit dem ihr Holz fahrt.« – »Das könnte dir so passen! Ausgerechnet jetzt hast du zu reden! Da kann ja das Feuer in der Hölle ausgehen.« – »Dort kommt ihr immer noch zeitig genug hin! Nehmt doch statt des königlichen Verstorbenen diese zwei Bojaren, die werden viel flinker arbeiten.« Mit schneller Hand spannten die Teufel den alten König aus und die beiden Bojaren ein und fuhren das Holz in die Hölle.

Da sagt der Dumme zum königlichen Vater: »Dein Sohn und unser Herrscher hat mich zu dir geschickt, ich soll fragen, wo die frühere Staatskasse versteckt ist?« – »Die Kasse liegt in tiefen Kellern, hinter steinernen Wänden, aber das ist nicht das Wichtige. Sage meinem Sohn, wenn er das Königreich so ungerecht wie ich regieren wird, dann geschieht mit ihm dasselbe wie mit mir! Du siehst es ja selbst, wie mich die Teufel quälen! Bis auf die Knochen haben sie mir den Rücken und die Seiten zerschlagen. Nimm diesen Ring und gib ihn meinem Sohn als Beweis ...« Kaum hatte der alte König diese Worte gesprochen, da kamen die Teufel schon wieder zurückgefahren: »Hü, hü! Ach, was ist das für ein gutes Paar! Laß uns noch einmal mit ihnen fahren!« Die Bojaren aber rufen dem Dummen zu: »Erbarme dich, verlaß uns nicht! Nimm uns wieder mit, solange noch Leben in uns ist!« Die Teufel spannten die Bojaren aus, und sie kehrten mit dem Dummen auf die weiße Welt zurück.

Sie kamen zum König. Er sah die Bojaren und war entsetzt: die Gesichter eingesunken, die Augen hervorstehend, im Rücken und in den Seiten stecken eiserne Ruten. »Was ist mit euch geschehen?« fragt der König. Der Dumme antwortet: »Wir waren in jener Welt. Da sah ich, daß die Teufel mit Ihrem verstorbenen Vater Holz fahren. Ich hielt sie an und gab ihnen die beiden Bojaren dagegen. Solange ich dann mit Ihrem Vater sprach, fuhren die Teufel das Holz mit denen da.« – »Was hat denn der Vater gesagt?« – »Er läßt sagen: Wenn Eure Majestät das Königreich ebenso ungerecht regieren werden, wie er es getan hat, dann würde es Ihnen in jener Welt auch so gehen. Da schickt er auch noch einen Ring, zum Beweis.« – »Was redest du da, darum geht es ja nicht! Wo die Staatskasse liegt, will ich wissen!« – »Ja, die liegt in tiefen Kellern, hinter steinernen Mauern versteckt.«

Sofort wurde eine ganze Kompanie Soldaten herbeigerufen, und die mußte die steinernen Mauern aufbrechen. Das taten sie, und es standen hinter jenen Mauern Fässer mit Silber und Gold – eine unzählbare Summe. »Dank dir, mein Lieber, für den Dienst!« spricht der König zum Dummen, »aber sei mir nicht böse: Hast du es verstanden, in jene Welt zu kommen, dann versteh es auch, mir die selbsttönende Harfe herbeizuschaffen; tust du es nicht, mein Schwert ich heben werde, dein Kopf dann rollt zur Erde!« Der Dumme ging fort und weinte bitterlich. »Worüber weinst du denn, mein Herzensmann?« fragt ihn die Frau. »Wie soll ich nicht weinen? Ich kann es ja doch nicht und werde meinen Kopf verlieren! Denn der König schickt mich nach der selbsttönenden Harfe.« – »Wenn's weiter nichts ist, mein Bruder kann sie uns machen.« Sie gab ihm ein Knäuel und ein Handtuch eigener Arbeit, hieß ihn, dieselben beiden Bojaren wie vorher, die königlichen Ratgeber, mitnehmen und sagt: »Jetzt gehst du für sehr lange Zeit von mir fort. Wenn der König sich nur nicht durch meine Schönheit verlocken läßt und etwas Böses tut! Geh mal in den Garten und schneide dir drei Zweige ab!« Der Dumme schnitt sich im Garten drei Zweige. »Nun, jetzt schlage mit diesen Zweigen den Palast und mich selbst dreimal, und dann geh mit Gott!« Der Dumme tat es – da wurde seine Frau zu einem Stein, der Palast aber zu einem Berge. Er holte sich vom König dieselben beiden Bojaren und machte sich auf den Weg. Wohin das Knäuel rollt, dahin geht auch er.

Ob es lange währte oder kurz, ob es nah war oder weit – das Knäuel kam in einen dunklen Wald gerollt, gerade vor eine Hütte. Der Dumme kommt in die Hütte, dort aber sitzt eine alte Frau. »Guten Tag, Großmutter!« – »Guten Tag, guter Mensch, wohin führt dich Gott?« – »Ich suche, Großmutter, einen Meister, der mir eine selbsttönende Harfe machen kann. Die Harfe soll von alleine spielen, und sobald sie ertönt, muß jeder, ob er will oder nicht, tanzen.« – »Ach, solche Harfen baut ja mein Sohn! Wart ein wenig, er muß gleich nach Hause kommen.« Bald darauf kam der Sohn der Alten heim. »Herr Meister!« bittet ihn der Dumme, »mach mir eine selbsttönende Harfe!« – »Ich habe eine fertige da, ich will sie dir gern schenken, nur unter einer Bedingung: während ich die Harfe stimme, darf niemand schlafen! Wer aber einschläft und auf meinen Anruf nicht aufsteht, der verliert seinen Kopf!« – »Gut, Herr Meister!«

Da ging der Meister ans Stimmen der selbsttönenden Harfe. Einer

der beiden Bojaren war so versunken in die Klänge, daß er fest ein-
schlief. »Du schläfst?« ruft ihn der Meister an. Der aber steht nicht
auf, antwortet nicht, und so rollte denn sein Kopf auf den Fußboden. Nach zwei, drei Minuten schlief auch der andere Bojar ein;
auch sein Kopf flog von den Schultern. Noch eine Minute – da
kommt der Schlaf auch über den Dummen. »Du schläfst?« ruft
ihn der Meister an. »Nein, ich schlafe nicht! Der Staub der Land-
straße verklebt nur noch die Augen. Hast du nicht etwas Wasser?
Will mir mal die Augen waschen.« Die Alte brachte Wasser. Der
Dumme wusch sich das Gesicht, holte sein ausgenähtes Handtuch hervor und begann, sich abzutrocknen. Die Alte sah das Handtuch, erkannte die Arbeit ihrer Tochter und sagt: »Ach, lieber Schwiegersohn, ich hatte dich nicht erkannt! Wie geht es meiner Tochter?«
Jetzt begann das Umarmen und Küssen.
Drei Tage feierten sie, tranken und aßen und ließen sich's wohl
sein, dann aber kam die Zeit, Abschied zu nehmen. Zum Abschied
schenkte der Meister seinem Schwager die selbsttönende Harfe. Der
Dumme nahm sie unter den Arm und machte sich auf den Heimweg. Er ging und ging, kam aus dem dunklen Walde auf die große
Straße und ließ die selbsttönende Harfe spielen. Er hätte gern sein
Leben lang zugehört, so schön klang die Harfe! ... Da begegnet er
einem Räuber. »Gib mir«, sagt er, »die selbsttönende Harfe, ich
will dir dafür einen Knüppel geben.« – »Wozu dient denn dein
Knüppel?« – »Ja, das ist kein einfacher Knüppel. Du brauchst ihm
bloß zu sagen: He, Knüppel, hau-drisch! – Und wenn es eine ganze
Armee ist, auch die legt er auf der Stelle um.« Der Dumme tauschte,
nahm den Knüppel und befahl ihm, den Räuber totzuschlagen.
Der Knüppel flog auf den Räuber los, schlug ihn ein paarmal und
erschlug ihn. Der Dumme nahm die selbsttönende Harfe und den
Knüppel und ging weiter. So kommt er zurück in die Heimat.
»Was soll ich«, denkt er, »zum König gehen – das hat noch Zeit! Lieber gehe ich zuerst zu meiner Frau.« Er schlug mit den drei Zweigen auf den steinernen Berg – eins, zwei, drei, und gleich stand
der wunderbare Palast wieder da. Dann schlug er auf den Stein –
da stand seine Frau vor ihm. Sie umarmten sich, begrüßten sich

und sprachen zwei, drei Worte. Dann nahm der Dumme die Harfe, vergaß auch den Knüppel nicht und ging zum König. Als der ihn sah: »Ach«, denkt er, »dem ist nicht beizukommen – der kann alles!« Da fuhr er den Dummen an und schrie: »Ach du, dieser und jener! Statt zuerst vor meinen königlichen Augen zu erscheinen, gehst du zu deiner Frau und umarmst sie!« – »Soll nicht wieder vorkommen, Eure Majestät!« – »Aus einer Entschuldigung kann man sich keinen Pelz nähen! Diesmal werde ich dir auf keinen Fall verzeihen … Gebt mir mal mein Schwert!« Der Dumme sieht, daß die Lage ernst wird, da rief er: »He, Knüppel, hau-drisch!« Der Knüppel fuhr auf den König nieder, schlug einmal und noch einmal zu und erschlug den bösen König. Der Dumme aber wurde König und regierte sein Land lange und gnädig.

Der Meeres-Zar und Wassilissa
die Wunderweise

Es lebten einmal ein Zar und eine Zarin. Der Zar liebte es, auf die Jagd zu gehen und Wild zu schießen. So ging er wieder einmal auf die Jagd und sah auf einer Eiche einen jungen Adler sitzen; gerade wollte er ihn herunterschießen, da bat der Adler: »Schieß mich nicht tot, Zar und Herrscher, nimm mich lieber zu dir, du wirst mich eines Tages noch brauchen.« Der Zar dachte lange nach und sagte: »Wozu sollte ich dich brauchen können?« – und wollte wieder auf ihn schießen. Da sagte der Adler wiederum: »Schieß mich nicht tot, Zar und Herrscher, nimm mich lieber zu dir, du wirst mich eines Tages noch brauchen.« Der Zar dachte lange nach und konnte sich nicht vorstellen, wozu er den Adler brauchen könnte, zielte auf ihn und wollte ihn totschießen. Da beschwor ihn der Adler zum drittenmal: »Schieß mich nicht tot, Zar und Herrscher, nimm mich lieber zu dir und füttere mich drei Jahre; du wirst mich eines Tages noch brauchen.«

Der Zar hatte Erbarmen, nahm den Adler zu sich und fütterte ihn ein Jahr und ein zweites. Der Adler fraß so viel, daß er schließlich die ganze Viehherde des Zaren verschlang. Dem Zaren blieb kein Schaf und keine Kuh mehr. Da sagte der Adler zu ihm: »Laß mich jetzt frei!« Der Zar ließ ihn frei. Da versuchte der Adler seine Flügel – nein, er konnte noch nicht fliegen! Und er bat: »Nun, Zar und Herrscher, hast du mich zwei Jahre gefüttert; ob du willst oder nicht, du mußt mich noch ein Jahr füttern. Leih dir von andern, was du dazu brauchst, aber füttere mich! Du wirst es nicht bereuen.« Das tat der Zar. Überall lieh er Vieh aus und fütterte den Adler ein ganzes Jahr, dann ließ er ihn frei, ganz frei. Der Adler hob sich hoch, hoch in die Luft, flog und flog, ließ sich dann zur Erde nieder und sagte: »Nun, Zar und Herrscher, setz dich jetzt auf meinen Rükken, laß uns zusammen fliegen.«

Der Zar setzte sich auf den Vogel. Und sie flogen. Weder nach kurzer noch nach langer Zeit kamen sie an den Rand des blauen Meeres. Hier warf der Adler den Zaren ab, und der fiel ins Meer – wurde bis zu den Knien naß; doch ließ ihn der Adler nicht ertrinken, er nahm ihn wieder auf und fragte: »Nun, Zar und Herrscher, hat dich das erschreckt?« – »O ja«, sagte der Zar, »ich dachte schon, nun müßte ich ertrinken!« Wieder flogen und flogen sie und kamen zu einem anderen Meer. Der Adler warf den Zaren mitten über dem Meer ab, so daß er bis zum Gürtel naß wurde. Der Adler fing ihn mit dem Flügel wieder auf und fragte: »Na, Zar und Herrscher, hat dich das erschreckt?« – »O ja«, sagte der, »aber ich dachte mir, vielleicht gibt Gott, daß du mich wieder herausholst.« Wieder flogen sie lange und kamen zum dritten Meer. Der Adler warf den Zaren dort ab, wo das Meer sehr tief war, so daß er bis zum Halse naß wurde. Und zum drittenmal fing der Adler ihn mit dem Flügel auf und fragte: »Na, Zar und Herrscher, hat dich das erschreckt?« – »O ja«, sagte der Zar, »aber ich dachte mir, vielleicht holst du mich wieder heraus.« – »Nun, Zar und Herrscher, jetzt hast du gemerkt, was Todesangst ist. Das war die Vergeltung für das Gewesene: erinnerst du dich, wie ich auf der Eiche saß, und du wolltest mich totschießen? Dreimal legtest du an, um zu schießen, und ich bat dich jedesmal und dachte: Vielleicht bringst du mich nicht um, vielleicht erbarmst du dich – und nimmst mich zu dir!« –

Danach flogen sie über dreimal neun Länder; lange, lange flogen sie. Da sagte der Adler: »Sieh mal, Zar und Herrscher, was über uns und was unter uns ist.«

Der Zar blickte um sich: »Über uns ist«, sagte er, »der Himmel, unter uns ist die Erde.« – »Sieh doch auch, was zur rechten Seite und was zur linken Seite ist.« – »Rechts liegt ein ebenes Feld, links steht ein Haus.« – »Wir wollen dorthin fliegen«, sagte der Adler, »dort wohnt meine jüngste Schwester.« Sie ließen sich auf den Hof hinunter. Die Schwester trat ihnen entgegen, begrüßte ihren Bruder, führte ihn an den eichenen Tisch, doch den Zaren sah sie nicht einmal an, ließ ihn auf dem Hof stehen, machte die Windhunde los und hetzte sie auf ihn. Da wurde der Adler sehr böse; er sprang vom Tisch auf, ergriff den Zaren und flog mit ihm weiter. So flogen sie und flogen. Da sprach der Adler zum Zaren: »Sieh dich um, was siehst du hinter uns?« Der Zar sah sich um, blickte genauer hin: »Hinter uns ist ein rotes Haus.« Und der Adler zu ihm: »Dort brennt das Haus meiner jüngsten Schwester – weil sie dich nicht höflich empfangen hat, sondern ihre Windhunde auf dich gehetzt hat.«

So flogen sie weiter, da fragte der Adler: »Sieh mal, Zar und Herrscher, was über uns und was unter uns ist!« – »Über uns ist der Himmel, unter uns ist die Erde.« – »Sieh doch mal, was zur rechten und was zur linken Seite ist?« – »Rechts liegt ein ebenes Feld, links steht ein Haus.« – »Dort wohnt meine mittlere Schwester; laß uns zu ihr fliegen und sie besuchen!« Sie ließen sich herab auf einen breiten Hof; die mittlere Schwester begrüßte ihren Bruder, setzte ihn an den eichenen Tisch, aber der Zar blieb auf dem Hof stehen; sie ließ die Windhunde los und hetzte sie auf ihn. Der Adler wurde zornig, sprang vom Tische auf, ergriff den Zaren und flog mit ihm weiter. So flogen sie und flogen. Da sprach der Adler: »Zar und Herrscher, sieh dich um, was siehst du hinter uns?« Der Zar sah sich um: »Hinter uns ist ein rotes Haus.« – »Das ist das Haus meiner mittleren Schwester, und es brennt!« sagte der Adler. »Jetzt wollen wir dorthin fliegen, wo meine Mutter und meine älteste

Schwester wohnen.« So flogen sie dorthin. Wie freuten sich Mutter und Schwester über ihre Ankunft! Sie empfingen den Zaren mit allen Ehren und größter Freundlichkeit.

»Nun, Zar und Herrscher«, sagte der Adler, »ruh dich bei uns aus, dann werde ich dir ein Schiff geben, wir rechnen ab, was ich bei dir verzehrt habe, und dann kehr mit Gottes Hilfe nach Hause zurück.« Er gab dem Zaren ein Schiff und zwei kleine Kästen: einen roten und einen grünen, und sprach dazu: »Paß auf, öffne die Kästchen nicht früher, als bis du zu Hause bist; das rote Kästchen öffne auf dem hinteren, das grüne auf dem vorderen Hofe.«
Der Zar nahm die Kästchen, verabschiedete sich vom Adler und fuhr über das blaue Meer. Er kam an eine Insel, dort hielt sein Schiff an. Er stieg ans Ufer. Da fielen ihm die Kästchen ein, und er überlegte sich, was wohl in ihnen sein könne, und warum wohl der Adler verboten habe, sie zu öffnen. So überlegte er hin und her, hielt es schließlich nicht mehr aus, nahm das rote Kästchen, stellte es auf den Boden und öffnete es. Da stiegen aus ihm Kühe und Rinder heraus, so viel Vieh, daß man es nicht überblicken konnte. Kaum daß sie auf der Insel Platz fanden! Wie das der Zar sah, wurde er sehr traurig, fing an zu weinen und sprach: »Was soll ich jetzt tun? Wie soll ich die ganze Herde wieder in solch ein kleines Kästchen sammeln?« Da sah er, daß aus dem Wasser ein Mann herauskam, der trat zu ihm hin und fragte: »Warum, Zar und Herrscher, weinst du so bitterlich?« – »Wie soll ich denn nicht weinen«, antwortete der Zar, »wie werde ich nur diese ganze Herde wieder in solch ein kleines Kästchen sammeln?« – »Ich will dir helfen, die ganze Herde zusammenzutreiben, aber nur unter einer Bedingung: Du mußt mir geben, was du daheim nicht kennst.« Der Zar dachte lange nach: »Was sollte ich daheim nicht kennen? Mir scheint, ich kenne alles.« Nachdem er so eine Weile überlegt hatte, willigte er ein: »Gut, treibe sie zusammen«, sagte er, »und ich gebe dir, was ich daheim nicht kenne.« Da trieb der Mann das ganze Vieh ins Kästchen. Der Zar bestieg sein Schiff und fuhr davon.
Als er nun zu Hause ankam, erfuhr er, daß ihm ein Sohn geboren war. Er fing an, ihn zu küssen, zu streicheln – dabei weinte er aber

immerfort, und die Tränen hörten nicht auf zu fließen. »Zar und Herrscher«, fragte die Zarin, »sag, warum weinst du so bittere Tränen?« – »Vor Freude«, sagte er, denn er fürchtete sich, ihr die Wahrheit zu sagen, daß er den Zarensohn weggeben müsse. Später ging er auf den hinteren Hof, öffnete das rote Kästchen – und es stiegen aus ihm Ochsen und Kühe, Schafe und Hammel heraus, es sammelte sich so viel Vieh, daß alle Ställe und Pferche sich füllten. Dann ging er auf den vorderen Hof, öffnete das grüne Kästchen – und es erstand vor ihm ein großer und prächtiger Garten. Was gab es da alles für Bäume! Der Zar freute sich so sehr, daß er ganz vergaß, den Sohn fortzugeben.

Es vergingen viele Jahre. Einst wollte der Zar spazierengehen und kam dabei auch zum Fluß. Da erschien aus dem Wasser der Mann von der Insel und sagte: »Du bist aber schnell vergeßlich geworden, Zar und Herrscher! Erinnere dich, du bist mir noch etwas schuldig.« Der Zar kehrte heim und war ganz außer sich vor Kummer. Er erzählte der Zarin und seinem Sohn die volle Wahrheit. Sie trauerten und weinten zusammen und beschlossen dann, daß nichts zu machen sei, man müsse den Zarensohn abgeben. Sie führten ihn ans Meeresufer und ließen ihn dort allein.

Der Zarensohn blickte sich um, sah einen Fußpfad und ging darauf weiter, wohin Gott ihn führen mochte. Er ging und ging und geriet in einen finsteren Wald. Da steht plötzlich im Walde ein Hüttchen, im Hüttchen wohnt die Baba-Jaga. »Ich will mal hineingehen«, dachte der Zarensohn und trat in die Hütte. »Guten Tag, Zarensohn«, sprach die Baba-Jaga, »suchst du Taten oder fliehst du Taten?« – »Eh, Großmutter, gib mir erst zu trinken und zu essen, und dann frag mich aus!« Sie gab ihm zu trinken und zu essen, und der Zarensohn erzählte ihr alles, ohne ihr etwas zu verschweigen, wohin er ging und warum. Da sagte die Baba-Jaga zu ihm: »Geh, mein Kind, an das Meer. Dorthin werden zwölf Reiherjungfrauen geflogen kommen, werden sich in schöne Mädchen verwandeln und im Meer baden. Schleich leise heran und nimm das Hemd des ältesten Mädchens. Wenn du mit ihm einig geworden bist, geh zum Meeres-Zaren. Unterwegs wirst du dem Fresser und dem Trinker begegnen, und dann triffst du noch den Frostkracher – nimm alle drei mit; sie werden dir von Nutzen sein.«

Da verabschiedete sich der Zarensohn von der Jaga, ging zu der bestimmten Stelle am Ufer des Meeres und versteckte sich im Gebüsch. Da kamen zwölf Reiherjungfrauen geflogen, ließen sich auf die feuchte Erde fallen, verwandelten sich in schöne Mädchen und fingen an zu baden. Der Zarensohn stahl der Ältesten ihr Hemd und blieb dann hinter dem Busch sitzen und rührte sich nicht. Als die Mädchen gebadet hatten und ans Ufer kamen, nahmen elf ihre Hemden, wurden zu Vögeln und flogen heim. Zurück blieb nur die Älteste, Wassilissa die Wunderweise. Sie begann zu flehen und den guten Jungen zu bitten: »Oh, gib«, sagte sie, »mir mein Hemdchen! Wenn du einmal zu meinem Vater kommst, zum Meeres-Zaren, dann werde ich dir sicher von Nutzen sein.« Der Zarensohn gab ihr das Hemd zurück, sie wurde gleich eine Reiherjungfrau und flog davon, ihren Gespielinnen nach. Der Zarensohn ging weiter. Da traf er unterwegs drei Recken: den Fresser, den Trinker und den Frostkracher. Er nahm sie mit sich und kam zum Meeres-Zaren.

Da sah ihn der Meeres-Zar und sagte spottend: »Wie geht's Freundchen? Was bist du so lange nicht zu mir gekommen? Ich bin schon ganz müde vom Warten. Geh mal an die Arbeit! Da hast du die erste Aufgabe: Bau in einer Nacht eine große kristallene Brücke, und daß sie mir am Morgen fertig ist! Wenn nicht – Kopf ab!« Da ging nun der Zarensohn und vergoß viele Tränen. Wassilissa die Wunderweise öffnete ein Fensterchen in ihrem Gemach und fragte: »Worüber weinst du, Zarensohn?« – »Ach, Wassilissa du Wunderweise, wie soll ich nicht weinen? Hat mir doch dein Vater befohlen, in einer einzigen Nacht eine kristallene Brücke zu bauen, und ich versteh doch nicht mal, eine Axt in die Hand zu nehmen.« – »Macht nichts, leg dich nur schlafen. Der Morgen ist weiser als der Abend.« Selbst aber trat sie hinaus auf die Treppe und stieß einen gellenden Pfiff aus. Von allen Seiten kamen sofort Arbeiter gelaufen. Die einen ebneten den Platz, die andern brachten Steine heran; und bald stand die kristallene Brücke fertig da. Die Arbeiter schmückten sie mit schönen, kunstvollen Mustern und gingen alle wieder fort nach Hause. Früh am Morgen weckte Wassilissa die Wunderweise den Zarensohn: »Steh auf, Zarensohn, die Brücke ist fertig, gleich kommt der Vater und will sie sehen.« Stand der Zarensohn auf, nahm einen Besen – steht er da so auf der Brücke, fegt hier ein wenig und da ein bißchen. Da lobt ihn der Meeres-Zar: »Danke«, sagt er, »du hast mir einen Dienst erwiesen, erweise mir jetzt einen anderen. Das ist die Aufgabe: Pflanze mir bis morgen einen grünen Garten – einen großen und schattigen, im Garten sollen Singvögel Lieder singen, die Bäume sollen voller Blüten sein, reife Birnen und Äpfel sollen an ihnen hängen.«

Da ging der Zarensohn vom Meeres-Zaren weg, bittere Tränen vergießend. Wassilissa die Wunderweise öffnete ein Fensterchen und fragte: »Worüber weinst du, Zarensohn?« – »Wie sollte ich denn nicht weinen, dein Vater befahl mir, in einer einzigen Nacht einen grünen Garten zu pflanzen.« – »Ach, das macht nichts, leg dich schlafen, der Morgen ist weiser als der Abend.«

Sie brachte ihn zu Bett. Selbst aber trat sie hinaus auf die Treppe und stieß einen gellenden Pfiff aus; von allen Seiten kamen Gärtnersleute gelaufen und pflanzten einen grünen Garten. Im Garten sangen Singvögel, die Bäume erblühten, reife Birnen und Äpfel hingen daran. Früh am Morgen weckte Wassilissa die Wunderweise den Zarensohn: »Steh auf, Zarensohn, der Garten ist fertig, der Vater kommt, ihn anzusehen.« Der Zarensohn ergriff schnell den Besen und lief in den Garten: hier fegte er den Weg, dort rückte er ein Ästchen zurecht. Da lobte ihn der Meeres-Zar: »Danke dir, Zarensohn, du hast mir treu und redlich gedient, dafür such dir eine Braut unter meinen zwölf Töchtern aus. Alle sind sie ganz gleich, Gesicht gleicht Gesicht, Haar gleicht Haar, Kleid gleicht Kleid; erkennst du dreimal dieselbe – so wird sie deine Frau, erkennst du sie nicht – so mußt du sterben!« Das hörte Wassilissa die Wunderweise, paßte den Augenblick ab und sagte zum Zarensohn: »Das erste Mal werde ich mit meinem Tuch winken, das zweite Mal bringe ich mein Kleid in Ordnung, und das dritte Mal wird eine Fliege über mir kreisen.« So erkannte der Zarensohn Wassilissa die Wunderweise dreimal. Sie machten Hochzeit, und es gab ein großes Gastmahl.

Der Meeres-Zar ließ viele verschiedene Speisen zubereiten – für hundert Menschen nicht zum Aufessen! – und er befahl dem Schwiegersohn: »Alles muß gegessen werden; und wenn was nachbleibt, dann geht's dir schlecht.« – »Lieber Vater«, bat der Zarensohn, »wir haben da so ein altes Männchen, erlaube auch ihm, mit uns ein wenig zu essen!« – »Mag er nur kommen!« Sogleich erschien der Fresser, aß alles auf, war ihm noch zu wenig. Da stellte der Meeres-Zar vierzig Fässer von allerlei Getränken auf und befahl dem Schwiegersohn, alles müsse ganz ausgetrunken werden. »Lieber Vater«, bat wieder der Zarensohn, »wir haben da noch ein Alterchen, erlaub auch ihm, auf dein Wohl zu trinken!« – »Mag er kommen!« Da erschien der Trinker, leerte mit einem Zuge alle vierzig Fässer – und bat um noch ein wenig mehr.

Als nun der Meeres-Zar sah, daß nichts half, befahl er, eine eiserne Badestube für das junge Paar heiß und heißer zu heizen; da wurde die eiserne Badestube geheizt, zwanzig Klafter Holz wurden verbrannt, rot glühten Ofen und Wände – auf fünf Werst im Umkreis konnte man sich ihr nicht nähern. »Lieber Vater«, sagte der Zarensohn, »erlaube doch zuerst unserem Alterchen, ein kleines Dampfbad zu nehmen, die Badestube zu probieren!« – »Mag er nur!« Da kam der Frostkracher in die Badestube; er blies in eine Ecke, blies in die andere – da hingen dort schon die Eiszapfen. Dann kam auch das junge Paar in die Badestube. Sie wuschen sich und nahmen ein Dampfbad und kehrten wieder heim.

»Gehen wir fort vom Vater Meeres-Zar«, sagte Wassilissa die Wunderweise. »Er ist zu böse auf dich, er wird dir noch ein Leid antun!« – »Gehen wir!« sagte der Zarensohn. So sattelten sie die Pferde und galoppierten ins offene Feld. Sie ritten und ritten, viel Zeit war schon vergangen. »Steig mal ab vom Pferde, Zarensohn, und halte dein Ohr an die feuchte Erde«, sagte Wassilissa die Wunderweise, »ob man nicht die Verfolger hört?« Der Zarensohn hielt sein Ohr an die feuchte Erde. Nichts zu hören! Da stieg Wassilissa die Wunderweise selbst vom treuen Roß, beugte sich zur feuchten Erde und sagte: »Ach, Zarensohn, ich höre viele Reiter hinter uns!« Und sie verwandelte die Pferde in einen Brunnen, sich in einen Krug und den Zarensohn – in ein altes Männchen. Da kamen die Reiter. »He, Alter, hast du nicht einen jungen Burschen mit einem schönen Mädchen gesehen?« – »Gesehen habe ich sie schon, meine Lieben, doch ist's schon lange her; sie sind hier vorübergeritten, als ich noch jung war.« Die Verfolger kehrten zum Meeres-Zaren zurück: »Nein«, sagten sie, »keine Spur, keine Nachricht; das einzige, was wir sahen, war ein Alter neben einem Brunnen; auf dem Wasser schwamm ein Krug.« – »Warum habt ihr sie denn nicht ergriffen?« schrie der Meeres-Zar, und gleich ließ er die Reiter grausam hinrichten, dem Zarensohn aber und Wassilissa der Wunderweisen sandte er andere Reiter nach. In der Zeit aber waren die beiden weit, weit fortgeritten. Da hörte Wassilissa die Wunderweise neue Verfolger; sie verwandelte den Zarensohn in einen alten Popen und wurde selbst eine alte Kirche; kaum stehen noch die Mauern, sind rundum mit Moos bewachsen. Da kamen die Reiter: »He Alterchen, sahst du nicht einen jungen Burschen mit einem schönen Mädchen?« – »O ja, meine Lieben, ich sah sie schon, doch das ist lange, lange her; sie sind vorübergeritten, als ich noch jung war und diese Kirche baute.« Da kehrten auch diese Verfolger zum Meeres-Zaren zurück: »Nein, Eure Kaiserliche Majestät, oh Zar, keine Spur, keine Nachricht; alles, was wir sahen, waren ein alter Pope und eine uralte Kirche.« – »Warum habt ihr sie denn nicht ergriffen?« schrie der Meeres-Zar noch lauter als zuvor; die Reiter ließ er grausam hinrichten und jagte nun selbst hinter den beiden her. Diesmal verwandelte Wassilissa die Wunderweise die Pferde in einen Honigfluß zwischen Puddingufern, den Zarensohn in einen Enterich und sich selbst in eine graue Ente. Der Meeres-Zar stürzte sich auf den Pudding und das Honigwasser, aß-aß, trank-trank – so lange, bis er platzte! So gab er seinen Geist auf.

Der Zarensohn und Wassilissa die Wunderweise ritten weiter, und als sie sich dem Hause seines Vaters und seiner Mutter näherten, sagte Wassilissa die Wunderweise: »Reite voraus, Zarensohn, begrüße Vater und Mutter, ich werde hier auf dem Wege auf dich warten. Nur denke an mein Wort: Küß alle, nur die Schwester küß nicht, sonst vergißt du mich!« Der Zarensohn trat ins Haus, be-

grüßte alle, küßte auch die Schwester – und kaum hatte er sie ge-
küßt, da vergaß er im selben Augenblick seine Frau, so vollkommen,
als wenn sie nie in seinen Gedanken gewesen wäre. Drei Tage wartete Wassilissa die Wunderweise auf ihn, am vierten verkleidete
sie sich als Bettlerin, ging in die Hauptstadt und fand Unterkunft
bei einer alten Frau.

So verging viel Zeit. Eines Tages war es soweit, daß der Zarensohn
eine reiche Königstochter heiraten sollte. Es wurde befohlen, im
ganzen Zarenreich auszurufen, daß alle Rechtgläubigen ohne Aus-
nahme kommen sollten, um dem Bräutigam und der Braut Glück
zu wünschen, und jeder solle als Geschenk eine Weizenpastete mitbringen. Da begann auch die Alte, bei der Wassilissa die Wunderweise wohnte, Mehl zu sieben und die Pastete zuzubereiten. »Für
wen bereitest du diese Pastete, Großmutter?« fragte Wassilissa die
Wunderweise. – »Wieso für wen? Weißt du es denn nicht? Unser
Zar verheiratet seinen Sohn mit einer reichen Königstochter; wir
müssen alle in den Palast gehen und unser Geschenk auf den Hochzeitstisch legen.« – »Erlaube auch mir, etwas zu backen und ins
Schloß zu tragen, vielleicht schenkt mir der Zar etwas.« – »Backe
nur, mit Gottes Hilfe!« Wassilissa die Wunderweise nahm Mehl,
knetete den Teig, legte Quark dazu, setzte noch einen Täuberich
mit einer Taube hinein und buk die Pastete.

Dann ging die Alte mit Wassilissa der Wunderweisen in den Palast.
Dort war ein Hochzeitsmahl, wie es nie wieder eines gegeben hat.
Auch Wassilissas Pastete kam auf den Tisch. Kaum wurde sie aufge-
schnitten, da flogen die beiden Tauben heraus. Die Taube nahm
ein Stückchen Quark in den Schnabel, und der Täuberich sagte:
»Mein liebes Täubchen, gib mir auch vom Quark!« – »Nein, nein«,
antwortete die Taube, »sonst vergißt du mich, wie der Zarensohn
seine Wassilissa vergessen hat.«

Da erinnerte sich der Zarensohn an seine Frau. Er sprang vom Tisch
auf, lief zu Wassilissa, ergriff sie an ihren weißen Händen und setzte
sie dicht neben sich. Seit der Zeit lebten sie zusammen in Freude
und in Glück.

Die gekaufte Frau

Es lebte einmal ein Kaufmannssohn, der hieß Iwan. Er vergeude-
te nach dem Tode des Vaters sein ganzes Hab und Gut und wurde
Handlungsgehilfe bei seinem Onkel. Der Onkel belud seine Schiffe
mit Waren und fuhr zusammen mit dem Neffen über das Meer,
um in fremden Ländern Handel zu treiben. So kamen sie zu einer
prächtigen Hauptstadt, legten an, schafften die Waren an Land und
begannen zu verkaufen und einzukaufen und Geld zu verdie-
nen. Der Onkel sagt zum Neffen: »Da hast du hundert Rubel
als Belohnung. Geh und kauf dir, was du willst! Lange werden
wir uns hier nicht aufhalten, sobald wir mit der Arbeit fertig sind,
geht es wieder nach Hause.« Iwan nahm die hundert Rubel und
ging auf den Markt. So geht er ganz nachdenklich die Reihen
der Verkaufsläden entlang und schaut, was er sich wohl kaufen
könnte.

Plötzlich – niemand weiß, woher – tritt ein Alter an ihn heran: »Was
suchst du, guter Mensch?« – »Ich möchte etwas für hundert Rubel kaufen.« – »Her mit dem Geld, ich werde dir so 'ne Ware verkaufen, wie du sie noch niemals gesehen hast!« Der Kaufmannssohn gab ihm seine hundert Rubel. Der Alte nahm das Geld und
spricht: »Komm mit!« Und er führt ihn an den Rand der Stadt –
in einen wunderschönen Garten. In jenem Garten saß hinter einem goldenen Gitter ein liebes Mädchen – und so schön! Nicht
zu erdenken, nicht zu erraten, wohl nur im Märchen zu sagen. »Hier
ist meine Ware – ein schönes Mädchen. Nimm sie an der Hand
und führe sie nach Hause!« – »Was fällt dir ein, Alter! Diese Ware
brauche ich nicht. Ich habe schon sowieso das ganze väterliche
Erbe für schöne Mädchen vergeudet, seitdem habe ich ihnen ab-
geschworen.« – »Na, mein Lieber, wenn dir meine Ware nicht gefällt, dann geh mit leeren Händen, ohne Geld und ohne Ware!«
Da vergoß Iwan der Kaufmannssohn bittere Tränen: »Was bin ich
doch für ein Unglücklicher!« denkt er bei sich. »Hundert Rubel
verloren!« Er kehrte zum Onkel zurück. »Nun, was hast du dir ge-

kauft?« – »Für hundert Rubel, Onkel, kann man nichts Gescheites kaufen.« – »Na, da hast du noch einen Hunderter.«

Am andern Tage ging Iwan auf den Markt, und da trifft er wieder denselben Alten. »Guten Tag, guter Mensch!« – »Guten Tag, Gottes-Alterchen!« antwortet Iwan, schaut dem Alten gerade in die Augen, kann ihn aber nicht erkennen. Was gestern geschah, das geschah auch jetzt wieder, Iwan verlor auch den zweiten Hunderter. Am dritten Tage bekam er vom Onkel noch einen Hunderter und traf wieder den Alten. Der Alte nahm ihm das Geld ab und führte ihn zum goldenen Gitter: »Hier«, sagt er, »ist meine Ware – ein schönes Mädchen. Nimm sie bei der Hand und führ sie nach Hause!« Der Kaufmannssohn überlegte hin und her. »Dann ist das also mein Schicksal!« – nahm das Mädchen und führte es mit sich.

Unterwegs fragt er sie: »Sag, schönes Mädchen, welchen Standes bist du, und wie heißt du?« – »Ich bin eine Königstochter, und ich heiße Nastasja die Wunderschöne. Vor zehn Jahren bat ich Vater und Mutter einmal, ob ich wohl spazierengehen dürfte, und ging zum Fluß. Dort sah ich auf dem Wasser ein schön bemaltes kleines Boot, wollte ein wenig darin fahren, kaum aber hatte ich mich hineingesetzt, als es auch schon losfuhr, und so schnell, daß in fünf Minuten die Ufer ganz verschwanden. Eine Welle trug mich zu einem grünen Garten, dort setzte mich ein Alter hinter ein goldenes Gitter, und dann lebte ich dort, bis du mich losgekauft hast.« – »Was soll ich aber jetzt mit meinem Onkel machen, wie werde ich vor ihm bestehen?« fragt Iwan der Kaufmannssohn, »dreihundert Rubel habe ich ausgegeben und gar nichts dafür gekauft.« – »Tut nichts, das läßt sich wieder gutmachen«, antwortete Nastasja die Wunderschöne. »Zuerst wollen wir eine Wohnung mieten.« Sie mieteten eine Wohnung. Dann brachte sie ihn zu Bett, selbst aber setzte sie sich an die Arbeit und wirkte einen wunderbaren Teppich.

Am Morgen weckt sie den Kaufmannssohn: »Da hast du«, sagt sie, »einen Teppich! Trage ihn auf den Markt. Wenn ihn jemand kaufen will, dann nimm kein Geld, aber bitte ihn, daß er dir so viel zu trinken gibt, daß du betrunken wirst.« Iwan der Kaufmannssohn machte es so, betrank sich sehr, trat aus der Schenke und fiel in eine Pfütze. Da sammelten sich viele Leute, sehen auf ihn und lachen: »Das ist ja ein feiner Bursche! Schön und tadellos, wie zur Hochzeit!« – »Ob fein oder nicht fein, aber wenn ich will – dann küßt mich Nastasja die Wunderschöne auf den Scheitel.« – »Prahl nicht zu sehr!« sagt ein reicher Kaufmann, »sie wird dich nicht einmal ansehen wollen, du Schmutzfink!« Da fingen sie an zu streiten. Der Kaufmann sagt: »Wetten wir – auf zehntausend?« – »Lohnt sich gar nicht erst der Mühe! Wenn schon, dann ums ganze Hab und Gut.« – »Na, meinetwegen – ums Ganze!« Kaum hatten sie das ausgemacht, da kommt auch schon Nastasja die Wunderschöne. Sie ergriff den Kaufmannssohn bei der Hand, richtete ihn auf, küßte ihn mitten auf den Kopf, trocknete ihn ab, putzte ihn und führte ihn nach Hause. So hatte Iwan von dem Kaufmann viel gewonnen: ganze Läden mit Waren, ganze Keller mit Edelsteinen; er wurde der reichste Mann am Ort.

Da sagt zu ihm Nastasja die Wunderschöne: »Lauf und rufe die Ziegelbrenner zusammen und trage ihnen folgende Arbeit auf: sie sollen ganz schnell Ziegel machen und in jeden Ziegel sollen sie Edelsteine einmauern.« Gesagt – getan. Auf viele Wagen lud Iwan der Kaufmannssohn jene feinen Ziegelsteine, bedeckte sie mit Bastmatten und brachte sie zu seinem Onkel auf das Schiff. »Guten Tag, Neffe! Wo warst du denn? Was hast du dir zusammengekauft?« – »Ziegelsteine habe ich gebracht.« – »Ach, du Dummkopf! Von dieser Ware haben wir auch in unserm Lande genug. Dabei kann man doch nichts verdienen!« – »Gott ist gnädig! Vielleicht fällt dabei doch noch etwas für meine Armut ab!« – »Na, dann lade sie auf das Schiff!« Iwan lud sofort die ganze Ware auf und holte dann Nastasja die Wunderschöne und brachte auch sie auf das Schiff. Der Onkel sah das schöne Mädchen und spricht zum Neffen: »Ich hatte gedacht, du wärst jetzt vernünftig geworden; nun zeigt es sich, daß du immer noch der alte bist, du kannst es nicht lassen ...« Dann wurden die Anker gelichtet, die Segel gerichtet und die Schiffe fuhren hinaus ins offene Meer.

Ob lang, ob kurz – der Onkel kam mit dem Neffen in sein Land zurück. Dort mußten sie dem Zaren Geschenke bringen. Der Onkel nimmt ein ganzes Stück Brokat und ein ganzes Stück Sammet, der Neffe aber zwei Ziegelsteine. »Wohin?« fragt der Onkel. »Zum Zaren gehe ich.« – »Und was bringst du ihm?« – »Hier, die beiden Ziegelsteine.« – »Ach, mein Lieber, ich rate dir gut, laß das! Du bringst nur Schande über dich und mich. Ungleich ist die Stunde – der Zar kann böse werden, und dann gibt's ein Unglück!« – »Nein, Onkel, jeder bringt, was er hat.« Der Onkel redete ihm lange zu, als er aber sah, daß nichts half, sagte er: »Na, wenn dir was geschieht, dann ertrag es auch! Ich kümmere mich nicht darum!« So erscheinen die beiden vor dem Zaren. Der Onkel verbeugte sich tief und überreichte Brokat und Sammet, Iwan der Kaufmannssohn aber überreichte auf einer goldenen Schüssel zwei Ziegelsteine. »Bitte, geruhen Euer Majestät die Steine durchzubrechen!« Der Zar brach die Steine entzwei, und da fielen kostbare Edelsteine heraus und erhellten das ganze Zimmer. »Ich danke dir für das schöne Geschenk; solche Steine habe ich noch nie gesehen. Such dir den besten Platz in der Stadt und handle ohne Abgaben, ohne Steuern.«

Iwan der Kaufmannssohn wählte sich den besten Platz in der Stadt, baute ein Haus und Kaufläden und trieb bald einen ausgedehnten Handel. Als er das alles eingerichtet hatte, gedachte er, Nastasja die Wunderschöne zu heiraten. Er schickte zu ihrem Vater und bat ihn um seinen Segen. Der königliche Vater aber denkt: »Ich soll eine Königstochter einem einfachen Händler geben? Man wird über mich lachen und mich verhöhnen!« Und er begann, den Kaufmannssohn mit allerhand Listen hinzuhalten; zugleich aber schickte er ein ganzes Regiment und befahl, Nastasja die Wunderschöne zu rauben. Einmal war Iwan der Kaufmannssohn über einen Monat in Geschäften fort. Als er aber zurückkehrte, da war seine Braut geraubt und zu ihrem Vater fortgebracht.

Da fing er an zu weinen und ging, wohin die Augen sehen. Er mußte lange gehen, viel Leid tragen, Kälte und Hunger erdulden. Da begann er zu beten: »Wenn mir Gott doch wenigstens einen Reisegefährten schicken wollte – es wäre leichter!« Da sieht er – es kommt ein alter Mann. »Guten Tag, guter Bursche, wohin gehst du?« – »Ach, Großvater, ich hatte das Glück in Händen, aber Gott gab mir nicht, es zu behalten. Ich gehe Nastasja die Wunderschöne suchen.« – »Ein wenig spät hast du dich auf die Beine gemacht! Man hat sie schon mit einem Zarensohn verlobt.« – »Ach, wenn ich sie nur noch einmal sehen könnte!« – »Nun, gehen wir zusammen; ich bin auch gerade dorthin unterwegs.« So gingen die beiden also zusammen. Sie gingen lange und wurden sehr hungrig. Da holte der Alte eine Hostie hervor, brach sie mitten durch, nahm sich eine Hälfte, die andere aber gab er seinem Kameraden. Der Kaufmannssohn will es nicht annehmen. »Für dich allein ist es doch schon zu wenig!« sagt er. – »Nimm nur! Gott gibt es. Wir werden satt sein, bevor wir sie aufgegessen haben.« So kam es auch: sie hatten die Hostie noch nicht aufgegessen, da waren sie auch schon beide satt.

Ob lang, ob kurz – da führt der Alte den Iwan in den Garten des Königs und spricht: »Stell dich unter diesen Apfelbaum und gib acht – Nastasja die Wunderschöne wird herauskommen und im Garten spazierengehn. Sie wird ganz dicht an dir vorübergehen. Wenn aber Äpfel vom Baum fallen, heb sie nicht auf und iß sie nicht, denn sonst fällst du in einen tiefen Schlaf!« Der Kaufmannssohn stellte sich unter den Apfelbaum; da fingen die Äpfel an, vom Baum zu fallen, und so herrliche, klare, duftende Äpfel! Er hielt es nicht aus, hob einen Apfel auf und aß ihn. Kaum aber hatte er ihn gegessen, da sank er in einen tiefen Schlaf. Nastasja die Wunderschöne kam und ging im Garten spazieren. Da erblickte sie ihren Liebsten und stürzte zu ihm hin, um ihn aufzuwecken. Lange bemühte sie sich, aber sie konnte ihn nicht aufwecken. Da schrieb sie ein Briefchen: »Leb wohl, lieber Freund! Morgen ist meine Hochzeit«, und legte ihm das Briefchen in die rechte Hand.

Am Morgen erwachte Iwan der Kaufmannssohn, las das Briefchen und fing bitterlich zu weinen an. Da kommt der Alte: »Ich habe dir doch gesagt: iß keinen Apfel! Du aber hast nicht gehorcht. Geh schnell – ob du nicht irgendwo ein Brettchen findest.« Der Kaufmannssohn lief auf die Straße, fand ein Brettchen und brachte es dem Alten. Der nahm es, spannte Saiten darüber, blieb vor der Schenke stehen und begann, verschiedene Lieder zu spielen. Was da sich Leute sammelten – eine Unmenge! Sofort wurde dem König gemeldet: vor der Schenke ist so ein Musikant erschienen und spielt besser als die Musikanten des Königs! Der König befahl, ihn in den Palast zu rufen. »Soll er auf der Hochzeit spielen und die Gäste erfreuen.«

Da liefen die Boten, luden den Alten zur Hochzeit. Er antwortet: »Gleich!« Er zog dem Kaufmannssohn seine Kleider an, gab ihm die selbstgemachte kleine Geige und sagt: »Geh statt meiner.« – »Wie kann ich gehen, wenn ich doch gar nicht zu spielen verstehe?« – »Macht nichts; führe nur immer den Bogen und berühre mit den Fingern die Saiten, spielen wird die Geige dann schon von selbst.« So kam Iwan der Kaufmannssohn in den Palast, stellte sich zu den Musikanten und fing an zu spielen – seine Geige aber überdeckte die andere Musik und sang dazu in Worten, zur Verwunderung der Gäste. Als er das erste Mal spielte, da sang die Geige: »Schlaf, schlaf, nur nicht verschlaf!« Als er das zweite Mal spielte: »Geh spazieren, geh spazieren, aber übergeh es nicht!« Und zum dritten Mal spielte die Geige: »Schlaft fest, schlaft einen tiefen Schlaf!« Im selben Augenblick schliefen alle fest ein, wo sie auch standen, wo sie auch saßen. Iwan der Kaufmannssohn nahm Nastasja die Wunderschöne bei ihren weißen Händen, führte sie in die Kirche und ließ sich mit ihr trauen. Als der König erwachte und sah, daß die Sache schon gemacht war und nichts mehr zu ändern, da befahl er, die Hochzeit zu feiern und die Gäste zu bewirten.

Der Schmied und der Teufel

Es lebte einmal ein Schmied, der hatte einen fixen und klugen Sohn von sechs Jahren. Einmal ging der Alte in die Kirche, stellte sich vor das Heiligenbild des Jüngsten Gerichts und sieht: Da ist ein

Teufel gemalt, und so schrecklich – ganz schwarz, mit Hörnern und mit Schwanz. »Sieh doch einer an!« dachte er, »ich will mir mal solch einen in der Schmiede malen.« Er nahm sich einen Maler und hieß ihn, auf der Tür der Schmiede einen genau solchen Teufel, wie er ihn in der Kirche gesehen hatte, zu malen. Der Maler malte ihn. Seit der Zeit blickt der Alte jedesmal, wenn er die Schmiede betritt, auf den Teufel und sagt:»'Tag, Landsmann!« Dann erst schürt er in der Esse das Feuer und macht sich an die Arbeit. So lebte der Schmied zehn Jahre lang in Eintracht mit dem Teufel; dann aber wurde er krank und starb. Da übernahm der Sohn die Schmiede, aber er wollte den Teufel nicht ehren, wie ihn der Alte geehrt hatte. Wenn er in die Schmiede kommt, dann begrüßt er ihn nicht, und statt eines freundlichen Wortes nimmt er den größten Hammer und schlägt den Teufel dreimal mitten auf die Stirn, und dann erst geht er an die Arbeit. Wenn aber Gott einen Feiertag hat, dann geht er in die Kirche und stellt den Heiligen eine Kerze auf; wenn er dann zum Teufel kommt, spuckt er ihm in die Augen. Es vergingen ganze drei Jahre, er aber bedenkt den Teufel jeden Morgen bald mit dem Hammer, bald mit Spucken. Der Teufel duldete es lange, schließlich aber verlor er die Geduld; es ging nicht mehr. »Schluß jetzt«, sagt er, »mit diesen Beleidigungen! Ich will mir etwas ausdenken, was ich ihm antun könnte.«

So verwandelte sich der Teufel in einen jungen Burschen und kommt in die Schmiede. »Guten Tag, Onkel!« – »Guten Tag.« – »Hör mal, Onkel, nimm mich doch in die Lehre! Dann brauchst du wenigstens keine Kohlen zu schleppen, und den Blasebalg kann ich dir auch abnehmen.« Der Schmied war es zufrieden: »Schön! Zu zweit schafft man mehr ...« Da kam der Teufel zu ihm in die Lehre; so lebte er einen Monat und erlernte das Schmiedehandwerk besser als sein Meister; was der Meister nicht kann, das macht er. Eine Freude zu sehen! Der Schmied gewann ihn so lieb, war so mit ihm zufrieden, daß man es gar nicht sagen kann. Manchmal ging er gar nicht erst selbst in die Schmiede – so verließ er sich auf seinen Gesellen. Der macht schon alles. Einmal geschah es, daß der Meister nicht zu Hause war, in der Schmiede aber war nur der

Geselle. Da sieht er, daß die alte Gutsherrin vorüberfährt; er steckt den Kopf zur Tür hinaus und ruft: »He, meine Herren und Damen! Kommt nur alle herein, hier wird gute Arbeit geleistet, Alte werden wieder jung gemacht.« Da sprang die Gutsherrin sofort aus dem Wagen und lief in die Schmiede. »Was hast du da behauptet? Kannst du das wirklich? Ist es auch wahr?« fragt sie den Burschen. »Das braucht unsereins nicht erst zu lernen!« antwortet der Teufel. »Was ich nicht kann, das übernehme ich auch nicht.« – »Und was kostet das?« fragt die Gutsherrin. – »Alles in allem fünfhundert Rubel.« – »Gut, da hast du das Geld, mach mich jung.« Der Teufel nahm das Geld und schickte den Kutscher ins Dorf: »Geh«, sagt er, »und hol zwei Zuber Milch her.« Die Gutsherrin selbst aber packte er mit einer Zange an den Beinen, warf sie in die Esse und verbrannte sie; nur die Knochen blieben übrig. Als die beiden Zuber mit Milch gebracht wurden, goß er sie in einen Kübel um und warf alle Knochen in die Milch. Und – nach drei Minuten steigt aus der Milch eine Gutsherrin heraus: lebendig, jung und schön!

Sie setzte sich in den Wagen und fuhr nach Hause; kommt zu ihrem Mann herein, der aber starrt sie an und erkennt seine eigene Frau nicht. »Ja, da reißt du die Augen auf!« sagt die Herrin. »Du siehst, wie jung und schön ich bin; ich will keinen alten Mann! Fahr sofort in die Schmiede und laß dich dort jung schmieden ..., denn so, wie du jetzt bist, will ich nichts von dir wissen!« Nichts zu machen, der Herr mußte fahren.

Unterdessen war der Schmied heimgekehrt und ging in die Schmiede; da sieht er, daß der Geselle fort ist. Er suchte und suchte ihn, fragte und fragte – aber er war weg, auch keine Spur von ihm war mehr zu finden. Da machte er sich allein an die Arbeit und klopft so mit dem Hammer vor sich hin. Da kommt der Herr gefahren und läuft sofort in die Schmiede: »Mach mich«, sagt er, »jung.« – »Du bist wohl nicht ganz bei Trost, Herr? Wie soll ich dich wieder jung machen?« – »Das ist deine Sache, das mach, wie du es kannst!« – »Nichts kann ich.« – »Du lügst, Schuft! Wenn ihr meine Alte jung gemacht habt, dann macht auch mich jung, sonst bringt sie mich um.« – »Ja, ich habe deine gnädige Frau doch überhaupt gar nicht gesehen.« – »Einerlei, dann hat sie dein Geselle gesehen. Wenn er es gekonnt hat, dann mußt du, als alter Meister, es erst recht können. Nun also, mach schnell, denn sonst geht's dir schlecht. Die Ruten werden nicht weich sein.« So mußte der Schmied den Herrn verändern. Er erkundigte sich heimlich beim Kutscher, was der Geselle mit der Frau gemacht hatte und wie er es angefangen hatte, und denkt: »Ach was, ich mache es genau ebenso; treff ich's – dann ist es gut, treff ich's nicht – dann ist doch alles verloren!« Sofort zog er den Herrn nackt aus, packte ihn mit der Zange an den Beinen, warf ihn in die Esse und ließ den Blasebalg arbeiten. So verbrannte er ihn ganz zu Asche. Dann nahm er die Knochen heraus, warf sie in die Milch und wartet, daß ein junger Herr dort herausspringt. Er wartet eine Stunde, eine zweite – nichts geschieht; er blickte in den Kübel – nur Knochen schwimmen da herum, und auch die sehr angebrannt … Die gnädige Frau aber schickt ihre Leute nach der Schmiede: Ob der Herr nicht bald fertig wäre? Da läßt der arme Schmied sagen, daß der Herr das Zeitliche gesegnet habe; er wäre über alle Berge! Als die gnädige Frau erfuhr, daß der Schmied ihren Mann einfach verbrannt hatte, ohne ihn wieder jung zu machen, da wurde sie sehr zornig, ließ ihre treuen Diener zusammenkommen und befahl ihnen, den Schmied zum Galgen zu bringen.

Gesagt – getan. Die Diener liefen in die Schmiede, ergriffen den Schmied, banden ihn und schleppten ihn zum Galgen. Unterwegs holt sie jener Bursche ein, der beim Schmied als Geselle gedient hatte, und fragt: »Wohin bringt man dich, Meister?« – »Man will mich aufhängen«, antwortete der Schmied und erzählte ihm alles. »Na, Onkelchen«, sprach der Teufel, »schwöre mir, daß du mich niemals wieder mit dem Hammer schlagen willst und daß du mich ebenso in Ehren halten willst, wie es dein Vater getan hat, dann wird der Herr sofort lebendig und jung werden.« Der Schmied schwor es und gelobte, nie wieder den Hammer gegen den Teufel zu heben, er wolle ihn immer ehren. Da lief der Geselle in die Schmiede und kam schnell von dort mit dem Herrn zurück. »Halt«, ruft er den Leuten zu, »henkt den Schmied nicht! Hier habt ihr euren Herrn!« Sie banden den Schmied los und ließen ihn gehen, wohin er wollte. Seit dieser Zeit spuckte der Schmied nie wieder auf den Teufel und schlug ihn auch nicht mit dem Hammer; sein Geselle verschwand und wurde nie mehr gesehen; der Herr aber und seine Herrin lebten lange und zufrieden, und wenn sie nicht gestorben sind, dann leben sie noch heute.

Die Feder Finists, des hellen Falken

Es lebte einmal ein Alter, der hatte drei Töchter. Die Älteste und die Mittlere putzen sich gern, die Jüngste aber dachte nur an das Haus. Da machte sich einmal der Vater in die Stadt auf und fragte die Töchter, was er ihnen kaufen und mitbringen sollte. Die Älteste sagt: »Kauf mir Stoff zum Kleid!« Die Mittlere bittet um dasselbe. »Und was möchtest du, meine Lieblingstochter?« fragt er die Jüngste. – »Vater, kauf mir eine Feder Finists, des hellen Falken.« Der Vater verabschiedete sich von ihnen und fuhr in die Stadt: den beiden älteren Töchtern kaufte er Stoff zu Kleidern, eine Feder Finists, des hellen Falken, aber konnte er nirgends finden. Er kehrte nach Hause zurück und erfreute die älteste und die mittlere Tochter mit den neuen Kleidern. »Aber für dich«, sagt er zur Jüngsten, »habe ich eine Feder Finists, des hellen Falken, nicht gefunden.« – »Macht nichts!« sagte sie, »vielleicht glückt es ein andermal, sie zu finden.« Die älteren Schwestern schneiden zu und nähen sich neue Kleider und machen sich über die Jüngste lustig. Sie aber nimmt es hin und schweigt.
Wieder macht sich der Vater in die Stadt auf und fragt: »Na, ihr Mädchen, was soll ich euch kaufen?« Die Älteste und die Mittlere bitten jede um ein Tuch, die Jüngste aber sagt: »Kauf mir, Vater, eine Feder Finists, des hellen Falken!« Der Vater fuhr in die Stadt, kaufte zwei Tücher, die Feder aber sah er nirgends. Er kehrte heim

und spricht: »Ach, liebe Tochter, ich habe die Feder Finists, des hellen Falken, wieder nicht gefunden!« – »Macht nichts, Vater, vielleicht glückt es ein andermal!« Bevor der Vater noch ein drittes Mal in die Stadt fuhr, fragt er: »Sagt, Mädchen, was soll ich euch kaufen?« Die beiden älteren sagen: »Kauf uns Ohrringe!« Die Jüngste aber bleibt immer bei ihrem: »Kauf mir eine Feder Finists, des hellen Falken!« Der Vater kaufte goldene Ohrringe und fing dann an, überall die Feder zu suchen – aber niemand wußte etwas von ihr. Da wurde er ganz traurig und verließ die Stadt.

Kaum aber war er hinter dem Schlagbaum, da kommt ihm ein altes Männchen entgegen und trägt ein kleines Kästchen. »Was trägst du da, Alterchen?« – »Die Feder Finists, des hellen Falken.« – »Wieviel willst du für sie haben?« – »Gib einen Tausender.« Der Vater bezahlte das Geld und fuhr eilig mit dem Kästchen nach Hause. Dort begrüßen ihn die Töchter. »Nun, meine Lieblingstochter!« sagt er zur Jüngsten, »endlich habe ich auch für dich ein Geschenk gekauft. Da, nimm es!« Die jüngste Tochter sprang vor Freude auf, nahm das Kästchen, küßte und streichelte es und drückte es ganz fest an ihr Herz. Nach dem Abendbrot gingen alle schlafen. Da ging auch sie in ihr Stübchen, öffnete das kleine Kästchen – und da flog die Feder Finists, des hellen Falken, heraus, fiel zu Boden – und vor dem Mädchen stand ein wunderschöner Zarensohn. Da sprachen sie süß und gut miteinander. Das hörten die Schwestern und fragen: »Mit wem, liebe Schwester, unterhältst du dich da?« – »Mit mir selbst«, antwortet das schöne Mädchen. »Na, dann mach mal die Tür auf!« Der Zarensohn ließ sich auf den Boden fallen und wurde zur Feder; sie nahm die Feder und legte sie ins Kästchen und öffnete dann die Tür. Die Schwestern schauen hierhin und sehen dahin – niemand da! Kaum waren sie fort, da öffnete das schöne Mädchen das Fenster, holte die Feder hervor und spricht: »Flieg, mein Federchen, ins weite Feld; spiel und freu dich, bis die Nacht wieder kommt!« Die Feder verwandelte sich in einen hellen Falken und flog ins weite Feld.

In der folgenden Nacht kam Finist, der helle Falke, wieder zu seinem Mädchen geflogen und sie führten frohe Gespräche. Die

Schwestern hörten es und liefen sogleich zum Vater: »Vater, nachts ist jemand bei unserer Schwester; auch jetzt sitzt er wieder da und unterhält sich mit ihr!« Der Vater stand auf und ging zur jüngsten Tochter, kommt in ihre Stube herein, der Zarensohn aber hat sich schon längst in die Feder verwandelt und liegt im Kästchen. »Ach, ihr Bösen!« fuhr der Vater seine älteren Töchter an, »was redet ihr da? Nehmt euch lieber selbst in acht!«

Am nächsten Tage stellten es die Schwestern ganz listig an. Abends, als es draußen dunkel geworden war, lehnten sie eine Leiter ans Fenster des schönen Mädchens und befestigten um das Fenster herum lauter scharfe Messer und spitze Nadeln. In der Nacht kam Finist, der helle Falke, geflogen und wollte durchs Fenster ins Zimmer hinein, er schlug und schlug mit den Flügeln, aber vergeblich. Er konnte nicht hinein und zerschnitt sich nur die Flügel. »Leb wohl, schönes Mädchen!« sagte er, »willst du mich wiedersehen, dann such mich hinter dreimal neun Ländern, im dreißigsten Zarenreich. Um dort hinzukommen, wirst du drei Paar eiserne Schuhe durchlaufen, drei eiserne Wanderstäbe abnutzen, drei steinerne Hostien zerbeißen, ehe du mich, den guten Burschen, findest!« Das Mädchen aber schläft. Und wenn sie auch halb im Schlaf diese unwilligen Reden hört, so kann sie doch nicht zu sich kommen und aufstehen. Am Morgen erwacht sie und sieht – um das Fenster herum stecken Messer und Nadeln, und von ihnen tropft rotes Blut. Da schlug sie die Hände zusammen: »Ach, mein Gott, also haben die Schwestern meinen lieben Freund zugrunde gerichtet!« Sofort machte sie sich fertig und ging aus dem Hause. Sie lief in die Schmiede, schmiedete sich drei Paar eiserne Schuhe und drei eiserne Wanderstäbe, versorgte sich mit drei steinernen Hostien und machte sich auf den Weg, um Finist, den hellen Falken, zu suchen.

Sie ging und ging, lief ein Paar Schuhe durch, nutzte einen eisernen Wanderstab ab und zerbiß eine steinerne Hostie. Da kommt sie zu einer kleinen Hütte und klopft an: »Hausherr und Hausfrau, verbergt mich vor der dunklen Nacht!« Da antwortet die Alte: »Wir bitten sehr, tritt ein, schönes Mädchen! Wohin gehst du, Liebe?« –

»Ach, Großmutter, ich suche Finist, den hellen Falken.« – »Na, schönes Mädchen, da wirst du weit suchen müssen.« Am Morgen sagt die Alte: »Geh jetzt zu meiner mittleren Schwester, sie wird dich gut beraten, und hier hast du mein Gastgeschenk, eine silberne Spinnbank und eine goldene Spindel; wenn du am Spinnrocken spinnen wirst, dann wird sich ein goldener Faden entspinnen.« Darauf nahm sie ein Knäuel, ließ es auf dem Wege rollen und sagte: »Wohin das Knäuel rollt, dahin geh auch du!« Das Mädchen bedankte sich bei der Alten und ging hinter dem Knäuel her.

Ob lang, ob kurz – jetzt ist auch das zweite Paar Schuhe durchgelaufen, der zweite Wanderstab ist abgenutzt, noch eine steinerne Hostie ist zerbissen. Endlich rollte das Knäuel zu einer kleinen Hütte. Sie klopfte: »Gute Leute, nehmt ein schönes Mädchen für die dunkle Nacht auf!« – »Wir bitten sehr, tritt ein!« antwortet die Alte. »Wohin gehst du, schönes Mädchen?« – »Ich suche, Großmutter, Finist, den hellen Falken.« – »Da hast du noch weit zu suchen!« Am Morgen gibt ihr die Alte eine silberne Schüssel und ein goldenes Ei und schickt sie zu ihrer ältesten Schwester: »Sie weiß, wo man Finist, den hellen Falken, finden kann!« Das schöne Mädchen verabschiedete sich von der Alten und machte sich auf den Weg.

Sie ging und ging, das dritte Paar Schuhe ist durchgelaufen, der dritte Wanderstab ist schon ganz kurz geworden, und die letzte Hostie ist aufgegessen – da rollte das Knäuel zu einer kleinen Hütte. Das Mädchen klopfte an und sprach: »Gute Leute, nehmt ein schönes Mädchen für die dunkle Nacht auf!« Wieder trat eine Alte heraus: »Komm herein, Liebe, wir bitten sehr! Woher kommst du und wohin gehst du?« – »Ich suche, Großmutter, Finist, den hellen Falken.« – »Ach, schwer ist es, sehr schwer, ihn zu finden! Er wohnt jetzt in der und der Stadt und hat dort die Tochter der Hostienbäckerin geheiratet.« Am Morgen spricht die Alte zum schönen Mädchen: »Da hast du ein Geschenk – einen goldenen Stickrahmen und eine Nadel dazu; du brauchst den Rahmen nur zu halten, dann wird die Nadel ganz von selbst nähen. So, und jetzt geh mit Gott und verdinge dich bei der Hostienbäckerin als Magd.«

Gesagt – getan. Das schöne Mädchen kam auf den Hof der Hostienbäckerin und verdingte sich als Magd. Die Arbeit aber kocht ihr nur so unter den Händen: und den Ofen heizt sie, und das Wasser trägt sie, und das Essen bereitet sie. Die Hostienbäckerin schaut zu und freut sich: »Gott sei Dank!« sagt sie zu ihrer Tochter, »jetzt haben wir endlich eine eifrige und gute Magd; nichts braucht man ihr zu sagen, alles tut sie von selbst!« Als das schöne Mädchen mit der Hausarbeit fertig war, nahm sie die silberne Spinnbank und die goldene Spindel und setzte sich zum Spinnen hin: sie spinnt – aus dem Spinnrocken läuft der Faden, und kein einfacher Faden, sondern ein Faden aus lauterem Gold. Die Tochter der Hostienbäckerin sah es: »Ach, schönes Mädchen, willst du mir dein Spielzeug nicht verkaufen?« – »Bitte, gern!« – »Und was kostet es?« – »Erlaube mir, eine Nacht bei deinem Mann zu sein.« Die Tochter der Hostienbäckerin war einverstanden. »Hat nichts zu sagen!« denkt sie, »dem Mann kann man einen Schlaftrunk geben, aber durch diese Spindel können die Mutter und ich uns vergolden!« Finist, der helle Falke, aber war nicht zu Hause; den ganzen Tag flog er unter dem Himmel umher, erst gegen Abend kehrte er heim. Man setzte sich zum Abendessen. Das schöne Mädchen reicht bei Tisch die Speisen herum und schaut immerzu auf Finist, den hellen Falken, er aber, der gute Bursche, erkennt sie nicht. Die Tochter der Hostienbäckerin mischte ihm ein Schlafkraut in seinen Trank, brachte ihn zu Bett und sagt zur Magd: »Geh zu ihm in die Kammer und scheuch die Fliegen fort!« So verjagt das schöne Mädchen die Fliegen, selbst aber weint sie bitterlich: »Wach auf, wach auf, Finist, du heller Falke! Ich, das schöne Mädchen, bin zu dir gekommen. Drei eiserne Wanderstäbe habe ich abgenutzt, drei Paar eiserne Schuhe habe ich durchgelaufen, drei steinerne Hostien habe ich aufgegessen – und die ganze Zeit habe ich dich, du Lieber, gesucht!« Finist aber schläft und merkt nichts. So verging die Nacht. Am andern Tage nahm die Magd das silberne Schüsselchen und rollt auf ihm das goldne Ei: viele goldene Eier rollte sie so heraus! Das sah die Tochter der Hostienbäckerin und sagte: »Verkauf mir dein Spielzeug!« – »Bitte, kauf es.« – »Und was ist der Preis?« – »Erlaube mir, noch eine Nacht bei deinem Manne zu sein.« – »Gut, ich bin einverstanden!« Finist, der helle Falke, aber flog wieder den ganzen Tag unter dem Himmel umher, in den Lüften, und kam erst zum Abend wieder nach Hause.

Man setzte sich zum Abendessen. Das schöne Mädchen reicht die Speisen herum und schaut ihn immer an, er aber ist so, als habe er sie nie gekannt. Wieder gab ihm die Tochter der Hostienbäckerin einen Schlaftrunk, brachte ihn zu Bett und schickte die Magd, die Fliegen zu scheuchen. Und wie sehr das schöne Mädchen auch dieses Mal weinte und ihn aufzuwecken versuchte, er schlief bis zum Morgen und hörte nichts.

Am dritten Tage sitzt das schöne Mädchen da, hält in den Händen den goldenen Stickrahmen, die Nadel aber näht von selbst – und ganz wunderbare Muster! Die Tochter der Hostienbäckerin konnte sich gar nicht satt sehen daran: »Verkauf's mir, schönes Mädchen, verkauf mir«, sagt sie, »dein Spielzeug!« – »Bitte, kauf es!« – »Und was ist der Preis?« – »Erlaub mir, noch eine dritte Nacht bei deinem Mann zu sein.« – »Gut, ich bin einverstanden!« Abends kam Finist, der helle Falke, geflogen. Seine Frau gab ihm wieder einen Schlaftrunk, brachte ihn zu Bett und schickte die Magd, die Fliegen zu scheuchen. So sitzt denn das schöne Mädchen da, jagt die Fliegen fort und klagt dazu unter Tränen: »Wach auf, oh, wach auf, Finist, du heller Falke! Ich, das schöne Mädchen, bin zu dir gekommen. Drei eiserne Wanderstäbe sind ganz kurz geworden, drei Paar eiserne Schuhe habe ich durchgelaufen, drei steinerne Hostien habe ich aufgegessen – und die ganze lange Zeit habe ich dich, du Lieber, gesucht!« Finist, der helle Falke, aber schläft fest und merkt nichts.

Lange weinte sie, lange versuchte sie, ihn zu wecken. Da plötzlich fiel eine Träne des schönen Mädchens auf seine Wange, und im selben Augenblick erwachte er: »Ach«, sagte er, »etwas hat mich da gebrannt!« – »Finist, du heller Falke«, antwortet ihm das Mädchen, »ich bin zu dir gekommen! Drei eiserne Wanderstäbe habe ich abgenutzt, drei Paar eiserne Schuhe habe ich vertragen, drei steinerne Hostien habe ich aufgegessen – und die ganze Zeit habe ich dich gesucht! Schon die dritte Nacht stehe ich hier bei dir, du aber schläfst und wachst nicht auf, du antwortest nicht auf meine Worte!« Jetzt endlich erkannte sie Finist, den hellen Falken, und war so froh, daß man es gar nicht sagen kann! Dann gingen sie beide fort von der Hostienbäckerin. Am Morgen wollte die Tochter der Hostienbäckerin nach ihrem Mann sehen, aber da war er weg, und auch die Magd war fort! Da ging sie zur Mutter und klagte. Die Hostienbäckerin befahl, Pferde anzuspannen, und nahm die Verfolgung auf. Sie fuhr und fuhr, sprach bei den drei alten Frauen vor, aber Finist, den hellen Falken, konnte sie nicht einholen. Seine Spur war längst verwischt!

Finist, der helle Falke, kam mit der ihm Bestimmten vor ihr elterliches Haus. Er ließ sich auf die feuchte Erde fallen und wurde zur Feder. Das schöne Mädchen versteckte die Feder an ihrer Brust und kam zum Vater. »Ach, du meine Lieblingstochter, ich glaubte, du seist nicht mehr auf dieser Welt! Wo warst du so lange?« – »Ich war auf einer Pilgerfahrt und betete zu Gott.« Damals aber war es gerade die Heilige Osterwoche. Der Vater machte sich mit den älteren Töchtern zur Frühmesse auf. »Und du, meine liebe Tochter?« fragt er die Jüngste. »Mach dich fertig und komm mit! Heute ist ein froher Tag!« – »Vater, ich habe nichts anzuziehen.« – »Nimm von unseren Kleidern!« sagen die älteren Schwestern. »Ach, liebe Schwestern, eure Kleider passen mir nicht! Ich bleibe lieber zu Hause.«

Der Vater fuhr mit den beiden Töchtern zur Frühmesse. Unterdessen holte das schöne Mädchen ihre Feder hervor. Die fiel auf den Boden und wurde zum wunderschönen Zarensohn. Der Zarensohn pfiff zum Fenster hinaus – sofort waren Kleider, Schmuck und ein goldener Wagen da. Sie zogen sich an und schmückten sich, setzten sich in den Wagen und fuhren los. Sie kommen in die Kirche und stellen sich ganz vorne hin. Die Leute wundern sich: Was ist da für ein Zarensohn mit einer Zarentochter gekommen?! Gegen Ende der Frühmesse gingen die beiden früher als alle fort und fuhren nach Hause. Der Wagen verschwand, Kleider und Schmuck wie nie gewesen, der Zarensohn aber wurde wieder zur Feder. Dann kehrte auch der Vater mit seinen Töchtern zurück. »Ach, Schwester, jetzt warst du nicht mit in der Kirche, und dort war ein wunderschöner Zarensohn mit einer Zarentochter, an der man sich nicht satt sehen konnte!« – »Macht nichts, liebe Schwestern, ihr habt es mir erzählt – und das ist so, als wenn ich selbst dort gewesen wäre.«

Am andern Tage wieder dasselbe. Am dritten Tage aber trat der Vater gerade aus der Kirche, als sich der Zarensohn mit dem schönen Mädchen in den Wagen setzte, und da sah er mit eigenen Augen, daß der Wagen vor seinem Hause vorfuhr und dann verschwand. Zu Hause fragte der Vater seine jüngste Tochter. Da sagt sie: »Nichts zu machen, dann muß ich's bekennen!« Sie nahm die Feder heraus; die Feder fiel auf den Boden und wurde zum Zarensohn. Und dann wurden sie getraut, und die Hochzeit war prächtig.

Auf dieser Hochzeit war ich auch, trank manchen Schnaps, wie es so Brauch; er floß mir wohl den Bart entlang, kam aber nicht im Munde an.

Zuerst setzte man mir eine Schlafmütze auf und puffte mich von allen Seiten. Dann stülpte man mir einen Korb über. »Na, Bürschchen, Dummer, worauf wartest du noch? Mach, daß du vom Hof kommst!«

Jelena die Wunderweise

In uralten Zeiten mußte in irgendeinem Zarenreiche, nicht in unserem Reiche, ein Soldat bei einem steinernen Turm Posten stehen; der Turm war fest verschlossen und versiegelt, und es war Nacht. Punkt zwölf Uhr hört der Soldat, daß jemand im Turm ruft: »He, du, Soldat!« Der Soldat fragt: »Wer ruft mich?« – »Das bin ich – der Böse Geist«, hallt eine Stimme hinter dem eisernen Gitter hervor: »Dreißig Jahre sitze ich schon hier, ohne zu trinken, ohne zu essen.« – »Was willst du denn?« – »Laß mich heraus, laß mich frei; gerätst du in Not, so wirst du mich brauchen können; nenne nur meinen Namen – und im selben Augenblick erscheine ich dann zu deiner Hilfe.« Sogleich riß der Soldat das Siegel herunter, zerbrach das Schloß und öffnete die Tür – da flog der Böse Geist aus dem Turm heraus, schwang sich in die Höhe und verschwand schneller als ein Blitz. »Nun«, denkt der Soldat, »da habe ich was Schönes angerichtet, mein ganzer Dienst ist keinen Groschen mehr wert! Jetzt komme ich in Arrest, man stellt mich vor ein Kriegsgericht, und es fehlt nur noch, daß man mich Spießruten laufen läßt; lieber mache ich mich auf den Weg, solange es noch Zeit ist.« Er warf Flinte und Ranzen zur Erde und ging in die Welt hinaus, wohin die Augen sahen. So ging er einen Tag, einen zweiten und einen dritten, da wurde er ganz hungrig; zu essen und zu trinken gab's aber nichts; er setzte sich an den Wegrand, weinte bittere Tränen und dachte: »Nun, bin ich nicht dumm? Ich diente dem Zaren zehn Jahre, ich hatte immer zu essen und war zufrieden, bekam täglich drei Pfund Brot; aber nein! Ich bin in die Freiheit gelaufen, um Hungers zu sterben. Ach du, Böser Geist! An allem bist du schuld.« Da plötzlich stand vor ihm der Böse und fragt: »Guten Tag, Soldat, worüber trauerst du?« – »Wie soll ich nicht trauern, wenn ich schon den dritten Tag Hungers sterbe.« – »Quäl dich nicht, da kann ich dir helfen!« sagte der Böse Geist, stürzte hierhin und dorthin, schleppte allerlei Weine und Vorräte herbei, gab dem Soldaten zu essen und zu trinken und lud ihn zu sich ein; »In meinem Hause wirst du ein bequemes Leben haben; trink, iß und geh spazieren, wieviel die Seele verlangt, sieh nur nach meinen Töchtern – sonst brauch ich nichts.« Der Soldat ging darauf ein; der Böse Geist ergriff ihn unter den Armen, hob ihn hoch – hoch in die Luft und trug ihn über dreimal neun Länder in das dreißigste Reich – in einen Palast aus weißen Steinen. Der Böse hatte drei Töchter – und alle waren sie schön. Er befahl ihnen, dem Soldaten zu gehorchen und ihn reichlich mit Speise und Trank zu versorgen, selbst aber flog er fort, um Böses zu tun. Natürlich – so ein Böser Geist, der sitzt nie ruhig an einem Fleck, jagt immer durch die Welt und verwirrt die Leute, bringt sie in Sünde. Der Soldat blieb bei den schönen Mädchen und hatte solch ein feines Leben, daß das

Sterben unnötig wurde. Eins kränkte ihn aber sehr: jede Nacht verließen die schönen Mädchen das Haus, und wohin sie gingen – war unbekannt. Da fing er an, sie auszufragen, sie aber sagen es ihm nicht, sondern machen Ausflüchte. »Gut also«, denkt der Soldat, »ich werde die ganze Nacht aufpassen und werde schon herausbekommen, wo ihr euch herumtreibt.« Abends legte sich der Soldat aufs Bett, stellte sich fest schlafend und wartete und konnte es kaum erwarten.

Als nun die Zeit gekommen war, schlich er sich vorsichtig zum Schlafzimmer der Mädchen, stellte sich an die Tür, beugte sich vor und blickte durchs Schlüsselloch. Die schönen Mädchen brachten einen Zauber-Teppich, breiteten ihn auf den Boden, warfen sich auf den Teppich und verwandelten sich in Tauben, flogen auf und durchs Fenster ins Freie. »Was für ein Wunder!« denkt der Soldat, »will es doch auch probieren.« Er sprang ins Schlafzimmer, warf sich auf den Teppich und verwandelte sich in ein Rotkehlchen, flog zum Fenster hinaus und hinter den Schwestern her. Die Tauben ließen sich auf einer grünen Wiese nieder, das Rotkehlchen aber setzte sich unter einen Johannisbeerstrauch, versteckte sich hinter Blättchen und lauerte von da. Es kamen noch viele, viele Tauben geflogen und bedeckten die ganze Wiese. In der Mitte stand aber ein goldener Thron.

Eine kurze Zeit verstrich, da erstrahlten Himmel und Erde – und durch die Luft kam ein goldener Wagen gefahren, gezogen von sechs flammenden Schlangen. Im Wagen saß die Königstochter Jelena die Wunderweise – von solch unbeschreiblicher Schönheit, nicht zu erdenken, nicht zu erraten, nicht im Märchen zu sagen! Sie stieg vom Wagen, setzte sich auf den goldenen Thron und rief die Tauben der Reihe nach zu sich heran, um sie allerhand Weisheiten zu lehren. Als die Lehre vorbei war, sprang sie auf ihren Wagen, und weg war sie! Da erhoben sich auch alle Tauben von der grünen Wiese und flogen jede in ihre Richtung; das Rotkehlchen flog auch auf und hinter den drei Schwestern her und erschien zusammen mit ihnen im Schlafzimmer. Die Tauben warfen sich auf den Teppich – wurden zu schönen Mädchen, und das Rotkehlchen tat dasselbe –

und wurde der Soldat. »Wo kommst du her?« fragten ihn die Mädchen. »Ach, ich war mit euch auf der grünen Wiese, sah die wunderschöne Königstochter auf dem goldenen Thron und hörte, wie sie euch allerhand Weisheiten lehrte.« – »Nun, du hast Glück gehabt, daß du noch am Leben bist! Denn diese Königstochter ist – Jelena die Wunderweise, unsere mächtige Gebieterin. Hätte sie ihr Zauberbuch bei sich gehabt, sofort hätte sie dich erkannt – und dann hättest du einen bösen Tod nicht vermieden. Hüte dich, Soldat! Flieg nicht mehr auf die grüne Wiese, staune Jelena die Wunderweise nicht an; sonst verwirkst du deinen jungen Kopf.«

Der Soldat aber läßt den Mut nicht sinken und achtet nicht auf diese Reden. In der nächsten Nacht warf er sich wieder auf den Teppich und verwandelte sich in ein Rotkehlchen. Auf die grüne Wiese kommt das Rotkehlchen, versteckt sich unter einem Johannisbeerstrauch und sieht von dort auf Jelena die Wunderweise, freut sich an ihrer unsagbaren Schönheit und denkt: »Wenn man solch eine zur Frau bekäme – nichts bliebe einem in der Welt zu wünschen übrig! Ich will hinter ihr herfliegen und so erfahren, wo sie wohnt.« Da stieg Jelena die Wunderweise vom goldenen Thron herunter, setzte sich in ihren Wagen und flog durch die Luft zu ihrem wunderbaren Palast; und hinter ihr her flog das Rotkehlchen.

So kam die Königstochter zu ihrem Palast. Ihr entgegen kamen aus dem Haus gelaufen ihre Kinderfrauen und Ammen, nahmen sie auf die Hände und trugen sie in gemalte Kammern. Das Rotkehlchen aber flatterte in den Garten, wählte sich einen schönen Baum, der grade unter dem Fenster des Schlafzimmers stand, setzte sich auf einem Ästchen zurecht und fing an, so schön und klagend zu singen, daß die Königstochter die ganze Nacht kein Auge schließen konnte und immer zuhören mußte. Kaum war die rote gute Sonne aufgegangen, da rief Jelena die Wunderweise mit lauter Stimme: »Ihr Frauen, ihr Mütterchen! Lauft schnell in den Garten, fangt mir das Vöglein-Rotkehlchen.« Die Frauen und Mütterchen stürzten in den Garten, suchten das Sing-Vöglein zu fangen. Das war aber nichts für solch alte Weiberchen: das Rotkehlchen flattert von Busch zu Busch, fliegt nicht weit fort und läßt sich auch nicht fangen. Die Königstochter wurde ungeduldig, lief hinaus in den grünen Garten, wollte selbst das Vöglein-Rotkehlchen fangen; sie nähert sich dem Busch – das Vöglein rührt sich nicht vom Ast, sitzt, hält die Flügel gesenkt – als erwarte es die Hand. Da freute sich die Königstochter, nahm das Vöglein in die Hände, brachte es in den Palast, setzte es in einen goldenen Käfig und hängte ihn in ihr Schlafzimmer.

Der Tag verging, die Sonne sank, Jelena die Wunderweise flog zur grünen Wiese, kehrte zurück, fing an, den Schmuck abzulegen, kleidete sich aus und legte sich zu Bett. Das Rotkehlchen blickt auf ihre weiße Haut, auf ihre unsagbare Schönheit und zittert über und über. Kaum war die Königstochter eingeschlafen, wurde das Rotkehlchen zur Fliege, flog aus dem goldenen Käfig, warf sich auf den Boden und wurde ein schöner Bursche. Der schöne Bursche trat an das Bettchen, sah lange auf die Wunderschöne, hielt es nicht aus und – tschmock auf ihre Zuckerlippen! Kaum sah er, daß die Königstochter erwachen wollte, verwandelte er sich schnell wieder in eine Fliege, flog in den Käfig und wurde zum Vöglein-Rotkehlchen. Jelena die Wunderweise öffnete die Augen, blickte um sich – nichts zu sehen: »Muß es wohl geträumt haben!« denkt sie. Drehte sich auf die andere Seite und schlief wieder ein. Der Soldat kann und kann es nicht aushalten; er versuchte es zum zweiten und zum dritten Mal – leicht schläft die Königstochter, nach jedem Kuß erwacht sie gleich.

Nach dem dritten Mal stand sie vom Bette auf und sagte: »Hier ist was nicht richtig! Ich will doch mal im Zauberbuch nachsehen.« Kaum hatte sie ins Zauberbuch gesehen, da erkannte sie, daß im goldenen Käfig kein einfaches Vöglein-Rotkehlchen saß, sondern ein junger Soldat. »Ach, du Frechling«, rief Jelena die Wunderweise, »komm mal raus aus dem Käfig. Für diesen Betrug mußt du dein Leben lassen.« Nichts zu machen – so flog das Vöglein-Rotkehlchen aus dem goldenen Käfig, warf sich auf den Boden und wurde zum schönen Burschen. Auf die Knie fiel der Soldat vor der Königstochter und fing an, um Vergebung zu bitten. »Nein, keine Gnade gibt's für dich, du Taugenichts«, antwortete Jelena die Wunderweise und rief den Henker mit dem Richtblock, dem Soldaten den Kopf abzuschlagen. Sogleich stand da vor ihr ein Riese mit einer Axt und einem Richtblock, warf den Soldaten zu Boden, drückte seinen leichtsinnigen Kopf auf den Richtblock und hob die Axt. Gleich wird die Königstochter mit dem Tuche winken, und rollen wird der junge Kopf! ... »Hab Erbarmen, wunderschöne Königstochter!« bittet der Soldat mit Tränen, »erlaube mir noch, ein Lied zu singen.« – »Sing, aber schnell.« Da stimmte der Soldat ein so trauriges, so klagendes Lied an, daß selbst Jelena die Wunderweise weinen mußte; der gute Junge tat ihr leid, und sie sagte: »Ich gebe dir eine zehnstündige Frist. Wenn du es fertigbringst, im Laufe dieser Zeit dich so gut zu verstecken, daß ich dich nicht finde, dann heirate ich dich; bringst du das aber nicht fertig – dann muß dein Kopf herunter.«

Da ging der Soldat aus dem Palast, kam in einen dichten, dunklen Wald, setzte sich unter einen Busch und fiel in tiefe Gedanken und tiefe Trauer: »Ach, Böser Geist, du bist an meinem Untergang schuld.« – In demselben Augenblick erschien der Böse Geist: »Was willst du von mir, Soldat?« – »Ach«, sagt er, »jetzt kommt mein Tod! Wo soll ich mich denn auch vor Jelena der Wunderweisen verstecken?« Der Böse warf sich auf die feuchte Erde und wurde zum blauflügligen Adler: »Setze dich, Soldat, auf meinen Rücken; ich trage dich unter das Himmelsgewölbe.« Der Soldat setzte sich auf den Adler; der Adler hob sich in die Höhe und flog über Nebel und Wolken. Es vergingen fünf Stunden, Jelena die Wunderweise nahm das Zauberbuch, blickte hinein – und alles lag vor ihr, wie auf der Hand. Sie rief mit lauter Stimme: »He, Adler, laß das Fliegen im Himmelsraum; laß dich herunter, vor mir versteckst du dich nicht.« Der Adler sank zur Erde. Noch viel trauriger wurde der Soldat: »Was soll ich jetzt tun? Wo mich verstecken?« – »Wart mal«, sagt der Böse, »ich helfe dir schon.« Sprang auf den Soldaten zu, schlug ihn auf die Wange und verwandelte ihn in eine Stecknadel, selbst aber wurde er zu einer Maus, ergriff die Nadel mit den Zähnen, stahl sich in den Palast, fand das Zauberbuch und steckte die Nadel hinein. So vergingen die letzten fünf Stunden. Jelena die Wunderweise öffnete ihr Zauberbuch – sucht und sucht – aber das Buch schweigt; da wurde die Königstochter ganz böse und schleuderte das Buch in den Ofen. Die Stecknadel aber glitt aus dem Buch, fiel auf den Boden und wurde zum schönen Burschen. Jelena die Wunderweise nahm ihn an der Hand und sagte: »Ich bin wohl listenreich, aber du bist es noch mehr!« Sie überlegten nicht lange, ließen sich trauen und lebten glücklich und in Freuden.

Der weissagende Traum

Es lebte einmal ein Kaufmann, der hatte zwei Söhne: Dmitrij und Iwan. Einmal, als er sie zur Nacht segnete, sagte der Vater: »Nun, Kinder, was ihr träumen werdet, das erzählt mir am Morgen, wer aber seinen Traum verheimlicht, den werde ich schwer bestrafen.« Da kommt am Morgen der ältere Sohn und sagt zum Vater: »Mir träumte, Vater, daß Bruder Iwan hoch am Himmel auf zwölf Adlern flog; und dann noch, ich hätte mein bestes Schaf verloren.« – »Und was hat dir geträumt, Wanja?« – »Das sag ich nicht!« antwortete Iwan. Wie der Vater ihm auch zusetzte, er blieb verstockt, und trotz allen Zuredens blieb er immer bei seinem: »Ich sag's nicht!« und »Ich sag's nicht!« Der Kaufmann wurde zornig, rief seine Gehilfen und befahl ihnen, den ungehorsamen Sohn zu greifen, nackt auszuziehen und an einen Pfahl am Straßenrand zu binden. Die Gehilfen ergriffen Iwan und banden ihn, wie befohlen, ganz fest, nackt an den Pfahl. Schlimm erging es dem guten Jungen: die Sonne brennt ihn, die Mücken stechen, Hunger und Durst quälen ihn. Da geschah es, daß der junge Zarensohn des Weges kam. Er sah den Kaufmannssohn, erbarmte sich seiner und befahl, ihn zu befreien; hieß ihm von seinen Kleidern geben, brachte ihn in seinen Palast und fing an, ihn auszufragen: »Wer hat dich an den Pfahl gebunden?« – »Der eigene Vater war böse auf mich.« – »Was hast du denn verbrochen?« – »Ich wollte ihm nicht erzählen, was ich im Traume sah.« – »Gott, muß dein Vater dumm sein! Wegen solch einer Kleinigkeit, und dann gleich so schwer bestrafen ... Aber was träumte dir denn?« – »Das sag ich nicht, Zarensohn!« – »Was fällt dir ein? Ich habe dich vom Tode errettet, und du kommst mir so grob? Sag's sofort, oder es geht dir schlimm!« – »Dem Vater habe ich's nicht gesagt, und dir sag ich's auch nicht!« Der Zarensohn befahl, ihn in den Kerker zu werfen. Sofort kamen die Soldaten und führten den Knecht Gottes in den »steinernen Sack«.

Es verging ein Jahr, da wollte der Zarensohn heiraten, machte sich auf und fuhr in ein fremdes, fernes Reich. Dort wollte er um Jelena die Wunderschöne werben. Der Zarensohn hatte aber eine Schwester, die kam bald nach der Abreise des Bruders auf ihrem Spaziergang am Kerker vorüber. Aus dem Fensterchen erblickte sie der Kaufmannssohn und rief mit lauter Stimme: »Erbarme dich, Zarentochter, laß mich hinaus in die Freiheit! Vielleicht werdet ihr mich brauchen, denn ich weiß, daß der Zarensohn zu Jelena der Wunderschönen gefahren ist, um sie zu werben, aber ohne mich bekommt er sie nicht, verliert nur seinen Kopf. Du hast doch selbst gehört, wie listenreich Jelena die Wunderschöne ist, und wie viele Freier sie schon in jene Welt geschickt hat.« – »Bist du denn bereit, dem Zarensohn zu helfen?« – »Ich wollte ihm schon helfen, doch sind dem Falken die Flügel gebunden.« Die Zarentochter erließ sofort den Befehl, ihn aus dem Kerker zu lassen.

Iwan der Kaufmannssohn suchte sich Genossen aus, bis es ihrer mit Iwan zwölf waren; und alle zwölf sahen sich vollkommen gleich, wie zwölf leibliche Brüder – gleich an Wuchs, gleich an Stimme, gleich an Haar. Sie zogen alle gleiche Röcke an, nach gleichem Schnitt genäht, schwangen sich auf ihre guten Rosse und ritten des Wegs. Sie ritten einen Tag, und zwei, und drei; am vierten kommen sie zu einem düsteren Walde und hören furchtbares Geschrei. »Halt, Brüder«, sagt Iwan, »wartet ein wenig, ich gehe dem Lärm nach.« Er sprang vom Pferde und lief in den Wald, und da sieht er: Auf einer Lichtung zanken sich drei Greise. »Guten Tag, ihr Alten, worum streitet ihr?« – »Ach, junger Mensch, von unserem Vater erbten wir drei Wunderdinge: eine Tarnkappe, einen fliegenden

Teppich und Siebenmeilenstiefel; ja, und nun streiten wir uns schon siebzig Jahre und können uns nicht einigen.« – »Wollt ihr, daß ich teile?« – »Sei so gut!« Iwan der Kaufmannssohn spannte seinen straffen Bogen, legte drei Pfeile auf und schoß sie in verschiedene Richtungen; den einen Alten hieß er nach rechts laufen, den andern nach links, den dritten aber schickt er geradeaus: »Wer mir als erster seinen Pfeil bringt, der bekommt die Tarnkappe; der zweite erhält den fliegenden Teppich; der letzte aber mag die Siebenmeilenstiefel nehmen.« Die Greise rannten nach den Pfeilen; Iwan der Kaufmannssohn aber nahm alle drei Wunderdinge und kehrte zu seinen Kameraden zurück: »Brüder«, sagt er, »laßt eure guten Rosse frei und setzt euch zu mir auf den fliegenden Teppich!« Schnell setzten sich alle auf den fliegenden Teppich und flogen in das Reich von Jelena der Wunderschönen. Sie kamen zur Hauptstadt, ließen sich am Tore nieder und gingen den Zarensohn suchen. Sie fanden ihn. »Was wollt ihr?« fragt der Zarensohn. »Nimm uns tapfere Burschen in deinen Dienst. Wir werden für dich sorgen und dir Gutes tun aus reinem Herzen.« Der Zarensohn nahm sie in seinen Dienst und ernannte sie – den einen zum Koch, den andern zum Stallknecht, den einen hierhin, den andern dorthin. Am selben Tage kleidete sich der Zarensohn festlich und fuhr zu Jelena der Wunderschönen. Sie empfing ihn freundlich, bewirtete ihn mit allerlei Speisen und teuren Getränken und begann dann zu fragen: »Nun, sag mal aufrichtig, Zarewitsch, was führt dich zu uns?« – »Ich will um dich freien, Jelena, du Wunderschöne. Willst du mich zum Mann?« – »Vielleicht, ja, ich bin einverstanden, nur mußt du vorher drei Aufgaben ausführen. Führst du sie aus – dann werde ich deine Frau, wenn nicht – dann bereite deinen Kopf für das scharfe Beil.« – »Nun, sag die Aufgabe!« – »Morgen werde ich etwas haben, aber was – das sage ich nicht; versuch's mal, Zarewitsch, und bring mir zu meinem Unbekannten das Deine, so daß es ein Paar ergibt.« Da kehrte der Zarensohn sehr betrübt in seine Wohnung zurück, in großem Kummer. Fragt ihn Iwan der Kaufmannssohn: »Was bist du denn nicht fröhlich, Zarensohn? Hat dich etwa Jelena die Wunderschöne geärgert? Teil dein Leid mit mir, dir wird dann leichter werden.« – »So und so«, antwortet der Zarensohn, »da hat mir Jelena die Wunderschöne eine solche Aufgabe gestellt, wie sie kein Weiser in der ganzen Welt lösen kann.« – »Nun, das ist noch kein großes Unglück! Bete zu Gott und lege dich schlafen; der Morgen ist weiser als der Abend, morgen überlegen wir die Sache.« Der Zarensohn legte sich schlafen, Iwan der Kaufmannssohn aber setzte sich die Tarnkappe auf, zog die Siebenmeilenstiefel an und marsch! in den Palast zu Jelena der Wunderschönen.

Er geht geradewegs ins Schlafgemach und hört, Jelena die Wunderschöne gibt ihrer Dienerin folgenden Befehl: »Nimm diesen kostbaren Stoff und trag ihn zum Schuster; er soll ein Schühchen für meinen Fuß machen, aber ganz schnell!« Die Dienerin lief dorthin, wie es ihr befohlen war, und Iwan folgte ihr. Der Meister machte sich sofort an die Arbeit, nähte schnell ein Schühchen und stellte es ans Fenster. Iwan der Kaufmannssohn nahm den Schuh und steckte ihn heimlich in die Tasche. Der arme Meister läuft und sucht – direkt vor der Nase ist ihm die ganze Arbeit verschwunden! Er suchte und suchte, drehte alle Nadeln um – alles umsonst! »Das geht nicht mit rechten Dingen zu!« denkt er. »Ob wohl der Teufel mit mir seine Possen treibt?« Nichts zu machen, er greift von neuem zur Nadel, näht ein zweites Schühchen und trägt es zu Jelena der Wunderschönen. »Bist du aber langsam!« sagt Jelena die Wunderschöne. »Wieviel Zeit du über dem Schuh vertrödelst!« Sie setzte sich an ihr Nähtischchen und fing an, den Schuh mit Gold zu besticken, mit großen Perlen zu benähen und mit Edelsteinen zu verzieren. Iwan setzte sich neben sie, zog seinen Schuh aus der Tasche und macht ihr alles nach: nimmt sie ein Steinchen, sucht er sich ein gleiches aus; wo sie eine Perle annähte, da nähte er auch eine hin. Endlich hat Jelena die Wunderschöne ihre Arbeit beendet, sie lächelt und sagt: »Wer weiß, womit der Zarensohn morgen erscheinen wird!« – »Wart du nur!« denkt Iwan. »Noch weiß man nicht, wer wen überlistet!« Kehrte nach Hause zurück und legte sich schlafen.

In der Morgendämmerung stand er auf, kleidete sich an, weckte den Zarensohn und gibt ihm das Schühchen: »Reit«, sagt er, »zu Jelena der Wunderschönen und zeig ihr den Schuh – das ist ihre erste Aufgabe!« Der Zarensohn wusch sich, kleidete sich festlich und ritt zur Braut; bei ihr aber sind die Zimmer schon voller Gäste – alles Bojaren und Würdenträger, gewichtige Leute. Kaum erschien der Zarensohn, da spielte die Musik, die Gäste sprangen von ihren Plätzen auf, die Soldaten präsentierten das Gewehr. Jelena die Wunderschöne trägt ihr Schühchen in der Hand, geschmückt ist es mit großen Perlen und mit Edelsteinen besetzt. Sie selbst aber sieht den Zarensohn an und lacht. Da sagt zu ihr der Zarensohn: »Der Schuh ist schön, aber ohne den andern ist er nichts nütze! Werde dir wohl den andern dazu schenken müssen!« Mit diesen Worten zog er das andere Schühchen aus der Tasche und legte es auf den Tisch. Da klatschten alle Gäste in die Hände und riefen wie aus einem Munde: »Oho, du Zarensohn, du bist's schon wert, der Mann unserer Herrscherin zu werden!« – »Das wollen wir noch sehen!« antwortete Jelena die Wunderschöne, »eine zweite Aufgabe muß er noch lösen.«

Spät am Abend kehrte der Zarensohn heim, noch düsterer als zuvor. »Ist schon gut, Zarensohn, laß das Trauern!« sagt zu ihm Iwan der Kaufmannssohn, »bete zu Gott und lege dich schlafen! Der Morgen ist weiser als der Abend.« Er brachte ihn zu Bett, selbst aber zog er die Siebenmeilenstiefel an, setzte die Tarnkappe auf und lief in den Palast zu Jelena der Wunderschönen. Gerade befahl sie ihrer Lieblingsdienerin: »Lauf mal schnell auf den Hühnerhof und hol mir ein Entchen!« Die Dienerin lief auf den Hühnerhof, Iwan hinter ihr her. Die Dienerin ergriff eine Ente, Iwan aber einen Enterich, und beide kamen zurück. Jelena die Wunderschöne setzte sich an ihr Nähtischchen, nahm die Ente, schmückte ihr die Flügel mit Bändern, den Schopf mit Brillanten. Iwan der Kaufmannssohn sieht zu und tut dasselbe mit seinem Enterich. Am andern Tage sind wieder Gäste bei Jelena der Wunderschönen, und wieder spielt die Musik. Jelena läßt ihr Entchen los und fragt den Zarensohn: »Hast du die Aufgabe gelöst?« – »Natürlich, Jelena du Wunderschöne! Da hast du, was zu deinem Entchen noch fehlte, jetzt ist es ein Paar« – und läßt schnell den Enterich los … Da riefen alle Bojaren wie aus einem Munde: »Das hast du gut gemacht, Zarensohn! Du bist's wert, unsere Jelena die Wunderschöne zur Frau zu bekommen.« – »Wartet ab, erst soll er die dritte Aufgabe lösen!« Abends kehrt der Zarensohn heim, so düster, daß er gar nicht sprechen mag. »Sei nicht traurig, Zarewitsch, leg dich lieber schlafen! Der Morgen ist weiser als der Abend«, sagte Iwan der Kaufmannssohn, setzte sich schnell die Tarnkappe auf, zog die Siebenmeilenstiefel an und lief zu Jelena der Wunderschönen. Sie aber ist gerade im Begriff, ans blaue Meer zu fahren. Sie setzt sich in den Wagen und jagt davon. Doch Iwan der Kaufmannssohn bleibt auch nicht einen Schritt zurück! Jelena die Wunderschöne kommt ans Meer und ruft nach ihrem Großvater. Die Wellen rauschen und donnern, und es hebt sich aus dem Wasser der Alte – der Bart ist golden, auf dem Kopf silberne Haare. Er steigt heraus ans Ufer. »Guten Tag, Enkelin! Schon lange hab ich dich nicht gesehen. Lause mir mal das Köpfchen!« Er legte den Kopf auf ihre Knie und versank in einen süßen Traum. Jelena die Wunderschöne laust den Alten, Iwan der Kaufmannssohn aber steht hinter ihrem Rücken. Sie sieht, der Alte ist eingeschlafen, da reißt sie ihm drei silberne Haare aus. Iwan der Kaufmannssohn aber reißt gleich ein ganzes Büschel aus. Der Alte erwacht und schreit: »Bist wohl verrückt geworden? Das tut doch weh!« »Entschuldige, Großvater! Ich habe dich schon lange nicht mehr gekämmt, die Haare sind so verfilzt.« Der Alte beruhigte sich, und bald schnarchte er schon wieder. Jelena die Wunderschöne riß ihm drei goldene Haare aus; Iwan der Kaufmannssohn aber packt ihn am Bart und reißt den fast ganz aus. Furchtbar brüllte der Alte, sprang auf und stürzte sich ins Meer. »Jetzt hab ich den Zarensohn!« denkt Jelena die Wunderschöne, »solche Haare findet er nirgends!«

Am folgenden Tage versammeln sich die Gäste; auch der Zarensohn kommt. Jelena die Wunderschöne zeigt ihm die drei silbernen und die drei goldenen Haare und fragt: »Hast du je so etwas Seltsames gesehen?« – »Womit du auch prahlst! Wenn du willst, schenk ich dir ein ganzes Büschel!« Und er holte das Büschel goldener und das Büschel silberner Haare hervor und reicht sie ihr. Zornig wird da Jelena die Wunderschöne, läuft in ihr Schlafgemach und sieht im Zauberbuch nach, ob der Zarensohn selbst alles errät oder ob ihm jemand hilft. Da sieht sie im Buch, daß nicht er so listenreich ist, sondern sein Diener, Iwan der Kaufmannssohn.

Sie kehrt zu den Gästen zurück und sagt zum Zarensohn: »Schick mir mal deinen Lieblingsdiener! « – »Ich habe ihrer zwölf.« – »Schick mir den, der Iwan heißt!« – »Ja, die heißen alle Iwan.« – »Gut«, sagt sie, »dann sollen sie alle kommen!« Bei sich aber denkt sie: »Ich werde auch ohne dich den Schuldigen finden!« Da erließ der Zarensohn den Befehl, und bald erschienen im Palast alle zwölf tapferen Burschen, alle zwölf treuen Diener. Alle gleich im Gesicht, alle von gleichem Wuchs, die Stimmen gleich, die Haare gleich. »Wer unter euch ist der Anführer?« fragte Jelena die Wunderschöne. Da riefen sie alle zugleich: »Ich bin der Anführer! Ich bin der Anführer!« – »Nun«, denkt sie, »hier erfährt man auf einfache Weise nichts!«, und befiehlt, elf einfache Becher zu bringen, den zwölften aber aus Gold, aus dem sie selbst immer trank. Sie goß in die Becher den schönsten Wein und begann, die tapferen Burschen zu bewirten. Aber keiner von ihnen nimmt einen einfachen Kelch, alle strecken die Hände nach dem goldenen, und einer reißt ihn dem anderen weg; es gab nur Lärm, und der Wein floß zu Boden! Jelena die Wunderschöne sieht, daß ihre List nicht gelungen ist, und befiehlt, die Burschen gut zu bewirten und im Palaste schlafen zu lassen. In der Nacht, als alle in tiefem Schlafe lagen, kam sie zu ihnen mit ihrem Zauberbuch, blickte hinein und erkannte sofort den Schuldigen. Sie nahm eine Schere und schnitt ihm an der Schläfe die Haare weg. »Daran werde ich ihn morgen erkennen, und dann lasse ich ihn töten.« Am Morgen erwacht Iwan der Kaufmannssohn, faßt sich an den Kopf – an der Schläfe fehlen die Haare. Er sprang vom Bett und weckt die Genossen: »Wacht auf, wacht auf, das Unglück kommt! Nehmt mal schnell eine Schere und schert euch die Schläfen!« Nach einer Stunde ließ Jelena die Wunderschöne sie rufen und sucht den Schuldigen. Aber welch ein Wunder: Wen sie auch anblickt – alle haben geschorene

Schläfen. Im Zorn ergriff sie ihr Zauberbuch und schleuderte es in den Ofen.

Jetzt hatte sie keine Entschuldigung mehr, sie mußte den Zarensohn heiraten. Sie feierten eine fröhliche Hochzeit. Drei Tage lang trank das Volk Tag und Nacht, drei Tage standen Schenken und Garküchen offen – wer will, geht hinein, ißt und trinkt auf Staatskosten! Kaum war das Fest vorbei, da macht sich der Zarensohn mit seiner jungen Frau auf den Weg in sein Zarenreich. Die zwölf tapferen Burschen aber ließ er schon vorher gehen. Sie verließen die Stadt, breiteten den fliegenden Teppich aus, setzten sich darauf und erhoben sich über die Wolken. Sie flogen und flogen und ließen sich gerade bei jenem düsteren Walde nieder, wo sie ihre guten Rosse gelassen hatten. Kaum waren sie vom Teppich heruntergestiegen, sieh – da kommt auch schon der eine Greis mit seinem Pfeil gelaufen! Iwan der Kaufmannssohn übergab ihm die Tarnkappe. Gleich kommt der zweite gelaufen und bekommt den fliegenden Teppich, nach ihm auch der dritte – und der nahm die Siebenmeilenstiefel. Sagt Iwan zu seinen Genossen: »Sattelt, Brüder, eure Rosse, es ist Zeit zu reiten.« Sie fingen ihre Pferde ein, sattelten sie und ritten in ihr Vaterland zurück. Sie kamen an und gingen sofort zu der Schwester des Zaren; die freute sich sehr, sie wiederzusehen, fragte sie nach dem Bruder, wie die Hochzeit war und ob er bald heimkäme. »Womit soll ich euch denn für euren Dienst belohnen?« fragt sie. Antwortet Iwan der Kaufmannssohn: »Setz mich in den Kerker, an den alten Platz!« Wie die Zarentochter ihm auch zuredete, er blieb dabei. Da ergriffen ihn die Soldaten und führten ihn ab.

Nach einem Monat kam der Zarensohn mit seiner jungen Gemahlin heim. Der Empfang war feierlich: die Musik spielte, die Kanonen schossen, die Glocken läuteten. Viel Volk hatte sich angesammelt, so viel, daß man glatt auf ihren Köpfen hätte gehen können! Die Bojaren und höchsten Beamten kamen, um dem Zarensohn ihre Aufwartung zu machen. Er sieht im Kreise herum und fragt: »Wo ist denn Iwan, mein treuer Diener?« – »Der«, sagt man, »sitzt im Kerker.« – »Wieso im Kerker? Wer wagte es, ihn einzusperren?« Da berichtet die Zarentochter: »Du hast ihn doch selbst, lieber Bruder, in festen Gewahrsam gebracht. Erinnerst du dich, wie du ihn nach irgendeinem Traum fragtest; er aber wollte ihn dir nicht erzählen.« – »Ist er das wirklich?« – »Genau derselbe! Ich habe ihm Urlaub für kurze Zeit gegeben.« Der Zarensohn befahl, Iwan den Kaufmannssohn aus dem Gefängnis zu holen. Er umarmte ihn und bat ihn, altes Unrecht zu vergessen. »Weißt du was, Zarewitsch?« sagt ihm Iwan, »alles, was mit dir geschehen ist, wußte ich im voraus; alles habe ich im Traum gesehen, darum sagte ich dir auch nichts davon.« Der Zarensohn gab ihm zur Belohnung den Generalsrang, schenkte ihm reiche Güter und behielt ihn in seinem Palast. Iwan der Kaufmannssohn ließ Vater und Bruder zu sich kommen, und so lebten sie zusammen, glücklich und froh, und ihr Reichtum nahm immer mehr zu.

Das Salz

In einer Stadt lebte einmal ein Kaufmann. Er hatte drei Söhne: der erste hieß Fjodor, der zweite Wassilij, der dritte aber Iwan der Dumme. Der Kaufmann war reich und fuhr mit eigenen Schiffen in fremde Länder und handelte dort mit allerhand Waren. Einmal belud er zwei Schiffe mit kostbaren Waren und beauftragte seine beiden älteren Söhne, mit ihnen übers Meer zu fahren. Der jüngste Sohn Iwan aber trieb sich immer nur in den Schenken herum, und daher vertraute ihm der Vater nichts an. Als Iwan nun hörte, daß seine Brüder übers Meer fuhren, ging er zum Vater und bat, er möge auch ihn in fremde Länder schicken, damit er sich dort sehen ließe, Leute kennenlernte und aus eigener Kraft zu Geld kommen könnte. Der Kaufmann ging lange nicht darauf ein: »Du wirst ja alles versaufen und wirst nicht einmal deinen eigenen Kopf wiederbringen!«

Als der Sohn aber nicht lockerließ mit Bitten, da gab der Vater ihm ein Schiff, das er aber mit der billigsten Ware belud: mit Balken und Brettern. So machte sich denn Iwan auf den Weg, stach in See, und bald holte er die Brüder ein. Sie fuhren nun gemeinsam über das blaue Meer, einen Tag, einen zweiten und einen dritten; am vierten aber erhoben sich starke Winde und trieben Iwans Schiff weit fort, zu einer unbekannten Insel. »Nun, Kinder«, rief Iwan den Matrosen zu, »haltet zum Ufer.« Sie legten an, Iwan stieg aus und befahl ihnen, auf ihn zu warten, und ging auf einem Pfad davon. Er ging und ging und kam endlich an einen sehr hohen Berg, und da sieht er, daß der Berg weder aus Sand noch aus Stein ist, sondern aus reinem russischen Salz. Er kehrte ans Ufer zurück und befahl den Matrosen, alle Balken und Bretter ins Wasser zu werfen und das Schiff mit Salz zu beladen. Kaum war das geschehen, da ließ Iwan die Anker lichten und fuhr weiter.

Ob lang, ob kurz, ob nah, ob weit – jedenfalls kam das Schiff zu einer großen, reichen Stadt, legte am Landungsplatz an und warf Anker. Iwan der Kaufmannssohn stieg vom Schiff und ging in die Stadt, um sich vor dem dortigen Zaren zu verneigen und ihn um die Erlaubnis zu bitten, dort zollfrei Handel treiben zu dürfen. In einem Bündel brachte er eine Probe seiner Ware mit – das russische Salz. Er wurde gleich gemeldet und sofort vom Zaren empfangen. Der Zar fragte: »Sprich, was ist los – was willst du?« – »So und so, Eure Majestät! Gestatte mir, in deiner Stadt zollfrei Handel zu treiben.« – »Und was verkaufst du?« – »Russisches Salz, Eure Majestät!« Der Zar hatte aber noch nie von Salz gehört. In seinem ganzen Zarenreiche wurde ohne Salz gegessen. Er war sehr begierig zu erfahren, was das für eine neue, nie dagewesene Ware sei. »Na ja«, sagt er, »zeig sie mir mal!« Iwan der Kaufmannssohn band das Tuch auf. Der Zar blickte hin und dachte bei sich: »Aber das ist doch einfach weißer Sand!« Und er sagt lächelnd zu Iwan: »Na, mein Lieber, diese Ware kann man bei uns auch umsonst haben!« Iwan ging traurig hinaus. Da kam ihm der Gedanke: »Will doch mal in die Küche gehen und sehen, wie die Köche dort die Speisen zubereiten – was für ein Salz sie verwenden!« Er kam in die Küche, fragte, ob er da etwas ausruhen dürfe, setzt sich auf einen Stuhl und guckt. Die Köche laufen hin und her, der eine kocht, der andere brät, der dritte begießt, und einer zerdrückt auf einem Kochlöffel Läuse. Iwan der Kaufmannssohn sieht, daß die Köche gar nicht daran denken, die Speisen zu salzen. Als gerade niemand in der Küche war, benutzte er den Augenblick und tat zu allen Speisen soviel Salz hinzu, als nötig war. Dann kam die Zeit des Mittagessens. Man trug das erste Gericht auf. Der Zar kostete, und es schmeckte ihm so gut wie nie zuvor. Dann kam das zweite Gericht – es schmeckte noch besser. Da ließ der Zar die Köche rufen und sprach: »So viele Jahre regiere ich schon, aber noch nie habt ihr so gut gekocht. Wie habt ihr das gemacht?« Die Köche antworteten: »Eure Majestät! Wir haben gekocht wie immer und haben nichts Neues hinzugefügt; aber da sitzt in der Küche jener Kaufmann, der hier zollfrei Handel treiben wollte, vielleicht hat der etwas hinzugetan?« – »Ruft ihn her!« Man führte Iwan den Kaufmannssohn vor den Zaren. Er fiel auf die Knie und bat um Vergebung: »Ich bekenne mich schuldig, Zar-Herrscher! Ich habe alle Speisen mit russischem Salz gewürzt, denn so ist es bei uns zu Lande üblich.« – »Was kostet denn das Salz?« Iwan begriff, daß seine Sache gut stand, und antwortete: »Es ist nicht sehr teuer; für zwei Maß Salz – ein Maß Silber und ein Maß Gold.« Der Zar war mit dem Preise einverstanden und kaufte Iwan die ganze Ware ab. Iwan belud sein Schiff bis zum Rande mit Silber und Gold und wartete auf günstigen Wind.

Jener Zar aber hatte eine Tochter – eine wunderschöne Zarentochter, die wollte sich das russische Schiff ansehen und bat den Vater um Erlaubnis, zum Landungsplatz gehen zu dürfen. Der Zar erlaubte es ihr. Da fuhr sie mit ihren Ammen, ihren Kinderfrauen und Kammerjungfern dorthin, um sich das russische Schiff anzusehen. Iwan der Kaufmannssohn zeigte ihr alles und erklärte ihr, was das ist: die Segel, das Takelwerk, der Bug und das Heck, und führte sie dann in die Kajüte. Den Matrosen aber hatte er befohlen, schnell die Anker zu lichten, die Segel zu hissen und in See zu stechen. Und da sie starken, günstigen Wind hatten, waren sie schon bald im offenen Meer und weit von der Stadt entfernt. Die Zarentochter trat wieder an Deck, schaute um sich – ringsumher nur das weite Meer! Da fing sie an zu weinen. Iwan der Kaufmannssohn tröstete sie, redete ihr gut zu und trocknete ihr die Tränen, und da er ein hübscher Junge war, lächelte die Zarentochter bald und gab den Kummer auf.

Ob es nun lange währte oder kurz, daß Iwan mit der Zarentochter auf dem Meere fuhr, jedenfalls traf er unterwegs seine älteren Brüder, und als sie von seinem Glück hörten, da wurden sie sehr neidisch. Sie kamen zu ihm an Bord, packten ihn an beiden Armen und warfen ihn ins Meer. Dann losten sie und teilten die Beute: Der älteste nahm die Zarentochter, der zweite aber das Schiff mit dem Silber und dem Gold. Es geschah aber, daß zu der Zeit, als sie Iwan vom Schiff warfen, einer von jenen Balken vorüberschwamm, die er selbst ins Meer geworfen hatte. Iwan faßte den Balken und schwamm lange mit ihm über die Meerestiefen. Endlich trieben die Wellen ihn an eine unbekannte Insel. Er ging an Land und wanderte am Ufer entlang. Da kommt ihm ein Riese mit einem großen Schnurrbart entgegen. An den Schnurrbart aber hat er ein Paar Handschuhe gehängt, die er so nach dem Regen trocknet. »Was suchst du hier?« fragt der Riese. Iwan erzählte ihm alles, was geschehen war. »Wenn du willst, bringe ich dich nach Hause; morgen heiratet dein ältester Bruder die Zarentochter. Setz dich mal auf meinen Rücken.« Er ergriff ihn, setzte ihn auf seinen Rücken und stürmte durch das Meer. Da flog Iwans Mütze fort. »Ach«, sagt er, »ich habe meine Mütze verloren!« – »Zu spät, mein Lieber, deine Mütze liegt jetzt schon fünfhundert Werst hinter uns«, antwortete der Riese. Dann brachte er Iwan in seine Heimat, ließ ihn zur Erde nieder und sagte: »Paß auf und prahl nicht, daß du auf mir geritten bist! Tust du es doch, dann töte ich dich!« Iwan der Kaufmannssohn versprach, nicht zu prahlen, dankte dem Riesen und ging nach Hause.

Er kommt an und sieht, daß alle schon am Hochzeitstisch sitzen und gleich in die Kirche fahren werden. Als ihn die wunderschöne Zarentochter erblickte, sprang sie sofort vom Stuhle auf und fiel ihm um den Hals: »Das ist mein Bräutigam«, sagt sie, »und nicht jener, der am Tisch sitzt!« – »Was soll das heißen?« fragt der Vater.

Iwan erzählte ihm alles; wie er mit Salz gehandelt, wie er die Zarentochter entführt hatte und wie ihn die älteren Brüder ins Meer gestoßen hatten. Der Vater wurde sehr böse auf die beiden Brüder und jagte sie vom Hof, Iwan aber ließ er mit der Zarentochter trauen.

Da fing ein fröhliches Gelage an. Die Gäste tranken viel und prahlten: der eine mit seiner Kraft, der andere mit seinem Reichtum, ein dritter mit seiner jungen Frau. Iwan aber saß die ganze Zeit da, und plötzlich fing auch er in der Betrunkenheit an zu prahlen: »Was ihr erzählt, ist gar nichts! Ich dagegen, ich bin auf einem Riesen durch das Meer hergeritten!« Kaum hatte er das gesagt, als auch schon der Riese vor dem Tor erschien: »Ah, Iwan der Kaufmannssohn! Ich habe dir doch verboten, mit mir zu prahlen, und was hast du getan?« – »Verzeih mir!« flehte Iwan der Kaufmannssohn, »das war nicht ich, das war der Rausch, der geprahlt hat.« – »So? Dann zeig mir doch mal diesen Kerl, den Rausch!« Iwan befahl, ein Vierzig-Eimer-Faß mit Wein und ein ebensolches mit Bier zu bringen. Der Riese trank den Wein und das Bier aus, wurde betrunken und begann alles, was ihm unter die Hände kam, zu zerbrechen und zu zermalmen. Er brachte da allerhand zustande! Gärten verwüstete er und Häuser zerstörte er. Danach fiel er selbst um und schlief drei Tage und drei Nächte durch. Als er aber erwachte, da zeigte man ihm, was er alles angerichtet hatte. Der Riese war ganz erstaunt und spricht: »Na, Iwan Kaufmannssohn, jetzt kenne ich den Kerl, den Rausch. Von heute ab darfst du ruhig mit mir prahlen.«

Der goldene Berg

Ein Kaufmannssohn hatte alles vergeudet, alles durchgebracht. Es kam so weit, daß er nichts mehr zu essen hatte. Da nahm er eine Schaufel, ging auf den Marktplatz und wartete, ob ihn nicht jemand als Arbeiter brauchen könnte. Nach einer Weile kam ein reicher Kaufmann in einem vergoldeten Wagen gefahren. Als ihn die Tagelöhner erblickten, da rannten sie alle, so viele ihrer waren, auseinander und versteckten sich überall. Der Kaufmannssohn blieb ganz allein auf dem Platz zurück. »Suchst du Arbeit, mein Lieber? Verding dich bei mir«, sagt der reiche Mann. »Bitte sehr, gern. Bin ja deshalb hier.« – »Und was soll der Lohn sein?« – »Hundert Rubel am Tag, das wird genügen!« – »Weshalb soviel?« – »Na, wenn's dir zuviel ist, dann such dir einen Billigeren. Du sahst, wie viele Leute hier waren. Und als du kamst – da liefen alle fort.« – »Na schön, sei morgen am Landungsplatz.«

Am andern Tage frühmorgens kam der Kaufmannssohn zum Landungsplatz. Der reiche Mann aber erwartet ihn schon. Sie bestiegen das Schiff und fuhren hinaus aufs Meer. So fuhren sie und fuhren – da erscheint mitten im Meere eine Insel. Auf der Insel sind hohe Berge, am Ufer aber brennt etwas wie Feuer. »Das ist wohl eine Feuersbrunst!« sagt der Kaufmannssohn. – »Nein, das ist mein goldener Palast.« Sie legten an und gingen an Land. Dem reichen Mann kamen seine Frau und Tochter entgegen. Und die Tochter ist solch eine Schönheit, nicht zu erdenken, nicht zu erraten, nicht im Märchen zu sagen! Sie begrüßten einander und gingen in den Palast. Den neuen Arbeiter nahmen sie auch mit, setzten sich zu Tisch und fingen an zu essen und zu trinken und fröhlich zu sein. »Wie der Tag auch werden mag«, sagt der Hausherr, »heute soll es ein Festtag sein. Morgen können wir dann an die Arbeit gehen.«

Der Kaufmannssohn war ein stattlicher Bursche, groß, schön, Wangen wie Milch und Blut. Und er gefiel dem schönen Mädchen. Sie ging ins Nebenzimmer, rief ihn heimlich zu sich, gab ihm Feuerstein und Stahl und sagte: »Nimm das. Kommst du in Not, dann wirst du es brauchen können.«

Am nächsten Tage machte sich der reiche Mann mit seinem Arbeiter auf den Weg, und sie kamen zu einem hohen, goldenen Berge. Hinaufzusteigen war unmöglich – hinaufzuklettern war aussichtslos. »Na«, sagt der reiche Mann, »dann laß uns mal erst einen trinken.« Und er reichte seinem Arbeiter einen Schlaftrunk. Der trank ihn aus und schlief ein. Der reiche Mann nahm ein Messer, schlachtete eine wertlose Mähre, nahm sie aus, legte den Burschen hinein, tat eine Schaufel dazu, nähte dann alles wieder zu und versteckte sich selbst im Gebüsch. Plötzlich kommen Raben geflogen, schwarze, mit eisernen Schnäbeln. Sie ergriffen das Aas, trugen es auf den Berg und fingen ihre Mahlzeit an. Sie fraßen das Pferd auf und wollten sich an den Kaufmannssohn machen. Da erwachte er, vertrieb die schwarzen Raben, schaute sich um und fragt: »Wo bin ich?« Der reiche Mann antwortet ihm: »Du bist auf dem goldenen Berge. Nimm mal die Schaufel und grab das Gold!« Der machte sich an die Arbeit, grub und grub und schaufelte es hinunter. Der reiche Mann aber lud es auf seine Wagen. Gegen Abend waren neun Wagen beladen. »Ist genug!« sagt der reiche Mann, »ich danke dir für die Arbeit, du kannst jetzt gehen.« – »Und was soll aus mir werden? Wie komme ich von hier fort?« – »Das kannst du halten, wie du willst! Da liegen schon neunundneunzig solche wie du auf dem Berge herum. Mit dir werden's dann hundert sein.« So sprach der reiche Mann und fuhr ab.

»Was soll man da machen?« denkt der Kaufmannssohn, »vom Berge hinunter kann ich auf keine Weise. So werde ich denn Hungers sterben müssen!« So steht er auf dem Berge, über ihm aber kreisen die schwarzen Raben, die Eisenschnäbel. Klar, sie wittern die Beute! Da überlegte der gute Bursche, wie denn das alles gekommen sei, und da dachte er auch an das schöne Mädchen, das ihn zu sich herausgerufen und ihm Feuerstein und Stahl gegeben und dazu gesagt hatte: »Nimm das! Kommst du in Not – dann wirst du es brauchen können!« – »Ja«, denkt der gute Bursche, »das wird sie wohl nicht umsonst gesagt haben. Will's mal probieren!« – Er holte Feuerstein und Stahl hervor, schlug einmal – und sofort sprangen zwei Burschen vor ihm auf: »Was wünschst du? Was befiehlst du?!« – »Tragt mich vom Berge hinunter ans Ufer des Meeres.« Kaum hatte er das gesagt, da ergriffen sie ihn und trugen ihn behutsam vom Berge hinunter. Der Kaufmannssohn ging das Ufer entlang und sieht ein Schiff an der Insel vorüberfahren. »He, ihr Schiffer, gute Leute, nehmt mich mit!« – »Nein, mein Lieber! Wir

haben keine Zeit, wir würden dadurch hundert Werst verlieren.«
So fuhr das Schiff vorüber – aber da erhoben sich ungünstige Winde und darauf ein gewaltiger Sturm. »Ach«, dachten die Schiffer,
»sicher war das kein gewöhnlicher Mensch. Laßt uns lieber umkehren und ihn auf unser Schiff nehmen.« Sie wendeten, legten an,
nahmen den Kaufmannssohn an Bord und brachten ihn in seine
Heimatstadt.

Ob es nun lang währte oder kurz – jedenfalls nahm der Kaufmannssohn eines Tages eine Schaufel, ging auf den Marktplatz und wartet auf jemanden, der ihn dingen möchte. Da kommt wieder im vergoldeten Wagen der reiche Mann gefahren. Als ihn die Tagelöhner
erblickten, rannten sie alle davon und versteckten sich. Nur der Kaufmannssohn blieb stehen. »Verding dich bei mir«, spricht zu ihm
der reiche Mann. – »Ganz wie du willst! Gib zweihundert Rubel
Tageslohn, und her mit der Arbeit!« – »Was bist du aber teuer!« –
»Bin ich zu teuer, dann miete dir einen Billigeren. Du hast ja gesehen, wie viele Leute hier waren. Kaum kamst du – da waren sie
alle fort.« – »Na gut, komm morgen zum Landungsplatz.« Am frühen Morgen trafen sie sich am Landungsplatz, bestiegen das Schiff
und fuhren zur Insel. Dort erholten sie sich einen ganzen Tag. Als
aber der zweite Tag anbrach, machten sie sich auf den Weg zum
goldenen Berg. Sie kommen an, und der reiche Mann gibt dem
Arbeiter ein Glas und sagt: »Na, trink mal!« – »Halt, Herr! Du bist
das Haupt, so mußt du auch als erster trinken. Hier habe ich etwas
für dich.« Der Kaufmannssohn aber hatte schon vorher einen Schlaftrunk bereitet. Nun goß er ein Glas voll und hielt es dem reichen
Mann hin. Der trank es aus und fiel sofort in einen tiefen Schlaf.
Der Kaufmannssohn schlachtete die allerschlechteste Schindmäh-
re, nahm sie aus, legte seinen Herrn in den Pferdebauch, vergaß
auch die Schaufel nicht und nähte alles wieder zu. Selbst aber versteckte er sich im Gebüsch. Da plötzlich kamen die Raben geflogen, die schwarzen mit eisernen Schnäbeln, ergriffen das Aas, trugen es auf den Berg und fingen an, es zu zerreißen und zu fressen.
Als der reiche Mann erwachte, blickt er sich um und fragt: »Wo
bin ich?« – »Auf dem Berge bist du. Nimm mal die Schaufel und

grab das Gold. Wenn du viel Gold gräbst, dann will ich dich lehren, wie du wieder herunterkommen kannst.«

Der reiche Mann ergriff die Schaufel, grub und grub, bis zwölf Fuhren voll waren. Da sagte der Kaufmannssohn: »Na, jetzt ist es genug! Ich danke dir für die Arbeit! Leb wohl!« – »Und was wird aus mir?« – »Das kannst du halten, wie du willst! Dort sind schon neunundneunzig umgekommen, mit dir wird das Hundert voll sein!« Der Kaufmannssohn machte sich mit den zwölf Fuhren auf den Weg und kam mit ihnen zum goldenen Palast. Dann heiratete er das schöne Mädchen, die Tochter des reichen Mannes, bemächtigte sich seiner Reichtümer und zog mit seiner ganzen Familie in die Hauptstadt. Der reiche Mann aber blieb auf dem Berge und wurde von den schwarzen Raben mit den eisernen Schnäbeln zerrissen und gefressen.

Der Jäger und seine Frau

Es war einmal ein Jäger, der hatte zwei Hunde. Einst streifte er mit seinen Hunden über die Wiesen und durch die Wälder, um Wild aufzuspüren. Lange ging er und sah nichts. Aber gegen Abend stieß er auf ein Wunder: es brennt ein Baumstumpf, im Feuer aber sitzt eine Schlange. Und die Schlange spricht zu ihm: »Hol mich aus dem Feuer, hol mich aus der Flamme; ich werde dich glücklich machen; du wirst alles wissen, was auf der Welt ist, und was das Tier spricht, und was der Vogel singt!« – »Gern will ich dir helfen, aber wie?« fragt der Jäger die Schlange. »Stecke bloß das Ende deines Stockes in das Feuer, ich krieche dann am Stock heraus.« Das tat der Jäger. Die Schlange kroch heraus und sagte: »Dank' dir, Lieber! Von nun an wirst du verstehen, was jedes Geschöpf spricht. Aber sag es keinem. Denn wenn du es sagst, dann mußt du sterben!« Der Jäger ging weiter seines Weges auf der Suche nach Wild. Da kam die dunkle Nacht über ihn. »Nach Hause ist es weit«, dachte er. »Ich will die Nacht hier bleiben.« Er machte ein Feuer und legte sich daneben, zusammen mit seinen beiden Hunden. Wie er so daliegt, hört er die Hunde miteinander sprechen und daß sie sich mit »Bruder« anreden. »Nun, Bruder«, sagt der eine Hund, »bleib du die Nacht beim Herrn, ich aber will nach Hause laufen und den Hof bewachen. Es könnten Diebe kommen!« – »Geh, Bruder, mit Gott!« antwortet der andere Hund.

Früh am Morgen kam der Hund wieder und sprach zu dem, der die Nacht im Walde geblieben war: »Guten Morgen, Bruder!« – »Guten Morgen!« – »Wie war eure Nacht?« – »Gut, Gott sei Dank, und wie hast du zu Hause geschlafen?« – »Ach, schlecht! Ich kam nach Hause gelaufen, die Hausfrau aber sagt: ›Was treibt dich der Teufel ohne den Herrn heim!‹ und warf mir eine verbrannte Brotrinde hin. Ich habe sie beschnuppert, aber nicht gefressen. Da ergriff die Frau den Schürhaken und schlug auf mich ein! Alle Rippen hat sie mir durchgezählt! In der Nacht, Bruder, da kamen Diebe auf den Hof, die wollten sich an die Speicher und Vorratskammern machen, da habe ich so gebellt und habe mich auf sie gestürzt, daß sie es vergaßen, an fremdes Gut zu denken, und froh waren, mit heiler Haut davonzukommen! Die ganze Nacht konnte ich kein Auge zutun!« Der Jäger hört, was der eine Hund dem anderen sagt, und behält es in seinem Sinn: »Wart nur, Frau, wenn ich nach Hause komme – ich will dir einheizen!«

Als er nach Hause kam und in die Hütte trat, sagte er: »Guten Tag, Frau!« – »Guten Tag, Mann!« – »Ist der Hund gestern dagewesen?« – »Ist dagewesen.« – »Hast du ihm zu fressen gegeben?« – »Ich tat es, mein Lieber! Ich gab ihm einen ganzen Topf mit Milch und weichte Brot hinein.« – »Du lügst, alte Hexe! Du hast ihm eine verbrannte Brotrinde gegeben und hast ihn mit dem Schürhaken geschlagen.« Die Frau gestand es ein, fing aber gleich an, den Mann auszufragen: »Sag mir und sag mir, wie du das herausbekommen hast?« »Ich kann nicht«, antwortete der Mann, »ich darf es nicht sagen.« – »Sag es, mein Herzensmann!« – »Nein, wirklich, es geht nicht!« – »Bitte, sag es, du Süßer!« – »Wenn ich es dir sage, dann muß ich sterben.« – »Macht nichts, sag es nur, mein Teurer!« Was soll man mit so einem

Frauenzimmer machen? Stirb, aber erzähl!« »Na, dann gib das weiße Totenhemd«, sagt der Mann. Zog das weiße Hemd an und legte sich in die vordere Ecke, unter die Heiligenbilder. Er hatte sich schon zum Sterben fertiggemacht und wollte gerade der Frau die volle Wahrheit erzählen, da kamen die Hühner in die Hütte gelaufen und hinter ihnen her der Hahn. Der Hahn aber sagt zu den Hühnern: »Euch will ich schon lehren! Bin ja nicht so dumm wie der Hausherr, der nicht mal mit einer Frau fertig wird! Ich habe dreißig und noch mehr, aber wenn ich will, dann werde ich mit euch allen fertig!« Als der Jäger solche Reden hörte, da schämte er sich, wollte kein Dummkopf sein, sprang von der Bank hinunter und gab der Frau eine Tracht Prügel. Da wurde sie ganz still und hörte mit ihren zudringlichen Fragen auf.

Der Schatz

In einem Zarenreiche lebten ein alter Mann und eine alte Frau in großer Armut. Nachdem eine Zeit vergangen war und als gerade großer Frost herrschte, starb die Alte. Da ging der Alte zu seinen Nachbarn und Bekannten und bat sie, ihm zu helfen, das Grab zu graben. Die Nachbarn und Bekannten aber weigerten sich, weil sie wußten, wie arm er war. Da ging der Alte zum Popen. Sie hatten aber in jenem Dorfe einen sehr geldgierigen und gewissenlosen Popen. »Bitte sei so gut, Väterchen«, sagte der Alte, »und beerdige meine Alte.« – »Hast du denn Geld, um die Beerdigung zu bezahlen? Du mußt zuerst bezahlen, mein Guter!« – »Was soll ich es vor dir verbergen? Ich habe nicht einen Groschen im Hause! Gedulde dich ein wenig. Sobald ich es erarbeitet habe, werde ich es dir mit hohen Zinsen bezahlen. Mein Ehrenwort, ich werde es tun!« Der Pope hörte die Reden des Alten gar nicht erst an. »Wenn du kein Geld hast, darfst du dich bei mir überhaupt nicht zeigen!« – »Was tun?« denkt der Alte, »will mal auf den Friedhof gehen, das Grab irgendwie graben und die Alte selbst beerdigen.« So nahm er denn ein Beil und einen Spaten und ging auf den Friedhof. Dort angekommen, begann er das Grab zu graben. Zuerst hackte er oben die gefrorene Erde mit dem Beil auf und stieß dann den Spaten in die Erde. Dann grub und grub er – und stieß plötzlich auf einen Kessel, schaute hin und sieht, daß der Kessel bis obenhin mit Goldstücken gefüllt ist. Sie glänzen wie Feuersglut! Da freute sich der Alte sehr. »Ich danke dir, Herr, mein Gott! Jetzt habe ich doch etwas, um meine Alte zu beerdigen und eine Totenmesse lesen zu lassen!« Er hörte auf, das Grab zu graben, nahm den Kessel mit dem Gold und trug ihn nach Hause.

Na ja, mit Geld war es eine einfache Sache, alles ging wie geschmiert! Sofort fanden sich gute Menschen, die das Grab gruben und den Sarg machten. Der Alte schickte die Schwiegertochter aus, Wein und Speisen und verschiedenen Imbiß zu kaufen – alles, wie es sich bei einem Totenmahl schickt, selbst aber nahm er ein Goldstück in die Hand und ging wieder zum Popen. Kaum stand er in der Tür, da schrie ihn der Pope an: »Ich hab es dir doch deutlich gesagt, du alter Esel, daß du ohne Geld nicht kommen darfst, du aber bist schon wieder da!« – »Sei mir nicht böse, Väterchen!« bittet der Alte, »da hast du ein Goldstück, beerdige meine Alte, ich werde es dir mein Leben lang nicht vergessen!« Der Pope nahm das Geld und weiß nicht, wie er den Alten ehren soll, wo er ihn hinsetzen soll, welche freundlichen Worte er ihm sagen soll. »Nun, Alterchen, sei getrost, alles wird gemacht werden.« Der Alte verbeugte sich tief und ging nach Hause, der Pope aber sprach zu seiner Frau: »Sieh mal an, der alte Teufel! Man sagt, er sei arm, bettelarm – er aber bezahlt mit einem Goldstück. Viele vornehme Tote habe ich in meinem Leben beerdigt, aber so viel hat mir noch niemand gezahlt …«

Da machte sich der Pope mit seiner ganzen Geistlichkeit auf und beerdigte die Alte so, wie es sich gehörte. Nach der Beerdigung bittet ihn der Alte zu sich zum Totenmahl. So kamen sie in die Hütte, setzten sich an den Tisch – und was es da alles gab: Wein und Speisen und verschiedenen Imbiß, von allem die Fülle! Der Gast sitzt da, frißt für drei und blickt sich gierig nach fremdem Gut um. Als die Gäste mit dem Essen fertig waren und jeder seines Weges ging, da erhob sich auch der Pope. Der Alte begleitete ihn, und kaum waren sie draußen auf dem Hof und der Pope sah, daß niemand anders mehr da war, da fing er an, den Alten auszufragen: »Hör mal, mein Lieber, beichte mir, verbirg nicht die geringste Sünde in deinem Herzen – wie du es Gott sagen würdest, so sage es auch mir – wie bist du die Armut so plötzlich losgeworden? Du warst doch ein ganz armseliges Bäuerlein, und jetzt plötzlich – sieh mal einer an! Von allem ist so reichlich vorhanden. Beichte mal, mein Lieber, wen hast du umgebracht, wen hast du beraubt?« – »Was redest du da, Väterchen! Ich bekenne dir die lautere Wahrheit: Weder habe ich gestohlen noch geraubt, noch jemand getötet; der Schatz kam von selbst in meine Hände!« Und dann erzählte er, wie alles gekommen war.

Als der Pope das alles hörte, da fing er vor Gier zu zittern an. Er kehrte heim, kann nichts tun und überlegt Tag und Nacht: »Solch ein erbärmliches Bäuerlein, und hat solch eine Menge Geld bekommen! Wie könnte man es nur schlau anfangen und ihm den Kessel mit dem Gold abzwacken?« Er erzählte es seiner Frau, und sie fingen an zu beraten: »Höre, Mütterchen, wir haben doch einen Ziegenbock?« – »Ja, den haben wir.« – »Na schön, warten wir die Nacht ab, und dann wollen wir die Sache schon machen.« Am Abend spät brachte der Pope den Ziegenbock ins Haus, schlachtete ihn und zog ihm das Fell ab, mit Hörnern und Bart. Dann zog er sich das Bocksfell über und spricht zu seiner Frau: »Nimm, Mütterchen, eine Nadel mit einem Faden und näh das Fell um mich zusammen, damit es nicht abrutscht.« Die Popenfrau nahm eine dicke Nadel und einen groben Zwirn und nähte den Popen in das Bocksfell ein.

In der dunkelsten Mitternacht ging der Pope geradewegs zur Hütte des Alten, trat unter das Fenster und fing dort an zu klopfen und zu kratzen. Der Alte hörte den Lärm, sprang auf und fragt: »Wer ist da?« – »Der Teufel!« – »Unser Ort ist heilig!« heulte der Alte auf und begann, das Kreuz zu schlagen und Gebete herzusagen. »Höre, Alter«, sagt der Pope, »von mir kommst du nicht los, soviel du auch betest, soviel du auch das Kreuz schlägst; gib mir lieber freiwillig den Kessel mit dem Geld heraus, denn sonst mache ich kurzen Prozeß mit dir! Ich habe mich deines Unglücks erbarmt, ich habe dir den Schatz gezeigt – ich dachte, du würdest bescheiden sein, ein wenig für die Beerdigung nehmen, du aber hast gleich alles genommen!« Der Alte schaute zum Fenster hinaus und sieht dort die Bockshörner und den Bocksbart – kein Zweifel, es ist der Teufel. »Der Teufel soll ihn und sein Geld holen!« denkt der Alte, »habe ich bisher ohne Geld gelebt, werde ich es auch weiterhin können.« Er holte den Kessel mit dem Gold, trug ihn hinaus, warf ihn zu Boden und rannte schnell wieder in die Hütte zurück.

Der Pope ergriff den Kessel mit dem Geld und eilte nach Hause. Er kam heim und sagte: »Na, das Geld hätten wir! Da hast du es, Mütterchen, versteck es gut. Dann nimm ein scharfes Messer, schneide die Nähte durch und zieh mir das Bocksfell herunter, damit mich niemand so sieht.« Die Popenfrau nahm ein Messer und fing an, die Naht aufzutrennen – da floß Blut, und der Pope schrie laut: »Mütterchen, das tut doch weh! Schneid nicht weiter, es tut so weh, Mütterchen!« Kaum aber versucht sie es an einer anderen Stelle, so ist es wieder dasselbe. Rund um den Körper war das Bocksfell angewachsen! Was taten sie nicht alles, was versuchten sie nicht alles! Das Gold trugen sie zum Alten zurück. – Nein, es half nichts, das Bocksfell blieb auf dem Popen sitzen. So hat Gott ihn für seine große Habsucht bestraft.

Der schnelle Bote

In einem Zarenreiche, in einem Königreiche, gab es undurchdringliche Sümpfe, und herum führte ein Weg. Fährt man schnell auf jenem Weg – braucht man drei Jahre, fährt man langsam – sind fünf zu wenig! Dicht an dem Wege wohnte ein armer Mann, der hatte drei Söhne: der erste hieß Iwan, der zweite – Wassilij, aber der dritte – Semjon der Jüngling. Da beschloß der Mann, diese Sümpfe trockenzulegen, einen geraden Fuß- und Fahrweg durchzulegen und feste Dämme und Brücken zu bauen, damit ein Fußgänger in drei Wochen, ein Reiter in drei Tagen hindurchkommen könnte. Er ging zusammen mit seinen Söhnen an die Arbeit, und in kurzer Zeit war alles gerichtet, feste Dämme und Brücken gebaut und ein gerader Fuß- und Fahrweg war gelegt. Da kehrte der arme Mann in seine Hütte zurück und sagte zum ältesten Sohn Iwan: »Geh mal, mein lieber Sohn, setz dich unter eine Brücke und hör zu, was die guten Leute über uns reden werden – Gutes oder Schlechtes!« Iwan gehorchte, ging und setzte sich an eine versteckte Stelle unter die Brücke. Da gehen über jene Brücke zwei Greise und sprechen: »Wer diese Brücke gebaut und diesen Weg gelegt hat – der kann Gott bitten, worum er will, er bekommt's!« Kaum hatte Iwan dies gehört, da kam er sofort unter der Brücke hervor: »Diese Brük-ke«, sagt er, »habe ich mit dem Vater und den Brüdern gebaut.« – »Worum bittest du denn Gott?« fragen die Greise. – »Daß mir der Herr Geld für ewige Zeiten geben möge!« – »Gut, geh ins freie Feld. Im freien Feld steht eine Eiche, unter jener Eiche ist ein unterirdisches Gewölbe, in jenem Gewölbe liegen viel Gold, Silber und Edelsteine. Nimm eine Schaufel und grabe – der Herr wird dir Geld für ewige Zeiten geben!« Iwan ging ins freie Feld, grub unter der Eiche viel Gold, Silber und Edelsteine aus und trug alles nach Hause. »Nun, mein Söhnchen«, sagt der Alte, »sahst du jemanden, der über die Brücke ging oder fuhr, und was sagen die Leute von uns?« Iwan erzählte dem Vater, daß er zwei Greise gesehen hätte, und womit sie ihn für ewige Zeiten belohnt hätten.

Am andern Tage schickte der Alte seinen zweiten Sohn, Wassilij. Wassilij ging, setzte sich unter die Brücke und horchte. Da gehen über die Brücke zwei Greise, kommen an der Stelle vorbei, wo er sich versteckt hatte, und sprechen: »Wer diese Brücke gebaut hat, worum der auch Gott bitten mag, das wird Gott ihm geben.« Kaum hatte Wassilij diese Worte vernommen, als er unter der Brücke hervorkam und sagte: »Diese Brücke habe ich mit dem Vater und den Brüdern gebaut.« – »Und worum bittest du Gott?« – »Daß mir der Herr Brot für ewige Zeiten geben möge!« – »Gut, geh nach Hause, mach Neuland urbar und säe; der Herr wird dir Brot für ewige Zeiten geben!« Wassilij kam nach Hause, erzählte alles dem Vater, machte Neuland urbar und säte Korn.

Am dritten Tage schickte der Alte den jüngsten Sohn. Semjon der Jüngling setzte sich unter die Brücke und horchte. Da kommen über die Brücke zwei Greise. Kaum waren sie über ihm, da sagen sie: »Wer diese Brücke gebaut hat, worum der auch Gott bitten mag, das wird Gott ihm geben!« Semjon der Jüngling vernahm diese Worte, trat hervor und sagte: »Diese Brücke habe ich mit dem Vater und den Brüdern gebaut.« – »Worum bittest du Gott?« – »Ich bitte Gott um die Gnade, daß ich dem Zaren als Soldat dienen darf.« – »Bitte um was anderes! Der Soldatendienst ist schwer. Gehst du unter die Soldaten, dann kommst du zum Meereszaren in Gefangenschaft, und viele Tränen wirst du dann vergießen.« – »Ach, ihr alten Leute, ihr wißt es doch selbst: Wer in dieser Welt nicht weint, der wird in jener weinen.« – »Nun, wenn du schon durchaus in den Zarendienst willst, dann nimm unseren Segen!« sagten die Greise zu Semjon, legten ihm ihre Hände auf und verwandelten ihn in einen schnellfüßigen Hirsch. Da lief der Hirsch nach Hause. Aus dem Fensterchen erblickten ihn Vater und Brüder und sprangen aus der Hütte, um ihn zu fangen. Der Hirsch kehrte um und lief wieder zu den Greisen zurück. Die verwandelten ihn in einen Hasen. Der Hase lief zu seinem Hause. Vater und Brüder sahen ihn, sprangen aus der Hütte heraus und wollten ihn fangen. Er kehrte aber wieder um. Der Hase kam zu den Greisen gelaufen, sie aber verwandelten ihn in ein kleines Vögelchen-Goldköpfchen. Das Vögelchen kam zu seinem Hause geflogen und setzte sich vor das offene Fenster. Da erblickten es Vater und Brüder, stürzten hin – das Vögelchen flattert auf und fliegt wieder zurück. Es kam zu den beiden Greisen geflogen, die machten es wieder zum Menschen und sagten: »Jetzt, Semjon du Jüngling, tritt in Zarendienste. Wenn du es mal eilig haben solltest, dann verstehst du ja jetzt, dich in einen Hirsch, einen Hasen oder ins Vögelchen-Goldköpfchen zu verwandeln. Wir haben es dich gelehrt!«

Semjon der Jüngling kam nach Hause und bat den Vater, ihn in Zarendienste zu geben. »Was willst du da?« antwortete der Alte, »du bist noch klein und dumm.« – »Nein, Vater, laß mich! Das ist schon so Gottes Wille.« Der Alte ließ ihn ziehen. Semjon der Jüngling machte sich fertig, nahm Abschied von Vater und Brüdern und machte sich auf den Weg. Ob lang, ob kurz – er kam an den Hof des Zaren, ging zum Zaren und sagte: »Eure Zarische Majestät! Laßt mich nicht töten, laßt mich ein Wort sagen!« – »Sprich, Semjon, du Jüngling!« – »Eure Zarische Majestät, nehmt mich in Kriegsdienste!« – »Was fällt dir ein? Du bist noch klein und dumm! Was willst du im Kriegsdienst?« – »Bin ich auch noch klein und dumm, dienen werde ich nicht schlechter als die anderen; da vertrau ich auf Gott!« Der Zar war's zufrieden, nahm ihn als Soldaten an und hieß ihn in seiner Nähe bleiben.

Es verging einige Zeit. Da plötzlich erklärte irgendein fremder König dem Zaren einen grausamen Krieg. Der Zar begann, sich zum Feldzug zu rüsten. Zur bestimmten Zeit sammelte sich das ganze Heer in voller Bereitschaft. Da fing Semjon der Jüngling an zu bitten, ihn doch mitzunehmen. Der Zar konnte es ihm nicht abschlagen und nahm ihn mit, als er ins Feld zog. Lange, lange zog der Zar mit seinen Kriegern. Viele, viele Länder ließ er hinter sich. Und nun ist der Feind schon ganz nahe – so in drei Tagen muß schon die Schlacht beginnen. Da, in dem Augenblick, denkt der Zar: »Wo sind denn meine Schlachtkeule und das scharfe Schwert?« – Keins von beiden war aber da, weder das Schwert noch die Keule! Im Schloß hatte er sie vergessen! Nichts hat er, womit er sich verteidigen kann, womit er die feindlichen Kräfte schlagen kann! Da ließ er im ganzen Heer ausrufen, ob jemand da wäre, der schnell ins Schloß laufen könne, um ihm die Schlachtkeule und das scharfe Schwert zu bringen. Wer ihm diesen Dienst leistet, dem verspricht er seine Tochter Marja-Zarewna zur Frau und als Mitgift die Hälfte seines Zarenreiches und nach seinem Tode sein ganzes Zarenreich. Da meldeten sich Freiwillige. Der eine sagt: Ich gehe in drei Jahren hin und zurück. Ein anderer sagt: In zwei Jahren. Ein dritter: In einem Jahr. Semjon der Jüngling aber meldete dem Zaren: »Ich, Eure

Majestät, kann in drei Tagen ins Schloß laufen und die Schlachtkeule und das scharfe Schwert bringen.« Da wurde der Zar froh, nahm ihn an der Hand, küßte ihn auf den Mund und schrieb in aller Eile ein Briefchen an Marja-Zarewna, sie solle dem Läufer vertrauen und ihm Schwert und Keule herausgeben. Semjon der Jüngling empfing vom Zaren das Briefchen und machte sich auf den Weg. Nachdem er eine Werst weit gegangen war, verwandelte er sich in einen schnellfüßigen Hirsch und schnellte davon wie ein Pfeil, der vom Bogen geschossen wird. Er lief und lief, wurde müde und verwandelte sich aus einem Hirsch in einen Hasen; nahm seine ganze Hasenschnelle zusammen, lief und lief sich alle Beine ab und verwandelte sich aus einem Hasen in ein kleines Vögelchen-Goldköpfchen. Noch schneller ging es. Er flog und flog und erreichte in anderthalb Tagen das Reich, in dem sich Marja-Zarewna befand. Er verwandelte sich wieder in einen Menschen, trat ins Schloß und reichte der Zarewna das Briefchen.

Marja-Zarewna nahm es, öffnete, las und sagte: »Wie konntest du so viele Länder so schnell durchlaufen?« – »Ach, ganz einfach«, antwortete der schnelle Bote, verwandelte sich in einen schnellfüßigen Hirsch, lief mehrmals durch den Saal, trat an Marja-Zarewna heran und legte ihr seinen Kopf auf die Knie. Sie nahm eine Schere und schnitt dem Hirsch ein Büschel Haar vom Kopf. Der Hirsch verwandelte sich in einen Hasen, der Hase hüpfte ein bißchen im Zimmer herum und sprang der Zarewna auf den Schoß. Sie schnitt auch ihm ein Büschel Haar ab. Der Hase wurde zum Vögelchen-Goldköpfchen. Das Vögelchen flog ein wenig im Zimmer herum und setzte sich der Zarewna auf die Hand. Marja-Zarewna schnitt ihm vom Kopf ein paar goldene Federchen und band dann all das, die Hirsch-Haare, die Hasen-Haare und die goldenen Federchen, in ein Tuch und verwahrte es gut. Das Vögelchen-Goldköpfchen verwandelte sich wieder in den schnellen Boten. Die Zarewna gab ihm zu essen, zu trinken, rüstete ihn für den Weg aus, gab ihm die Schlachtkeule und das scharfe Schwert. Dann verabschiedeten sie sich. Beim Abschied küßten sie sich, und Semjon der Jüngling kehrte zurück zum Zaren. Wieder lief er als schnellfüßiger Hirsch, sprang im schiefen Lauf als Hase, flog als kleiner Vogel, und gegen Ende des dritten Tages erblickte er das Heerlager des Zaren vor sich. Dreihundert Schritt vor dem Heer blieb er stehen und legte sich ans Meeresufer unter einen Goldregenbusch, um sich vom langen Lauf auszuruhen. Die Schlachtkeule und das scharfe Schwert legte er neben sich. Vor übergroßer Müdigkeit schlief er bald und fest ein. Da ging gerade ein General am Goldregenbusch vorüber. Er erblickte den schnellen Boten, stieß ihn ins Meer hinab, nahm die Schlachtkeule und das scharfe Schwert, brachte sie dem Herrscher und sagte: »Eure Majestät, da haben Sie die Schlachtkeule und das scharfe Schwert. Ich habe sie selbst geholt, denn der Prahler, Semjon der Jüngling, wird wohl so an die drei Jahre dazu brauchen!« Der Zar dankte dem General, begann, mit dem Feinde zu kämpfen, und in kurzer Zeit hatte er einen ruhmvollen Sieg erfochten.

Aber Semjon der Jüngling war, wie gesagt, ins Meer gefallen. Sogleich ergriff ihn der Meeres-Zar und trug ihn in die tiefste Tiefe. Semjon lebte bei jenem Zaren ein ganzes Jahr. Schließlich bekam er Heimweh, er wurde sehr traurig und fing an, bitterlich zu weinen. Da kam der Meeres-Zar zu ihm: »Nun, Semjon du Jüngling, hast du Heimweh?« – »Heimweh, Eure Majestät!« – »Willst wohl wieder auf die russische Welt?« – »Ich will, wenn es Euer Gnaden erlaubt.« Der Meeres-Zar trug ihn genau um Mitternacht hinaus, ließ ihn am Ufer, selbst aber tauchte er wieder ins Meer. Semjon der Jüngling fing an zu beten: »Ach, Herr, laß die Sonne aufgehen!« Kurz vor Aufgang der roten Sonne erschien der Meeres-Zar, ergriff ihn wieder und trug ihn in die Meerestiefe. Dort verbrachte Semjon der Jüngling noch ein ganzes Jahr. Dann bekam er Heimweh und fing bitterlich zu weinen an. Fragt ihn der Meeres-Zar: »Was ist, hast du Heimweh?« – »Oh ja – Heimweh!« sprach Semjon der Jüngling. »Willst du wieder auf die russische Welt?« – »Ich will, Eure Majestät!« Der Meeres-Zar trug ihn um Mitternacht ans Ufer und tauchte selbst wieder ins Meer. Da begann Semjon der Jüngling unter Tränen zu Gott zu beten: »Ach, Herr, laß die Sonne aufgehen!« Kaum fing es an, gerade-gerade hell zu werden, kam der Meeres-Zar, ergriff ihn und trug ihn in die Tiefe des Meeres. Semjon der Jüngling verbrachte ein drittes Jahr im Meer, da bekam er wieder Heimweh, und er fing bitter, untröstlich zu weinen an. – »Was ist, Semjon, hast du Heimweh?« fragt ihn der Meeres-Zar, »willst du wieder in die russische Welt?« – »Ich will, Eure Majestät.« Der Meeres-Zar trug ihn ans Ufer und tauchte selbst wieder ins Meer. Semjon der Jüngling fing an, unter Tränen zu Gott zu beten: »Laß, Herr, die Sonne aufgehen!« Plötzlich ging die Sonne strahlend auf, und der Meeres-Zar konnte ihn nicht mehr gefangennehmen. Semjon der Jüngling machte sich auf den Weg in sein Land. Er verwandelte sich zuerst in einen Hirsch, dann in einen Hasen und dann in das kleine Vögelchen-Goldköpfchen. In kurzer Zeit stand er vor dem Palast des Zaren.

Während dieses alles geschah, hatte der Zar Zeit gehabt, aus dem Kriege zurückzukehren und hatte seine Tochter Marja-Zarewna mit dem betrügerischen General verlobt. Semjon der Jüngling tritt in den Raum, in dem Bräutigam und Braut an einem Tische saßen. Kaum erblickte ihn Marja-Zarewna, da sagt sie zum Zaren: »Mein Herr und Vater, laß mich nicht töten, erlaube mir, ein Wort zu sagen!« – »Sprich, meine liebe Tochter! Was willst du?« – »Mein Herr und Vater, nicht der ist mein Bräutigam, der am Tisch sitzt, sondern der, der eben eingetreten ist! Zeig mal, Semjon-Jüngling, wie du damals so schnell liefst, um die Schlachtkeule und das scharfe Schwert zu holen.« Semjon der Jüngling verwandelte sich in einen schnellfüßigen Hirsch, lief ein-, zweimal durchs Zimmer und blieb vor der Zarewna stehen. Marja-Zarewna holte aus dem Tüchlein die abgeschnittenen Hirsch-Haare hervor. Und sie zeigt dem Zaren, an welcher Stelle sie abgeschnitten wurden, und sagt: »Sieh, Väterchen, das sind meine Zeichen!« Der Hirsch verwandelte sich in einen Hasen. Das Häschen sprang ein wenig im Zimmer herum und dann zur Zarewna. Marja-Zarewna nahm aus dem Tüchlein die Hasen-Haare. Das Häschen wurde zum kleinen Vögelchen-Goldköpfchen. Das Vögelchen flog ein wenig im Zimmer herum und setzte sich der Zarewna in den Schoß. Marja-Zarewna öffnete ein drittes Bündelchen und zeigte die goldenen Federchen. Da erkannte der Zar die ganze, reine Wahrheit. Er befahl, den General zu töten, gab Marja-Zarewna Semjon den Jüngling zur Frau und machte ihn zu seinem Nachfolger.

Zarewna-graue Ente

Es lebten einmal ein Zar und eine Zarin. Sie hatten zwei Kinder, einen Sohn und eine Tochter. Der Sohn hieß Dimitrij Zarewitsch und die Tochter hieß Marja Zarewna. Viele Ammen und Kinderfrauen hatte die Zarentochter, aber keine konnte sie in Schlaf wiegen, in Schlaf singen. Der Bruder war der einzige, der es konnte. Wenn er so an ihr Bettchen kommt und zu singen beginnt: »Bajuschki, mein Schwesterchen, baju-bajuschki, mein Liebling, schlaf schön! Wenn du groß bist, verheirate ich dich – an Iwan Zarewitsch!« dann schließt sie die Augen und schläft ein.

Es vergingen einige Jahre. Dimitrij Zarewitsch macht sich auf den Weg und fährt zu Gast zu Iwan Zarewitsch. Er blieb dort drei Monate – sie spielten zusammen und vergnügten sich. Dann reiste er ab und lud Iwan Zarewitsch zu sich. – »Gut«, sagt der, »ich komme!«

Dimitrij Zarewitsch kehrt heim. Er nimmt das Bild seiner Schwester und hängt es über sein Bett. Und so schön war die Zarentochter, daß er immer nur auf das Bild sehen will. Man kann die Augen nicht davon abwenden!

Unerwartet, unvermutet, kommt Iwan Zarewitsch zu Dimitrij Zarewitsch. Er geht in dessen Zimmer, Dimitrij aber schläft ganz tief. Iwan Zarewitsch sah das Bild von Marja Zarewna – und verliebte sich im selben Augenblick in sie, riß sein Schwert von der Seite und zückte es gegen ihren Bruder. Gott ließ die Sünde nicht zu. Als wenn etwas Dimitrij gestoßen hätte – so wachte er plötzlich auf und fragt: »Was willst du tun?« – »Ich will dich töten!« – »Wozu, Iwan Zarewitsch?« – »Das ist doch das Bild deiner Braut?« – »Nein, meiner Schwester, Marja Zarewna.« – »Ach, weshalb hast du mir denn nie von ihr erzählt? Ich kann jetzt nicht ohne sie leben!« – »Nun, was ist denn dabei? Heirate meine Schwester, dann sind wir Brüder!« Iwan Zarewitsch lief auf Dimitrij Zarewitsch zu und umarmte ihn. Gleich waren sie sich einig und bekräftigten das Versprechen durch Handschlag.

Iwan Zarewitsch fuhr nach Hause, um sich zur Hochzeit vorzubereiten. Dimitrij Zarewitsch aber machte sich mit seiner Schwester auf den Weg, auf die Reise, zum Bräutigam zu Gast. Zwei Schiffe wurden ausgerüstet: auf dem einen reist der Bruder, auf dem andern reist die Schwester mit ihrer Kinderfrau und deren Tochter. Als nun die Schiffe hoch auf dem blauen Meere fuhren, da sagt die Kinderfrau zu Marja Zarewna: »Zieh dein kostbares Kleid aus und lege dich auf das Pfühl, um dich auszuruhen.« Die Zarewna zog das Kleid aus – kaum aber hatte sie sich auf das Pfühl gelegt, da schlug sie die Kinderfrau leicht auf ihren weißen Körper, und Marja Zarewna wurde zur grauen Ente, schwang sich auf und flog vom Schiff davon aufs blaue Meer. Die Kinderfrau aber steckte ihre eigene Tochter ins königliche Kleid, und da sitzen sie nun beide und reden sich vornehm an. Sie kamen ins Land von Iwan Zarewitsch. Er lief zum Schiff und nahm auch das Bild von Marja Zarewna mit. Er sieht sie an, die Braut aber ist dem Bild gar nicht ähnlich! Da wurde er zornig auf Dimitrij Zarewitsch, befahl, ihn gefangenzunehmen und ihm täglich nur ein Stück altbackenes Brot und ein Glas Wasser zu geben. Um das Verlies waren Posten aufgestellt, und es war ihnen streng befohlen, niemanden zum Gefangenen zu lassen.

Es geht die Zeit auf Mitternacht, da erhob sich vom Meer die graue Ente und flog zum lieben Bruder – das ganze Reich erstrahlte von ihr! Mit den Flügeln schlägt sie, von ihnen aber sprüht es wie Feuer! Sie kommt zum Gefängnis und fliegt vors Fensterchen, hängt die kleinen Flügel an einen Nagel, selbst aber geht sie zum Bruder: »Mein herzallerliebster Bruder, Dimitrij Zarewitsch! Dir geht es elend, so im Gefängnis zu sitzen, nur ein Glas Wasser zu trinken, ein Stück Brot zu essen. Mir aber, lieber Bruder, geht es noch viel elender, ich muß immer auf dem blauen Meer schwimmen! Ins

Unglück hat uns die böse Kinderfrau gebracht, sie nahm mir mein kostbares Kleid und schmückte mit ihm ihre Tochter.« Da weinten Bruder und Schwester und trauerten zusammen. Am frühen Morgen flog die graue Ente wieder aufs blaue Meer hinaus.

Man meldet Iwan Zarewitsch: »So und so, beim Gefangenen war eine graue Ente. Sie durchstrahlte das ganze Reich!« Da befahl er, daß man es ihm sofort melden solle, wenn die Ente wiederkäme. Die Zeit geht wieder auf Mitternacht. Plötzlich wogt das Meer, und es erhob sich von ihm die graue Ente. Sie flog – das ganze Reich erstrahlte von ihr. Sie schlägt mit den Flügelchen, von ihnen aber sprüht es wie Feuer. Sie kommt zum Gefängnis, läßt ihre kleinen Flügel auf dem Fensterbrett, selbst aber geht sie zum Bruder.

Sofort weckte man Iwan Zarewitsch. Er lief zum Gefängnis und sieht: auf dem Fensterbrett liegen kleine Flügel. Er nahm sie und befahl, sie im Feuer ganz zu verbrennen. Er aber legte sein Ohr an und hört – worüber Bruder und Schwester sprechen: »Mein herzallerliebster Bruder!« sagt Marja Zarewna, »dir geht es elend, im Gefängnis zu sitzen, nur ein Glas Wasser zu trinken, ein Stück Brot zu essen, mir aber geht es noch elender, ich muß auf dem blauen Meer herumschwimmen! Ins Unglück gebracht hat uns die böse Kinderfrau, sie nahm mir mein kostbares Kleid und schmückte ihre eigene Tochter damit. – – – Ach, lieber Bruder, es riecht so, als ob etwas brennt!« – »Nein, Schwester, ich rieche nichts.« Da öffnet Iwan Zarewitsch das Gefängnis und kommt herein. Marja Zarewna stürzt sofort zum Fensterchen und sieht: die kleinen Flügel sind bis zur Hälfte verbrannt. Da faßte Iwan Zarewitsch ihre weißen Hände. Sie aber fing an, sich in allerlei Gewürm zu verwandeln. Iwan Zarewitsch jedoch erschrickt nicht, läßt sie nicht aus seinen Händen. – Da endlich verwandelt sie sich in eine Spindel. Iwan Zarewitsch brach die Spindel mitten durch, warf das eine Ende vor sich, das andere hinter sich und sagt: »Steh vor mir, schönes Mädchen, steh hinter mir, du weiße Birke!« Da stand hinter ihm eine weiße Birke, und vor ihm erschien Marja Zarewna in ihrer ganzen Schönheit. Iwan Zarewitsch bat Dimitrij Zarewitsch um Verzeihung, und alle drei gingen in den Palast. Am andern Tage aber war Hochzeit: Iwan Zarewitsch heiratete Marja Zarewna. Die Gäste aßen lange, erfreuten und erholten sich. Die Kinderfrau und ihre Tochter aber schickte man weit fort, nichts mehr war von ihnen zu hören, nichts mehr war von ihnen zu sehen.

Zarewna-Unke

In alten, längst vergangenen Zeiten lebte ein Zar, der hatte drei Söhne – alle schon erwachsen. Eines Tages sagte der Zar: »Meine Kinder, macht euch jeder eine Armbrust, und schießt jeder einen Pfeil in die Luft! Die Frau, die den Pfeil zurückbringt, ist die Braut. Wem aber niemand den Pfeil zurückbringt, der wird nicht heiraten.« Der älteste Sohn schoß, und eine Fürstentochter brachte den Pfeil wieder. Der zweite Sohn schoß, und eine Generalstochter brachte den Pfeil. Dem Jüngsten, dem Iwan-Zarewitsch, aber brachte den Pfeil eine Unke aus dem Sumpf. Die beiden älteren Brüder waren froh und glücklich, Iwan-Zarewitsch aber wurde ganz still und fing an zu weinen. »Wie soll ich mit einer Unke zusammenleben? Ein ganzes Leben zu leben ist etwas anderes, als einen Fluß zu durchwaten oder über ein Feld zu gehen!« So weinte er eine Weile, aber es war ja nichts zu machen – er mußte die Unke heiraten. Man traute sie alle, jeden, wie es sich gehört, die Unke aber trug man auf einer flachen Schüssel.
So lebten sie also. Einmal befahl der Zar, daß man ihm die Handarbeiten der Schwiegertöchter zeigen solle, um zu sehen, welche wohl die Geschickteste wäre. Wieder wurde Iwan-Zarewitsch ganz still und fing an zu weinen. »Was kann meine Unke schon Gutes machen, alle werden lachen.« Die Unke aber kriecht über den Fußboden und quakt nur. Kaum aber war Iwan-Zarewitsch eingeschlafen, da hüpfte die Unke auf die Straße, warf ihre Haut ab, wurde zum schönen Mädchen und rief laut: »Ihr, meine Ammen, ihr, meine Kinderfrauen, macht das und das!« Die Ammen und die Kinder-

frauen brachten sofort ein Hemd von der allerbesten Arbeit. Da nahm das schöne Mädchen das Hemd, faltete es und legte es neben Iwan-Zarewitsch, selbst aber wurde sie wieder zu einer Unke, als wäre nichts geschehen. Iwan-Zarewitsch erwachte, freute sich, nahm das Hemd und trug es zum Zaren. Der Zar nahm es entgegen, betrachtete es und sagte: »Ja, das ist ein Hemd – das kann man sogar am Ostersonntag anziehen!« Der zweite Bruder brachte auch ein Hemd. Der Zar sagte: »Damit kann man nur in die Badestube gehen!« Vom Hemd des ältesten Bruders aber sagte er: »Nur in einer verräucherten Hütte zu tragen!« Da gingen die Söhne auseinander, zwei von ihnen aber sagen zueinander: »Nein, jetzt ist es klar, wir haben zu Unrecht über die Frau des Iwan-Zarewitsch gelacht, sie ist keine Unke, sie muß was ganz Besonderes sein!«

Und wieder erläßt der Zar einen Befehl: Die Schwiegertöchter sollen Brote backen und sollen das Brot zum Zaren bringen, damit er sieht, welche am besten backt. Die Schwägerinnen hatten anfangs über die Unke gelacht, jetzt aber schickten sie ein Dienstmädchen, die sollte durchs Schlüsselloch zusehen, wie die Unke backen würde. Die Unke merkte es, nahm einen Backtrog, rührte den Teig an, rollte ihn aus, schlug oben in den Ofen ein Loch und stülpte den Teig dort hinein. Kaum hatte das Dienstmädchen das gesehen, rannte sie zurück, erzählte alles den Herrinnen, den Schwiegertöchtern des Zaren, und die machten es dann genauso. Die schlaue Unke aber hatte sie nur angeführt. Sie holte sofort den Teig aus dem Ofen heraus, reinigte alles, mauerte den Ofen wieder zu, so, als wäre nichts geschehen, selbst aber ging sie hinaus auf die Freitreppe, sprang aus ihrer Haut und rief: »Ihr, meine Ammen, meine Kinderfrauen, kommt, backt mir schnell solch ein Brot, wie es mein Vater nur sonntags und feiertags ißt!« Die Ammen und Kinderfrauen brachten das Brot gleich herbei. Sie nahm es, legte es neben Iwan-Zarewitsch, selbst aber wurde sie wieder zur Unke.

Iwan-Zarewitsch erwachte, nahm das Brot und trug es zum Vater. Dieser war gerade dabei, die Brote der beiden älteren Brüder zu empfangen. Ihre beiden Frauen hatten ihre Brote auch in den Ofen umgestülpt, genau wie die Unke, und was daraus geworden war – ein richtiges Kuddel-Muddel! Zuerst nahm der Zar das Brot des älltesten Sohnes, sah es an und schickte es in die Küche; dann nahm er das des zweiten Sohnes und schickte es auch dahin. Jetzt kam die Reihe an Iwan-Zarewitsch. Er überreichte sein Brot. Der Vater nahm es, schaute es an und sagte: »Das nenn' ich ein Brot – ein richtiges Osterbrot, und nicht so was Schlechtes wie von den anderen Schwiegertöchtern, hart und verbrannt!«

Dann gab der Zar einen Ball. Er wollte sehen, welche von seinen Schwiegertöchtern am besten tanzte. Alle Gäste waren versammelt, und die Schwiegertöchter waren da, nur Iwan-Zarewitsch fehlte. Er dachte: »Was soll ich da mit meiner Unke?« Und kaum hatte er das gedacht, so fing unser Iwan-Zarewitsch bitterlich zu weinen an. Die Unke aber spricht zu ihm: »Weine nicht, Iwan-Zarewitsch, geh auf den Ball. Ich komme in einer Stunde nach.« Als Iwan-Zarewitsch hörte, was die Unke sagte, freute er sich ein wenig. Er fuhr zum Ball, die Unke aber ging hin, warf die Haut ab und zog sich ganz schön an. So kommt sie zum Ball gefahren. Als Iwan-Zarewitsch sie erblickte, freute er sich sehr und alle klatschten in die Hände: Seht, welch eine Schönheit! Dann kam das Essen. Jedesmal, wenn die Zarewna-Unke ein Knöchelchen abgenagt hat, steckt sie es in den Ärmel, jedesmal, wenn sie trinkt, gießt sie den Rest in den andern Ärmel. Als ihre Schwägerinnen das sahen, fingen sie auch an, die Knochen in ihre Ärmel zu stecken und den Rest der Getränke in ihre Ärmel zu gießen. – Jetzt kam das Tanzen an die Reihe. Der Zar fordert die älteren Schwiegertöchter auf zu tanzen, die schieben die Unke vor. Sofort ergriff die Zarewna-Unke ihren Iwan-Zarewitsch und tanzte mit ihm dahin. Sie tanzte und tanzte und drehte sich und drehte sich – allen ein Wunder! Und wie sie dann den rechten Arm schwenkte – da standen dort Wälder und Seen, und wie sie den linken Arm schwenkte – da flogen viele schöne Vögel dahin. Alle staunten. Und als sie fertig getanzt hatte, da war alles wieder verschwunden.

Die andern Schwiegertöchter fingen auch an zu tanzen, wollten es ebenso machen. Kaum schwenkten sie aber ihren rechten Ärmel, da flogen die Knochen nur so heraus, immer zwischen die Leute, und aus dem linken Ärmel, da spritzte es nur so, auch immer auf die Leute. Dem Zaren gefiel das gar nicht und er rief: »Genug, genug!« Da hörten die beiden Schwiegertöchter auf zu tanzen. – Der Ball ging zu Ende. Iwan-Zarewitsch fuhr voraus, fand irgendwo die Unkenhaut, nahm und verbrannte sie. – Seine Frau kam gefahren, suchte die Haut, aber sie war verschwunden, verbrannt. Da legte sie sich neben Iwan-Zarewitsch zu Bett. Kurz vor Morgengrauen sagte sie zu ihrem Mann: »Na, Iwan-Zarewitsch, hättest du noch ein wenig Geduld gehabt, ich wäre die Deine geworden, aber jetzt weiß Gott allein, wie alles wird. Leb wohl! Suche mich hinter dreimal neun Ländern, im dreißigsten Zarenreich.« Und verschwunden war die Zarewna.

So verging ein Jahr. Iwan-Zarewitsch verzehrt sich in Sehnsucht nach seiner Frau. Da bat er Vater und Mutter um ihren Segen und ging fort. Er war schon eine ganze Weile gegangen, da sieht er eine kleine Hütte stehen, mit der Vorderseite zum Walde, mit der Hinterseite zu ihm gekehrt. Da sagt er: »Hüttchen, Hüttchen, dreh dich um, so wie dich deine Mutter hingestellt hat, mit der Hinterseite zum Walde, mit der Vorderseite zu mir.« Das Hüttchen drehte sich um. Iwan-Zarewitsch trat in die Hütte. Da sitzt eine Alte und sagt: »Pfui, pfui, nichts war von Russenfleisch zu hören, nichts war von Russenfleisch zu sehen, und jetzt ist das Russenfleisch selbst zu mir gekommen! Wo gehst du hin, Iwan-Zarewitsch?« – »Erst, Alte, gibt man zu trinken und zu essen, und dann fragt man nach Neuigkeiten.« Die Alte gab ihm zu trinken und zu essen und richtete ihm ein Lager. Darauf sagte Iwan-Zarewitsch zu ihr: »Großmutter, ich bin unterwegs, um Jelena die Wunderschöne zu finden.« – »Ach, Kindchen, weshalb hast du so lange gewartet? Wo warst du denn so lange? In den ersten Jahren hat sie sich noch oft an dich erinnert, jetzt hat sie dich sicher schon vergessen, und sie ist auch schon lange nicht mehr bei mir gewesen. Geh zu meiner zweitältesten Schwester, die weiß mehr als ich.«

Früh am Morgen machte sich Iwan-Zarewitsch auf den Weg, kam zu einer kleinen Hütte und spricht: »Hüttchen, Hüttchen, dreh dich um, so wie dich deine Mutter hingestellt hat, zum Walde mit der Hinterseite, zu mir mit der Vorderseite!« Die Hütte drehte sich um. Er trat ein und sieht: Da sitzt eine Alte und sagt: »Pfui, pfui, nichts war von Russenfleisch zu hören, nichts war von Russenfleisch zu sehen, und jetzt ist das Russenfleisch selbst zu mir gekommen! Wo gehst du hin, Iwan-Zarewitsch?« – »Ach, Großmutter, ich suche Jelena die Wunderschöne.« – »Oh, Iwan-Zarewitsch«, sagte die Alte, »weshalb hast du so lange gewartet? Wo warst du denn so lange? Sie hat schon angefangen, dich zu vergessen, sie heiratet einen anderen, bald ist Hochzeit! Sie lebt jetzt bei meiner ältesten Schwester, geh dahin, aber paß auf – sobald du in die Nähe kommst, werden sie es merken, Jelena wird sich in eine Spindel verwandeln, ihr Kleid wird aus Gold sein. Meine Schwester wird den Goldfaden von der Spindel abwickeln, die Spindel dann in eine Schublade legen, und die Lade wird sie abschließen. Such den Schlüssel, öffne die Lade, zerbrich die Spindel, die Spitze wirf hinter dich, den Rest vor dich – so wird sie plötzlich vor dir stehen.«

Da ging Iwan-Zarewitsch, kam zu der ältesten Schwester und trat in die Hütte. Die Alte wickelte den Goldfaden ab, und als sie damit fertig war, legte sie die Spindel in die Schublade, schloß ab und versteckte den Schlüssel irgendwo. Darauf suchte er den Schlüssel, fand ihn, nahm ihn, öffnete die Lade, holte die Spindel heraus und zerbrach sie, wie es ihm aufgetragen war. Die Spitze warf er hinter sich, das andere aber vor sich. Da plötzlich stand Jelena die Wunderschöne vor ihm und begrüßte ihn: »Oh, wie hast du lange gebraucht, Iwan-Zarewitsch, fast hätte ich einen anderen geheiratet.« Jelena die Wunderschöne lieh sich von der Alten einen fliegenden Teppich, sie setzten sich beide darauf und flogen dahin wie die Vögel. Gleich darauf kam ihr neuer Bräutigam dorthin, erfuhr alles, und da er auch nicht dumm war, nahm er sofort die Verfolgung auf. Er jagte und jagte hinter ihnen her, nur zehn Klafter fehlten noch, da erreichten sie auf ihrem Teppich das liebe Rußland. Er aber darf aus irgendeinem Grunde nicht nach Rußland. Und so mußte er umkehren. Sie aber kamen nach Hause geflogen. Da freuten sich alle. Und dann lebten sie beide lange und glücklich miteinander – allen Menschen zur Freude.

Zarewna-Schlange

Es ritt ein Kosak seines Weges und kam in einen dunklen Wald. In jenem Walde stand auf einer Lichtung ein Heuschober. Der Kosak hielt an, um ein wenig auszuruhen, legte sich neben den Schober und zündete sich seine Pfeife an. Er rauchte und rauchte und merkte nicht, wie ein Funke ins Heu fiel. Dann stieg er wieder in den Sattel und ritt weiter. Er war noch keine zehn Schritte fortgeritten, als eine Flamme hochschlug und den ganzen Wald erleuchtete. Der Kosak sah sich um, und da sieht er: der Heuschober brennt, in den Flammen aber steht ein schönes Mädchen und ruft mit lauter Stimme: »Kosak, guter Mensch, rette mich vor dem Tode!« – »Wie soll ich dich retten? Um dich sind lauter Flammen, man kann nicht heran.« – »Steck deine Lanze ins Feuer, ich komme an ihr heraus.« Der Kosak steckte die Lanze ins Feuer, selbst aber wandte er sich ab, wegen der großen Hitze. Sogleich verwandelte sich das schöne Mädchen in eine Schlange, kroch auf die Lanze, glitt auf den Hals des Kosaken, umwand den Hals dreimal und nahm ihren Schwanz zwischen die Zähne. Der Kosak erschrickt und weiß nicht, was er tun soll. Da sprach die Schlange mit menschlicher Stimme: »Fürchte dich nicht, guter Bursche! Trage mich sieben Jahre um den Hals und suche das zinnerne Zarenreich. Wenn du in dieses Reich kommst, dann bleib dort noch sieben Jahre. Leistest du mir diesen Dienst, so wirst du glücklich werden!«

Da ritt der Kosak fort, um das zinnerne Zarenreich zu suchen. Viel Zeit verging, viel Wasser floß dahin, am Ende des siebenten Jahres kam er zu einem steilen Berge. Auf jenem Berge steht ein Schloß aus Zinn, um das Schloß eine hohe Mauer aus weißen Steinen. Er sprengte den Berg hinauf, da öffnete sich vor ihm die Mauer, und er ritt auf den breiten Hof. Im selben Augenblick löste sich die Schlange von seinem Halse, ließ sich auf die feuchte Erde fallen, verwandelte sich in ein liebes Mädchen und verschwand – als wenn sie nie dagewesen wäre. Der Kosak stellte sein gutes Roß in den Stall, trat in den Palast und fing an, sich die Zimmer zu betrachten. Überall Spiegel, Silber und Sammet, aber nirgends eine Menschenseele. »Ach«, denkt der Kosak, »wo bin ich hingeraten? Wer gibt mir zu essen und zu trinken? Es scheint, daß ich Hungers sterben muß!« Kaum hatte er das gedacht, da stand ein gedeckter Tisch vor ihm, auf dem Tische zu trinken und zu essen – von allem sehr reichlich. Er aß und trank, stärkte sich und wollte dann nach seinem Pferde sehen. Er kommt in den Stall – da steht sein Pferd und frißt Hafer. »Na, das ist ja schön; so kann man ohne Not und Sorge leben.« Sehr lange blieb der Kosak im zinnernen Schloß, aber schließlich überfiel ihn Langeweile. Ist ja auch kein Spaß – immer mutterseelenallein, mit keinem je ein Wort reden können. In seinem großen Kummer betrank er sich und bekam dann Lust, in die freie Welt hinauszureiten. Aber wohin er sich auch wandte, überall stieß er gegen hohe Mauern, nirgends ein Ausgang oder ein Eingang. Das ärgerte ihn sehr, und so ergriff der gute Bursche einen Stock, ging in den Palast und begann, Spiegel und Scheiben zu zerschlagen, Sammet zu zerreißen, Stühle zu zerbrechen, Silber herumzuwerfen. »Vielleicht kommt jetzt der Hausherr und wirft mich hinaus!« Nein, es kam aber niemand. Da legte sich der Kosak schlafen. Am andern Tage erwachte er, machte einen Spaziergang und vertrat sich die Füße. Dann wollte er etwas essen, sah sich überall um, aber es gab nirgends was. »Ach«, denkt er, »schlägt sich selbst der Knecht, und nachher ist ihm gar nichts recht! Da hab' ich gestern weiß Gott was angestellt, und dafür muß ich jetzt hungern!« Kaum hatte es ihm leid getan, sofort waren auch schon Essen und Trinken wieder da!

Es vergingen drei Tage. Da erwachte der Kosak des Morgens, schaut zum Fenster hinaus und sieht sein gutes Roß aufgezäumt und gesattelt auf dem Hofe stehen. Was hat das zu bedeuten? Er wusch sich, zog sich an, betete zu Gott, nahm seine lange Lanze und trat hinaus auf den breiten Hof. Plötzlich stand auch das schöne Mädchen wieder da: »Guten Tag, guter Bursche, die sieben Jahre sind um – du hast mich vor dem Untergang bewahrt. Wisse also: ich bin eine Königstochter. Koschtschej der Unsterbliche hatte mich von Vater und Mutter geraubt, sagte, daß er mich liebe, und wollte mich heiraten, aber ich lachte ihn aus. Da wurde er zornig und verwandelte mich in eine grausame Schlange. Ich danke dir für deinen langen Dienst! Jetzt wollen wir zu meinem Vater ziehen. Er wird dich mit Gold und Edelsteinen belohnen wollen, du aber nimm nichts davon, sondern bitte dir ein Fäßchen aus, das im Keller steht.« – »Was ist da Gutes drin?« fragte der Kosak. – »Rollst du das Fäßchen nach rechts – dann erscheint sofort ein Schloß, rollst du es nach links – dann ist das Schloß verschwunden.«

– »Gut«, sagte der Kosak, schwang sich in den Sattel und hob die wunderschöne Königstochter zu sich aufs Pferd. Die hohen Mauern öffneten sich von selbst, und er ritt davon. Ob's lang währte oder kurz – schließlich kam er in das besagte Königreich. Der König erblickte seine Tochter, freute sich, bedankte sich und reicht dem Kosaken Säcke voller Gold und Perlen. Da antwortet der gute Bursche: »Ich brauche kein Gold und keine Perlen. Gib mir zum Andenken jenes Fäßchen, das im Keller steht!« – »Du verlangst viel, mein Lieber! Na, nichts zu machen, meine Tochter ist auch was wert! Für sie tut mir auch das Fäßchen nicht leid, nimm es mit Gott!« Der Kosak nahm das königliche Geschenk und ritt in die weiße Welt davon.

Als er lange geritten war, kommt ihm ein uralter Mann entgegen. Der Alte bittet: »Gib mir zu essen, guter Bursche!« Der Kosak sprang vom Pferde, band das Fäßchen ab, rollte es nach rechts – gleich stand da ein wunderbarer Palast. Die beiden gingen zusammen in die prächtig bemalten Zimmer und setzten sich an einen gedeckten Tisch: »He, ihr meine treuen Diener«, rief der Kosak, »bringt meinem Gast zu essen und zu trinken!« Kaum hatte er das gesagt, da bringen auch schon Diener einen ganzen Ochsen und drei Kessel mit Bier. Der Alte aß mit Riesenhunger und lobte die Mahlzeit. Er aß den ganzen Ochsen auf, trank die drei Kessel Bier aus, räusperte sich und spricht: »Etwas wenig, aber nichts zu machen! Ich danke dir für Salz und Brot.« Sie traten aus dem Palast, und der Kosak rollte sein Fäßchen nach links – sofort verschwand der Palast, als wäre er nie dagewesen!

»Laß uns tauschen!« sagt der Alte zum Kosaken. »Ich gebe dir ein

Schwert, und du gibst mir das Fäßchen.« – »Was ist denn dran an deinem Schwert?« – »Ja, das ist doch ein Schwert, das von selbst schlägt. Man braucht nur auszuholen – und wenn es auch eine unübersehbare Heeresmacht ist, das Schwert schlägt alles nieder! Guck – da wächst ein Wald. Soll ich die Probe machen?!« Damit zog der Alte sein Schwert, holte aus und sagte: »Los, Schwert-schlag-selbst, schlag mir den dunklen Wald!« Das Schwert flog hin, fällte die Bäume und baute das Holz in Klaftern auf. Als es fertig war, kehrte es zu seinem Herrn zurück. Der Kosak überlegte nicht lange, gab dem Alten sein Fäßchen und nahm sich das Schwert-schlag-selbst. Dann holte er mit dem Schwert aus und schlug den Alten tot. Als das geschehen war, band er das Fäßchen wieder an den Sattel, schwang sich hinauf und wollte zum König zurückkehren.

Dessen Hauptstadt aber war belagert von einem starken Feind. Als der Kosak die unübersehbare Heeresmacht sah, holte er aus und sagte: »Schwert-schlag-selbst, tu mir den Dienst, erschlag das feindliche Heer!« Da flogen die Köpfe, das Blut floß, und es verging keine Stunde, so war das ganze Feld mit Toten bedeckt. Der König kam dem Kosaken entgegengeritten, umarmte ihn, küßte ihn und beschloß sofort, ihm die wunderschöne Königstochter zur Frau zu geben. Die Hochzeit war sehr prächtig. Auf dieser Hochzeit war ich auch, trank Met und Wein, wie es so Brauch, es floß mir wohl den Bart entlang, kam aber nicht im Munde an.

Die verzauberte Königstochter

In einem Zarenreiche, in einem Königreiche, lebte einst ein angesehener Kaufmann. Er hatte einen Sohn Iwan. Der Kaufmann belud seine Schiffe, vertraute Haus und Läden seiner Frau und seinem Sohn an und machte sich auf die weite Reise. Die Schiffe fahren einen Monat, und zwei Monate, und drei, dann landet er in fremden Ländern, kauft überseeische Waren ein, und seine eigenen verkauft er für einen guten Preis. Zu dieser Zeit kam ein großes Unglück über Iwan den Kaufmannssohn. Alle Kaufleute und Bürger wurden böse auf ihn: »Warum hat er so viel Glück? Er macht uns den ganzen Handel zunichte!« Sie taten sich zusammen, schrieben eine Klageschrift, daß besagter Kaufmannssohn ein Dieb und Nichtsnutz wäre, unwürdig, zu ihrer Zunft zu gehören, und verurteilten ihn zum Soldatendienst. Dem Lieben wurde der Kopf rasiert, und dann wurde er zum Regiment geschickt.

Iwan dient als Soldat. Nicht nur ein Jahr bläst er Trübsal, ganze zehn Jahre gehen so hin. Als zehn Jahre um waren, wollte er mal wieder in der Heimat sein, nahm sich einen Urlaubsschein auf sechs Monate und machte sich auf den Heimweg. Vater und Mutter freuten sich sehr. Er wohnte dort und war Gast bei ihnen, solange es nötig war, und dann wurde es Zeit, zurückzukehren. Der Kaufmann nahm ihn an der Hand und führte ihn in tiefe Keller, die mit Gold und Silber gefüllt waren, und sagte: »Nun, mein lieber Sohn, nimm dir Geld, soviel du willst.« Iwan der Kaufmannssohn füllte sich die Taschen, empfing vom Vater und von der Mutter den in alle Ewigkeit nicht zu brechenden elterlichen Segen, verabschiedete sich von den Verwandten und ritt zurück zu seinem Regiment, denn der Vater hatte ihm ein sehr gutes Pferd gekauft!

Nach diesem Abschied ergriff den guten Burschen eine ganz starke Traurigkeit und Sehnsucht, und er sieht – am Wege steht eine Schenke. In die kehrte er ein, um seinen Kummer zu vertrinken. Er trank 1/8 Liter Schnaps, doch erschien ihm das wenig; er trank noch einmal soviel – wurde betrunken, legte sich hin und schlief ein. Plötzlich näherten sich ihm Diebe und stahlen ihm sein Geld – alles, bis auf die letzte Kopeke. Iwan der Kaufmannssohn erwachte, griff in seine Taschen – alles Geld ist weg! Da war er sehr bekümmert und machte sich wieder auf den Weg. Er kam in ganz verlassene Gegenden, und dort überraschte ihn die Nacht. Er ritt und ritt, da steht eine Schenke, neben der Schenke ein Pfosten, auf dem Pfosten steht geschrieben: »Wer hier übernachten will, zahlt hundert Rubel.«

Was sollte er machen? Er konnte doch nicht Hungers sterben. So klopfte er ans Tor – ein kleiner Junge kommt herausgelaufen, führt ihn ins Zimmer, das Pferd aber in den Stall. Was seine Seele sich nur wünscht, alles wird ihm aufgetragen. Er aß und trank sich satt, und dann kamen ihm so Gedanken. »Worüber denkst du nach, Herr Soldat?« fragt ihn der Wirt, »oder hast du etwa kein Geld, um zu bezahlen?« – »Ach doch, Wirt! Und ich bin satt, aber mein treues Roß steht hungrig da.« – »Nein, Soldat, du kannst selbst nachsehen gehen, es hat reichlich Heu und Hafer.« – »Daran liegt es nicht! Unsere Pferde sind es so gewohnt: wenn man nicht selbst nach dem Rechten sieht, dann frißt so ein Tier nicht.« Der Schankwirt lief zum Stall, schaute hinein, und wirklich: das Pferd steht da, läßt den Kopf hängen und sieht den Hafer nicht einmal an. »Ist das ein kluges Pferd! Es kennt seinen Herrn«, dachte der Schankwirt und befahl, dem Soldaten ein Nachtlager im Stall zu bereiten. Iwan der Kaufmannssohn legte sich dort schlafen, aber als es Mitternacht schlug und alles im Hause schlief, da stand er auf, sattelte sein Pferd und ritt vom Hof.

Am nächsten Tage kam er gegen Abend in ein Gasthaus, und da wurden für eine Nacht zweihundert Rubel verlangt. Es gelang ihm auch hier. Am dritten Tage kommt er in ein Gasthaus, das noch besser ist als die beiden ersten. Am Pfosten steht geschrieben: »Wer hier übernachten will, zahlt dreihundert Rubel.« – »Na«, denkt er, »wie es auch sei, ich muß es auch hier versuchen!« Er kehrte ein, aß vornehm, trank gut, setzte sich hin und überlegte. »Was überlegst du, Soldat? Oder fehlt es dir am nötigen Kleingeld?« fragt der Wirt. »Vorbeigeraten! Ich denke folgendes: selbst bin ich satt, aber mein treues Roß muß hungern.« – »Wo denkst du hin! Ich habe ihm Heu gelegt und Hafer geschüttet – von allem reichlich.« – »Ja, unsre Pferde sind es schon so gewohnt: wenn ich nicht selbst neben meinem Pferde bin, dann frißt es nicht, es rührt das Futter nicht einmal an.« – »Na ja, dann leg dich in den Stall!« Dieser Schankwirt aber hatte eine Frau, die eine Zauberin war. Sie ging hin, schaute in ihre Bücher und erkannte sofort, daß der Soldat bei Leib und Leben keine Kopeke besaß. Da stellte sie am Tor ihre Knechte auf und befahl ihnen ganz streng, aufzupassen, daß der Soldat sich nicht vom Hofe drückt, ohne bezahlt zu haben.

Genau um Mitternacht erhob sich Iwan der Kaufmannssohn und wollte Reißaus nehmen, da sieht er die Knechte Posten stehen. Er legte sich wieder hin und schlief ein. Als er erwachte, war die Morgenröte schon da. Er sattelte schnell sein Pferd, schwang sich hinauf und reitet vom Hof. »Halt!« rufen die Wächter, »du hast dem Wirt noch nicht die Zeche bezahlt. Her mit dem Geld!« – »Was für ein Geld? Schert euch zum Teufel!« antwortete Iwan und wollte schnell vorbeireiten, aber die Knechte holten ihn gleich herunter und fingen an, ihn zu prügeln. Einen solchen Lärm machten sie, daß das ganze Haus zusammenlief. »Haut ihn, Kinder, haut ihn!« – »Genug!« sagte der Wirt, »mag er drei Jahre bei uns wohnen und die dreihundert Rubel abverdienen!«

Nichts zu machen, Iwan der Kaufmannssohn blieb im Wirtshaus wohnen. So lebt er einen Tag, und zwei Tage, und drei Tage. Da spricht der Wirt zu ihm: »Sag mal, Herr Soldat, du kannst doch wohl mit einem Gewehr schießen?« – »Wie sollte ich das nicht können? Dazu ist doch das Regiment da, um es zu lernen.« – »Nun, dann geh und schieß Wild! In unserer Gegend gibt es allerhand Getier und auch allerhand Vögel.« Iwan der Kaufmannssohn nahm das Gewehr und ging auf die Jagd. Lange streifte er durch den Wald – traf aber auf kein Wild, und erst gegen Abend erblickte er am Waldessaum einen Hasen und wollte gerade zielen, da sprang der Hase auf und lief, was Gott ihm Beine gegeben hatte! Der Jäger rannte hinter ihm her und kam auf eine große, grüne Wiese. Auf jener Wiese stand ein prachtvolles Schloß, aus reinem Marmor, mit einem goldenen Dach. Der Hase flitzte auf den Hof des Schlosses, Iwan hinter ihm her, schaut hierhin und dorthin – nirgends ein Hase, auch keine Spur von ihm!

»Na, dann will ich mir wenigstens das Schloß ansehen!« Er betrat die Gemächer und ging da lange herum – überall eine so vornehme Einrichtung, nicht zu erdenken, nicht zu erraten, nur im Märchen zu sagen. In einem Gemach aber steht ein gedeckter Tisch, auf dem Tische sind verschiedene Speisen und Weine. Iwan der Kaufmannssohn trank aus jedem Fläschchen je ein Gläschen, aß von jedem Tellerchen je ein Stückchen. Als er genug getrunken und gegessen hatte, setzte er sich bequem zurecht und kümmert sich um gar nichts mehr!

Plötzlich fährt ein Wagen draußen vor das Schloß – es ist die Königstochter, selbst ganz schwarz, und ihre Leute sind schwarz, und die Pferde sind Rappen. Iwan fiel seine militärische Haltung ein, er sprang auf und stellte sich stramm neben die Tür. Die Königstochter kommt ins Zimmer – da präsentierte er sofort das Gewehr. »Guten Tag, Soldat!« begrüßte ihn die Königstochter. »Wie bist du hergekommen – freiwillig oder unfreiwillig? Meidest du Taten oder suchst du Taten? Setz dich mal zu mir, wir wollen vernünftig miteinander reden!« Und da bittet ihn die Königstochter: »Kannst du mir einen großen Dienst erweisen? Tust du es – dann wirst du glücklich werden! Man sagt, daß russische Soldaten vor nichts Angst haben. Hier, dies mein Schloß haben unsaubere Geister in Besitz genommen ...« – »Hoheit, ich wäre glücklich, wenn ich Ihnen bis zum letzten Blutstropfen dienen könnte.« – »Nun, so höre: Bis zwölf Uhr trink und amüsier dich, sobald es aber zwölf schlägt, lege dich auf das Bett, das inmitten des großen Gemachs an Riemen hängt, und was man mit dir auch machen wird, und was du auch sehen wirst – zeige keine Furcht, liege ganz still und sprich kein Wort.« So sprach die Königstochter, verabschiedete sich und fuhr fort.

Iwan der Kaufmannssohn fing an zu trinken, sich zu amüsieren und fröhlich zu sein, kaum schlug es aber Mitternacht, da legte er sich auf das Bett. Plötzlich erhob sich ein Sturm, es ertönte ein Krachen und Donnern, es schien, daß alle Wände einstürzen und in die Unterwelt versinken wollten. Die Zimmer füllten sich ganz schnell mit einer Unmenge von Teufeln, die heulten und schrien und erhoben einen wilden Tanz. Kaum aber entdeckten sie den Gast, da fingen sie an, ihm angst zu machen. Als erstes kommt plötzlich der Feldwebel angelaufen. »Ach, Iwan Kaufmannssohn, was fällt dir ein! Du giltst als Deserteur, mach, daß du fortkommst, sonst geht es dir schlecht!« Nach dem Feldwebel kommt der Kompanieführer gelaufen, dann der Bataillonsführer, dann der Regimentskommandeur. »Was machst du hier, du gemeiner Kerl? Du willst wohl Spießruten laufen? He, bringt mal frische Stöcke her!« Die Teufel machten sich flink an die Arbeit und schleppten schnell ganze Haufen von Stöcken herbei. Iwan der Kaufmannssohn aber rührt kein Glied und sagt keinen Ton, liegt und schweigt. »Ach, du Schuft!« sagt der Regimentskommandeur. »Er hat keine Angst vor den Stöcken; ihm ist das wohl nichts Neues mehr, hat sie schon öfter im Dienst gekostet! Man schicke mir einen Zug Soldaten mit geladenen Gewehren, die sollen diesen Taugenichts erschießen!« Da stand auch schon, wie aus der Erde gewachsen, ein Zug Soldaten. Ein Kommando ertönte, die Soldaten legten an und zielten … gleich werden sie losschießen! Da plötzlich krähten die Hähne – und alles war auf einmal verschwunden: keine Soldaten, keine Kommandeure, keine Stöcke.

Am andern Tage kommt die Königstochter ins Schloß gefahren – und jetzt ist sie schon vom Kopf bis zur Brust weiß, und ihre Leute und Pferde auch. »Danke, Soldat!« sagt die Königstochter. »Du hast Schrecknisse erlebt, du wirst noch schlimmere erleben. Paß auf, zeig keine Angst, diene noch zwei Nächte, und ich werde dich glücklich machen.« Dann aßen und tranken sie zusammen und waren fröhlich. Die Königstochter fuhr weg, Iwan aber legte sich an seinen Platz. Um Mitternacht erhob sich ein Sturm, es donnerte und krachte – da kamen die Teufel zusammengelaufen, heulten und tanzten … »Ach, Brüder, der Soldat ist wieder hier!« schrie ein hinkender, einäugiger kleiner Teufel. »Der hat wohl noch nicht genug! Du willst wohl in unseren Zimmern wohnen bleiben? Gleich laufe ich und sag's dem Alten.« Aber der Alte ist schon da und befiehlt den Teufeln, eine Schmiede aufzustellen und eiserne Ruten zu erhitzen. »Mit diesen glühenden Ruten müßt ihr ihn bearbeiten bis auf die Knochen, damit er ein für allemal weiß, was es heißt, in fremde Wohnungen zu ziehen!« Als aber die Teufel die Schmiede aufgestellt hatten, krähten die Hähne – und alles war auf einmal verschwunden.

Am dritten Tage kommt die Königstochter in das Schloß gefahren. Iwan sieht sie an und staunt: Die Königstochter selbst und ihre Leute und die Pferde – alle sind bis zu den Knien weiß geworden. »Danke, Soldat, für den treuen Dienst! Wie ist dir Gott gnädig?« – »Wie Sie sehen, Hoheit, ich lebe noch und bin gesund!« – »Nun, jetzt bemühe dich noch eine letzte Nacht. Und hier hast du einen Schafspelz, zieh ihn an, sonst zerreißen dich die Teufel mit den Krallen. Jetzt sind sie ganz böse und wild auf dich!« Die beiden setzten sich zu Tisch, aßen und tranken und waren fröhlich; dann verabschiedete sich die Königstochter und fuhr davon. Iwan der Kaufmannssohn aber zog sich den Schafspelz über, bekreuzigte sich und legte sich an seinen früheren Platz.

Es schlug Mitternacht – es tobte der Sturm, vom Donnern und Krachen erbebte das ganze Schloß. Eine unübersehbare Menge von Teufeln kam zusammengelaufen, hinkende und schielende und von jeder Art. Sie stürzten zu Iwan dem Kaufmannssohn: »Packt ihn, den Schuft! Greift ihn, zieht!« – und sie fuhren mit ihren Krallen auf ihn los. Der eine greift, der andere greift, die Krallen aber bleiben alle im Schafspelz stecken. »Nein, Brüder, so kommen wir ihm nicht bei. Wir wollen seinem leiblichen Vater und seiner leiblichen Mutter bei lebendigem Leibe vor seinen Augen das Fell über die Ohren ziehen!« Sofort schleppten sie zwei Menschen herbei, die genauso aussahen wie Iwans Eltern, und fingen an, ihnen die Haut abzureißen. Die beiden aber heulen: »Guter Iwan, erbarme dich unser, rühr dich von deinem Platz! Um deinetwillen quält man uns.« Iwan der Kaufmannssohn liegt da, rührt sich nicht und schweigt. Da krähten die Hähne – und auf einmal war alles verschwunden, als wenn nichts gewesen wäre.

Am Morgen kommt die Königstochter gefahren – die Pferde sind weiß, ihre Leute sind weiß, und sie selbst ist ganz rein und so schön, wie man sie sich schöner nicht vorstellen kann. Man sieht, wie das Mark aus einem Knöchelchen ins andere fließt. »Du hast genug Schrecknisse gesehen«, sagt die Königstochter zu Iwan, »das war das letzte! Dank dir für den Dienst, und jetzt laß uns schnell von hier fortgehen!« – »Nein, Königstochter«, antwortet Iwan der Kaufmannssohn, »ein Stündchen oder zwei muß ich ausruhen.« – »Was fällt dir ein! Fängst du an, auszuruhen, dann gehst du mir zugrunde.« Sie traten aus dem Schloß und fuhren fort. Nach einiger Zeit sagt die Königstochter: »Sieh dich mal um, guter Bursche, was hinter uns geschieht!« Iwan sah sich um – vom Schloß ist aber auch nichts mehr zu sehen, es ist in die Erde versunken, an seiner Stelle aber lodert eine hohe Flamme.

»So wären auch wir zugrunde gegangen, wenn wir gezaudert hätten!« sagte die Königstochter und reicht ihm einen Beutel: »Nimm ihn, es ist kein einfacher Beutel. Sobald du Geld brauchst, schüttle ihn – sofort werden Goldstücke herausspringen, soviel deine Seele will. Jetzt geh, bezahle den Gastwirt und komm dann auf die und die Insel, zur großen Kirche, dort werde ich dich erwarten. Wir wollen die Messe hören und uns dann trauen lassen. Du wirst mein Mann, und ich werde deine Frau. Aber paß auf, komm nicht zu spät. Wenn du es heute nicht schaffst, dann komm morgen; wenn du morgen nicht kommst, komm übermorgen; wenn du aber drei Tage säumst, dann siehst du mich niemals wieder.«

Hier verabschiedeten sie sich. Die Königstochter ging nach rechts, Iwan der Kaufmannssohn ging nach links. Er kommt ins Wirtshaus, schüttelt vor dem Wirt seinen Beutel – und sofort sprangen die Goldstücke nur so. »Was, mein Lieber! Du dachtest wohl, weil ein Soldat kein Geld hat, darf man ihn für drei Jahre zum Fronknecht machen? Gelogen, mein Lieber! Da, nimm dir dein Geld!« So bezahlte er die dreihundert Rubel, schwang sich aufs Pferd und ritt fort – wohin es ihm gesagt war.

»Das ist ja ein Wunder! Woher hat er nur das Geld?« dachte die Wirtin, stürzte zu ihren Zauberbüchern und sieht, daß er eine verwunschne Prinzessin befreit hat und sie ihm dafür einen immerwährenden Geldbeutel geschenkt hat. Sofort rief sie einen Jungen, schickte ihn ins Feld Kühe hüten und gab ihm einen besprochenen Apfel: »Ein Soldat wird zu dir kommen und wird um was zu trinken bitten; dann sag ihm: Wasser hab ich keines, aber da, nimm einen klaren Apfel!« Der Junge trieb die Kühe ins Feld. Kaum war er da, kam auch schon Iwan der Kaufmannssohn geritten. »Ach, mein Lieber«, sagt er, »hast du nicht etwas Wasser zu trinken? Ich bin sehr durstig!«–»Nein, Soldat, das Wasser ist weit von hier, doch habe ich einen klaren Apfel; wenn du ihn magst, so iß ihn, vielleicht erfrischt er dich!« Iwan der Kaufmannssohn nahm den Apfel, aß ihn auf, und da überfiel ihn ein fester, fester Schlaf. Drei Tage und Nächte schlief er, ohne zu erwachen.

Umsonst erwartete die Königstochter ihren Bräutigam drei Tage lang. »Also hat es das Schicksal nicht gewollt, daß ich seine Frau werde!« Sie seufzte, setzte sich in den Wagen und fuhr ab. Da sieht sie einen Jungen, der Kühe hütet: »Hirtenknabe, lieber Hirtenknabe, hast du nicht einen guten Burschen gesehen, einen russischen Soldaten?«–»Doch, da liegt er ja schon drei Tage und drei Nächte und schläft.« Die Königstochter blickte hin – genau der, den sie suchte! Sie begann, ihn zu rütteln und zu schütteln, aber wie sehr sie sich auch mühte, sie konnte es nicht erreichen, daß er erwachte. Da nahm sie ein Stück Papier, holte einen Bleistift hervor und schrieb folgendes Briefchen: »Wenn du nicht zu der und der Fähre kommst, dann wirst du nie im dreißigsten Königreiche sein, wirst nie mein Mann heißen!« Sie steckte das Briefchen Iwan in die Tasche, küßte den Schlafenden, weinte bittere Tränen und fuhr weit, weit fort. Sie war dagewesen, und nun ist sie weit von hier! Spätabends erwachte Iwan und weiß nicht, was er tun soll. Der Hirtenknabe aber fing an zu erzählen: »Hier kam ein schönes Mädchen her, und was hatte die für schöne Kleider an! Sie versuchte lange, dich zu wecken, konnte dich aber nicht aufwecken. Da schrieb sie ein Briefchen und steckte es in deine Tasche; sie selbst aber setzte sich in ihren Wagen – und weg war sie!«

Iwan der Kaufmannssohn betete zu Gott, verbeugte sich nach allen Seiten und sprengte zur Fähre. Ob es nun lange währte oder kurz, er kam dahin und rief den Fährleuten zu: »He, Brüder, holt mich über, so schnell ihr könnt; ich zahl auch im voraus!« Er holte den Beutel hervor, schüttelte ihn, und bald war das Boot voll Gold. Die Fährleute waren ganz starr. »Wo willst du eigentlich hin, Soldat?«–»Ins dreißigste Königreich.«–»Na, Lieber, ins dreißigste Königreich braucht man auf Umwegen drei Jahre, auf geradem Wege drei Stunden; nur kommt man auf geradem Wege nicht durch!« – »Was soll ich denn tun?« – »Wir wollen dir was sagen: Hierher kommt manchmal der Vogel Greif, der ist so groß wie ein Berg und holt sich hier allerhand Aas, das er ans andere Ufer schleppt. Schneide deinem Pferde den Bauch auf, nimm ihn aus und wasch ihn, wir werden dich dann da einnähen. Der Vogel Greif wird das Aas packen, ins dreißigste Königreich tragen und seinen Jungen vorwerfen. Da sieh zu, daß du schnell aus dem Pferdebauch herauskommst und dich davonmachst dorthin, wohin du gehen mußt.« Iwan der Kaufmannssohn schlug seinem Pferde den Kopf ab, schnitt ihm den Bauch auf, reinigte ihn, wusch ihn und kroch hinein. Die Fährleute nähten den Bauch wieder zu, gingen beiseite und versteckten sich. Plötzlich kommt der Vogel Greif geflogen, groß wie ein Berg stößt er nieder, packt das Aas, trägt es ins dreißigste Königreich und wirft es seinen Jungen vor. Selbst aber flog er wieder nach Beute aus. Iwan trennte den Bauch auf, kroch heraus und ging geradewegs zum König, um in seine Dienste zu treten.

In jenem dreißigsten Königreich aber hatte der Vogel Greif schon viel Unheil angerichtet. Jeden Tag, den Gott werden ließ, mußte ihm ein Mensch zum Fressen vorgeworfen werden, nur damit er das Reich nicht ganz verwüstete. Der König überlegte, was er mit diesem Pilger wohl anfangen könnte, und befahl schließlich, ihn dem bösen Vogel zum Fressen vorzuwerfen. Die königlichen Krieger ergriffen ihn, führten ihn in den Garten, stellten ihn neben einen Apfelbaum und sprachen: »Steh hier Wache, daß auch nicht ein Apfel vom Baume verschwindet!« Iwan der Kaufmannssohn steht und hält Wache. Da plötzlich kommt der Vogel Greif geflogen, wie wenn ein Berg sich heranwälzt. »Guten Tag, guter Bursche, ich wußte nicht, daß du im Pferdebauch warst, sonst hätte ich dich längst gefressen!« – »Das weiß nur Gott, ob du mich gefressen hättest oder nicht!« Da ließ der Vogel die eine Lippe auf der Erde schleifen, die andere aber hielt er als Dach darüber und wollte so den guten Burschen fangen. Iwan der Kaufmannssohn aber stach mit seinem Bajonett zu und spießte dem Vogel die Unterlippe fest an die feuchte Erde, dann zog er sein Seitengewehr und schlug auf den Vogel Greif ein, wohin er nur treffen konnte.

»Ach, guter Bursche«, sagte der Vogel, »schlag mich nicht tot, ich will dich zum Recken machen! Hol ein Fläschchen unter meinem linken Flügel hervor und trink es aus – dann wirst du schon sehn.« Iwan der Kaufmannssohn nahm das Fläschchen, trank es aus, fühlte in sich eine ungeheure Kraft und fiel noch flinker über den Vogel her: holt aus und schlägt! »Ach, guter Bursche, schlag nicht, ich will dir auch noch das andere Fläschchen geben, das unterm rechten Flügel ist!« Iwan der Kaufmannssohn trank auch noch das andere Fläschchen aus, fühlte eine noch größere Kraft und hörte nicht auf, zuzuschlagen. »Ach, guter Bursche, schlag nicht; ich will dir das Glück zeigen! Es gibt hier grüne Wiesen, da wachsen drei hohe Eichen, unter jenen Eichen sind gußeiserne Falltüren, hinter jenen Türen stehen drei Heldenrosse. Bald wirst du sie brauchen!« Iwan der Kaufmannssohn hört dem Vogel zu, aber hört zugleich nicht auf zu schlagen. Er zerhackte ihn in kleine Stücke und legte sie zu einem riesigen Haufen zusammen.

Am Morgen läßt der König den diensthabenden General rufen: »Geh«, sagt er, »und befiehl, Iwans Knochen fortzuräumen; wenn er auch ein Fremder ist, so soll man doch Menschenknochen nicht ohne Begräbnis herumliegen lassen.« Der diensthabende General eilte in den Garten und sieht: Iwan lebt, der Vogel Greif aber ist in kleine Stücke zerhackt. Er meldete es dem König. Der König war sehr froh, lobte Iwan und gab ihm ein eigenhändiges Begleitschreiben: Besagtem Iwan wird erlaubt, im ganzen Königreiche herumzureisen und in allen Schenken und Wirtshäusern ohne Bezahlung zu trinken und zu essen. Als Iwan der Kaufmannssohn das Begleitschreiben erhalten hatte, ging er in das feinste Wirtshaus, trank drei Eimer Bier hinunter, drei große Rundbrote und ein halber Ochs waren sein Imbiß dazu. Dann kehrte er in den königlichen Stall zurück und legte sich schlafen. Und so lebte er beim König im Stall ganze drei Jahre.

Dann erschien die Königstochter – sie war auf den Umwegen gefahren. Der Vater war sehr froh und fragt sie aus: »Wer hat dich, liebe Tochter, vom bitteren Los errettet?« – »Es war ein Soldat aus dem Kaufmannsstande.« – »Ja, der ist doch hergekommen und

hat mir eine große Freude bereitet, er hat den Vogel Greif zerhackt!«
Was war da lange zu überlegen! Man traute Iwan den Kaufmanns-
sohn mit der Königstochter und machte ein Fest fürs ganze Volk.
Auf dieser Hochzeit war ich auch, trank manchen Schnaps, wie es
so Brauch; er floß mir wohl den Bart entlang, kam aber nicht im
Munde an.

Bald darauf bekommt der König einen Brief vom dreiköpfigen
Drachen: »Gib mir deine Tochter, sonst verbrenne ich dein ganzes Königreich und blase die Asche in die Welt hinaus!« Der König wurde traurig, Iwan der Kaufmannssohn aber goß drei Eimer
Wein hinunter, nahm zum Imbiß drei Rundbrote und einen halben Ochsen und eilte zu den grünen Wiesen, hob eine gußeiserne
Falltür auf und führte ein Heldenroß heraus, gürtete sich mit einem
stählernen Schwert, nahm eine Schlachtkeule, schwang sich aufs
Pferd und ritt zum Kampf. »Ach, du guter Bursche«, sagt der Drache, »was fällt denn dir ein? Ich setze dich auf die eine Hand, schlage mit der andern zu – und von dir bleibt nur ein kleiner, nasser
Fleck nach!« – »Prahle nicht, bete lieber zu Gott!« antwortete Iwan,
schwang sein stählernes Schwert und schlug alle drei Köpfe auf
einmal ab. Nachher besiegte er auch noch den sechsköpfigen Drachen und dann noch den zwölfköpfigen und wurde berühmt durch
seine Kraft und Tapferkeit in allen Landen.

Der verwunschene Zarensohn

Es lebte einst ein Kaufmann, der hatte drei Töchter. Er mußte in
fremde Länder reisen, um Waren einzukaufen, und da fragt er die
Töchter: »Was soll ich euch mitbringen?« Die älteste Tochter bittet um neue Kleider, die zweite auch, die jüngste aber nahm ein
Blatt Papier und zeichnete eine Blume: »Mir«, sagt sie, »Vater, bring
solch eine Blume.«
Lange fuhr der Kaufmann durch verschiedene Königreiche, eine

solche Blume bekam er aber nirgends zu Gesicht. Auf der Heimfahrt sah er unterwegs einen wunderbaren, hohen Palast mit vielen Türmen und einem Garten. Er betrat den Garten und ging in ihm spazieren. Was waren dort alles für Bäume und Blumen! Eine Blume immer schöner als die andere! Da sieht er plötzlich die Blume stehen, die seine Tochter ihm aufgezeichnet hatte. »Ich will sie«, denkt er, »abpflücken und meiner lieben Tochter bringen; es scheint niemand hier zu sein, niemand wird es sehen!« Er bückte sich und pflückte die Blume. Aber kaum hatte er es getan, da erhob sich ein Sturmwind, es donnerte, und vor ihm erschien ein furchtbares Ungeheuer – ein häßlicher, geflügelter Drache mit drei Köpfen. »Wie wagst du es, in meinem Garten so zu tun, als gehöre er dir?« schrie der Drache den Kaufmann an. »Weshalb hast du die Blume gepflückt?« Der Kaufmann erschrak, fiel auf die Knie und begann, um Vergebung zu bitten. »Gut«, sagte der Drache, »ich will dir vergeben, aber nur unter einer Bedingung: Wer dich als erster bei deiner Heimkehr begrüßt, den gib mir für immer. Wenn du mich aber betrügst, dann denke daran, daß du dich nirgends vor mir verstekken kannst; ich finde dich überall!« Der Kaufmann war einverstanden und fuhr nach Hause. Als er dort ankam, sah ihn seine jüngste Tochter vom Fenster aus und lief ihm entgegen. Da ließ der Kaufmann den Kopf hängen. Er sieht seine geliebte Tochter an und weint bittere Tränen. »Was ist mit dir? Worüber weinst du, Vater?« Er gab ihr die Blume und erzählte, was ihm zugestoßen war. »Sei nicht traurig, Vater!« sagt die jüngste Tochter, »vielleicht wird es mir auch dort gutgehen! Bring mich zum Drachen!« Der Vater fuhr sie hin, ließ sie im Palast zurück, nahm Abschied und fuhr nach Hause.

Da ging das schöne Mädchen, die Kaufmannstochter, durch alle Zimmer – überall ist Gold und Samt, aber niemand läßt sich blikken, keine Menschenseele! So vergeht die Zeit. Das schöne Mädchen wurde hungrig und denkt: »Ach, wie gern würde ich jetzt etwas essen!« Sie hatte kaum Zeit, es zu denken, da stand auch schon ein Tisch vor ihr, und auf dem Tische Speisen, Getränke und Süßigkeiten; vielleicht fehlte Vogelmilch, sonst war alles da! Sie setzte sich an den Tisch, trank und aß sich satt; dann stand sie auf – und alles verschwand! Die Dämmerung kam, es wurde dunkel. Die Kaufmannstochter ging ins Schlafzimmer und wollte sich gerade schlafen legen, da plötzlich erhob sich ein Sturmwind, und vor ihr erschien der dreiköpfige Drache. »Guten Tag, schönes Mädchen! Mach mir mal mein Bett neben dieser Tür.« Das schöne Mädchen machte ihm sein Bett neben der Tür; selbst aber legte sie sich auf ihr Bettchen.

Am Morgen erwachte sie, und wieder war im ganzen Hause keine Menschenseele zu sehen. Eines war nur gut: Was sie sich auch wünschte, das war sofort da! Am Abend kam der Drache geflogen und befiehlt:

»Jetzt, schönes Mädchen, mach mir mein Bett neben deinem Bettchen.« Sie machte ihm sein Bett neben ihrem Bettchen. Die Nacht verging, das Mädchen erwachte – wieder im ganzen Hause keine Menschenseele! Zum drittenmal kam am Abend der Drache geflogen und spricht: »Nun, schönes Mädchen, jetzt lege ich mich mit dir auf dasselbe Bett.« Schrecklich war es der Kaufmannstochter, sich mit solch einem häßlichen Ungeheuer auf dasselbe Bett zu legen, aber es ging nicht anders – sie faßte sich ein Herz und legte sich hin. Am Morgen sagt der Drache zu ihr: »Wenn du Heimweh hast, schönes Mädchen, dann fahr zum Vater und zu den Schwestern. Bleib einen Tag bei ihnen, am Abend aber komm wieder zurück und sieh zu, daß du dich nicht verspätest. Kommst du auch nur eine Minute zu spät – dann sterbe ich vor Kummer!« – »Nein, ich verspäte mich nicht!« sagt die Kaufmannstochter, tritt hinaus auf die Freitreppe, da steht schon längst ihr Wagen bereit. Sie setzte sich hinein und war im selben Augenblick beim Vater auf dem Hof.

Als der Vater sie erblickte, umarmte er sie, küßte sie und fragt: »Geht es dir mit Gottes Hilfe gut, meine geliebte Tochter?« – »Gut, Vater!« Und sie fing an zu erzählen, was im Schloß für ein Reichtum ist, wie der Drache sie liebt, wie alles, was sie sich nur denkt, sogleich in Erfüllung geht. Die Schwestern hören es und wissen nicht, wo sie sich vor Neid lassen sollen. Als der Tag zur Neige ging, wollte das schöne Mädchen sich auf den Rückweg machen und verabschiedete sich von Vater und Schwestern. »So und so«, sagt sie, »es ist Zeit, nach Hause zu fahren. Ich soll nicht zu spät kommen.« Die neidischen Schwestern rieben sich die Augen mit Zwiebeln ein; man sollte glauben, daß sie weinten: »Fahr nicht fort, Schwesterchen! Bleib bis morgen.« Die Schwestern taten ihr leid, und sie blieb bis zum nächsten Morgen. Dann verabschiedete sie sich von allen und fuhr zurück in den Palast. Sie kommt an – aber im Palast ist es leer wie einst; sie ging in den Garten und da sieht sie: Im Teich liegt der Drache – tot. Er hatte sich vor Kummer ertränkt. »Ach, mein Gott, was habe ich getan!« rief das schöne Mädchen und brach in Tränen aus. Sie lief zum Teich, zog den Drachen aus dem Wasser heraus, nahm seinen Kopf in ihre Arme und küßte ihn ganz stark – da erwachte der Drache und verwandelte sich in einen guten Burschen. »Ich danke dir, schönes Mädchen!« sagt der Bursche, »du hast mich aus einem großen Unglück errettet; ich bin kein Drache, ich bin ein verwunschener Zarensohn!« Sofort fuhren sie zum Kaufmann, heirateten und lebten fortan miteinander, und ihr Reichtum wuchs von Jahr zu Jahr.

Der rotznasige Ziegenbock

In einem Zarenreiche, in einem Königreiche, lebte einmal ein Kaufmann, der hatte drei Töchter. Er baute sich ein neues Haus und schickte seine älteste Tochter dahin, sie sollte im neuen Hause übernachten und ihm nachher erzählen, was sie im Traum gesehen hätte. Und ihr träumte, daß sie einen Kaufmannssohn heiraten würde. Am andern Tage schickte der Kaufmann seine zweite Tochter ins neue Haus: was sie wohl im Traume sehen würde? Ihr träumte, daß sie einen Edelmann heiraten würde. Für die dritte Nacht kam die Reihe an die jüngste Tochter. Der Vater schickte auch sie. Da träumte dem armen Mädchen, daß sie einen Ziegenbock heiraten würde. Der Vater erschrak und verbot seiner Lieblingstochter, auch nur auf die Freitreppe hinauszugehen. Aber nein, sie gehorchte nicht und ging hinaus! Der Ziegenbock aber nahm sie sofort auf seine hohen Hörner und trug sie weit weg hinter steile Ufer. Er brachte sie in sein Haus und legte sie zu Bett. Die Nase läuft ihm dabei, der Speichel fließt. Das arme Mädchen wischt immerzu mit ihrem Taschentüchlein und ekelt sich nicht. Das gefiel dem Ziegenbock so gut, daß er sich immerzu seinen Bart strich! Am Morgen wachte unser schönes Mädchen auf, und da sieht sie, daß der Hof von einem Staketenzaun umgeben ist, und auf jedem Pfahl steckt ein Mädchenköpfchen; nur ein einziger Pfahl ist noch frei. Da freute sich die Arme, daß sie dem Tode entronnen war. Die Diener aber wecken sie: »Jetzt ist keine Schlafenszeit, Herrin, jetzt ist es Zeit, aufzustehen; in den Zimmern muß gefegt werden, der Kehricht muß auf die Straße gebracht werden!«

Sie tritt hinaus auf die Freitreppe, da kommen Gänse geflogen. »Ach, ihr meine grauen Gänse! Kommt ihr aus der Heimat, kommt ihr von meinem lieben Vater, bringt ihr mir Nachricht?« Die Gänse aber antworten ihr: »Wir kommen aus deiner Heimat, wir bringen dir Nachricht. Bei euch zu Hause ist Verlobung, deine älteste Schwester heiratet einen Kaufmannssohn.« Der Ziegenbock auf seiner Ofenbank hört alles und sagt zu den Dienern: »He ihr, meine treuen Diener! Bringt kostbare Kleider, spannt die Rappen an, die in drei Sprüngen an Ort und Stelle sind.« Die Arme zog schöne Kleider an und fuhr fort. Die Pferde brachten sie in einem Augenblick zum Vater. Auf der Treppe wird sie von allen begrüßt, im Hause geht es hoch her! Der Ziegenbock aber verwandelte sich unterdessen in einen guten Burschen und geht auf dem Hof des Vaters mit seiner kleinen Harfe, der Gusli, umher. Na, wie sollte man einen Guslispieler nicht zum Fest laden?! So kam er hinein und fing an zu spielen und zu singen: »Ziegenbocks Frau, Rotzbuben-Frau! Ziegenbocks Frau, Rotzbuben-Frau!« Die Arme aber schlug ihn, klatsch! auf die eine Backe und klatsch! auf die andere Backe, dann schnell zu den Pferden – und weg war sie!

Sie kam nach Hause, der Ziegenbock aber liegt schon auf seiner

Ofenbank; die Nase läuft, der Speichel fließt; das arme Mädchen aber wischt es mit ihrem Tüchlein weg und ekelt sich nicht. Am Morgen wecken sie die Diener: »Es ist jetzt keine Schlafenszeit, Herrin, es ist jetzt Zeit, aufzustehen, die Zimmer zu fegen, den Kehricht auf die Straße zu bringen!« Sie stand auf, räumte die Zimmer auf und trat auf die Freitreppe. Da kommen die Gänse geflogen: »Ach, ihr meine grauen Gänse! Kommt ihr aus der Heimat, kommt ihr von meinem lieben Vater, bringt ihr mir Nachricht?« Und die Gänse antworten: »Wir kommen aus deiner Heimat, wir bringen dir Nachricht. Bei euch zu Hause ist Verlobung, deine mittlere Schwester wird an einen reichen Edelmann verheiratet.« Wieder fuhr das arme Mädchen zum Vater. Auf der Freitreppe begrüßen sie die Gäste, im Hause geht es hoch her! Der Ziegenbock aber hat sich in einen guten Burschen verwandelt und geht auf dem Hof mit seiner Gusli herum; man rief ihn herein, und er fing an zu spielen: »Ziegenbocks Frau, Rotzbuben-Frau!« Die Arme schlug ihn, klatsch! auf die eine Backe und klatsch! auf die andere Backe, dann schnell zu den Pferden – und weg war sie!

Sie kehrte heim; der Ziegenbock liegt auf der Ofenbank; die Nase läuft, der Speichel fließt. Es verging noch eine Nacht. Am Morgen stand das arme Mädchen auf, trat auf die Freitreppe; wieder fliegen die Gänse vorbei. »Ach, ihr meine grauen Gänse! Kommt ihr aus der Heimat, kommt ihr von meinem lieben Vater, bringt ihr mir Nachricht?« Die Gänse aber antworten: »Wir kommen aus deiner Heimat, wir bringen dir Nachricht. Bei deinem Vater wird ein großes Fest gefeiert.« Sie fuhr zum Vater. Die Gäste begrüßen sie auf der Freitreppe, im Hause geht es hoch her! Auf dem Hofe geht der Guslispieler herum und spielt auf seiner Gusli. Man rief ihn herein, der Spieler aber fängt wieder sein altes Lied an: »Ziegenbocks Frau, Rotzbuben-Frau! Ziegenbocks Frau, Rotzbuben-Frau!« Die Arme schlägt ihn, klatsch! auf die eine Backe und ist flugs wieder zu Hause. Sie schaut zur Ofenbank hin, aber da liegt nur ein Ziegenfell. Der Guslispieler hatte noch nicht Zeit gehabt, sich wieder in einen Ziegenbock zu verwandeln. Da flog das Fell in den Ofen, und nun war die jüngste Kaufmannstochter nicht länger mit einem Ziegenbock verheiratet, sondern mit einem guten Burschen. Und da begannen sie miteinander zu leben und waren fröhlich und guter Dinge.

Schmutzchen

Ein Soldat hatte in drei Kriegen gedient, hatte dabei nicht einmal eine leere Eierschale verdient, und man hatte ihm einen glatten Abschied gegeben.

So ging er auf einen Weg hinaus, ging und ging, wurde müde und setzte sich an einen See. Da sitzt er nun und denkt: »Wohin mit mir, und was werde ich essen und trinken? … Soll ich mich vielleicht beim Teufel als Knecht verdingen?!« Kaum hatte er das vor sich hingesprochen, da steht auch schon ein Teufelchen vor ihm – steht da und verbeugt sich: »Tag, Soldat!« – »Was willst du von mir?« – »Ja, wolltest du dich nicht selbst bei uns als Knecht verdingen? Warum denn nicht, Soldat, verdinge dich nur! Wir zahlen dir einen hohen Lohn.« – »Und was ist die Arbeit?« – »Die Arbeit ist leicht: Nur fünfzehn Jahre sich nicht rasieren, nicht die Haare schneiden, sich nicht die Nase putzen und die Kleider nicht wechseln.« – »Einverstanden«, sagt der Soldat, »ich übernehme diese Arbeit, aber nur unter der Bedingung, daß alles für mich bereitsteht, was mein Herz begehrt!« – »Das ist doch selbstverständlich! Sei ganz ruhig, wir halten unser Wort.« – »Na gut, also abgemacht! Und jetzt trag mich sofort in die große Residenzstadt und nimm einen Haufen Geld mit! Du weißt doch selbst, daß Soldaten kein Geld haben.«

Das Teufelchen stürzte sich in den See, holte einen Haufen Geld herbei und trug den Soldaten in einem Augenblick in eine große Stadt. Dort ließ er ihn nieder und verschwand dann. – »Muß der aber dumm sein«, dachte der Soldat, »noch habe ich weder gedient noch gearbeitet, und schon habe ich das Geld!« Er mietete sich eine Wohnung, läßt sich die Haare nicht schneiden, rasiert sich nicht, wischt sich die Nase nicht, wechselt die Kleidung nicht, lebt vor sich hin und wird immer reicher.

Er wurde so reich, daß er gar nicht wußte, wohin mit dem Gelde. Was sollte er mit dem vielen Silber und Gold machen? »Ich will mal«, dachte er, »den Armen helfen, mögen die dann für meine Seele beten.« So fing der Soldat an, Geld unter die Armen zu verteilen. Er gab nach rechts, und er gab nach links mit vollen Händen – das Geld wird aber nicht weniger, sondern immer mehr. Sein Ruhm breitete sich über das ganze Zarenreich aus, bei allen Menschen.

Vierzehn Jahre lebte der Soldat so. Im fünfzehnten Jahr fehlte es dem Zaren an Geld, und so ließ er den Soldaten zu sich rufen. Und da kommt der Soldat zu ihm, unrasiert, ungewaschen, ungekämmt, die Nase ungeputzt, die Kleider abgetragen. »Da bin ich, Eure Majestät!« – »Hör mal, Soldat, man sagt, du tätest allen Menschen Gutes. Mir könntest du mal etwas Geld leihen. Mir fehlt das Geld für den Sold für meine Soldaten. Gibst du es mir, dann mach ich dich sofort zum General.« – »Nein, Eure Majestät, ich wünsche nicht, General zu werden, aber wenn du mir eine Gnade erweisen willst, dann gib mir eine deiner Töchter zur Frau, nimm dir dafür Geld, soviel du brauchst.«

Über diese Antwort dachte der König lange nach, denn seine Töchter taten ihm leid, aber ohne Geld konnte er auch nicht bleiben. »Na«, sagte er, »gut, laß dich malen, ich will das Bild meinen Töchtern zeigen, dann werden wir sehen, welche von ihnen dich nehmen will.« Der Soldat machte rechtsum kehrt und befahl, sich malen zu lassen – genauso wie er aussah, und schickte das Bild zum Zaren.

Der hatte drei Töchter. Er ließ sie zu sich kommen und zeigte das Bildnis des Soldaten zuerst der Ältesten: »Würdest du ihn heiraten? Er wird mir dann aus großer Not helfen.« Die Zarentochter sieht, daß da etwas Fürchterliches abgebildet ist, die Haare zerzaust, die Nägel ungeschnitten, die Nase fließt. »Nein, ich will nicht«, sagt sie, »lieber heirate ich den Teufel!« Der Teufel aber ist schon da – steht hinter ihr mit Feder und Papier, schreibt jedes Wort auf. Da fragte der Vater die zweite Tochter: »Würdest du den Soldaten heiraten?« – »Das könnte mir so passen! Lieber will ich eine alte Jungfer werden, will mich lieber mit dem Teufel einlassen als diesen da heiraten!« Der Teufel schreibt auch die zweite Seele auf. Jetzt fragte der Vater die jüngste Tochter; sie aber antwortete: »Das ist wohl mein Schicksal! Ich nehme ihn. Für das Weitere wird Gott sorgen!«

Der Zar freute sich und ließ dem Soldaten sagen, er möge sich zur Trauung bereithalten. Zugleich schickte er zwölf Wagen zu ihm, um das Geld abzuholen. Der Soldat forderte das Teufelchen zu sich: »Hier sind zwölf Wagen – sie sollen sofort mit Gold gefüllt werden!« Das Teufelchen stürzte sich in den See, und die Arbeit der Teufel kochte gleich nur so: der eine schleppt einen Sack, der andere zwei. Mit schneller Hand füllten sie die Wagen und brachten sie zum Palast des Zaren.

Die Geschäfte des Zaren erholten sich, und er begann den Soldaten fast jeden Tag einzuladen, setzt ihn zu sich an den eigenen Tisch und trank und aß zusammen mit ihm.

Während sie sich so zur Hochzeit vorbereiteten, waren nun genau die fünfzehn Jahre vergangen. Die Frist für seinen Dienst war abgelaufen. Da ruft der Soldat das Teufelchen und sagt: »Na, mein Dienst ist zu Ende, jetzt mach mich wieder schön!« Das Teufelchen zerhackte ihn in kleine Stückchen, warf sie in einen Kessel und fing an, sie zu kochen. Als es gar gekocht war, holte er alles heraus und legte es wieder so zusammen, wie es sich gehörte: Knöchelchen zu Knöchelchen, Gelenkchen zu Gelenkchen, Äderchen zu Äderchen. Dann spritzte er Wasser des Todes und Wasser des Lebens darüber – und der Soldat erstand so jung und frisch, nicht zu beschreiben, nicht im Märchen zu erzählen! Er ließ sich mit der jüngsten Zarentochter trauen, und sie begannen glücklich und in Freuden zu leben. Auf dieser Hochzeit war ich auch, trank Met und Bier, wie es so Brauch. Vom guten Schnaps gab es genug, den trank ich bis zum letzten Zug.

Das Teufelchen aber kam in den See gelaufen, denn der Großvater hatte es zu sich bestellt, es sollte ihm Rechenschaft ablegen:

»Sag, was macht der Soldat?« – »Er hat seine Frist richtig und ehrlich abgedient, hat sich kein einziges Mal rasiert, hat sich die Haare nicht geschnitten, hat sich die Nase nicht gewischt, hat die Kleider nicht gewechselt.« Da wurde der Großvater böse: »Was, in fünfzehn Jahren«, sagt er, »hast du es nicht fertiggebracht, den Soldaten in Versuchung zu führen? Was ist da für nichts und wieder nichts Geld draufgegangen! Ja, was bist du denn überhaupt für ein Teufel!« Und er befahl, das Teufelchen in siedendes Pech zu werfen. »Wart, Großvater«, antwortete der Enkel, »statt der Soldatenseele habe ich zwei andere Seelen aufgeschrieben.« – »Wieso?« – »Das kam so, Großvater: Der Soldat wollte eine von den drei Zarentöchtern heiraten. Die beiden älteren sagten ihrem Vater, sie würden lieber den Teufel heiraten als den Soldaten. Also gehören sie uns!« Der Großvater sprach das Teufelchen frei und befahl, es loszulassen. »Ist schon ein rechtes Teufelchen und versteht seine Sache!«

Ohneärmchen

In einem Zarenreiche, nicht in unserem Reiche, lebte einst ein reicher Kaufmann. Er hatte zwei Kinder, einen Sohn und eine Tochter. Als Vater und Mutter starben, sagt der Bruder zur Schwester: »Laß uns, Schwester, aus dieser Stadt fortgehen. Ich will einen Laden aufmachen, und wir werden handeln. Und dir werde ich eine Wohnung mieten, dort wirst du wohnen.« Nun also, so gingen sie in ein anderes Gouvernement. Sie kamen dorthin, der Bruder ließ sich da nieder und mietete einen Laden mit Kurzwaren. Dann kam es ihm in den Sinn zu heiraten. So heiratete er denn und nahm zur Frau – eine Zauberin. Der Bruder begibt sich in den Laden, um zu handeln, und befiehlt der Schwester: »Sieh, Schwester, nach dem Rechten!« Die Frau ärgerte sich, daß er es der Schwester sagte. Sie paßte genau auf, wann ihr Mann zurückkommen würde, und zerschlug vorher alle Möbel. Dann setzte sie sich hin und erwartete ihren Mann. Sie begrüßt ihn und spricht: »Sieh mal, was du für eine Schwester hast! Da hat sie bei uns alle Möbel zerschlagen.« – »Schon gut«, antwortete der Mann, »Möbel kann man wieder kaufen.«

Am nächsten Tag macht er sich wieder in seinen Laden auf, verabschiedet sich von Frau und Schwester und sagt zur Schwester: »Sieh du, Schwester, wenn du irgend kannst, im Hause nach dem Rechten.« Die Frau paßte wieder die Zeit ab, wo ihr Mann nach Hause kam, geht in den Stall und schlägt dem Lieblingspferd des Mannes mit dem Säbel den Kopf ab. Dann steht sie auf der Treppe vor dem Hause und erwartet den Mann. »Sieh«, sagt sie, »was du für eine Schwester hast! Deinem Lieblingspferd hat deine Schwester den Kopf abgeschlagen.« – »Ach, wie gelebt, so gestorben«, antwortet der Mann.

Am dritten Tage geht der Mann wieder in den Laden, verabschiedet sich und spricht zur Schwester: »Paß bitte auf die Hausfrau auf, daß sie sich nichts antut oder dem Kinde, falls sie wider Erwarten ein Kind bekommen sollte.« Seine Frau aber bekam ein Kind und schlug ihm kurzerhand den Kopf ab. Sie sitzt und weint über das Kleine. Da kam der Mann. »Sieh, wie deine Schwester ist! Kaum hatte ich das Kind bekommen, da nahm sie den Säbel und schlug ihm den Kopf ab.« Da sagte der Mann nichts, vergoß bittere Tränen und ging von den Frauen fort.

Es kommt die Nacht. Um Mitternacht steht er auf und sagt: »Liebe Schwester, mach dich fertig, wir wollen zur Messe fahren.« Sie sagt: »Lieber Bruder, heute ist doch gar kein Feiertag.« – »Doch, Schwester, es ist ein Feiertag, komm.« – »Es ist noch zu früh für uns zu fahren, Bruder!« – »Nein, sieh zu, daß du bald fertig wirst!« Seine liebe Schwester fing an, sich fertig zu machen, aber es geht so schwer, immer wieder sinken ihr die Arme. Da tritt der Bruder zu ihr und sagt: »Nun, mach schnell, Schwester, zieh dich an!« – »Aber es ist doch noch so früh, Bruder.« – »Nein, Schwester, es ist nicht früh, es ist Zeit.« Als die Schwester fertig war, setzten sie sich in den Wagen und fuhren zur heiligen Messe. Ob sie nun lange fuhren oder kurz, sie kamen zu einem Walde. Die Schwester sagt:

»Was ist das für ein Wald?« Er antwortet: »Das ist die Mauer um
die Kirche.« Da blieb der Wagen an einem Busch hängen. Der Bruder sagt: »Geh, Schwester, mach den Wagen los!« – »Ach, mein
lieber Bruder, ich kann nicht, ich werde mir das Kleid beschmut-
zen.« – »Ich, Schwester, werde dir ein neues Kleid kaufen, ein besseres als dieses.« Sie stand auf, stieg aus und begann, den Wagen
loszumachen – da hackte ihr der Bruder die Arme bis zum Ellbogen ab, schlug auf die Pferde ein und jagte davon.
Die Schwester blieb allein, weinte bitterlich und ging durch den
Wald. Wie lange sie aber auch durch den Wald ging, und wieviel
auch die Büsche ihr Kleid zerrissen, sie konnte den Weg nicht finden, der aus dem Wald herausführte. Schließlich kam sie auf einen
kleinen Weg an den Rand des Waldes, aber das war schon nach einigen Jahren. Sie trat aus dem Walde heraus und kommt zu einer
Stadt, tritt vor die Fenster eines ganz reichen Kaufmanns und bittet um eine milde Gabe. Dieser Kaufmann hatte einen Sohn, einen
einzigen, wie ein Auge auf der Stirn, und der verliebte sich in die
Bettlerin. Er sagt: »Vater und Mutter, verheiratet mich!« – »Mit
wem sollen wir dich denn verheiraten?« – »Mit dieser Bettlerin.« –
»Ach, mein Lieber, gibt es denn in der Stadt bei den Kaufleuten
nicht genug schöne und gute Töchter?« – »Verheiratet mich mit
ihr. Tut ihr es nicht, dann tue ich mir ein Leid an.« Das kränkte sie
nun sehr, von dem einzigen Sohn, der ihnen war wie ein Auge auf
der Stirn. Sie versammelten alle Kaufleute und die ganze Geistlichkeit und fragten: »Soll man ihn mit der Bettlerin verheiraten
oder nicht?« Da sagten die Priester: »Es scheint sein Schicksal zu
sein, daß Gott ihn segnet, eine Bettlerin zu heiraten.«
So lebte er mit ihr ein Jahr und ein zweites, und dann machte er
sich in das andere Gouvernement auf, wo ihr Bruder, sagt man, in
seinem Laden sitzt. So verabschiedet er sich also und bittet: »Vater
und Mutter, laßt meine Frau nicht im Stich! Wenn sie das Kind
bekommt, dann schreibt es mir sofort.« Der Sohn fuhr ab, und so
nach zwei oder drei Monaten bekam seine Frau ein Kind: Bis zu
den Ellbogen in Gold, an den Seiten viele Sterne, auf der Stirn ein
heller Mond, am Herzen eine rote Sonne.

Der Vater und die Mutter freuten sich sehr und schrieben sofort an ihren geliebten Sohn einen Brief. Sie schicken ein altes Männchen mit diesem Brief ganz schnell auf die Reise. Nun hat aber die Frau des Bruders erfahren, daß das alte Männchen kommt, und ruft ihn zu sich: »Komm zu mir, Alterchen, ruh dich aus!« – »Nein, habe keine Zeit, man schickt mich mit einer eiligen Sache.« – »Na komm schon, Alterchen, ruh dich aus, ich gebe dir auch was zu essen.« So setzte sie ihn denn zum Essen hin, seine Tasche aber brachte sie beiseite, nahm den Brief heraus, las ihn durch, zerriß ihn in kleine Fetzen und schrieb einen anderen, und zwar: ›Deine Frau hat etwas geboren, zur Hälfte Hund, zur Hälfte Bär; das kommt davon, daß sie sich im Walde mit Tieren abgegeben hat.‹

Das alte Männchen kommt zum Kaufmannssohn und gibt ihm den Brief. Er las ihn durch und wurde ganz traurig. Er schrieb einen Brief, daß man bis zu seiner Ankunft nichts tun solle. »Wenn ich komme, dann werde ich selbst sehen, was das für ein Kind ist.« Da bekommt die Zauberin das alte Männchen wieder zu fassen: »Komm, sitz ein wenig, ruh dich aus«, sagt sie. Er trat ein, sie beredete ihn dann wieder irgendwie, holte den Brief aus seiner Tasche, las ihn durch, zerriß ihn und schrieb, sobald der Brief ankäme, solle man Mutter und Kind gleich vom Hofe jagen. Der Alte brachte den Brief hin. Vater und Mutter lasen ihn durch und wurden sehr traurig: »Was ist das eigentlich«, sprechen sie, »daß er uns so zu Schaden bringt? Wir haben ihn verheiratet, es scheint aber, daß er die Frau gar nicht braucht.« Es tut ihnen nicht so sehr die Frau leid als das Kind. Sie segneten sie und das Kind, banden ihr das Kind vor die Brust und wiesen sie vom Hofe.

So ging sie also und vergoß bittere Tränen. Ob sie nun eine lange oder kurze Zeit ging, es war immer nur das weite Feld vor ihr, weder ein Wald noch ein Dorf war zu sehen. Da kommt sie zu einer Mulde. Sie hatte aber sehr großen Durst. Sie schaute nach rechts – da stand ein Brunnen. Nun will sie gern trinken, aber sie fürchtet, ihr Kind fallen zu lassen, sobald sie sich vorbeugt. Da schien es ihr plötzlich, als käme ihr das Wasser entgegen. Sie beugte sich vor, aber da fiel das Kind heraus und stürzte in den Brunnen. Und sie geht um den Brunnen herum und weint: Wie soll sie das Kind nur wiederbekommen? Da kommt zu ihr das alte Männchen und spricht: »Was weinst du, Magd Gottes?« – »Wie soll ich nicht weinen! Ich beugte mich über den Brunnen, um zu trinken, da fiel mein Kind hinein.« – »Geh, beuge dich über den Brunnen und nimm es!« – »Das geht nicht, Lieber, ich habe keine Hände – nur noch Ellbogen.« – »Macht nichts, geh nur und beug dich hin und nimm das Kind!« Da ging sie zum Brunnen, streckte die Arme aus, und Gott erbarmte sich ihrer und gewährte ihr heile Arme und Hände daran. Sie beugte sich vor, nahm ihr Kind, verneigte sich in alle vier Himmelsrichtungen und betete zu Gott.

Nachdem sie gebetet hatte, stand sie auf, ging weiter und kam zum Hof, wo ihr Bruder und ihr Mann waren, zog sich das Tuch über das Gesicht und bat um ein Nachtlager. Da sagt der Mann: »Bruder, laß die Bettlerin ein! Bettlerinnen können Märchen erzählen und Geschichten, und sie verstehen es auch, die Wahrheit zu sagen.« Da sagt die Schwägerin: »Wir haben keinen Platz, es ist schon so eng, was soll die Bettlerin hier!« – »Nein, Bruder, laß sie bitte herein. Ich habe es über alles gern, wenn Bettlerinnen Märchen und Geschichten erzählen!« So ließen sie sie ein. Sie setzte sich mit ihrem Kinde auf den Ofen. Der Mann aber sagt: »Nun, Liebe, erzähl uns mal ein Märchen … wenn's auch nur so 'ne kleine Geschichte ist.« Da sagt sie: »Ich kann keine Märchen und Geschichten erzählen, aber ich kann die Wahrheit sagen. Hört«, sagt sie, »meine Herren, wie ich euch die Wahrheit sagen werde.« – Und sie begann zu erzählen:

»In einem Zarenreiche, nicht in unserem Reiche, lebte einst ein reicher Kaufmann; er hatte zwei Kinder, Sohn und Tochter. Und Vater und Mutter starben. Da sagt der Bruder zur Schwester: Gehen wir, Schwester, aus dieser Stadt fort. Und sie kamen in ein anderes Gouvernement. Der Bruder richtete sich ein und mietete einen Laden mit Kurzwaren. Und dann wollte er heiraten. Er heiratete – und zwar eine Zauberin …« Hier brummte die Schwägerin: »Was redet die für Dummheiten, das ist doch langweilig …!« Der Mann aber sagt: »Erzähl nur, erzähl, Liebe! Über alles liebe ich solche Geschichten!« – »Und da«, fuhr die Bettlerin fort, »machte sich der Bruder in seinen Laden auf, um zu handeln, und befahl der Schwester: Sieh nach dem Rechten im Hause, Schwester! Seine Frau aber kränkte sich, daß er es zur Schwester und nicht zu ihr gesagt hatte. Da zerschlug sie in ihrem Ärger alle Möbel …« Und als sie alles erzählt hatte, wie er sie zur heiligen Messe fuhr und ihr die Arme abschlug, wie sie ein Kind bekam und wie die Schwägerin das alte Männchen zu sich lockte – da schrie die Schwägerin aufs neue: »Was redet die da für einen Unsinn!« Der Mann aber sagt: »Bruder, sag deiner Frau, daß sie den Mund halten soll, denn die Geschichte ist schön!«

So erzählte sie sie zu Ende: Wie der Mann schrieb, man solle das Kind bis zu seiner Ankunft bewahren; die Schwägerin aber zischt: »Ist das ein Unsinn, den sie da redet!« So kam sie in der Erzählung zum Schluß: Wie sie zu diesem Hause gelangt war. Die Schwägerin aber knurrte wieder: »Was dieses eklige Frauenzimmer nur für dummes Zeug daherredet!« Der Mann aber sagt: »Bruder, sag ihr, daß sie den Mund halten soll! Was unterbricht sie immer?«

Da erzählte sie es ganz zu Ende: Wie man sie ins Haus eingelassen hatte, und wie sie ihnen die Wahrheit gesagt hatte … Und nun zeigte sie auf alle und sagte: »Da ist mein Mann, und das ist mein Bruder, und das da ist meine Schwägerin!« Da sprang ihr Mann zu ihr auf den Ofen und spricht: »Nun, Liebe, zeig mir das Kind, damit ich sehe, ob der Vater und die Mutter die Wahrheit geschrieben haben!« Sie nahmen das Kind, wickelten es aus – und sofort erstrahlte das ganze Zimmer! »Alles ist richtig und die Wahrheit, und es waren keine Märchen. Das ist meine Frau, das ist mein Sohn – bis zu den Ellbogen in Gold, an den Seiten viele Sterne, an der Stirn ein heller Mond, am Herzen eine rote Sonne!«

Da nahm der Bruder die allerbeste Stute aus dem Stall, band seine Frau an den Schwanz der Stute und ließ sie ins weite Feld laufen. Solange schleifte die Stute sie, bis sie nur noch ihren Zopf zurückbrachte. – Dann wurde eine Troika angespannt, und sie fuhren zu Vater und Mutter und lebten ein schönes Leben.

Auf dieser Hochzeit war ich auch, trank Met und Bier, wie es so

Brauch; es floß mir wohl den Bart entlang, kam aber nicht im Munde an.

Sonne, Mond und Sterne

In einem Zarenreiche, in einem Königreiche, lebte einst ein Zar, der hatte einen Sohn, Iwan-Zarewitsch – und der war schön und klug und berühmt. Auf ihn wurden Lieder gesungen, über ihn wurden Märchen erzählt; die schönen Mädchen träumten von ihm.

Da kam ihm der Wunsch, die weite Welt zu sehen. Er holte sich den Segen vom Zaren-Vater und auch die Erlaubnis, und so fuhr er in die Welt hinaus, um Menschen zu sehen, und um sich den Menschen zu zeigen. Lange ritt er, sah viel Gutes und viel Schlechtes und vielerlei. Endlich kam er zu einem hohen, schönen, steinernen Palast. Und er sieht: auf der Freitreppe sitzen drei schöne Schwestern und unterhalten sich.

Die Älteste sagt: »Wenn Iwan-Zarewitsch mich heiraten wollte, dann würde ich ihm ein so feines, glattes Leinen zum Hemde spinnen, wie man es in der ganzen Welt nicht feiner spinnen kann.« Iwan-Zarewitsch horchte auf. »Und wenn er mich heiraten wollte«, sagte die zweite Schwester, »ich könnte ihm einen Kaftan aus Silber und Gold weben, so daß er leuchten würde wie der Feuervogel.« – »Ich kann nicht spinnen, und ich kann nicht weben«, sagte die jüngste Schwester, »wenn er aber mich lieben wollte, dann würde ich ihm Söhne schenken, alle wie helle Falken: an der Stirn die Sonne, im Nacken den Mond, an den Wangen die Sterne.«

Iwan-Zarewitsch hörte alles, merkte sich alles, und als er zum Vater zurückgekehrt war, bat er ihn um die Erlaubnis zu heiraten. Der Vater erlaubte es. Und Iwan-Zarewitsch heiratete die jüngste Schwester und lebte glücklich mit ihr, sie waren ein Herz und eine Seele. Die älteren Schwestern aber ärgerten sich und waren neidisch auf die jüngste. Und so begannen sie, der Schwester Böses zu tun. Sie bestachen die Ammen und die Kinderfrauen, und als Iwan-Zarewitsch ein Sohn geboren wurde und er erwartete, daß man ihm ein Kind mit der Sonne an der Stirn, mit dem Mond im Nacken, mit den Sternen an den Wangen bringen würde, da war es nur ein ganz einfacher junger Kater, und man sagte ihm, daß seine Frau ihn betrogen habe. Da wurde er sehr traurig, ärgerte sich lange, dann aber fing er an, einen zweiten Sohn zu erwarten. Wieder waren dieselben Ammen und Kinderfrauen um die Zarentochter, wieder stahlen sie das richtige Kind mit der Sonne an der Stirn und legten statt dessen einen jungen Hund hin. Iwan-Zarewitsch wurde krank vor Kummer und Leid, denn er liebte seine Frau, die Zarentochter, sehr, aber noch mehr wollte er ein schönes Kind haben. Und so fing er an, einen dritten Sohn zu erwarten. Das dritte Mal zeigte man ihm ein gewöhnliches Kind ohne Sterne und ohne Mond. Iwan-Zarewitsch hielt es nicht aus, sagte sich von seiner Frau los und befahl, sie zu richten.

Da versammelten sich und kamen zusammen die alten Leute – ohne Zahl! Sie saßen und überlegten und überdachten und entschieden, der Zarentochter müsse der Kopf abgeschlagen werden. »Nein«, sagte der oberste Richter, »und ob ihr nun auf mich hören wollt oder nicht, mein Spruch lautet so: Ihr die Augen ausstechen, sie und das Kind in eine Teertonne stecken und ins Meer werfen. Ist sie schuldig – dann wird sie ertrinken; ist sie schuldlos – dann wird sie nicht ertrinken.«

Dieser Urteilsspruch gefiel allen. Man stach der Zarentochter die Augen aus, steckte sie zusammen mit dem Kinde in eine Teertonne und warf sie ins Meer. Iwan-Zarewitsch aber heiratete ihre älteste Schwester, die die Kinder gestohlen hatte und sie in der grünen Laube im Garten des Vaters versteckt hielt. Dort wuchsen die Knaben auf und wurden immer größer, doch ihre eigene Mutter sahen und kannten sie nicht.

Sie aber, die Arme, schwamm mit dem untergeschobenen Kindchen im Ozean-Meer, und dieses Kindchen wuchs nicht in Tagen, sondern in Stunden. Er wurde bald vernünftig und klug und spricht: »Frau Mutter, es geschehe nun, auf mein Geheiß, auf des Hechts

Befehl und mit Gottes Segen, daß wir am Ufer anlegen!« Und die Teertonne legte an.

»Frau Mutter, es geschehe nun, auf mein Geheiß, auf des Hechts Befehl und mit Gottes Segen, daß die Tonne gleich platzt!« Kaum hatte er das gesagt, da zerfiel die Tonne in zwei Teile, und er und die Mutter traten ans Ufer. »Frau Mutter, was ist das für eine fröhliche, herrliche Stelle! Schade nur, daß du nicht die Sonne, nicht den Himmel, nicht das grüne Gras sehen kannst. Frau Mutter, es geschehe nun, auf mein Geheiß, auf des Hechts Befehl und mit Gottes Segen, daß hier gleich ein Badestübchen steht!« Und im selben Augenblick, wie aus der Erde gewachsen, stand da eine Badestube. Die Tür öffnete sich von selbst, der Ofen heizte von selbst, und das Wasser fing an zu kochen. Sie traten ein, er nahm einen kleinen Badequast und begann, mit warmem Wasser die kranken Augen der Mutter zu waschen. »Frau Mutter, es geschehe nun, auf mein Geheiß, auf des Hechts Befehl und mit Gottes Segen, daß die Mutter gleich wieder sieht!«

»Ach, mein lieber Sohn, ich sehe, ich sehe, meine Augen haben sich wieder geöffnet!« – »Frau Mutter, es geschehe nun, auf mein Geheiß, auf des Hechts Befehl und mit Gottes Segen, daß hier gleich der Palast deines Vaters sein wird, mit dem Garten und mit deinen Kindern.« Und wirklich, plötzlich stand der Palast vor ihnen, vor dem Palast liegt der Garten, im Garten singen die Vögel in den Zweigen, inmitten der Bäume aber steht eine Laube, und in ihr wohnen drei Brüder. Der Knabe – das untergeschobene Kind – lief dorthin. Er trat ein und sieht – der Tisch ist gedeckt, auf dem Tisch sind drei Gedecke. Da kehrte er schnell zur Mutter zurück und sagt: »Teure Frau Mutter, backe mir drei Honigplätzchen mit deiner Milch!« Die Mutter tat es. Sogleich trug er die drei Honigplätzchen hin, verteilte sie auf die drei Teller, selbst aber versteckte er sich in einer Ecke und wartet, wer da kommen wird.

Plötzlich wurde das Zimmer ganz hell – die drei Brüder mit der Sonne, dem Mond und den Sternen traten ein. Sie setzten sich an den Tisch, kosteten die Honigplätzchen und erkannten die Milch der eigenen Mutter. »Wer hat uns diese Honigplätzchen gebracht?

Wenn er sich doch zeigen und uns von unserer Mutter erzählen wollte, wir würden ihn umarmen und küssen und unseren Bruder nennen.« Der Knabe ging auf sie zu und führte sie zur Mutter. Da umarmten und küßten sie sich und weinten. Sie lebten von da an glücklich miteinander, und sie hatten auch noch genug, um armen Menschen etwas zu geben.

Einmal gingen ein paar alte Bettler vorüber. Man rief sie herein, gab ihnen zu essen, zu trinken und ließ sie mit Salz und Brot wieder gehen. Und es geschah so: Dieselben Alten gingen am Palast von Iwan-Zarewitsch vorüber. Er stand auf der Freitreppe und fragte sie: »Ihr Bettler, ihr Alten, wo seid ihr gewesen, was habt ihr gesehen?« – »Ach, wir waren da und da, und wir sahen: wo früher Moos und Moor war und Block und Klotz lagen, dort steht jetzt ein Palast – nicht zu beschreiben, nicht im Märchen zu erzählen – und dort ist auch ein Garten – einen solchen findest du im ganzen Zarenreich nicht, und dort sind Menschen – in der weiten, weißen Welt sieht man solche nicht wieder! Dort sind auch wir gewesen, drei Brüder haben uns bewirtet, sie hatten die Sonne an der Stirn, im Nacken den Mond, an den Wangen die Sterne, und mit ihnen lebt und freut sich an ihnen ihre wunderschöne Mutter.« Iwan-Zarewitsch hörte das an und versank in Gedanken ... Er fühlte einen Stich in der Brust, er fühlte sein Herz heftig schlagen.

Er nahm sein treues Schwert, steckte einen haarscharfen Pfeil zu sich, sattelte sein mutiges Roß, und ohne seiner Frau Lebewohl zu sagen, flog er so dahin, daß man es nicht mit der Feder beschreiben und nicht im Märchen erzählen kann. In einem Augenblick war er dort, sah die Kinder, sah die Frau – erkannte sie, und da zog Freude in ihn ein, und seine Seele wurde ganz hell. – Zu der Zeit war ich gerade dort, trank Met und Bier, sah alles, alle waren sehr heiter, nur der ältesten Schwester erging es schlimm, denn man steckte sie in eine Teertonne und warf sie ins Meer. Aber Gott schützte sie nicht: Sogleich sank die Tonne, und jede Spur von ihr verschwand.

Die Zarentochter, die nicht lachen konnte

Wenn man das bedenkt, wie gewaltig groß Gottes Welt ist! Es leben in ihr reiche und arme Menschen, und alle haben sie Platz, auf alle blickt Gott gnädig herab, und alle richtet er gerecht. Die einen leben im Überfluß – für sie ist es immer Feiertag; die anderen leben in Armut – und müssen im Schweiße ihres Angesichts arbeiten. Ein jeder hat sein Geschick!

Im Zarenpalast, in den fürstlichen Prunkgemächern, im hohen Frauengemach wohnte die schöne Zarentochter, die nicht lachen konnte. Was hatte die für ein freies und heiteres und üppiges Leben! Von allem viel und alles, was die Seele nur begehrt. Aber niemals lächelte sie, niemals lachte sie, so, als freute sich ihr Herz über nichts.

Bitter war es dem Zaren, dem Vater, seine traurige Tochter zu sehen. Er läßt seine Gemächer weit öffnen für alle, die seine Gäste sein wollen. »Mögen sie«, sagt er, »versuchen, meine Tochter, die nicht lachen kann, zu erheitern. Wem es gelingt, dessen Frau soll sie werden.« Kaum hatte er das gesagt, da drängte sich das Volk schon an den Toren des Palastes. Von allen Seiten kamen sie gefahren und gegangen – Zarensöhne und Fürstensöhne, Bojaren und Edelleute. Große Gelage begannen, Met und Bier floß in Strömen – die Zarentochter aber lachte nicht!

Am andern Ende der Stadt in seinem Winkel lebte ein ehrlicher Knecht. Morgens fegte er den Hof, abends trieb er das Vieh herein, unermüdlich war er an der Arbeit. Sein Herr war ein reicher Mann, ein ehrenwerter Mann, der ihn nicht übervorteilte. Am Jahresende legte er ihm einen Sack mit Geld auf den Tisch. »Nimm«, sagt er, »soviel du willst!«, und geht selbst zur Tür hinaus. Der Knecht tritt an den Tisch heran und denkt: »Nur nicht vor Gott sündigen, nur nicht zuviel Lohn nehmen!« So nahm er denn eine kleine Münze und hielt sie ganz fest in der Hand. Dann wollte er Wasser trinken, beugte sich über den Brunnen – da rollte die Münze aus seiner Hand und sank auf den Grund. So hatte der Arme wieder nichts. Ein anderer an seiner Stelle hätte geweint, getrauert und vor Ärger die Hände in den Schoß gelegt, er aber nicht. »Alles«, sagt er, »kommt von Gott. Er weiß, wem er gibt, wen er reich werden läßt, er weiß, wem er das Letzte nimmt. Kann sein, ich bin nicht fleißig genug gewesen, habe zu wenig gearbeitet, von nun an werde ich eifriger sein!« Und sogleich ging er wieder ans Werk – jede Arbeit brennt in seinen Händen wie Feuer, so schnell ging sie ihm von der Hand.

Als die Frist abgelaufen war, als noch ein Jahr verstrichen war, da legte ihm der Herr wieder einen Sack mit Geld auf den Tisch: »Nimm«, sagt er, »soviel dein Herz begehrt!«, und ging zur Tür hinaus. Der Knecht fürchtet wieder, Gott zu erzürnen, wenn er zuviel für die Arbeit nimmt. So nahm er wieder eine kleine Münze, beugte sich aber beim Trinken nochmals über das Wasser und ließ sie aus Versehen fallen – die Münze fiel in den Brunnen. Noch fleißiger ging er an die Arbeit: nachts schläft er zu wenig, tags ißt er zu wenig. Wer hinschaut, der sieht, daß bei manchem das Korn vertrocknet, aber bei seinem Herrn wird es dick und stark; bei manchem schleppt das Vieh kaum seine Beine, aber bei seinem Herrn hüpft es nur so auf der Straße; bei manchem muß man die Pferde bergab mit Mühe ziehen, aber bei seinem Herrn kann man sie auch bergauf nicht halten. Sein Herr wußte, wem er Dank schuldet, wem er Dank sagen muß. Die Frist verstrich, das dritte Jahr war um, da legt er wieder einen Haufen Geld auf den Tisch: »Nimm, mein Lieber, soviel dein Herz begehrt! Dein war die Arbeit, dein ist auch das Geld.« Selbst aber ging er hinaus. Da nimmt der Knecht wieder eine kleine Münze, geht zum Brunnen, um Wasser zu trinken – schau, die Münze bleibt da, und die beiden früheren kommen auch heraufgeschwommen! Er nahm sie auf, erriet, daß Gott ihn für seine Mühe belohnte, freute sich und denkt: »Es wird Zeit für mich, die weiße Welt zu sehen, die Menschen kennenzulernen!«

Als er das überlegt hatte, machte er sich auf, wohin seine Augen sehen. So kommt er auch über ein Feld, da läuft eine Maus vorbei: »Lieber Gevattersmann, der auch mal was schenken kann, schenk mir eine Münze! Du wirst mich noch brauchen.« Er gab ihm eine Münze. So geht er durch den Wald, da kommt ein Käfer gekrochen: »Lieber Gevattersmann, der auch mal was schenken kann, schenk mir eine Münze, wirst mich noch brauchen!« So gab er auch ihm eine Münze. Dann fuhr er auf einem Fluß und trifft einen Hecht: »Lieber Gevattersmann, der auch mal was schenken kann, schenk mir eine Münze! Du wirst mich noch mal brauchen.« Er ließ auch ihn nicht unbeschenkt und gab ihm seine letzte Münze. So kam er endlich in eine Stadt.

Was es dort Menschen gab, was es da Türen gab! Die Augen gingen dem Knecht über, er wußte nicht, wohin er sich wenden sollte, wohin er seine Schritte lenken sollte. Vor ihm aber steht ein Zarenpalast, bricht fast zusammen unter seiner Silber-Gold-Last, am Fenster aber sitzt die Zarentochter, die nicht lachen kann, und schaut ihm gerade ins Gesicht. Wo sollte er hin? Es wurde ihm ganz neblig vor den Augen, es kam wie Schlaf über ihn, und so fiel er in eine Pfütze. Da kam der Hecht mit seinem großen Schnurrbart, als Knecht hinter ihm das Käferchen – das Alterchen, und dann auch die Maus – heraus. Alle kamen herbeigelaufen. Sie streicheln ihn, sie trösten ihn. Die Maus zieht ihm die Kleider aus, der Käfer putzt ihm die Stiefel, der Hecht aber vertreibt ihm die Fliegen.

Lange schaute die Zarentochter, die nicht lachen konnte, auf die vier dort unten – und dann mußte sie herzlich lachen!

»Wer, wer hat meine Tochter fröhlich gemacht, wer hat sie zum Lachen gebracht?« fragt der Zar. Dieser sagt: ich, und jener sagt: ich. »Nein«, sagt die Zarentochter, die nicht lachen konnte, »da, dieser Mensch dort!«, und zeigte auf den Knecht. Sofort mußte der Knecht vor dem Antlitz des Zaren erscheinen – und dort verwandelte er sich in einen schönen Burschen. Der Zar hielt sein Zarenwort. Was er versprochen hatte, das tat er auch.

Ich frage mich aber, ob der Knecht das alles nicht vielleicht nur geträumt hat? Man sagt mir aber: Nein, nein, so war es und nicht anders – und so wird man es wohl auch glauben müssen!

Werlioka

Es lebten einmal ein Großvater und eine Großmutter, und sie hatten zwei Enkelinnen, zwei Waisen – die waren so hübsch und artig, daß Großvater und Großmutter sich nicht genug über sie freuen konnten. Einmal kam der Großvater auf den Gedanken, Erbsen zu säen. Er säte sie – sie wuchsen und fingen an zu blühen. Der Großvater sieht die Erbsen an und denkt: »Jetzt werde ich den ganzen Winter Pasteten mit Erbsen essen.« Dem Großvater wie zum Tort kamen die Spatzen über die Erbsen. Er sieht, daß es schlimm steht, und schickt das jüngere Enkelkind, die Spatzen zu vertreiben. Sie setzte sich zu den Erbsen, wedelt mit einer langen Rute und spricht dazu: »Kisch-kisch, ihr Spatzen, freßt nicht des Großvaters Erbsen!« Da plötzlich hört sie: im Walde lärmt es und kracht – Werlioka kommt, hoch von Wuchs, einäugig, die Nase ein Haken, der Bart ein Knäuel, der Schnurrbart eine halbe Elle lang, auf dem Kopfe Borsten, auf einem Bein – im hölzernen Stiefel, stützt sich auf eine Krücke und grinst selbst fürchterlich. Werlioka hatte schon mal so 'ne Natur: sobald er einen Menschen sieht, und dazu noch einen stillen, dann hält er es nicht aus, er muß seine Freundschaft zeigen, er muß ihm in die Rippen fahren. Er läßt keinen ungeschoren, weder alt noch jung, weder still noch laut. Werlioka erblickte des Großvaters Enkelkind – die war so hübsch – wie sollte er sie nicht anfassen? Ihr aber gefiel vermutlich sein Spielen nicht sehr, vielleicht beschimpfte sie ihn auch – ich weiß es nicht. Nur schlug Werlioka sie mit seiner Krücke auf einmal tot.
Der Großvater wartete und wartete – das Enkelkind kommt nicht. Da schickte er die Ältere nach ihr. Werlioka brachte auch sie um. Der Großvater wartet und wartet – auch sie kommt nicht wieder! Und er sagt zu seiner Frau: »Was machen die da eigentlich so spät? Wahrscheinlich tollen sie mit den Burschen, plappern wie die Klappern, und die Spatzen fressen die Erbsen. Geh du mal, Alte, und führ sie am Ohr wieder her!« Die Alte kroch vom Ofen herunter, nahm aus der Ecke das Stöckchen, stolperte über die Schwelle und

kam nicht wieder nach Hause. Natürlich, als sie die Enkelinnen sah und dann Werlioka, da erriet sie, daß das seine Arbeit war. Aus Schmerz über den Tod der Enkelinnen fuhr sie ihm nur so in die Haare! Dem Ekel war das aber gerade wie aus der Seele gesprochen ...

Der Großvater wartet auf die Enkelinnen und auf die Alte – sie kommen aber nicht. Da sagt der Großvater zu sich selbst: »Was, Teufel, hat der Alten wohl auch ein schwarzhaariger Junge gefallen? Es ist ja bekannt: was ist von unserer Rippe Gutes zu erwarten? Frau bleibt Frau, auch wenn sie alt ist!« Nachdem er das so weise überlegt hatte, stand er vom Tisch auf, zog sich sein Pelzchen über, brannte das Pfeifchen an, betete zu Gott und machte sich auf den Weg. Er kommt zu den Erbsen und sieht: da liegen seine wunderschönen Enkelinnen – als wenn sie schlafen. Nur sieht er bei der einen einen Streifen Blut auf der Stirn, wie ein schönes rotes Band, und bei der anderen am Halse fünf blaue Fingerabdrücke. Die Alte aber ist so zugerichtet, daß man gar nichts erkennen kann. Der Großvater fing an zu schluchzen, küßte sie, liebkoste sie und sprach unter Tränen zu ihnen.

Er hätte noch lange geweint, aber da hört er: im Walde lärmt es, im Walde kracht es – Werlioka kommt, hoch von Wuchs, einäugig, die Nase ein Haken, der Bart ein Knäuel, der Schnurrbart eine halbe Elle lang, auf dem Kopfe Borsten, auf einem Bein – im hölzernen Stiefel, stützt sich auf eine Krücke und grinst selbst fürchterlich. Er packte den Alten und fängt an, ihn zu schlagen. Nur mit Mühe gelang es dem, sich loszureißen und nach Hause zu kommen. Er kam angelaufen, setzte sich auf die Bank, ruhte sich aus und sagt: »He-he, du willst wohl mit uns deinen Spaß treiben? Warte, Lieber, wir haben auch Hände ... Der Zunge gib meinetwegen Raum, aber die Hände halt im Zaum. Du glaubst wohl, wer den Bart hat, der ist gelahrt? Wir haben selbst einen Bart! Fängst du mit mir an, bleibst du ohne Kopf, du Tropf! Wahrscheinlich hat man dich, Werlioka, in deiner Jugend das Sprichwort nicht gelehrt: Tue Gutes und fürchte niemand; tust du nichts Gutes, dann straft dich schon jemand! Hast du einen Baststreifen genommen, mußt du einen Riemen hergeben! Warfst du die Wurst, dann nimm auch den Schinken!« Lange unterhielt sich der Alte mit dieser Rede, und als er sich endlich satt gesprochen hatte, da nahm er einen eisernen Krückstock und machte sich auf, um Werlioka zu verprügeln.

Er geht und geht. Da sieht er einen Teich, auf dem Teich aber schwimmt ein kurzschwänziger Enterich. Es erblickte der Enterich den Alten und schreit: »Oh ja, oh ja, oh ja! Ich hab's ja erkannt, daß du bald kommst angerannt. Tag, Alter, werd noch hundert Jahr älter!« – »Guten Tag, Enterich, weshalb hast du mich denn schon erwartet?« – »Ach, ich wußte es, daß du wegen der Alten und der beiden Jungen mit Werlioka noch ein Wort reden wolltest.« – »Wer hat's dir denn gesagt?« – »Die Nachbarin sagte es.« – »Woher weiß es die denn?« – »Die weiß alles, was in der Welt geschieht. Manches Mal ist noch gar nichts geschehen, aber die Nachbarin flüstert's der Nachbarin schon ins Ohr. Haben sich aber erst zwei Nachbarinnen satt geflüstert – dann weiß es schon die ganze Welt.« – »Sieh mal an, welch ein Wunder!« sagt der Alte. »Nicht Wunder, sondern Wahrheit! Solch eine Wahrheit, die nicht nur uns betrifft, sondern auch unter den Alten vorkommt.«

»Ist's möglich!« sprach der Alte und sperrte den Mund auf. Dann aber kam er wieder zu sich, nahm die Mütze ab, verbeugte sich vor dem kurzschwänzigen Enterich und sagt: »Kennen Euer Gnaden den Werlioka?« – »Was, was, was, wie sollt ich den nicht kennen? Ich kenne ihn, den Einäugigen.« Der Enterich legte den Kopf auf die Seite (von der Seite sehen die besser), kniff ein Auge zusammen, sah den Alten an und sagt: »He-he, wer kommt denn nie ins Unglück? Leb ein Leben lang, lern ein Leben lang, stirbst ja doch als Dummer. O ja, oh ja, oh ja!« Er legte seine Flügel zurecht, wakkelte mit dem Schwänzchen und fing an, den Alten zu lehren: »Hör mal, Alterchen, und lern, wie man in der Welt leben muß! Einmal geschah es, daß der Werlioka hier am Ufer anfing, einen Armseligen zu schlagen. Damals hatte ich so die Gewohnheit, nach jedem Wort: ›Ach, ach, ach!‹ zu sagen. Werlioka hat seinen Spaß da am Ufer, ich aber sitze im Wasser und schrei vor mich hin: ›Ach, ach, ach!‹ … Wie er auf seine Art mit dem Armseligen fertig ist, da kommt er gelaufen und packt mich am Schwanz, ohne ein häßliches Wort zu sagen! Aber mit mir ist nicht zu spaßen. Nur den Schwanz behielt er in der Hand! Wenn der Schwanz auch nicht groß war, es war doch schade um ihn. ... Wer hält nicht etwas auf sein Eigentum? Man sagt doch auch: Jedem Vogel ist sein Schwanz am nächsten.‹ Werlioka ging nach Hause und spricht unterwegs: ›Wart du nur, ich werd’ dich lehren, andere zu bedauern!‹ Da dachte ich darüber nach, und seit der Zeit schreie ich nie mehr: ›Ach, ach, ach!‹ Zu allem sag ich: ›Oh ja, oh ja, oh ja!‹ So ist das Leben besser geworden, und die Leute achten mich. Alle sagen: ›Da ist der Enterich – ist wohl kurzschwänzig, aber klug!‹« – »Ja, könnten mir Euer Gnaden dann vielleicht zeigen, wo Werlioka wohnt?« – »Oh ja, oh ja, oh ja!« Der Enterich stieg aus dem Wasser, und watschelnd wie eine Kaufmannsfrau ging er das Ufer entlang und der Alte hinter ihm her.

So gehen sie und gehen, auf dem Wege aber liegt ein Strick und sagt: »Guten Tag, Alterchen, Klugköpfchen!« – »Guten Tag, Bindfaden!« – »Wie geht’s, wie steht’s?« – »Ach, es geht so, so; und es steht so, daß ich zu Werlioka abrechnen geh. Meine Alte hat er erwürgt, zwei Enkelkinder getötet, und die waren so schön – ach, wundervoll waren sie!« – »Deine Enkelkinder kannte ich, die Alte liebte ich, nimm mich mit zur Hilfe!« Der Alte dachte: »Wird man vielleicht brauchen können, den Werlioka zu binden!«, und antwortete: »Kriech los, wenn du den Weg kennst.« Da kroch der Strick hinter ihnen her wie eine Schlange.

Sie gehen und gehen, auf dem Wege liegt ein Hammer und sagt: »Guten Tag, Alterchen, Klugköpfchen!« – »Guten Tag, Hämmerchen!« – »Wie geht’s, wie steht’s?« – »Ach, es geht so, so; und es steht so, daß ich zu Werlioka abrechnen geh. Stell dir bloß vor: meine Alte hat er erwürgt, zwei Enkelkinder umgebracht, und die waren dabei so wunderschön!« – »Nimm mich mit zur Hilfe!« – »Komm, wenn du den Weg kennst.« Bei sich selbst aber denkt er: »Der kann sicherlich helfen.« Das Hämmerchen erhob sich, stemmte sich mit dem Griff gegen die Erde und sprang.

So gingen sie weiter. Sie gehen und gehen, auf dem Wege liegt eine

Eichel und piepst: »Guten Tag, altes Langbein!« – »Guten Tag, du Eichen-Eichel!« – »Wohin rennst du denn so?« – »Ich gehe Werlioka verprügeln, wenn du ihn kennst.« – »Wie sollte ich den nicht kennen? Es ist wirklich Zeit, mit ihm abzurechnen. Nimm auch mich zur Hilfe.« – »Ja, wie kannst du denn helfen?« – »Spei nicht, Alter, in den Brunnen – wirst noch daraus trinken müssen. Blaumeise ist ein kleiner Vogel, hat ein ganzes Feld verbrannt. Und dann sagt man ja auch: klein, aber fein; groß, aber dumm!« Der Alte dachte: »Ah, mag sie nur, je mehr wir sind, desto besser«, und sagt: »Trott nur hinten nach!« Was – trotten! Die Eichel springt nur immer so vorneweg.

So kamen sie in einen dichten, dunklen Wald, in jenem Walde aber steht ein Hüttchen. Sie schauen – im Hüttchen ist kein Mensch. Das Feuer ist längst erloschen, auf dem Herde steht ein Grützbrei. Die Eichel, nicht faul, springt in den Brei, der Strick legt sich über die Schwelle, das Hämmerchen legt der Alte auf das Wandbrett, den Enterich setzt er auf den Ofen, selbst stellt er sich hinter die Tür. Da kam Werlioka, warf Holz zur Erde und legte es in den Ofen. Die Eichel im Brei fing an, ein Lied zu singen: »Pii …, pii …, pii …, für Werlioka Hiebe.« – »Ruhig, Brei, sonst gieß ich dich in den Eimer!« schrie Werlioka. Die Eichel aber gehorcht nicht, piepst ihr Liedchen. Werlioka wurde wütend, ergriff den Topf und warf den Brei, buch! in den Eimer. Wie da die Eichel herausspringt aus dem Eimer, schtscholk! dem Werlioka gerade ins Auge, und schlug ihm das letzte aus! Werlioka wollte fortlaufen, es kam aber anders – der Strick wand sich um seine Füße, und Werlioka fiel hin. Das Hämmerchen vom Wandbrett herunter, der Alte von der Tür weg und auf Werlioka los! Der Enterich aber sitzt hinter dem Ofen und sagt vor sich hin: »Oh ja, oh ja, oh ja!« Dem Werlioka half keine Kraft und kein Mut. – Da habt ihr das Märchen, und mir, bitte, einen Bund Kringel!

Marko der Reiche und Wassilij
der Glücklose

In einem Zarenreiche, in einem Königreiche, lebte einmal ein sehr reicher Kaufmann, der hatte eine Tochter, Anastasja die Wunderschöne, die war erst fünf Jahre alt. Der Kaufmann hieß Marko, genannt der Reiche. Marko konnte die Bettler nicht leiden. Kaum trat einer an sein Fenster, gleich befahl er seinen Dienern, ihn fortzujagen, und hetzte seine Hunde auf ihn.

Einmal kamen zwei uralte Männer unter sein Fenster. Marko sah es und befahl, sie mit Hunden zu hetzen. Das hörte Anastasja die Wunderschöne und bat: »Mein lieber Vater, laß um meinetwillen die Bettler wenigstens in die Leutestube!« Der Vater war einverstanden und befahl, die Bettler in die Leutestube zu lassen. Als alle im Haus eingeschlafen waren, stand Anastasja auf und ging in die Leutestube, kroch auf die Pritsche oben unter der Decke und schaut auf die Bettler.

Als die Zeit zur Frühmesse kam, da entzündete sich die Kerze vor den Heiligenbildern von selbst. Die Alten standen auf, holten aus ihren Wandertaschen Meßgewänder hervor, zogen sie an und begannen, die Frühmesse zu lesen. Da kommt ein Engel Gottes geflogen. »Herr, unser Gott, in dem und dem Dorfe, bei dem und dem Bauern ist ein Sohn geboren. Welchen Namen soll er erhalten, und welches Glück willst du ihm in die Wiege legen?« Der eine Alte sagte: »Er soll Wassilij heißen, mit dem Beinamen der Glücklose, und ich schenke ihm den Reichtum des reichen Marko, bei dem wir übernachten.« Anastasja hörte das alles. Es wurde hell. Die Alten machten sich zurecht und traten hinaus aus der Hütte. Anastasja kam zum Vater und erzählte ihm alles, was sie in der Leutestube gesehen und gehört hatte.

Der Vater überlegte es sich und wollte erfahren, ob nun wirklich im Dorf ein Knabe geboren sei. Er befahl, die Kutsche anzuspannen, fuhr geradewegs zum Geistlichen hin und fragte: »Wurde hier dann und dann ein Knabe geboren?« – »Ja«, sagte der Geistliche, »beim allerärmsten Bauern. Ich habe ihm den Namen Wassilij mit dem Beinamen der Glücklose gegeben, aber ich habe ihn noch nicht getauft, weil kein Mensch bei einem so Armen Pate stehen will.« Marko erbot sich, Pate zu sein, bat die Popenfrau, Patin zu sein, und befahl, ein üppiges Taufmahl auszurichten. Man brachte das Kind, taufte es und hielt das Mahl ab. Am nächsten Tage ließ Marko der Reiche den armen Bauern zu sich kommen, war sehr freundlich mit ihm und sprach zu ihm: »Gevatter, du bist ein armer Mensch, du kannst deinen Sohn nicht so gut erziehen, wie es nötig wäre. Gib ihn mir, ich werde etwas aus ihm machen, und dir gebe ich tausend Rubel.« Der Vater überlegte eine Weile und war es dann zufrieden. Marko gab ihm tausend Rubel, nahm das Kind, wickelte es in einen Fuchspelz, legte es in seine Kutsche und fuhr davon.

Es war Winter. Als er eine Strecke zurückgelegt hatte, ließ er halten, übergab das Patenkind seinem Gehilfen und befahl ihm: »Pack ihn an den Beinen und wirf ihn in die Schlucht da!« Der Diener nahm ihn und warf ihn eine steile Schlucht hinab. Marko aber sagte: »So, dort kannst du meinen Reichtum genießen!«

Am dritten Tage fuhren Kaufleute desselben Weges. Sie brachten Marko dem Reichen eine Summe von zwölftausend Rubel, die sie ihm schuldeten, zurück. Als sie an der Schlucht vorüberkamen, hörten sie ein Kind weinen. Sie ließen halten, horchten und schickten ihren Diener hin, damit er nachsehen sollte, was das sei. Der Diener stieg in die Schlucht und sieht dort eine grüne Wiese. Auf der Wiese aber sitzt ein kleines Kind und spielt mit Blumen. Der Diener erzählte alles seinem Herrn. Der Herr stieg selbst in die Schlucht, nahm das Kind, wickelte es in seinen Pelz, setzte sich in den Wagen, und sie fuhren weiter. So kamen sie zu Marko dem Reichen. Da fragte Marko der Reiche, woher sie das Kind hätten. Die Kaufleute erzählten ihm alles, und da merkte er, daß es Wassilij der Glücklose war, sein Patensohn. Er nahm ihn auf den Arm, hielt ihn einen Augenblick und reichte ihn dann seiner Tochter: »Da«, sagte er, »nimm ihn und pflege ihn!« Selbst aber fing er an, die Kaufleute mit verschiedenen Getränken zu bewirten und bat sie, ihm den

Knaben zu überlassen. Anfangs wollten die Kaufleute nicht recht, aber als Marko zu ihnen sagte: »Ich erlasse euch die ganze Schuld!«, da gaben sie ihm das Kind und reisten fort.

Anastasja war so froh über das Kind, daß sie sich gleich eine Wiege besorgte, Vorhänge ansteckte und den Knaben zu pflegen begann. Nicht bei Tag und nicht bei Nacht wollte sie sich von ihm trennen. Es verging ein Tag und ein zweiter. Am dritten Tage kehrte Marko spätabends nach Hause zurück, als seine Tochter schon schlief, nahm das Kind, setzte es in ein Fäßchen, verschloß es mit Teer und warf es vom Landungsplatz ins Wasser.

Das Fäßchen schwamm und schwamm und strandete bei einem Kloster. Da kam ein Mönch, um Wasser zu holen. Er hörte das Weinen des Kindes, sah sich um und erblickte ein Fäßchen. Gleich setzte er sich in ein Boot, zog das Fäßchen zu sich heran und öffnete es. Im Fäßchen war ein Kind. Er nahm es und brachte es zum Abt ins Kloster. Der Abt nannte das Kind Wassilij mit dem Beinamen der Glücklose. Seit der Zeit lebte Wassilij der Glücklose sechzehn Jahre im Kloster, und er lernte fleißig lesen und schreiben. Der Abt gewann ihn lieb und machte ihn zum Beschließer.

Marko der Reiche mußte für ein Jahr in ein fremdes Land reisen, um Schulden einzutreiben. Unterwegs kehrte er im Kloster ein. Er wurde empfangen, wie eben ein reicher Mann empfangen wird. Der Abt befahl dem Beschließer, in die Kirche zu gehen. Er geht, zündet die Kerzen an, singt und liest Gebete. Marko der Reiche fragt den Abt: »Ist euer Beschließer schon lange im Kloster?« Der Abt erzählte alles, wie man den Knaben aus dem Fäßchen herausgeholt hatte und vor wieviel Jahren das gewesen war. Marko zählte nach und wußte gleich, daß das sein Patenkind war. Da sagt er zum Abt: »Wenn ich solch einen geschickten jungen Menschen hätte wie Ihren Beschließer, dann würde ich ihn zum ersten Handlungsgehilfen machen, und die ganze Kasse würde ich ihm übergeben. Könnten Sie ihn mir nicht abtreten?« Der Abt wollte lange nicht. Da versprach Marko, dem Kloster fünfundzwanzigtausend Rubel zu schenken. Der Abt beriet sich mit der Bruderschaft, und sie beschlossen, Wassilij den Glücklosen dem Marko zu überlassen.

Marko schickte den Wassilij nach Hause und gab ihm folgenden Brief an seine Frau mit: »Frau! Sobald du diesen Brief bekommst, begib dich sofort mit dem Überbringer des Briefes in meine Seifenfabrik, und wenn ihr am großen, kochenden Kessel vorübergeht, dann stoß ihn hinein. Und mache das unbedingt so, wie ich sage! Und wenn du es nicht tust, dann werde ich dich streng bestrafen – denn dieser Bursche ist mein Feind und ein Bösewicht.« Wassilij nahm den Brief und ging seines Weges. Wie er so geht, kommt ihm ein Alter entgegen, und der sagt: »Wohin gehst du, Wassilij, du Glückloser?« Wassilij antwortete: »In das Haus von Marko dem Reichen, zu seiner Frau, mit einem Brief.« – »Zeig den Brief!« Wassilij zog den Brief aus der Tasche und gab ihn dem Alterchen. Der brach das Siegel auf und gab den Brief Wassilij zu lesen. Wassilij las ihn, und die Tränen stiegen ihm in die Augen: »Was habe ich diesem Menschen getan, daß er mich umbringen will?« Da sagte der Alte: »Sei nicht traurig, Gott wird dich nicht verlassen!« – und damit blies er auf den Brief – da waren sofort Siegel und Brief so, wie sie vorher gewesen waren. »Geh jetzt und gib den Brief der Frau des Marko.«

Wassilij kam ins Haus von Marko dem Reichen und überreichte der Frau den Brief. Die Frau las ihn durch, dachte nach, rief ihre Tochter Anastasja und las ihr den Brief vor. Im Brief aber stand geschrieben: »Frau! Wenn du meinen Brief bekommst, laß am nächsten Tage Anastasja mit dem Überbringer dieses Briefes trauen, tue das unbedingt. Falls du es nicht tust, wirst du mir Rede und Antwort stehen müssen.« Reiche Leute brauchen kein Bier zu brauen, keinen Branntwein zu brennen – alles ist immer gleich bereit: ein fröhliches Fest und eine schöne Hochzeit. Wassilij bekam stattliche Kleider und mußte sich Anastasja zeigen. Und er gefiel ihr. Da wurden sie getraut.

Eines Tages wurde der Frau des Marko gemeldet, daß ihr Mann am Landungsplatz angekommen sei. Da ging sie ihm mit der Tochter und dem Schwiegersohn entgegen. Als Marko seinen Schwiegersohn sah, wurde er sehr böse und spricht zu seiner Frau: »Wie hast du es gewagt, unsere Tochter mit ihm zu verheiraten?« – »Ich tat es auf deinen Befehl«, antwortete die Frau. Marko der Reiche verlangte seinen Brief, las ihn durch und überzeugte sich davon, daß er ihn selbst und gerade so geschrieben hatte.

So lebte denn Marko mit seinem Schwiegersohn einen Monat und zwei und drei Monate. Eines Tages rief er den Schwiegersohn zu sich und sagt zu ihm: »Da hast du einen Brief, geh mit ihm über dreimal neun Länder ins dreißigste Zarenreich, zu meinem Freunde, dem Drachen-Zaren, und hol von ihm die Pacht für zwölf Jahre dafür, daß er auf meinem Grund und Boden einen Palast gebaut hat. Erkundige dich dort auch, wo meine zwölf Schiffe geblieben sind, auf die ich seit drei Jahren warte. Morgen ganz früh mach dich auf den Weg!« Wassilij nahm den Brief, ging zu seiner Frau und erzählte ihr alles, was Marko ihm befohlen hatte. Anastasja fing bitterlich an zu weinen, aber sie wagte es nicht, ihren Vater um seinetwillen zu bitten.

Früh am Morgen betete Wassilij zu Gott, nahm seinen Beutel mit Zwieback und ging fort. Er ging des Wegs – ob lang, ob kurz, ob nah, ob weit – da hörte er plötzlich eine Stimme: »Wassilij du Glückloser, wohin gehst du?« Wassilij sah sich nach allen Seiten um und sagte: »Wer ruft mich?« – »Ich, die Eiche, frage dich, wohin du gehst?« – »Ich gehe zum Drachen-Zaren, um von ihm die Pacht für zwölf Jahre zu erhalten.« Da sagte die Eiche: »Wenn es soweit ist, dann denk an mich! Sag, daß da eine Eiche schon dreihundert Jahre steht, und ob sie noch lange stehen muß?« Wassilij hörte die Bitte an und ging weiter. Nach einiger Zeit kam Wassilij an einen Fluß. Dort traf er einen Fährmann. Wassilij setzte sich in die Fähre. Da fragte ihn der Fährmann: »Wohin gehst du, mein Freund?« Wassilij antwortete ihm dasselbe wie der Eiche. Und auch der Fährmann bat ihn, den Zaren zu erinnern: »Schon dreißig Jahre fahre ich«, sagte er, »muß ich noch lange fahren?« – »Gut«, sagte Wassilij, »ich werde fragen!«, und ging weiter. Er kommt ans Meer. Über das Meer gebreitet liegt ein Walfisch, wie eine Brücke. Auf ihm geht und fährt man. Als Wassilij über ihn ging, sprach der Walfisch: »Wassilij, du Glückloser, wohin gehst du?« Wassilij sagte ihm dasselbe wie dem Fährmann. Da bat ihn der Walfisch: »Wenn es soweit ist, dann denk an mich und erzähle, daß ein Walfisch über das Meer gebreitet liegt und daß Reiter und Fußgänger seinen Körper bis zu den Rippen abgewetzt haben. Frag, ob er noch lange da liegen muß!«

Wassilij versprach es und ging. Er kommt auf eine grüne Wiese. Auf der Wiese steht ein großer Palast. Wassilij trat ein und geht durch die Zimmer. Ein Zimmer ist immer schöner und besser eingerichtet als das andere. So kommt er auch ins letzte Zimmer und sieht: auf einem Bett sitzt ein wunderschönes Mädchen und weint bitterlich. Als sie Wassilij erblickte, stand sie auf, trat zu ihm und fragte: »Was bist du für ein Mensch, und wie kommst du an so einen verwünschten Ort?« Wassilij zeigte ihr den Brief und sagte, daß Marko der Reiche ihm befohlen habe, dem Drachen-Zaren für zwölf Jahre Pacht abzuverlangen. Das Mädchen warf den Brief in den Ofen, dem Wassilij aber sagte sie: »Man hat dich nicht nach der Pacht geschickt, man hat dich geschickt, damit der Drache dich frißt. Aber auf welchem Weg bist du gekommen? Hast du nicht unterwegs etwas gesehen oder gehört?«

Wassilij erzählte ihr von der Eiche, dem Fährmann und dem Walfisch. Kaum hatten sie ihr Gespräch beendet, da erzitterten die Erde und der Palast. Das Mädchen versteckte Wassilij sogleich in einer Truhe unter ihrem Bett und sagte: »Hör zu, was ich mit dem Drachen sprechen werde!« Dann ging sie dem Drachen entgegen. Kaum war er ins Zimmer gekommen, da sagte er: »Warum riecht es hier nach Russenfleisch?« Das Mädchen antwortete: »Wie könnte denn etwas Russisches bis hierher kommen? Du bist in Rußland herumgeflogen, hast noch den russischen Geruch in der Nase!« Der Drache sagte: »Ich bin sehr müde, laus mich mal!«, und legte sich auf das Bett. Das Mädchen sagte zu ihm: »Zar-Drache, denk dir, was ich für einen merkwürdigen Traum geträumt habe! Es war mir, als ginge ich auf einem Wege, da ruft mir eine Eiche zu: ›Frag den Zaren, ob ich hier noch lange stehen muß!‹« – »Sie muß so lange stehen«, sagte der Zar, »bis einer an sie herantritt und sie mit dem Fuß anstößt. Dann wird sie mit der Wurzel umfallen, und unter ihr wird viel Gold und Silber sein, viel mehr, als Marko der Rei-

che besitzt!« – »Und dann kam ich an einen Fluß, dort saß ein Fährmann. Der fragte mich, wie lange er noch überfahren muß.« – »So
lange, bis er einen, der vorüberkommt, auf die Fähre setzt und die
Fähre vom Ufer abstößt – der muß dann ewig fahren, er selbst aber
kann nach Hause gehen.« – »Und dann träumte mir, daß ich auf
einem Walfisch über das Meer ging, und er fragte mich, ob er da
noch lange liegen müsse.« – »Er muß so lange liegen, bis er die zwölf
Schiffe, die Marko dem Reichen gehören, von sich gibt. Dann wird
er ins Wasser untertauchen, und das Fleisch über seinen Rippen
wird wieder nachwachsen.« So sprach der Drachen-Zar und fiel
in einen tiefen Schlaf.

Das Mädchen ließ Wassilij den Glücklosen aus der Truhe heraus
und gab ihm die Lehre: »Auf dieser Seite sag dem Walfisch nicht,
daß er die zwölf Schiffe des Marko herausgeben soll. Geh zuerst
auf die andere Seite, und sag es dann! Ebenso, wenn du zum Fährmann kommst, dann erzähl ihm auf dieser Seite nicht, was du gehört hast. Und kommst du zur Eiche, stoß sie nach Osten mit dem
Fuß, dann wirst du unermeßlichen Reichtum sehen.« Wassilij der
Glücklose dankte dem Mädchen und ging.

Er kommt zum Walfisch. Der aber fragt gleich: »Hast du von mir
gesprochen?« – »Ja, aber zuerst geh ich hinüber, dann werde ich es
dir sagen.« Als er hinüber war, sagte er: »Gib die zwölf Schiffe des
Marko von dir.« Der Walfisch tat es, und die Schiffe segelten un-
beschädigt davon. Wassilij der Glücklose aber stand plötzlich bis
zu den Knien im Wasser. Dann kam Wassilij zum Fährmann. Der
fragt ihn: »Hast du mit dem Drachen-Zaren von mir gesprochen?« –
»Doch, ja«, sagte Wassilij, »aber zuerst fahr mich über!« Kaum war
er am andern Ufer, da sagte er zum Fährmann: »Der Nächste, der
zu dir kommt, den setz auf die Fähre und stoß sie vom Ufer ab. Der
muß dann ewig fahren, du aber geh nach Hause!« Nach einer Weile
kam Wassilij der Glücklose zu der Eiche, stieß sie mit dem Fuß an,
und sie fiel um. Unter ihr aber waren Gold und Silber und Edelsteine ohne Zahl! Wassilij sah sich um, da sieht er – gerade auf das
Ufer zu fahren die zwölf Schiffe, welche der Walfisch von sich
gegeben hatte. Und die Schiffe lenkt jener Alte, den Wassilij traf,

als er mit dem Brief zur Frau des Marko ging. Der Alte sagte zu Wassilij: »Sieh, Wassilij, womit Gott dich gesegnet hat!« – Selbst aber stieg er vom Schiff herunter und ging seines Weges.

Die Matrosen trugen das Gold und Silber in die Schiffe, und als sie fertig waren, fuhren sie ab, und mit ihnen Wassilij der Glücklose. Marko dem Reichen wurde gemeldet, daß sein Schwiegersohn mit zwölf Schiffen kommt und daß der Drachen-Zar ihn mit unermeßlichem Reichtum beschenkt hat.

Marko ärgerte sich, daß sein böser Plan nicht gelungen war, befahl, einen Wagen anzuspannen, und fuhr selbst zum Drachen-Zaren, um ihm Vorwürfe zu machen. So kam er zum Fährmann und setzte sich auf die Fähre. Da stieß der Fährmann die Fähre vom Ufer ab – und Marko mußte ewig als Fährmann fahren. Wassilij der Glücklose aber kam zu Frau und Schwiegermutter, und von da an lebten sie glücklich, in Freuden und im Reichtum, halfen den Armen, gaben ihnen Trank und Speise – und das ganze Hab und Gut von Marko dem Reichen gehörte nun ihm.

Die Geschichte vom berühmten und tapferen Helden Ilja Muromez und dem Räuber Nachtigall

Bei der prächtigen Stadt Murom, im Dorfe Karatscharowo, da lebte der Bauer Iwan Timofejewitsch. Er hatte einen sehr geliebten Sohn, Ilja Muromez, der war dreißig Jahre lang ein Sitzkind, das nicht gehen konnte. Als er dreißig Jahre alt wurde, fing er an, fest auf seinen Füßen zu gehen, und verspürte eine gewaltige Kraft in sich. So machte er sich eine Kriegsrüstung und eine Damaszenerlanze und sattelte ein gutes Heldenroß. Er ging zu Vater und Mutter und bat sie um ihren Segen: »Meine verehrten Eltern, Vater und Mutter, laßt mich in die herrliche Stadt Kiew ziehen, ich will dort beten und dem Fürsten von Kiew meine Aufwartung machen.« Der Vater und die Mutter gaben ihm ihren Segen und beschworen ihn mit folgenden Reden: »Fahr zu, in Richtung auf die Stadt Kiew, auf die Stadt Tschernigow, aber unterwegs kränke niemand und vergieß nicht unnötig Christenblut.« Ilja Muromez empfing den Segen von Vater und Mutter, verrichtete sein Gebet, verabschiedete sich und machte sich auf den Weg.

Und er geriet so tief in dunkle Wälder, daß er zu einem Räuberlager kam. Jene Räuber aber erblickten Ilja Muromez, und ihre Räuberherzen entbrannten nach Iljas Heldenroß. Da sprachen sie untereinander, daß man ihm das Pferd wegnehmen müsse und daß man solch ein gutes Pferd noch niemals gesehen hätte, jetzt aber reite auf ihm irgend so ein vollkommen unbekannter Mensch. Und sie schickten zehn Mann und dann noch zwanzig Mann gegen Ilja Muromez vor. Da hielt Ilja Muromez sein Heldenroß an, zieht aus dem Köcher einen geschmiedeten Pfeil und legt ihn auf den straffen Bogen. Er ließ den geschmiedeten Pfeil dicht über die Erde fliegen, und er traf. Als die Räuber das sahen, erschraken sie sehr, liefen herbei, fielen auf die Knie und sagten: »Du unser Herr und Gebieter, du tapferer, guter Bursche! Wir sind schuldig vor dir, und wegen dieser Schuld nimm Geld von uns, soviel du willst, und schöne Kleider, und viele Pferde, soviel du willst.« Ilja lächelte und sagte: »Wo soll ich damit hin? ... Wenn ihr aber am Leben bleiben wollt, dann seid in Zukunft bescheidener!« Und damit setzte er seinen Weg zur herrlichen Stadt Kiew fort.

So kommt er zur Stadt Tschernigow. Um diese Stadt Tschernigow aber liegen ganze Heere der Ungläubigen, unzählige, und die belagern die Stadt Tschernigow, und sie wollen in ihr alles totschlagen und die Kirchen Gottes in Rauch verwandeln, den Fürsten selbst aber und den Feldherrn von Tschernigow wollen sie lebendig in Gefangenschaft führen. Vor diesem gewaltigen Heer erschrak Ilja Muromez, doch vertraute er auf den Willen Gottes, seines Schöpfers, und wollte sein Leben für den christlichen Glauben opfern. Und dann fing Ilja Muromez an, das Heer der Ungläubigen mit seiner stählernen Lanze zu erstechen, und er schlug das ganze heidnische Heer, und er nahm den Zarensohn der Ungläubigen gefangen und brachte ihn in die Stadt Tschernigow. Die Bürger von Tschernigow empfangen ihn mit Ehren, der Fürst selbst und der Feldherr von Tschernigow kommen, empfangen den guten Burschen mit Ehren, sagen Dank dem Herrgott, daß der Herr es so glücklich fügte, daß die Stadt vom Feinde gereinigt wurde und daß er es nicht zuließ, daß alle Einwohner schuldlos zugrunde gingen durch diese Heeresmacht der Ungläubigen. Sie nahmen ihn mit in ihre Gemächer und richteten ein großes Gelage und ließen ihn dann wieder ziehen.

Ilja Muromez ritt zur Stadt Kiew auf dem geraden Wege von Tschernigow, wo der Räuber Nachtigall schon seit dreißig Jahren hauste. Er ließ weder einen Reiter noch einen Wanderer durch und tötete die Menschen nicht mit dem Gewehr, sondern mit seinem Räuberpfiff. Ilja Muromez ritt hinaus ins weite Feld und erblickte dort Spuren von Heldenrossen. Ihnen folgte er und kam in die Wälder von Brjansk, in jene sumpfigen Moore, zu jenen Maßholder-Brücken und zu jenem Flusse Johannisbeere. Der Räuber Nachtigall ahnte sein Ende und großes Unglück und pfiff, als Ilja Murometz noch zwanzig Werst weit war, seinen Räuberpfiff ganz stark. Aber das Heldenherz erschrak nicht. Und als er nur noch zehn Werst entfernt war, pfiff der Räuber noch einmal und noch stärker, so daß das Pferd unter Ilja Muromez stolperte. So kam Ilja Muromez bis ganz dicht an das Räubernest herangeritten, das in zwölf Eichenwipfeln gebaut war. In dem Nest saß der Räuber Nachtigall, und als er den lichten russischen Helden erblickte, da pfiff er aus aller Kraft und wollte damit Ilja Muromez töten.

Ilja Muromez nimmt seinen straffen Bogen zur Hand, legt den geschmiedeten Pfeil darauf und schießt ihn in das Nachtigallennest. Und er trifft den Räuber und schießt ihm das rechte Auge aus. Der Räuber Nachtigall fiel aus dem Nest zur Erde, wie eine Hafergarbe. Da nahm ihn Ilja Muromez, band ihn fest an seinen stählernen Steigbügel und ritt zur herrlichen Stadt Kiew. Unterwegs kommt er am Schloß des Räubers Nachtigall vorüber. Und als Ilja Muromez gerade gegenüber vom Räuberschloß war, da schauten aus den geöffneten Fenstern die drei Töchter des Räubers heraus –

und als die jüngste ihn erblickte, da rief sie den Schwestern zu: »Da kommt unser Vater mit Beute und bringt uns einen Kerl, den er an seinen stählernen Steigbügel gebunden hat!« Die älteste Tochter aber schaute hin und fing bitterlich zu weinen an: »Das ist nicht unser Vater, der dort reitet; es ist ein ganz unbekannter Mensch, und er führt unseren Vater am Steigbügel.« Da riefen die drei ihren Männern zu: »Ihr lieben Männer, reitet dem Kerl entgegen und kämpft für unseren Vater, laßt unsere Sippe nicht in solcher Schande versinken!« Ihre Männer waren starke Recken, und sie ritten gegen den lichten russischen Helden. Sie hatten gute Pferde, scharfe Spieße, und sie wollten Ilja auf ihre Spieße heben. Als sie der Räuber Nachtigall erblickte, da sprach er: »Meine lieben Schwiegersöhne, bedeckt euch nicht mit Schmach und Schande und reizt einen so gewaltigen Helden nicht, denn sonst gibt er euch den Tod. Bittet ihn lieber unterwürfig, mein Haus zu betreten und dort einen Becher grünen Weines zu trinken.« Auf die Bitte der Schwiegersöhne lenkte Ilja sein Pferd zum Hause, ohne ihre Tücke zu ahnen. Die älteste Tochter hob das an eisernen Ketten hängende Tor hoch, um ihn damit zu erschlagen. Ilja bemerkte sie aber oben auf dem Tor, schlug mit der Lanze zu und tötete sie. Dann ritt er weiter nach Kiew.

Als nun Ilja Muromez in die Stadt Kiew kommt, reitet er gerade auf den Hof des Fürsten und tritt in die weißsteinernen Gemächer, er verrichtet sein Gebet und grüßt den Fürsten. Der Fürst von Kiew fragt: »Sag, guter Bursche, wie heißt du und aus welcher Stadt stammst du?« Da antwortet Ilja Muromez: »Ich heiße Iljuschka und nach dem Vater Iwan und stamme aus der Stadt Murom, aus dem Dorfe Karatscharowo.« Der Fürst fragt: »Auf welchem Wege bist du aus Murom geritten?« – »Auf die Stadt Tschernigow zu, und bei Tschernigow habe ich die Heere der Ungläubigen geschlagen, die ohne Zahl waren, und habe die Stadt Tschernigow von ihnen gesäubert. Von dort bin ich dann auf dem geraden Wege geritten und habe den starken Recken, den Räuber Nachtigall, festgenommen und am stählernen Steigbügel hergeführt.« Der Fürst wurde zornig und sagte: »Was prahlst du da!« Als das die Helden

Aljoscha Popowitsch und Dobrynja Nikititsch hörten, eilten sie hinaus, überzeugten sich und versicherten dem Fürsten, daß alles richtig sei. Da befahl der Fürst, dem guten Burschen einen Becher grünen Weines zu reichen. Dann aber wollte der Fürst den Räuberpfiff hören. Ilja hüllte den Fürsten und die Fürstin in Zobelpelze, stellte sie rechts und links von sich unter seine Arme und rief den Räuber Nachtigall herbei. Dann befahl er ihm, mit halbem Pfiff zu pfeifen. Der Räuber Nachtigall aber pfiff seinen ganzen Räuberpfiff und betäubte alle Helden so, daß sie zu Boden stürzten. Dafür schlug Ilja Muromez ihn tot.

Ilja Muromez und Dobrynja Nikititsch schlossen Blutsbrüderschaft. Dann sattelten sie ihre guten Pferde und ritten ins freie Feld. Genau drei Monate ritten sie und fanden keinen Gegner. Endlich trafen sie dort auf einen wandernden Bettler (so einer, der sich milde Gaben mit Singen von Psalmen und geistlichen Liedern erbittet). Sein armseliges Gewand wog 50 Zentner, sein Hut wog neun Zentner, sein Stab war 20 Meter lang. Ilja Muromez trieb sein Pferd gegen diesen Mann und wollte seine Heldenkraft an ihm ausprobieren. Da sagte zu Ilja Muromez der wandernde Bettler: »Oh du, Ilja Muromez, erinnerst du dich noch, wie wir beide in derselben Schule das Lesen und Schreiben lernten, und jetzt treibst du gegen mich, einen Bettler, dein Pferd an, als wäre ich irgendein Feind. Das aber weißt du nicht, daß in der herrlichen Stadt Kiew ein großes Unglück geschehen ist: es ist dort ein starker Recke, ein Ungläubiger, angekommen, ›Heidengötze‹ genannt. Sein Kopf ist so groß wie ein Bierkessel, an den Schultern mißt er zwei Meter, zwischen den Augenbrauen eine Spanne, zwischen den Ohren einen geschmiedeten Pfeil, und er ißt einen Ochsen auf und trinkt einen Kessel leer. Der Fürst von Kiew beklagt es sehr, daß du ihn in solch einem Unglück allein gelassen hast.«

Da zog Ilja Muromez die Bettlerkleidung des Wanderers an, ritt geradewegs auf den fürstlichen Hof und rief mit Heldenstimme: »Oh du, Fürst von Kiew, laß mir, einem wandernden Bettler, eine milde Gabe reichen!« Als der Fürst ihn sah, sagte er: »Komm in meine Gemächer, oh Bettler! Ich werde dir zu essen und zu trinken geben und Geld auf den Weg.« Da betritt der Bettler die Gemächer und stellt sich an den Ofen und blickte um sich. Der Heidengötze aber verlangte zu essen. Man brachte ihm einen ganzen gebratenen Ochsen, er aber fraß ihn mitsamt den Knochen. Dann verlangte der Heidengötze zu trinken. Man brachte ihm einen Kessel Bier, den trugen zwanzig Mann. Er aber faßte ihn an den Henkeln und trank ihn aus. Ilja Muromez sagt: »Mein Vater hatte eine gefräßige Stute, die überfraß sich und krepierte!« Den Heidengötzen kränkte das und er sagt: »Oh du, wandernder Bettler, was legst du dich mit mir an? Ich brauche dich ja bloß mit dem kleinen Finger zu berühren, dann liegst du schon da! Ich würde sogar mit eurem Ilja Muromez fertig werden.« – »Ilja Muromez ist hier!« sagte Ilja Muromez, nahm seine Mütze ab und schlug ganz vorsichtig mit ihr zu. Da war schon ein großes Loch in der Wand, und durch dieses Loch warf er auch den Heidengötzen hinaus. Für diese Tat ehrte der Fürst ihn mit großem Lob und zählte ihn den starken, mächtigen Helden zu.

Ilja Muromez und der Drache

In einem Zarenreich, in einem fernen Reich, lebte einst ein Bäuerlein mit seiner Bäuerin. Er lebt mit reicher Hand, von allem hat er genug und dazu noch ein schönes Kapital. Eines Tages spricht er zu ihr, wie sie so zusammensitzen, er und seine Hausfrau: »Sieh, Frau, wir haben von allem genug, nur fehlen uns Kinder. Laß uns Gott bitten, vielleicht schenkt er uns noch ein Kind, wenn auch nur zu guter Letzt und auf unsere alten Tage.« Sie begannen, Gott zu bitten, und da wurde die Frau schwanger, und schließlich kam die Zeit, und sie gebar einen Knaben. Ein Jahr verging, ein zweites; und dann drei Jahre, aber noch kann der Knabe seine Beine nicht bewegen, es wäre längst an der Zeit. Achtzehn Jahre vergingen – und er saß immer noch ohne Bewegung da.

Einmal gingen der Vater und die Mutter zur Heumahd, und der Sohn blieb allein zu Hause. Da kommt zu ihm ein Bettelmann und bittet um eine milde Gabe: »Junger Herr, gib einem armen Alten ein Gottesalmosen um Christi willen!« Da sagt der Junge zu ihm: »Liebes Gottesalterchen, ich kann dir keine milde Gabe reichen, ich habe keine Beine.« Als der Alte das hörte, kam er in die Hütte hinein: »Nun«, sagte er, »steh mal auf von deinem Bett und gib mir die Schöpfkelle!« Der Junge stand auf, nahm die Kelle und reichte sie ihm. »Geh«, sagte der Alte, »bring mir Wasser zu trinken!« Der Junge brachte ihm das Wasser und reichte es hin: »Bitte, Gottesalterchen!« Da gab ihm der Alte die Schöpfkelle mit dem Wasser zurück und sagte: »Trink das ganze Wasser in der Kelle aus!« Und er schickte ihn wieder nach Wasser: »Geh noch einmal und bring noch eine Schöpfkelle mit Wasser!« Wie er so nach dem Wasser ging und sich von Zeit zu Zeit an einem Baum festhielt, riß er sie alle mit der Wurzel aus. Da fragte ihn das Gottesalterchen: »Fühlst du jetzt Kraft in dir?« – »Ich fühle sie, Gottesalterchen! Ich habe jetzt eine so große Kraft in mir: Wenn man am Weltall einen Ring befestigen könnte, dann würde ich das Weltall umdrehen.« Als er die zweite Schöpfkelle gebracht hatte und das Gottesalterchen die Hälfte getrunken hatte, gab der ihm wieder die andere Hälfte zu trinken. Da wurde seine Kraft schwächer. »Auch diese Kraft«, sagte der Alte, »ist für dich genug!« Dann betete das Gottesalterchen zu Gott und ging nach Hause. »Bleib du«, sagte er, »in Gottes Hut!«

Es wurde dem Jungen langweilig, so dazuliegen, und er ging in den Wald, um zu roden, seine Kraft zu erproben. Alle Leute entsetzten sich darüber, was er tat: Wie viele Bäume er gerodet hatte! Da kommen auch die Eltern vom Mähen heim. Was ist denn das? Der ganze Wald ist gerodet. Wer hat das getan? Sie kommen näher. Und die Frau sagt zu ihrem Manne: »Mann, das ist unser Iljuschenka, der da gräbt!« – »Du Dumme«, sagt er, »unser Iljuschenka kann doch so etwas gar nicht tun!« Sie kamen noch näher: »Ach, du liebe Güte, wie hat dich denn Gott so verwandelt!« Da spricht Ilja: »Es kam zu mir ein Gottesalterchen und bat um eine milde Gabe, und ich antwortete ihm: ›Gottesalterchen, ich kann dir kein Almosen geben, denn ich bin ohne Beine.‹ Dann kam er zu mir in die Hütte. ›Nun‹, sagt er, ›steh mal auf von deinem Bett und gib mir die Schöpfkelle.‹ Ich stand auf und gab sie ihm. ›Geh‹, sagt er, ›und bring mir Wasser.‹ Ich brachte ihm das Wasser. ›Trink‹, sagt das Alterchen, ›das ganze Wasser aus der Kelle.‹ Ich trank es aus, und da kam in mich eine große Kraft!«

Darauf versammeln sich die Bauern auf der Dorfstraße und sprechen untereinander: »Seht doch, was für ein starker, mächtiger Held er geworden ist!« Die Bauern meinen damit den Ilja. »Seht doch, wie er da gerodet hat! Man muß das«, sagen sie, »in der Stadt melden.« So erfuhr auch der Zar von diesem starken, mächtigen Helden Ilja. Er ließ den Ilja vor sich kommen, und er gefiel ihm. Da ließ der Zar ihm gute Kleider machen, wie es sich gehört. Alle sahen ihn gern, und er tat seinen Dienst gut. Eines Tages spricht zu ihm der Herrscher: »Du starker, mächtiger Held, kannst du wohl meinen Palast an einer Ecke ein wenig aufheben?« – »Bitte sehr, Eure Zarische Majestät, wenn Sie es wünschen, auch an einer ganzen Seite.« Dieser Zar hatte aber eine wunderschöne Tochter, eine solche Schönheit, daß man sich's nicht ausdenken und nicht erraten und nicht mit der Feder auf das Papier schreiben kann. Sie gefiel dem Ilja, und er wollte sie heiraten.

Einmal mußte der Zar in ein anderes Zarenreich zu einem anderen Zaren fahren. Er kommt zum anderen Zaren, der aber hat auch eine sehr schöne Tochter. Zu ihr kam regelmäßig ein Drache mit zwölf Köpfen geflogen, der sie jede Nacht besuchte. Sie war schon ganz matt und krank davon. Da sagte unser Zar zu diesem König: »Ich habe da so einen starken, mächtigen Helden, er kann den Drachen mit den zwölf Köpfen töten.« Da meint der König: »Bitte sehr – schicken Sie ihn zu mir.« Als der Zar nun wieder in sein Reich zurückkehrte, unterhielt er sich mit der Zarin: »Bei diesem König ist das so, daß zu seiner Tochter ein Drache mit zwölf Köpfen geflogen kommt. Er besucht sie jede Nacht. Sie ist schon ganz matt und krank davon.« Und dann sagt er: »Ilja Iwanowitsch, könntest du das nicht übernehmen und ihn töten?« – »Bitte sehr, Eure

Zarische Majestät, das kann ich. Ich will ihn töten.« Da sagt der Zar weiter: »Du nimmst dir Postpferde, und dann nimmst du den und den Weg über die Landstraßen.« – »Ich werde reiten, allein, bitte geben Sie mir einen Hengst!« – »Geh in den Stall«, sagt zu ihm der Zar, »und such dir einen aus!« Die Zarentochter aber ruft ihn ins Nebenzimmer und bittet: »Reiten Sie nicht hin, Ilja Iwanowitsch, der Drache mit den zwölf Köpfen wird Sie töten, Sie werden nicht mit ihm fertig werden.« Da sagte er: »Seien Sie ganz ruhig und machen Sie sich keine Gedanken, ich werde unversehrt und in guter Gesundheit wiederkommen.«

Dann ging er in den Stall, um sich einen Hengst auszuwählen. Er kam zum ersten, legte seine Hand auf ihn, der aber brach in die Knie. So probierte er alle Hengste im Stall der Reihe nach durch, aber keiner hielt seine Hand aus, jeder brach in die Knie. So kam er endlich zum letzten Hengst – der sah nach nichts aus und stand da ganz unbeachtet – den schlug er mit der Hand auf den Rücken, der Hengst aber wieherte nur. Da sagte Ilja: »Das ist mein treuer Diener, der ist nicht gestrauchelt!« Er kommt zum Zaren: »Habe mir da, Eure Zarische Majestät, einen Hengst ausgewählt, einen treuen Diener.« Dann wurde Ilja, wie es sich gehört, mit Gottesdienst und Gebeten auf die Reise geschickt.

Er schwang sich auf sein Roß, und ob er nun lange ritt oder kurz, er kam zu einem Berge. Ein ganz steiler, großer Berg war es, und ganz aus Sand. Kaum gelang es ihm, hinaufzukommen. Auf dem Berge stand ein Wegweiser für drei Richtungen, dort stand geschrieben: Auf dem ersten Weg wird man selbst satt, aber das Pferd bleibt hungrig; auf dem zweiten wird das Pferd satt, und man selbst bleibt hungrig; und auf dem dritten – wird man umgebracht!

Ilja ritt natürlich den Weg, auf dem man umgebracht wird, denn er hatte Mut. Man weiß gar nicht, ob er lange oder kurz durch die dunklen Wälder ritt, denn man konnte nichts sehen vor lauter Wald! Dann aber kam eine weite Lichtung, und auf ihr stand eine kleine Hütte. Er kommt an die Hütte herangeritten und spricht: »Hüttchen, Hüttchen, dreh dich mit der Rückseite zum Walde, mit der Vorderseite zu mir!« Die Hütte drehte sich und blieb mit der

Rückseite zum Walde und mit der Vorderseite zu Ilja stehen. Er stieg von seinem guten Roß und band es an einen Pfosten. Das hörte die Hexe Baba-Jaga und spricht: »Was ist denn da für ein Flegel gekommen? Weder mein Großvater noch mein Urgroßvater haben Russenblut gekannt, nun aber will ich selbst einmal Russenblut sehen.« Dann schlug sie mit ihrem Stabe an die Tür, und die öffnete sich. In ihrer Hand aber hält sie eine krumme Sichel und will damit an den Hals des Helden und ihm den Kopf abschneiden. »Wart nur, Baba-Jaga«, sagt er, »ich werde schon noch mit dir fertig!« Damit entriß er ihr die Sichel, faßte die Baba-Jaga an den Haaren, warf sie zu Boden und sagte: »Zuerst fragt man nach Vor- und Vatersnamen – und wohin des Wegs.« Da fragte sie: »Wie ist Ihr Vorname und wie Ihr Vatersname, und wohin reiten Sie?« – »Ich heiße Ilja Iwanowitsch und reite dahin und dahin.« – »Bitte«, sagt sie, »Ilja Iwanowitsch, treten Sie ein in mein Zimmer!« So ging er also zu ihr ins Zimmer. Sie nötigt ihn an den Tisch, trägt allerhand Speisen und Getränke auf und bewirtet ihn, ihr Mädchen aber schickte sie, die Badestube für ihn zu heizen. So aß er und badete, blieb einen Tag und eine Nacht bei ihr und machte sich wieder auf den Weg, dahin, wo er hinmußte. »Bitte sehr«, sagt die Baba-Jaga, »ich will meiner lieben Schwester einen Brief schreiben, damit sie Ihnen nichts tut, sondern Sie mit Ehren empfängt. ... Denn sonst bringt sie Sie um, sobald sie Ihrer nur ansichtig wird!« Sie übergibt ihm den Brief und begleitet ihn höflich und mit allen Ehren hinaus.

Der Held schwingt sich in den Sattel und reitet durch dichte, dunkle Wälder. Man weiß gar nicht, ob er nun lange oder kurz ritt, denn vor lauter Wald konnte man nichts sehen. Und so kommt er wieder auf eine weite Lichtung, und auf ihr steht ein Hüttchen. Er reitet ans Hüttchen heran, steigt von seinem guten Roß und bindet es an den Pfosten. Die Baba-Jaga hörte, wie er sein gutes Roß an den Pfosten band, und schrie: »Was ist denn das? Weder mein Großvater noch mein Urgroßvater kannten Russenblut, nun aber will ich mal selbst Russenblut sehen!« Sie schlug mit ihrem Stabe gegen die Tür, und die Tür öffnete sich. Dann holt sie mit einem

Säbel nach seinem Halse aus. Er aber sagt: »Laß die Rauferei mit mir! Da hast du einen Brief von deiner Schwester.« Sie las ihn durch und empfängt ihn mit allen Ehren in ihrem Hause: »Bitte, treten Sie näher!« Ilja Iwanowitsch kommt herein. Sie nötigt ihn an den Tisch und stellt allerhand Speisen, Getränke und Süßigkeiten auf den Tisch, bietet an und schickt das Mädchen, die Badestube zu heizen. Nach dem Essen ging er in die Badestube, wusch und dämpfte sich. Zwei ganze Tage blieb er da, ruhte sich aus und ließ sein gutes Roß sich ausruhen. Dann schwang er sich in den Sattel, die Baba-Jaga aber begleitet ihn hinaus mit allen Ehren: »Nun, Ilja Iwanowitsch«, sagt sie, »dort wirst du nicht durchkommen, denn da lauert der Räuber Nachtigall. Auf sieben Eichen hat er sein Nest gebaut, und bis auf dreißig Werst läßt er dich nicht heran – er betäubt dich mit seinem Pfiff!«

Ob er nun lange ritt oder kurz, schließlich kam er an die Stelle, wo er den Pfiff des Räubers Nachtigall hören konnte. Er ritt weiter, aber auf der halben Strecke strauchelte sein Roß. Ilja sagt: »Strauchele nicht, gutes Roß, ich brauche dich noch!« So kommt er zum Nest des Räubers Nachtigall, der aber pfeift immerzu. Da nahm Ilja einen Pfeil, spannte den Bogen und schoß – der Räuber fiel aus dem Nest heraus. Als er am Boden lag, schlug ihn Ilja nur einmal, um ihn nicht zu töten, und steckte ihn in seine hintere Satteltasche. Dann ritt er zum Zarenpalast. Von dort erblickte man ihn und spricht: »Der Räuber Nachtigall bringt jemanden in der Satteltasche!« So kam der Held zum Palast und reicht am Tor sein Schreiben hin. Man brachte es dem König. Der las es durch und befahl, Ilja einzulassen.

Da spricht der König zu Ilja Iwanowitsch: »Befehlen Sie dem Räuber Nachtigall, mal zu pfeifen!« Der Räuber Nachtigall aber sagt: »Sie sollten dem armen Räuber Nachtigall zu essen und zu trinken geben! Mir ist flau im Magen und trocken im Munde.« Da brachte man ihm eine Flasche Wein, er aber sagt: »Was ist mir so eine kleine Flasche! Bringt mir doch ein anständiges Fäßchen.« Da brachte man ihm ein Fäßchen Wein und goß den Wein in einen Eimer. Er trank ihn in einem Zuge aus und sagt: »Noch zwei Eimerchen könnte der arme Räuber Nachtigall schon trinken!« – aber die bekam er nicht mehr. Und der König sagt wieder: »Nun befiehl ihm«, sagt er, »zu pfeifen!« Da nahm Ilja den König und seine ganze Familie unter seine Arme, in die Achselhöhlen: »Sonst«, sagt er, »wird er euch betäuben!« Wie nun der Räuber pfiff, konnte ihn Ilja Iwanowitsch kaum mehr anhalten. Aber er schlug ihn mit einem Stab, so daß er aufhörte zu pfeifen, denn sonst wären alle umgefallen.

Da sagt der König zu Ilja Iwanowitsch: »Wirst du mir nun folgenden Dienst erweisen, um den ich dich bitten werde? Zu meiner Tochter kommt immer ein Drache mit zwölf Köpfen geflogen. Wie könnte man ihn töten?« – »Bitte sehr, Eure Königliche Hoheit! Was Sie wünschen, das will ich gerne tun.« – »Bitte, Ilja Iwanowitsch, zu der und der Stunde wird der Drache kommen, bitte bemühe dich also!« – »Bitte sehr, soll geschehen, Eure Königliche Hoheit! …«

Die Königstochter liegt in ihrem Zimmer. Um zwölf Uhr kommt der Drache zu ihr geflogen. Da fingen Ilja und der Drache an, miteinander zu kämpfen. Mit jedem Schlag Iljas fällt ein Drachenkopf zu Boden. Ob sie nun lange kämpften oder kurz, schließlich blieb nur noch ein Kopf nach; auch diesen schlug Ilja herunter und tötete den Drachen ganz. Die Königstochter war sehr froh. Sie erhob sich, kam zu Ilja und dankte ihm. Dann sagte sie Vater und Mutter, daß der Drache tot sei. »Alle Köpfe hat er ihm abgeschlagen!« Da sprach der König: »Ich danke dir! Möchtest du in meinen Diensten bleiben!?« – »Nein«, sagt Ilja, »ich reite in mein eigenes Land.« Da entließ ihn der König mit großen Ehren.

Ilja ritt denselben Weg zurück. Als er zur ersten Baba-Jaga zum Übernachten kam, da empfing sie ihn sehr ehrenvoll, und als er zur zweiten kam, war es dasselbe. Dann kam er in sein eigenes Land, ritt zum Zaren und überreichte ihm ein Schriftstück vom andern König. Auch der Zar empfing ihn mit großen Ehren, die Zarentochter aber war vom Warten ganz ungeduldig geworden: »Jetzt, Väterchen, bitte, werde ich ihn heiraten!« Der Vater ließ ihr den Willen: »Na, wenn du willst, dann heirate ihn!« Sie ließen sich trauen und leben noch heute.

Danilo der Glücklose

Unser Fürst Wladimir hatte in der Stadt Kiew viele Diener und Bauern. Ihm diente auch Danilo der Glücklose, ein Adliger. Kommt ein Feiertag, dann reicht Fürst Wladimir allen ein Gläschen Schnaps, aber den Danilo stößt er nur in den Rücken; kommt ein großer Feiertag, dann erhält so mancher eine Belohnung, Danilo aber bekommt nichts!

Es war am Abend vor Ostersonntag, in der Stillen Woche, da ruft Fürst Wladimir Danilo den Glücklosen zu sich, überreicht ihm vierzig mal vierzig Zobelfelle und befiehlt ihm, zum Festtag einen Pelz zu nähen. Die Zobelfelle sind noch unbearbeitet, die Knöpfe ungegossen, die Ösen nicht gedreht; auf den Knöpfen sollen Waldtiere abgebildet sein, an den Ösen überseeische Vögel. Danilo dem Glücklosen wurde die viele Arbeit leid, er ließ sie liegen und ging vors Tor, von dort weiter, weg – und steglos immer weiter. So geht er vor sich hin und weint bittere Tränen. Da kommt ihm eine uralte Frau entgegen: »Paß auf, Danilo, daß du dir den Bauch nicht auftrennst! Worüber weinst du, Glückloser?« – »Ach du, alter Dickwanst, hinten und vorne geflickt, mit Fieber gegürtet! Geh weg, ich habe andere Dinge im Kopf!« Er ging noch ein Stück und denkt: »Weshalb habe ich sie eigentlich beschimpft?« Er kehrte um, trat zu ihr und sagte: »Liebe Großmutter, entschuldige! Dies ist mein Leid: Fürst Wladimir hat mir vierzig mal vierzig unbearbeitete Zobelfelle gegeben, und morgen soll der Pelz fertig sein; mit vielen gegossenen Knöpfen und mit seidenen Ösen; auf den Knöpfen sollen goldene Löwen sein, an den Ösen überseeische Vögel – und die sollen auch noch schöne Lieder singen! Wo soll ich das alles hernehmen? Da will ich mich lieber betrinken!« Sagt zu ihm die Alte – der geflickte Bauch: »Ah, jetzt bin ich die ›liebe Großmutter‹! Na, dann geh mal ans blaue Meer und stell dich neben die feuchte Eiche; genau um Mitternacht wird sich das blaue Meer aufbäumen, und heraus wird das Tschudo-Judo kommen, die Meerlippe, ohne Hände, ohne Füße, mit einem grauen Bart; faß es am

Bart und schlag es so lange, bis Tschudo-Judo fragt: ›Weshalb, Danilo, du Glückloser, schlägst du mich eigentlich?‹ Dann antworte du: ›Ich will, daß vor mir erscheint der Schwanvogel, das schöne Mädchen! Durch die Federn soll der Körper schimmern, durch den Körper sollen die Knochen schimmern, und durch die feinen Knochen soll man sehen, wie das Mark aus einem Knöchelchen ins andere fließt wie Perlen.‹«

So kam Danilo der Glücklose ans blaue Meer und stellte sich neben die feuchte Eiche. Um Mitternacht bäumte sich das blaue Meer auf, und es kam heraus Tschudo-Judo, die Meerlippe, ohne Hände, ohne Füße, bloß mit einem grauen Bart! Danilo ergriff es am Bart und schlug es gegen die feuchte Erde. Da fragt Tschudo-Judo: »Weshalb schlägst du mich, Danilo, du Glückloser?« – »Das will ich dir sagen: Gib mir den Schwanvogel, das schöne Mädchen! Durch die Federn soll der Körper schimmern, durch den Körper die feinen Knochen, aus einem Knöchelchen ins andere soll das Mark fließen wie Perlen.«

Es verging eine kurze Zeit, da kommt der Schwanvogel geschwommen, das schöne Mädchen. Sie kommt ans Ufer geschwommen und spricht: »Wie ist es, Danilo, du Glückloser, meidest du Taten oder suchst du Taten?« – »Ach, Schwanvogel, schönes Mädchen! Manchmal meide ich sie, dann wieder suche ich doppelte Taten. Da hat mir Fürst Wladimir aufgetragen, einen Pelz zu nähen. Der Zobel ist noch unbearbeitet, die Knöpfe ungegossen, die Ösen nicht gedreht.« – Sagt der Schwanvogel, das schöne Mädchen: »Wenn du mich heiratest, dann soll alles gemacht werden!« Da fing er an zu überlegen: Soll ich oder soll ich nicht? – »Nun, Danilo, was denkst du?« – »Was soll ich denn sonst machen, ich heirate dich.« Sie schlug mit den Flügeln, nickte mit dem Kopf – da erschienen zwölf starke Burschen, das waren lauter Zimmerleute, Schreiner, Maurer, und sie machten sich an die Arbeit: gleich stand ein Haus da! Da faßt Danilo das schöne Mädchen an der rechten Hand, küßt sie auf die Lippen und führt sie in die fürstlichen Gemächer. Sie setzten sich zu Tisch, tranken, aßen und vergnügten sich, und dann verlobten sie sich. »Jetzt, Danilo, leg dich hin und ruh aus, denk an gar nichts! Alles wird bereit sein.« Sie brachte ihn zu Bett.

Selbst aber trat sie hinaus auf die kristallene Freitreppe, schlug mit den Flügeln, nickte mit dem Kopf: »Mein lieber Vater, schick mir deine Meister!« Da erschienen zwölf starke Burschen und fragen: »Schwanvogel, schönes Mädchen, was befiehlst du? Was sollen wir tun?« – »Näht mir sofort einen Pelz! Die Zobel sind noch unbearbeitet, die Knöpfe ungegossen, die Ösen nicht gedreht.« Sie machen sich an die Arbeit: die einen bearbeiten den Zobel und nähen den Pelz, andere schmieden und gießen die Knöpfe, wieder andere drehen die Ösen, und im Handumdrehen ist der schönste Pelz fertig.

Der Schwanvogel, das schöne Mädchen, kommt und weckt Danilo den Glücklosen: »Steh auf, lieber Freund! Der Pelz ist fertig, und in der Stadt Kiew, beim Fürsten Wladimir, da läuten die Glokken. Es ist Zeit, daß du aufstehst und zur Frühmesse gehst.« Danilo stand auf, zog den Pelz an und ging. Sie schaute zum Fenster hinaus, rief ihn zurück, gab ihm noch einen silbernen Stab und sagte: »Wenn du die Frühmesse verläßt, schlag mit dem Stab an die Brust. Sofort werden die Vögel singen und die Löwen drohend brüllen. Nimm dann den Pelz von deinen Schultern und schmücke mit ihm den Fürsten Wladimir, damit er uns nicht vergißt. Er wird dich zu Gast laden, er wird dir einen Becher kredenzen – trink den Becher nicht bis auf den Grund; trinkst du ihn bis auf den Grund, dann geschieht dir ein Unglück! Und prahle nicht mit mir und nicht damit, daß wir in einer Nacht ein Haus gebaut haben.« Danilo nahm den Stab und ging. Sie rief ihn noch einmal zurück und gab ihm drei Eier, zwei silberne und ein goldenes, und sprach: »Die silbernen Eier gib dem Fürsten und der Fürstin beim Osterkuß, das goldene aber dem Menschen, mit dem du dein Leben teilen willst!«

Danilo der Glücklose verabschiedete sich und ging zur Frühmesse. Alle Leute staunen: »Seht doch Danilo den Glücklosen! Er hat den Pelz zum Fest fertig bekommen!« Nach der Frühmesse tritt er zum Fürsten und zur Fürstin, tauscht den Osterkuß, zieht aber aus Versehen das goldene Ei mit aus der Tasche. Das sah Aljoscha Popowitsch, der Frauenspötter. Die Leute verließen die Kirche. Danilo der Glücklose schlug mit dem silbernen Stock an seine Brust. Sofort sangen die Vögel in den Ösen, und die Löwen auf den Knöpfen brüllten, und alle schauten auf Danilo. Aljoscha Popowitsch aber, der Frauenspötter, hatte sich in einen Pilger verkleidet und bittet um eine milde Gabe. Alle geben ihm etwas, bloß Danilo der Glücklose steht da und überlegt: »Was soll ich ihm denn geben? Ich habe ja nichts!« Da gab er ihm wegen des großen Feiertags das goldene Ei. Aljoscha Popowitsch, der Frauenspötter, nahm das goldene Ei und zog wieder seine eigenen Kleider an. Fürst Wladimir lud alle zu sich zum Essen. Da fingen sie an zu trinken und zu essen und sich gütlich zu tun – und sie prahlten. Danilo betrinkt sich und prahlt in seiner Trunkenheit mit seiner Frau. Aljoscha Popowitsch, der Frauenspötter, fing auch an zu prahlen; er prahlte, daß er Danilos Frau kenne; Danilo aber sagt: »Wenn du meine Frau kennst, dann soll man mir den Kopf abschlagen, wenn du sie aber nicht kennst, dann soll man dir den Kopf abschlagen!« Da ging Aljoscha, wohin die Augen sehen; er geht und weint. Ihm begegnet eine ganz alte Frau: »Worüber weinst du, Aljoscha Popowitsch?« – »Geh mir aus dem Wege, alter Dickwanst! Habe nichts mit dir zu schaffen.« – »Schon gut, mein Lieber, brauchst mich aber doch!« Da fragte er sie: »Liebe Großmutter, was wolltest du mir sagen?« – »Ah, jetzt bin ich die liebe Großmutter!« – »Ja, ich habe da geprahlt, daß ich Danilos Frau kenne ...« – »I – i – i, mein Lieber, woher willst du sie kennen? Zu ihr ist noch nie auch nur das kleinste Vögelchen gelangt. Geh jetzt zu dem und dem Hause und bring ihr die Einladung des Fürsten zum Mittagessen. Sie wird sich waschen und anziehen und solange ihre Kette auf die Fensterbank legen; nimm die Kette und zeig sie Danilo dem Glücklosen.«

Da geht Aljoscha hin und tritt vor das geschnitzte Fenster, und er lädt den Schwanvogel, das schöne Mädchen, zum Mittagessen zum Fürsten. Sie fängt an, sich zu waschen und sich schön zu machen. Da nahm Aljoscha die Kette, lief in den Palast und zeigte sie Danilo dem Glücklosen. »Nun, Fürst Wladimir«, sagt Danilo der Glücklose, »jetzt sehe ich ein, daß man mir den Kopf abschlagen muß. Gestatte mir nur noch, nach Hause zu gehen und Abschied von meiner Frau zu nehmen.« So kommt er nach Hause: »Ach, Schwanvogel, schönes Mädchen, was habe ich angerichtet! In der Trunkenheit habe ich mit dir geprahlt und so mein Leben verwirkt!« – »Ich weiß alles, Danilo, du Glückloser! Geh hin und lade den Fürsten und die Fürstin und alle Bürger der Stadt zu dir ein. Wenn aber der Fürst sich entschuldigen wird mit Staub und mit Schmutz, mit schlechten Wegen und daß das blaue Meer aus den Ufern getreten ist und die schwankenden Sümpfe sich geöffnet haben, dann sag du ihm: ›Fürchte dich nicht, Fürst Wladimir! Über die Sümpfe, über die Flüsse sind Wacholderholz-Brücken geschlagen und Eichen-Balken gelegt; die Brücken sind belegt mit purpurnem Tuch und festgeschlagen mit verzinnten Nägeln: dem Mann wird der Stiefel nicht staubig, dem Roß wird der Huf nicht schmutzig!‹« Da ging Danilo der Glücklose die Gäste einladen, der Schwanvogel aber, das schöne Mädchen, trat hinaus auf die Freitreppe, schlug mit den Flügeln, nickte mit dem Köpfchen – und da stand schon eine Brücke, die reichte von ihrem Hause bis zum Palaste des Fürsten Wladimir. Sie war ganz bedeckt mit purpurnem Tuch und beschlagen mit verzinnten Nägeln; auf der einen Seite blühen Blumen, singen Nachtigallen, auf der anderen Seite reifen Äpfel und andere Früchte.

Der Fürst und die Fürstin machten sich auf mit all ihren tapferen Kriegern. Als sie zum ersten Flusse kamen – da floß dort herrliches Bier; viele Soldaten blieben an diesem Flusse liegen. Dann kamen sie zum zweiten Flusse – herrlicher Met floß da; über die Hälfte des tapferen Heeres beugte sich zu jenem Met nieder und sank zu Boden. Im dritten Fluß aber floß herrlicher Wein; zu ihm stürzten sich die Offiziere und betranken sich sehr. Und endlich kamen sie zum vierten Fluß – hier floß starker Schnaps. Der Fürst sah sich um. Alle Generäle lagen am Boden. Übrig blieben nur die vier: der Fürst und die Fürstin, Aljoscha Popowitsch, der Frauenspötter, und Danilo der Glücklose.

Die geladenen Gäste kamen an und traten in die hohen Gemächer. In den Gemächern standen Tische aus Ahornholz mit seidenen Tischtüchern und bemalte Stühle. Sie setzten sich zu Tisch. Viele verschiedene Speisen gab es da, und dazu überseeische Getränke, aber nicht in Flaschen oder Krügen, sondern ganze Ströme flossen da! Fürst Wladimir und die Fürstin sitzen, sie trinken nichts, sie essen nichts, sie blicken nur um sich: Wann wohl der Schwanvogel, das schöne Mädchen, erscheinen wird? Lange saßen sie am Tisch, lange warteten sie; es wurde schon Zeit, an den Rückweg zu denken. Danilo der Glücklose rief seine Frau einmal, und ein zweites Mal, und ein drittes Mal – nein, sie will nicht, sie kommt nicht zu den Gästen heraus. Da sagt Aljoscha, der Frauenspötter: »Wenn das meine Frau täte, ich würde sie lehren, dem Manne zu gehorchen!« Das hörte der Schwanvogel, das schöne Mädchen, trat hinaus auf die Freitreppe und sprach das kurze Wort: »So lehrt man Männer!«, schlug mit dem Flügel, nickte mit dem Köpfchen, schwang sich in die Luft und flog davon. Da saßen die Gäste im Sumpf auf Mooshügeln. Hier die See, dort ›Oh weh!‹ Gehst du vor, nur das Moor, und zurück – auch kein Glück! – Ach, Fürst, laß den Hochmut fallen und setz dich rittlings auf Danilo! Als sie endlich in ihren Palast kamen, waren sie von Kopf bis Fuß mit Schmutz bedeckt. Damals wollte ich den Fürsten und die Fürstin sehen, aber man stieß mich vom Hof; ich zwängte mich unterm Tor durch und schürfte mir den ganzen Rücken wund!

Wassilissa die Popentochter

In einem Zarenreiche, in einem Königreiche, lebte einst der Pope Wassilij. Er hatte eine Tochter Wassilissa Wassiljewna. Sie trug Männerkleidung, ritt, schoß und tat alles nicht wie ein Mädchen, so daß nur wenige wußten, daß sie ein Mädchen war, und fast alle dachten, sie sei ein Mann, und nannten sie Wassilij Wassiljewitsch. Und vor allem deshalb, weil Wassilissa Wassiljewna so besonders gern Schnaps trank, und das, wißt ihr, steht jungen Mädchen nicht. Einst ritt Zar Barchat (so hieß der Zar jenes Reiches) auf die Jagd. Da traf er Wassilissa Wassiljewna. Auch sie ritt in Männerkleidung auf Jagd. Zar Barchat sah sie und fragte seine Diener: »Wer ist dieser junge Mann?« Da antwortete ein Diener: »Das ist doch kein Mann, das ist ein Mädchen; ich weiß genau, daß es die Tochter des Popen Wassilij ist und daß sie Wassilissa heißt.«

Kaum war der Zar zurückgekehrt, da schrieb er gleich einen Brief an den Popen Wassilij, er möge seinen Sohn Wassilij Wassiljewitsch zu ihm schicken, als Gast an seinen Zarentisch. Unterdessen ging er selbst zur Hexe, der Baba-Jaga-vom Hinterhöfchen, und versuchte zu erfahren, ob Wassilij Wassiljewitsch wirklich ein Mädchen sei. Da sagt ihm die Baba-Jaga-vom-Hinterhöfchen: »Häng in dein Zimmer zur rechten Hand einen Stickrahmen, zur linken eine Flinte. Ist es wirklich Wassilissa Wassiljewna, dann wird sie, sobald sie das Zimmer betritt, sofort nach dem Stickrahmen greifen; wenn es aber Wassilij Wassiljewitsch ist, dann wird er nach der Waffe greifen.« Der Zar tat, wie die Baba-Jaga-vom-Hinterhöfchen gesagt hatte, und hieß seine Diener, einen Stickrahmen im Zimmer aufstellen und eine Flinte hinhängen.

Kaum hatte Vater Wassilij den Zarenbrief erhalten und ihn seiner Tochter gezeigt, da ging Wassilissa Wassiljewna sofort in den Pferdestall, sattelte einen grauen Schimmel mit einer grauen Mähne und ritt geradewegs an den Hof von Zar Barchat. Der Zar empfing sie. Sie betete recht artig zu Gott, bekreuzigte sich, wie es sich gehört, verbeugte sich nach allen vier Himmelsrichtungen, begrüßt den Zaren Barchat freundlich und geht mit ihm in die Zarengemächer. Sie setzten sich beide zu Tisch und fingen an, berauschende Getränke zu trinken und wohlvorbereitete, zuckersüße Speisen zu essen. Nach dem Mittagessen ging der Zar mit Wassilissa Wassiljewna durch die Zarengemächer. Kaum aber erblickte sie den Stickrahmen, da fing sie an, den Zaren zu schelten: »Was hängt da«, sagt sie, »bei dir, Zar Barchat, für dummes Zeug? Bei meinem Vater ist solch Weiberzeug nicht zu sehen und nichts davon zu hören, beim

Zaren aber wird so ein Weiberzeug in den Zimmern aufgehängt!« Dann verabschiedete sie sich höflich vom Zaren und ritt nach Hause. Der Zar wußte und wußte nicht, ob es wirklich ein Mädchen sei.

So etwa nach zwei Tagen, nicht mehr, schreibt Zar Barchat wieder ein Briefchen an den Popen Wassilij und bittet ihn, seinen Sohn Wassilij Wassiljewitsch noch einmal zu schicken. Kaum hörte Wassilissa Wassiljewna das, da ging sie in den Pferdestall, sattelte einen grauen Schimmel mit einer grauen Mähne und jagte geradewegs an den Hof von Zar Barchat. Der Zar geht ihr entgegen. Sie begrüßt ihn freundlich, betet artig zu Gott, bekreuzigt sich, wie es sich gehört, und verbeugt sich nach allen vier Himmelsrichtungen. Auf den Rat der Baba-Jaga-vom-Hinterhöfchen hatte der Zar befohlen, zum Abendbrot einen Brei zu kochen und ihn mit Perlen zu füllen. Denn die Baba-Jaga hatte ihm gesagt, wenn sie wirklich Wassilissa Wassiljewna wäre, dann würde sie die Perlen in der Hand sammeln, wenn sie aber Wassilij Wassiljewitsch wäre, dann würde sie die Perlen unter den Tisch werfen. So kam die Zeit des Abendessens. Der Zar ging zu Tisch und setzte Wassilissa Wassiljewna an seine rechte Seite, und sie begannen, berauschende Getränke zu trinken und zuckersüße Speisen zu essen. Ganz zum Schluß wurde der Brei gereicht. Kaum aber hatte Wassilissa Wassiljewna einen Löffel zum Munde geführt, da traf sie auf eine Perle, und sofort – schwapp! – warf sie den ganzen Brei unter den Tisch. Dann fing sie an, den Zaren Barchat zu schelten: »Was ist das«, sagt sie, »für ein scheußliches Zeug da im Brei? Bei meinem Vater ist solch ein Weiberzeug nicht zu sehen und nichts davon zu hören, beim Zaren aber wird so ein Weiberzeug ins Essen gestreut!« Dann verabschiedete sie sich höflich vom Zaren und ritt nach Hause. Der Zar wußte wieder nicht, ob sie nun ein Mädchen war oder nicht, er wollte es aber doch gar zu gern wissen.

Nachdem zwei Tage vergangen waren, befahl der Zar Barchat auf den Rat der Baba-Jaga-vom-Hinterhöfchen die Badestube zu heizen. Du verstehst, die Alte hatte ihm das gesagt, weil Wassilissa, wenn sie ein Mädchen war, nicht mit dem Zaren in die Badestube gehen würde. So wurde die Badestube geheizt.

Und wieder schreibt Zar Barchat ein Briefchen an den Popen Wassilij, er möchte ihm doch seinen Sohn Wassilij Wassiljewitsch zu Gast schicken. Kaum erfuhr das Wassilissa Wassiljewna, da ging sie in den Pferdestall, sattelte ihren grauen Schimmel mit der grauen Mähne und jagte geradewegs zum Hof des Zaren. Der Zar empfing sie an der Haupttreppe. Sie begrüßt ihn freundlich und geht auf einem samtenen Teppich in die Gemächer. Dann betet sie artig zu Gott, bekreuzigt sich, wie es sich gehört, und verbeugt sich tief nach allen Himmelsrichtungen. Sie setzten sich an den Tisch und tranken berauschende Getränke und aßen zuckersüße Speisen. Nach dem Mittagessen sagt der Zar: »Wassilij Wassiljewitsch, möchtest du nicht mit mir in die Badestube gehen?« – »Gern, Eure Zarische Majestät!« antwortet Wassilissa Wassiljewna, »ich bin schon lange nicht in der Badestube gewesen und würde gern ein Dampfbad nehmen.«

So gingen sie denn beide zusammen in die Badestube. Während sich Zar Barchat noch im Vorraum der Badestube auskleidete, badete sie schnell und verschwand! So konnte der Zar sie auch im Bade nicht überraschen.

Als Wassilissa das Bad verlassen hatte, schrieb sie ein Briefchen an den Zaren und hieß die Diener es ihm abgeben, sobald er aus der Badestube käme. In diesem Briefchen aber stand geschrieben: »Ach, du alte Krähe, Zar Barchat! Hast du es wirklich nicht verstanden, du alte Krähe, den Falken in deinem Garten zu fangen?! Denn ich bin Wassilissa Wassiljewna und nicht Wassilij Wassiljewitsch.« Und so ging unser Zar Barchat leer aus – da saß er nun und mußte sich schämen!

Man sieht, wie klug Wassilissa Wassiljewna war, aber sie war auch sehr schön anzusehen.

Die kluge Jungfrau

Zwei Brüder machten zusammen eine Reise. Der eine war arm, der andere angesehen. Jeder hatte ein Pferd, der Arme eine Stute, der Angesehene einen Wallach. Sie übernachteten in einer Herberge nebeneinander. Die Stute bekam in der Nacht ein Füllen, das Füllen aber rollte unter den Wagen des Reichen. Am Morgen weckt er den Armen: »Steh auf, Bruder! In der Nacht hat mein Wagen ein Füllen zur Welt gebracht.« Der Bruder steht auf und sagt: »Wie ist das möglich, daß ein Wagen ein Füllen bekommt? Meine Stute hat das Füllen zur Welt gebracht!« – Der Reiche sagt: »Wenn es deine Stute getan hätte, dann wäre das Füllen bei ihr!« So stritten sie eine Weile und gingen dann zur Obrigkeit. Der Angesehene schenkt den Richtern Geld, der Arme aber besteht auf seinem Recht mit Worten. So kam die Sache bis vor den Zaren.

Der ließ die beiden Brüder vor sich kommen und gab ihnen vier Rätsel auf: »Was ist in der Welt am stärksten und am schnellsten? Was ist am fettesten? Was ist am weichsten? Und was ist am liebsten?« Und er gab ihnen eine Frist von drei Tagen: »Am vierten kommt wieder und gebt mir Antwort!« Der Reiche dachte und dachte; dann fiel ihm seine Gevatterin ein, und er ging zu ihr, sie um Rat zu fragen. Sie bat ihn zu Tisch und fing an, ihn zu bewirten, dann aber fragte sie: »Was bist du so traurig, lieber Gevattersmann?« – »Ja, da hat mir der Zar vier Rätsel aufgegeben und mir nur drei Tage Zeit gelassen, sie zu erraten.« – »Was ist es denn? Sage sie mir!« – »Die Rätsel sind so, Gevatterin: das erste Rätsel ist: Was ist in der Welt am allerstärksten und am allerschnellsten?« – »Das soll ein Rätsel sein? Mein Mann hat eine kastanienbraune Stute. Es gibt nichts Schnelleres als sie. Schlägt man sie mit der Peitsche, dann holt sie einen Hasen ein!« – »Das zweite Rätsel heißt: Was ist in der Welt am fettesten?« – »Schon das zweite Jahr füttern wir einen scheckigen Eber, der ist so fett geworden, daß er kaum auf den Beinen steht!« – »Das dritte Rätsel ist: Was ist in der Welt das Weichste?« – »Das weiß doch jeder – ein Federbett! Etwas Weicheres kann man sich überhaupt nicht denken!« – »Das vierte Rätsel: Was ist in der Welt das Liebste?« – »Das Liebste ist natürlich unser kleiner Enkel, der Iwanuschka.« – »Danke dir, Gevatterin! Du hast mir guten Rat gegeben, das werde ich dir nie vergessen!«

Der arme Bruder aber vergoß bittere Tränen und ging nach Hause. Da kommt ihm seine kleine siebenjährige Tochter entgegen (andere Angehörige hatte er nicht, nur diese Tochter): »Warum seufzt du so sehr, lieber Vater, warum weinst du?« – »Wie sollte ich nicht seufzen, wie sollte ich nicht weinen? Da hat mir der Zar vier Rätsel aufgegeben, die ich mein Lebtag nicht erraten kann.« – »Sage mir, was sind das für Rätsel?« – »Das werde ich dir gleich sagen, liebe Tochter. Was ist in der Welt am stärksten und am schnellsten, was ist am fettesten, was ist am weichsten und was ist am liebsten?« – »Geh, Vater, sage dem Zaren: Am stärksten und schnellsten ist der Wind. Am fettesten ist die Erde: alles, was auf ihr wächst und lebt – ernährt sie! Am weichsten ist die Hand: wo der Mensch seinen Kopf auch hinlegt, immer legt er die Hand unter die Wange. Und am liebsten in der Welt ist der Schlaf!«

Beide Brüder kamen zum Zaren, der reiche und der arme. Der Zar hörte sie an und fragt den Armen: »Bist du selbst darauf gekommen oder hat es dir jemand gesagt?« – Da antwortet der Arme: »Eure Zarische Majestät! Ich habe eine siebenjährige Tochter, die hat es mir gesagt.« – »Wenn deine Tochter so weise ist, so gib ihr dieses seidene Garn. Sie soll mir daraus bis zum Morgengrauen ein gemustertes Handtuch weben.«

Der Arme nahm das seidene Garn und kommt ganz traurig und niedergeschlagen nach Hause. »Welch ein Unglück!« sagt er zu seiner Tochter, »der Zar hat befohlen, aus diesem Garn ein Handtuch zu weben.« – »Sorge dich nicht, Vater!« antwortete die Siebenjährige, brach einen Zweig von der Birkenrute, gab ihn dem Vater und sagt: »Geh zum Zaren und sage ihm, er soll einen solchen Meister finden, der aus diesem Zweig einen Webstuhl macht. Ich brauche diesen Webstuhl, um das Handtuch zu weben!« Der Arme ging und sagte es dem Zaren. Der Zar gibt ihm hundertfünfzig Eier und sagt: »Gib sie deiner Tochter, möge sie mir zu morgen hundertfünfzig Küken aus diesen Eiern ausbrüten.«

Wieder kehrte der Arme nach Hause zurück, noch trauriger, noch niedergeschlagener: »Ach, liebe Tochter, kaum ist man aus einem Unglück heraus, gleich kommt ein neues!« – »Sei nicht traurig, Vater!« antwortete die Siebenjährige, kochte die Eier und hob sie zum Mittagessen und zum Abendessen auf. Den Vater aber schickt sie zum Zaren: »Sage ihm, daß die Küken mit eintägiger Hirse gefüttert werden müssen. An einem Tage muß das Feld gepflügt, die Hirse gesät, geerntet und gemahlen sein; denn andere Hirse werden unsere Küken nicht fressen!«

Der Zar hörte ihn an und sagt: »Wenn deine Tochter so weise ist, dann soll sie am nächsten Tag selbst vor mir erscheinen – nicht zu Fuß, nicht zu Pferde, nicht nackt, nicht bekleidet, nicht mit einem Geschenk, nicht ohne ein Geschenk.« – »Na«, denkt der Arme, »eine so schwierige Aufgabe wird meine Tochter nicht lösen können. Jetzt ist es aus mit uns!« – »Sei nicht traurig, Vater!« sagte zu ihm die Siebenjährige, »geh zu den Jägern und kauf mir einen lebenden Hasen und eine lebende Wachtel.« Der Vater ging und kaufte ihr einen Hasen und eine Wachtel. Früh am nächsten Morgen legte die Siebenjährige alle ihre Kleider ab, zog sich ein Netz über, nahm die Wachtel in die Hand, setzte sich rittlings auf den Hasen und ritt so zum Palast des Zaren.

Der Zar empfing sie am Tor. Sie verbeugte sich vor dem Zaren: »Da hast du, Zar, ein Geschenk!« und reichte ihm die Wachtel. Der Zar streckte seine Hand aus – schwirr! – flog die Wachtel davon! »Gut«, sagt der Zar, »wie ich es befahl, so hast du es gemacht. Sage mir jetzt, dein Vater ist doch arm, wovon lebt ihr denn?« – Da antwortete sie: »Mein Vater angelt am trockenen Ufer und stellt keine Reusen ins Wasser; ich aber trage die ganze Schürze voller Fische heim und koche ihm eine Fischsuppe.« »Was redest du da, du Dumme, seit wann leben denn Fische auf trockenem Lande? Fische brauchen doch Wasser!« – »Und meinst denn du, Zar, daß du klug bist? Wann hat es denn das je gegeben, daß ein Wagen ein Füllen bekommt? Nicht ein Wagen, eine Stute bekommt Füllen!«

Der Zar entschied, das Füllen dem armen Bruder zu geben, dessen Tochter aber nahm er zu sich. Und als die Siebenjährige groß wurde, da heiratete er sie, und sie wurde Zarin.

Die verleumdete Kaufmannstochter

Es war einmal ein Kaufmann, der hatte zwei Kinder, eine Tochter und einen Sohn. Als der Kaufmann zum Sterben kam (seine Frau hatte man schon vor ihm auf den Kirchhof gebracht), da befahl er den Kindern: »Liebe Kinder, lebt gut miteinander – in Liebe und Eintracht, so wie ich und meine liebe Frau zusammengelebt haben.« Dann starb er. Man trug ihn zu Grabe und las die Seelenmesse, alles, wie es sich gehört. Bald darauf wollte der Kaufmannssohn übers Meer fahren, um dort Handel zu treiben. Er rüstete drei Schiffe aus, belud sie mit verschiedenen Waren und sagte zur Schwester: »Nun, liebe Schwester, ich mache eine weite Reise und lasse dich mutterseelenallein zu Hause. Benimm dich zurückhaltend, tue nichts Schlechtes, geh nicht zuviel unter die Leute!« Dann tauschten die beiden ihre Bildnisse: die Schwester nahm das Bild des Bruders und der Bruder das der Schwester. Dann weinten sie ein wenig beim Abschied und trennten sich.

Der Kaufmannssohn lichtete die Anker, stieß vom Ufer ab, zog die Segel auf und fuhr ins offene Meer hinaus. So fährt er ein Jahr und ein zweites, und im dritten kommt er zu einer sehr reichen Hauptstadt und läßt seine Schiffe in den Hafen einlaufen und vor Anker gehen. Kaum war das geschehen, da füllte er ein Schälchen mit Edelsteinen, nahm je eine Rolle vom besten Sammet, Damast und Atlas und trug das alles zum dortigen Zaren, um ihm seine Aufwartung zu machen. So kommt er in den Palast, überreicht dem Zaren sein Gastgeschenk und bittet ihn um Erlaubnis, in seiner Hauptstadt Handel treiben zu dürfen. Dem Zaren gefiel das Mitgebrachte sehr und er sagt zum Kaufmannssohn: »Schön ist dein

Geschenk! Solange ich lebe, hat mich noch niemand so beschenkt. Dafür gebe ich dir auch den ersten Platz im Handel. Kaufe und verkaufe nach Belieben, fürchte dich vor niemand, sollte dich aber jemand kränken – dann komm sofort zu mir! Morgen will ich selbst zu dir aufs Schiff kommen.«

Am andern Tage kam der Zar zum Kaufmannssohn, ging durch das ganze Schiff, besah sich die Waren und erblickte in der Kajüte des Kaufmanns ein Bildnis an der Wand. Er fragt den Kaufmannssohn: »Wessen Bildnis ist das?« – »Das meiner Schwester, Eure Majestät!« – »Nun, Herr Kaufmann, solch eine Schönheit habe ich mein Lebtag noch nicht gesehen! Sage mir aber ganz aufrichtig: Wie ist ihr Wesen, wie sind ihre Sitten?« – »Sie ist still und rein wie eine Taube!« – »Nun, wenn das so ist, dann soll sie Zarin werden. Ich heirate sie!«

Damals befand sich in der Begleitung des Zaren ein General, ein boshafter Teufel und Neidhammel: fremdes Glück stand ihm immer quer in der Kehle. Als der die Worte des Zaren hörte, wurde er schrecklich böse. ›Da werden sich wohl unsere Frauen vor so 'nem Kaufmannsmensch verbeugen müssen!‹ Er hielt es nicht aus und sagte zum Zaren: »Eure Majestät, befehlen Sie nicht, mich zu strafen, befehlen Sie mir, ein Wort zu sagen!« – »Sprich!« – »Diese Kaufmannstochter ist Ihrer nicht wert. Ich selbst kenne sie schon lange. Schon öfters habe ich mit ihr in einem Bett gelegen und mit ihr gespielt. Sie ist ein ganz lasterhaftes Mädchen!« – Da sagte der König: »Wie kannst du, fremdländischer Kaufmann, sagen, daß sie still und rein wie eine Taube ist und sich nicht mit schlimmen Dingen befaßt?« – »Eure Majestät, der General soll beweisen, daß er nicht lügt, er soll sich den Ring von der Hand meiner Schwester verschaffen und sagen, was für ein geheimes Mal sie am Körper hat.« – »Gut«, sagt der Zar und gibt dem General Urlaub. »Wenn du in der und der Zeit den Ring nicht herschaffst und das Merkmal nicht angeben kannst – mein Schwert ich schwingen werde, dein Kopf dann rollt zur Erde!«

Der General machte sich auf und fuhr in jene Stadt, wo die Kaufmannstochter wohnte. Er kam an und weiß nicht, wie weiter? Er geht in den Straßen auf und nieder und ist ganz traurig und nach-

denklich. Da begegnet ihm ein altes Weiblein und bittet um eine
milde Gabe. Er gab ihr etwas. Da fragt die Alte: »Was bist du so
nachdenklich, Herr?« – »Wozu soll ich es dir sagen? Du kannst
meinem Kummer ja doch nicht abhelfen.« – »Wer weiß – vielleicht
kann ich es doch?« – »Weißt du, wo hier die und die Kaufmannstochter wohnt?« – »Wie sollte ich das nicht wissen!« – »Nun, so
verschaff mir den Ring von ihrem Finger und bring heraus, was sie
für ein geheimes Mal am Körper hat. Wenn du das zuwege bringst,
dann will ich dich mit Gold belohnen.«
Das alte Weiblein watschelte zur Kaufmannstochter, klopfte ans
Tor, trat ins Zimmer, betete vor den Heiligenbildern und begann
zu erzählen, daß sie auf einer Pilgerfahrt zu heiligen Stätten unterwegs sei, und bat um ein Almosen. Und sie führte so geschickte
Reden, daß das schöne Mädchen vom Zuhören ganz benommen
wurde und gar nicht bemerkte, wie sie ihr geheimes Merkmal ver-
riet. Und während des langen Hin und Her stibitzte die Alte vom
Tischchen den bewußten Ring und verbarg ihn im Ärmel. Darauf
verabschiedete sie sich von der Hausfrau und lief zum General.
Sie gibt ihm den Ring und sagt: »Das geheime Merkmal an der
Kaufmannstochter aber ist – ein goldenes Härchen in der linken
Achselhöhle.« Der General belohnte sie mit freigebiger Hand und
machte sich auf den Rückweg.
Er kommt in sein Land und tritt in den Palast. Der Kaufmannssohn aber war auch gerade da. »Na, was ist?« fragt der Zar. »Hast
du den Ring?« – »Da ist er, Eure Majestät!« – »Und was ist das geheime Merkmal an der Kaufmannstochter?« – »Ein goldenes Härchen in der linken Achselhöhle.« – »Stimmt das?« fragt der Zar
den Kaufmannssohn. »Jawohl, Zar-Herrscher!« – »Wie wagtest
du also, mich zu belügen? Für diese Schuld mußt du sterben.« –
»Zar-Herrscher, erfülle mir einen letzten Wunsch, erlaube mir, an
meine Schwester zu schreiben, damit sie kommt und wir Abschied
nehmen können.« – »Gut«, antwortete der Zar, »schreib ihr, aber
lange warten werde ich nicht!« Er schob die Hinrichtung für eine
gewisse Zeit auf und befahl, den Kaufmannssohn in Eisen zu legen und ins Gefängnis zu werfen.

Sobald die Kaufmannstochter den Brief von ihrem Bruder erhalten und durchgelesen hatte, machte sie sich auf den Weg. Sie fährt und strickt dabei einen goldenen Handschuh. Und dazu weint sie bitterlich. Die Tränen fallen nieder und werden zu Diamanten. Sie nimmt die Diamanten auf und besetzt mit ihnen den Handschuh. So kam sie sehr bald in die Hauptstadt, mietete bei einer armen Witwe eine Wohnung und fragt: »Was gibt es in eurer Stadt Neues?« – »Bei uns gibt es keine Neuigkeiten, außer daß ein fremdländischer Kaufmann wegen seiner Schwester Leid erduldet; morgen wird er gehenkt.«

Am Morgen stand die Kaufmannstochter auf, mietete einen Wagen, zog ein kostbares Kleid an und fuhr zum Richtplatz. Dort stand schon der Galgen bereit, die Truppen waren aufmarschiert, und eine Unmenge Volks hatte sich versammelt. Und da wurde auch ihr Bruder herbeigeführt. Sie stieg aus ihrem Wagen, ging geradewegs zum Zaren und überreichte ihm jenen Handschuh, den sie unterwegs gestrickt hatte. Dann sagte sie: »Eure Majestät, schätzen Sie, was solch ein Handschuh wert ist.« Der Zar schaute ihn an. »Der ist«, sagte er, »unbezahlbar!« – »Nun denn, Ihr General war in meinem Hause und hat genau solch einen Handschuh gestohlen, den zweiten dazu. Bitte lassen Sie bei ihm eine Haussuchung machen!«

Der Zar ließ den General kommen. »Hier wird eine Klage gegen dich erhoben, du hättest einen kostbaren Handschuh gestohlen.« Der General begann bei Gott zu schwören, daß er von nichts wüßte. »Wie kannst du das nicht wissen?« spricht die Kaufmannstochter zu ihm. »Du warst doch so oft in meinem Hause, hast mit mir in einem Bette gelegen und mit mir gespielt!« – Da antwortete der General: »Was fällt dir ein? Wo ich dich überhaupt zum erstenmal sehe! Ich bin niemals bei dir gewesen, und sollte ich dafür auch sterben, so kann ich nur beschwören, daß ich dich nicht kenne. Wer bist du denn, und wo kommst du her?« – »Wofür also, Eure Majestät, muß mein Bruder leiden?« – »Was für ein Bruder?« fragt der Zar. »Der da, den man gerade zum Galgen führt!« Da wurde die ganze Sache auf einmal klar. Der Zar befahl, den Kaufmannssohn zu befreien, den General aber aufzuhängen. Mit dem schönen Mädchen, der Kaufmannstochter, setzte er sich in den Wagen und fuhr zur Kirche. Dort wurden sie getraut, feierten ein großes Hochzeitsfest und lebten glücklich, in Freuden und Reichtum, und so leben sie noch heute.

Gespenstergeschichte

In einem Dorfe war ein Mädchen – die war faul, eine richtige Faulenzerin; sie liebte nicht zu arbeiten, sie liebte nur zu schwatzen und leeres Stroh zu dreschen! Einmal lud sie die andern Mädchen zu einem Spinnabend zu sich ein. Und das weiß ja ein jeder, daß die Faulenzer im Dorf zu Spinnabenden einladen, und daß die Naschkatzen gern hingehen. So hatte sie also ihre Spinnerinnen zum Abend versammelt; sie spannen, das Mädchen aber bewirtete sie. Hin und her und dies und das wurde geredet und schließlich: wer von ihnen wohl die Tapferste sei? Die Faule spricht: »Ich fürchte mich vor nichts!« – »Nun, wenn du dich nicht fürchtest,« sagen die Spinnerinnen, »dann geh am Kirchhof vorüber zur Kirche, nimm dort von der Tür das Heiligenbild und bring es her!« – »Gut, will ich machen, nur soll mir jede von euch eine Spindel voll Garn fertigspinnen.« Das war nun doch ihr stärkstes Gefühl, andere arbeiten zu lassen und selbst nichts zu tun!
So ging sie denn, nahm das Heiligenbild von der Kirchentür und brachte es. Nun, die anderen erkennen es natürlich. Jetzt muß man es zurückbringen, aber es geht schon auf Mitternacht. Wer soll es hintragen? Die Faule sagt: »Spinnt nur weiter, ihr Mädchen, ich trage es selbst wieder hin, ich fürchte mich vor nichts!« So ging sie denn und hängte das Heiligenbild an seinen Platz. Wie sie aber dann zurückgeht, am Kirchhof vorbei, da sieht sie ein Gespenst im weißem Leichenhemd auf einem Grabe sitzen. Es war eine Mondnacht und so hell, daß man alles sehen konnte. Sie ging auf den Toten zu

und zog ihm sein Gewand aus. Der Tote aber sagt nichts, er schweigt – es war wohl seine Zeit zu sprechen noch nicht gekommen. So nahm sie das Totengewand und kommt nach Hause. »Na«, sagt sie, »das Heiligenbild habe ich an seinen Platz gehängt, aber hier habe ich ein Totenhemd, das ich einem, der da saß, ausgezogen habe!« Einige Mädchen erschraken, andere glaubten es nicht und lachten. Als sie zu Nacht gegessen und sich schlafen gelegt hatten, da klopft plötzlich jemand ans Fenster und spricht: »Gib mir mein Toten- hemd wieder, gib mir mein Totenhemd wieder!« Die Mädchen erschraken über die Maßen – sie waren weder tot noch lebendig. Die Faule aber nahm das Totenhemd, ging zum Fenster, öffnete es und sagt: »Da, nimm es!« – »Nein«, antwortete der Tote, »trage es dorthin, von wo du es genommen hast!« Da plötzlich krähten die Hähne, und der Tote verschwand.

Am nächsten Abend – die Spinnerinnen waren schon längst fort – zur selben Stunde kam der Tote wieder und klopft ans Fenster: »Gib mir mein Totenhemd wieder!« Da öffneten die Eltern des faulen Mädchens das Fenster und wollten ihm das Hemd geben, aber er sagt: »Nein, sie soll es dorthin tragen, von wo sie es genom- men hat!« Nun ja, wie soll man aber mit einem Toten zusammen auf den Kirchhof gehen? Das ist doch schrecklich! Da krähten die Hähne – der Tote verschwand. Am nächsten Tage schickten der Vater und die Mutter nach dem Priester. Sie erzählten ihm alles und baten ihn um seine Hilfe: »Könnte man nicht«, sagen sie, »eine Messe lesen?« Der Priester überlegte und sagte dann: »Na schön, laßt das Mädchen morgen zur Messe kommen.« Am nächsten Ta- ge ging die Faule zur Messe. Der Gottesdienst begann, viele Men- schen waren da. Kaum aber ertönte das Lied der Cherubim, da er- hob sich ein furchtbarer Wirbelwind, so daß alle niederfielen. Die Faule aber wurde erfaßt und so zu Boden geschlagen, daß nichts von ihr übrigblieb als der Zopf.

Der Vampir

In einem Zarenreiche, in einem Königreiche, lebten einmal ein Alter und eine Alte. Sie hatten eine Tochter Marusja. In diesem Dorfe war es Brauch, das Fest des Andreas, des Erstberufenen, zu feiern. Die Mädchen versammelten sich in einer der Hütten, und das Fest dauerte eine ganze Woche, manchmal auch länger. So kam wieder einmal dieser Feiertag. Die Mädchen versammelten sich und backten und kochten das Nötige. Abends kamen die Burschen mit Musik, brachten Schnaps, und dann begannen der Tanz und die Zecherei – es ging hoch her und der Teufel war los! Alle Mädchen tanzen gut, aber Marusja besser als alle. Es dauerte nicht lange, da kam ein Bursche herein, schön wie Milch und Blut, reich gekleidet. »Guten Tag«, sagt er, »schöne Mädchen! – »Guten Tag!« – »Ich wünsche euch ein schönes Fest!« – »Bitte, komm nur herein!« Sogleich zog er einen dicken Beutel mit Gold aus der Tasche, ließ Schnaps, Nüsse und Pfefferkuchen kommen, und im Nu war alles da. Dann bewirtete er die Mädchen und die Burschen, keiner ging leer aus. Als er dann anfing zu tanzen, war es eine Freude zu sehen! Ihm aber gefiel am meisten Marusja; er zeichnet sie vor allen aus und läßt ihr keine Ruhe.

Als die Zeit kam, nach Hause zu gehen, da sagt dieser Bursche: »Marusja, komm, begleite mich!« Sie kam heraus, um mitzugehen, da sagte er: »Marusja, mein Herz, willst du es, so werde ich dich heiraten.« – »Wenn du mich willst, ich heirate dich gern. Aber von wo bist du?« – »Von da und da, und ich bin bei einem Kaufmann Handlungsgehilfe.« Dann verabschiedeten sie sich und gingen jeder seiner Wege. Marusja kam nach Hause, da fragte die Mutter: »Hast du Spaß gehabt, liebe Tochter?« – »Ja, Mutter! Und dann will ich dir noch eine Freude berichten: Da war ein fremder Bursche, der sah sehr gut aus und hatte viel Geld; er will mich heiraten.« – »Höre, Marusja, wenn du morgen zu den Mädchen gehst, dann nimm ein Knäuel Garn mit; wenn du ihn dann begleitest, wirf ihm eine kleine Schlinge über einen Knopf und wikkel dann heimlich das Knäuel ab, so wirst du erfahren, wo er wohnt.«

Am nächsten Abend ging Marusja zu den Mädchen und nahm ein Knäuel Garn mit. Wieder kam der Bursche: »Guten Tag, Marusja!« – »Guten Tag!« Die Spiele und das Tanzen begannen; der Bursche drängt sich noch mehr zu Marusja, weicht keinen Schritt von ihr. Es wird schließlich Zeit, nach Hause zu gehen. »Marusja«, sagt der Gast, »begleite mich!« Sie trat auf die Straße, begann, sich von ihm zu verabschieden, und legte heimlich die Schlinge um einen seiner Knöpfe. Er ging seines Weges, sie aber steht und wickelt das Knäuel ab. Als sie es ganz abgewickelt hatte, da lief sie dem Faden nach, um zu erfahren, wo ihr Bräutigam wohnt. Anfangs lief der Faden längs dem Wege, dann aber zog er sich über Zäune, über Gräben und führte schließlich gerade zur Kirche, zur Haupttür. Marusja wollte die Tür öffnen, aber sie war verschlossen. Da ging sie um die Kirche herum, fand eine Leiter, stellte sie an ein Fenster und stieg hinauf. Als sie oben angelangt war, blickte sie durchs Fenster in die Kirche – da sah sie ihren Bräutigam vor einem Sarge stehen und einen Toten essen, der dort aufgebahrt stand. Sie wollte leise die Leiter hinuntergleiten, aber vor Schreck war sie nicht vorsichtig genug und stieß mit der Leiter an das Fenster. Dann lief sie, was sie laufen konnte, und immer voller Angst, verfolgt zu werden. Halb tot kam sie angelaufen.

Am Morgen fragt die Mutter: »Sag mal, Marusja, hast du den Burschen gesehen?« »Ich habe ihn gesehen, Mutter!« Aber was sie gesehen hat, das erzählt sie nicht. Abends saß Marusja in Gedanken versunken da. Sie überlegte, ob sie zu den Mädchen gehen sollte oder nicht. – »Geh doch«, sagt die Mutter, »genieß dein Leben, solange du jung bist!« So kommt sie wieder hin, der Unhold aber ist schon da. Es wurde gespielt, gelacht und getanzt; die Mädchen wissen von nichts! Man ging auseinander. Da sagt der Unhold: »Marusja, komm, begleite mich!« Sie aber geht nicht, sie fürchtet sich. Da lachten sie die andern Mädchen aus: »Was ist denn mit dir? Schämst dich wohl? Geh, begleite den guten Burschen!« Nichts zu machen, sie ging – komme, was kommen mag! Kaum waren sie auf der Straße, da fragte er sie: »Du bist gestern bei der Kirche gewesen?« – »Nein!« – »Hast du gesehen, was ich dort machte?« – »Nein!« – »So? Morgen wird dein Vater sterben!« Das sagte er und verschwand.

Marusja kehrte ganz traurig und niedergeschlagen nach Hause zurück. Am Morgen erwachte sie – da lag ihr Vater tot da. Sie weinten um ihn und legten ihn in einen Sarg; abends fuhr die Mutter zum Popen, Marusja aber blieb daheim. Es war ihr sehr angst so allein zu Hause. »Ich will schnell mal«, denkt sie, »zu den Freundinnen hinüber.« Sie kommt hin, der Unhold aber ist wieder da. »Guten Tag, Marusja! Was bist du so niedergeschlagen?« fragen die Mädchen. »Wie soll ich denn froh sein, der Vater ist gestorben.« – »Ach, du Arme!« Alle bedauern sie; auch er, der Verfluchte, bedauert sie, als ob er nichts dafür könnte. Dann ging man auseinander. »Marusja«, sagte er, »begleite mich!« Sie aber will nicht. »Du bist doch kein kleines Kind mehr! Wovor hast du denn Angst? Geh, begleit ihn!« sagen die Mädchen. Da ging sie und begleitete ihn auf die Straße hinaus. »Sag, Marusja, warst du bei der Kirche?« – »Nein!« – »Hast du gesehen, was ich dort machte?« – »Nein!« – »So? Morgen wird deine Mutter sterben!« Das sagte er und verschwand.

Marusja kehrte noch trauriger nach Hause zurück. Als sie am Morgen erwachte – da war die Mutter tot. Den ganzen Tag weinte sie, und als die Sonne untergegangen war und es dunkel wurde – da fürchtete sich Marusja so ganz allein, und sie ging zu den Freundinnen. »Guten Tag, was ist mit dir? Wie siehst du denn aus?« sagen die Mädchen. »Ja, wie kann ich fröhlich sein! Gestern starb der Vater und heute die Mutter.« – »Du Arme, du Unglückliche!« bedauerten sie alle. Dann kam die Zeit, auseinanderzugehen, und da sagt der Unhold: »Marusja, begleite mich!« Sie ging mit ihm hinaus. »Sag, warst du bei der Kirche?« – »Nein!« – »Hast du gesehen, was ich machte?« – »Nein!« – »So? Morgen abend wirst auch du sterben!« Marusja blieb die Nacht bei den Freundinnen. Am Morgen stand sie auf und denkt: ›Was soll ich tun?‹ Da fiel ihr ein, daß sie eine Großmutter hatte – eine uralte Frau, schon ganz blind. ›Ich will doch zu ihr gehen, vielleicht gibt sie mir einen Rat.‹

Sie ging also zur Großmutter. »Guten Tag, Großmutter!« – »Guten Tag, Enkelin! Geht es dir mit Gottes Hilfe gut? Was machen Vater und Mutter?« – »Sie sind gestorben, Großmutter!« – Und sie erzählte ihr alles, was sich ereignet hatte. Die Alte hörte sie an und sprach: »Ach, du meine Arme! Geh schnell zum Popen und bitte ihn: Sobald du gestorben bist, soll man unter der Schwelle eine Grube graben, und man soll dich nicht durch die Tür aus der Hütte tragen, sondern man soll dich durch jene Öffnung unter der Schwelle hindurchschieben; und dann bitte ihn noch, daß man dich am Kreuzweg beerdigt – dort, wo zwei Wege sich kreuzen.« Marusja ging zum Popen, weinte sehr, und es gelang ihr, den Popen zu überreden, alles so zu machen, wie es die Großmutter gesagt hatte. Dann ging Marusja nach Hause, kaufte einen Sarg, legte sich hinein – und starb sofort. Man benachrichtigte den Geistlichen. Zuerst beerdigte er Marusjas Vater und Mutter und dann sie selbst. Man schob Marusja unter der Schwelle durch und beerdigte sie an einem Kreuzweg.

Nicht lange danach ritt ein Bojarensohn an Marusjas Grab vorüber; und er sieht auf jenem Grabe eine wunderbare Blume blühen, wie er sie noch niemals sah. Da sagt der junge Herr zu seinem Diener: »Geh und grab mir jene Blume mit allen Wurzeln aus; wir wollen sie mit nach Hause nehmen und in einen Topf pflanzen, damit sie bei uns blüht!« So gruben sie die Blume aus, brachten sie nach Hause, pflanzten sie in einen glasierten Topf und stellten ihn auf das Fensterbrett. Und die Blume wuchs und wurde immer schöner. Einmal nachts konnte der Diener nicht schlafen und da sieht er, wie ein Wunder geschieht: Die Blume am Fenster schwankte erst leise hin und her, löste sich dann plötzlich vom Stengel, fiel zur Erde und wurde zu einem schönen Mädchen. Die Blume war schon schön gewesen, aber das Mädchen war noch schöner! Sie ging durch die Zimmer, holte sich zu essen und zu trinken, aß und trank, ließ sich dann zu Boden fallen und verwandelte sich wieder in die Blume, hob sich zum Fenster hinauf und setzte sich auf den Stengel. Am anderen Tage erzählte der Diener seinem Herrn, was für ein Wunder er in der Nacht gesehen hätte. »Ach, mein Guter, weshalb hast du mich denn nicht geweckt? Heute nacht wollen wir beide zusammen wachen.«

Es kam die Nacht – die beiden schlafen nicht, sie warten. Punkt zwölf Uhr begann die Blume zu schwanken, dann flatterte sie, fiel schließlich zu Boden – und vor ihnen stand das schöne Mädchen. Sie holte sich zu essen und zu trinken und setzte sich zum Abendbrot hin. Da lief der Herr zu ihr, faßte sie an ihren weißen Händen und führte sie in sein Zimmer. Er kann sich nicht satt sehen an ihr und ihrer Schönheit. Am Morgen sagt er zu Vater und Mutter: »Erlaubt mir zu heiraten; ich habe eine Braut gefunden.« Die Eltern erlaubten es. Marusja spricht: »Nur unter der Bedingung kann ich dich heiraten, daß ich vier Jahre lang nicht in die Kirche gehe.« – »Gut.«

Sie wurden getraut, lebten ein Jahr und ein zweites Jahr zusammen, und dann wurde ihnen ein Sohn geboren. Einmal kamen Gäste zu ihnen. Es ging hoch her, und als sie viel getrunken hatten, da prahlten die Männer mit ihren Frauen: Die des einen ist schön, die des andern noch schöner. »Na, wie ihr wollt«, spricht der Hausherr, »aber eine schönere als meine Frau gibt es überhaupt nicht auf der ganzen Welt!« – »Schön ist sie wohl, aber ungetauft!« antworten die Gäste. »Wieso?« – »Sie geht ja nie in die Kirche.« Diese Worte kränkten den Hausherrn. Als der Sonntag kam, hieß er die Frau ihr Sonntagskleid anziehen und zur Messe mitkommen. »Keine Widerrede, beeil dich!«

So machten sie sich fertig und fuhren in die Kirche. Der Mann tritt ein, bemerkt aber nichts. Sie schaut hin – da sitzt der Unhold am Fenster. »Hab ich dich endlich! Erinnere dich, warst du damals in der Nacht bei der Kirche?« – »Nein!« – »Hast du gesehen, was ich machte?« »Nein!« – »So? Morgen werden dein Mann und dein Sohn sterben!« Marusja stürzte aus der Kirche hinaus und lief zu ihrer alten Großmutter. Die gab ihr in einem Gläschen Weihwasser und in einem anderen Gläschen Wasser des Lebens und sagte ihr, wie und was sie tun sollte. Am nächsten Tage starben Marusjas Mann und Sohn. Da kam der Unhold angeflogen und fragt: »Sag, warst du in der Kirche?« – »Ja.« – »Hast du gesehen, was ich dort machte?« – »Einen Toten hast du gefressen!« Sie sagte das und spritzte ihm dann schnell das Weihwasser ins Gesicht – da zerfiel er in Staub und Moder. Dann besprengte sie mit dem Wasser des Lebens ihren Mann und ihren Sohn – und sie wurden sogleich lebendig. Von da an kannten sie weder Kummer noch Trennung, sondern lebten lange und glücklich zusammen.

Der Waldgeist

Eine Popentochter ging, ohne den Vater und die Mutter zu fragen, in den Wald und war seitdem spurlos verschwunden. Es vergingen drei Jahre. Im Dorf, in dem die Eltern des Mädchens lebten, wohnte auch ein kühner Jäger. Jeden Tag, den Gott werden ließ, ging er mit dem Hund und mit der Flinte durch die dunklen Wälder. Einmal geht er so durch den Wald, da plötzlich fängt der Hund an zu bellen und sein Fell sträubt sich. Der Jäger sieht genauer hin, da liegt vor ihm auf dem Waldwege ein Holzklotz, auf dem sitzt ein Mann und näht an seinem Bastschuh. Er macht einen Stich, sieht dann zum Mond auf und droht ihm: »Leuchte, leuchte, heller Mond!« Dem Jäger wurde es ganz sonderbar zumute. Er denkt: »Der Mann ist noch jung, seine Haare aber sind weiß wie bei einem ganz Alten!« Kaum hatte er das gedacht, da schien der andere auch schon seine Gedanken zu erraten: »Deshalb bin ich«, sagte er, »so weißhaarig, weil ich Teufels Großvater bin!« Da begriff der Jäger, daß er keinen einfachen Mann vor sich hatte, sondern einen Waldgeist. Er legte die Flinte an, zielte und – batz! – mitten in den Bauch hinein! Der Waldgeist fing an zu stöhnen, fiel hintenüber, raffte sich aber gleich wieder auf und schleppte sich ins Dickicht. Hinter ihm her lief der Hund, und hinter dem Hund ging der Jäger.
Er ging und ging und kam zu einem Berge. In diesem Berge war eine Schlucht und dort stand eine Hütte. Der Jäger tritt in die Hütte und sieht: Der Waldgeist liegt auf einer Bank und ist tot. Neben

ihm aber sitzt ein junges Mädchen und weint bitterlich. »Wer wird mir jetzt zu essen und zu trinken bringen?« – »Guten Tag, schönes Mädchen!« spricht zu ihr der Jäger, »sag mir, wer du bist und von wo du kommst!« – »Ach, guter Bursche, das weiß ich ja selbst nicht. Es ist mir so, als hätte ich die freie Welt noch nie gesehen, Vater und Mutter nie gekannt.« – »Na, mach dich nur schnell fertig! Ich führe dich dann von hier fort ins heilige Rußland.« Er nahm sie mit sich und führte sie aus dem Walde; dabei machte er immer wieder Zeichen an den Bäumen. Dieses Mädchen aber war vom Waldgeist geraubt worden, lebte ganze drei Jahre bei ihm, war ganz zerlumpt und abgerissen – mit einem Wort: nackt! Sich schämen aber kannte sie nicht.

Sie kamen ins Dorf. Der Jäger fragte überall herum, ob nicht jemand ein Mädchen verloren hätte. Da meldete sich der Pope: »Das ist«, sagte er, »meine Tochter!« Die Popenfrau kam gelaufen. »Du mein liebes Kind, wo warst du so lange? Ich habe nicht geglaubt, dich jemals wiederzusehen!« Die Tochter aber blinzelt bloß, starrt alle an und versteht nichts. Erst allmählich begann sie, etwas zu sich zu kommen … Der Pope und die Popenfrau gaben sie dem Jäger zur Frau, und zum Dank gaben sie ihm eine reiche Aussteuer. Dann suchte man nach der Hütte, in der das Mädchen beim Waldgeist gewohnt hatte. Man irrte lange im Walde herum, aber finden konnte man sie nicht.

Ein Lügenmärchen

Es lebten einmal ein alter Mann und eine alte Frau. Da kommt ein Landstreicher und bittet um ein Nachtlager. Der Alte ließ ihn ein: »Meinetwegen, übernachte, aber unter einer Bedingung – die ganze Nacht mußt du Märchen erzählen.« – »Schon recht, das tu ich.« – »Nun, also gut.« Der Alte kroch mit dem Landstreicher auf die Schlafstelle, die Alte aber sitzt auf dem Ofen, spinnt Flachs. Da denkt der Landstreicher: »Will mir mal einen Spaß mit dem Alten machen!«, und verwandelte sich in einen Wolf, den Alten aber in einen Bären. »Los, alter Brauner, laufen wir mal ein wenig«, und sie liefen ins Feld. Da sah der Wolf des Alten Stute und sagt: »Fressen wir mal die Stute!« – »Nein, das ist doch meine Stute!« – »Ach was, Hunger ist doch keine Tante!« Sie fraßen die Stute und liefen weiter. Da sahen sie die Alte, die Frau des Alten, und der Wolf sagt wieder: »Fressen wir die Alte!« – »O je, das ist doch meine Alte«, antwortet der Bär. »Und wenn schon – deine!« Da fraßen sie auch die Alte.

So trieben sich Bär und Wolf den ganzen Sommer herum. Der Winter kommt. Sagt der Wolf: »Verkriechen wir uns in eine Bärenhöhle; kriech du nach hinten, und ich bleibe vorne. Finden uns die Jäger, dann erschießen sie mich als ersten; du aber sieh zu: Sobald ich tot bin und man mir das Fell abzieht, lauf hinaus und spring über mein Fell, so wirst du sogleich wieder ein Mensch!« So liegen sie in der Höhle. Die Jäger kamen, erschossen sofort den Wolf und fingen an, ihm das Fell abzuziehen. Wie da der Bär über das Wolfsfell springt – mit dem Kopf voran –, kollert der Alte von der Schlafstelle herunter. »Oj, oj!« heult er, »der ganze Rücken ist zerschlagen!« Die Alte schreit: »Was fällst du, schwarzes Unheil? Bist doch gar nicht betrunken!« – »Ich falle, weil ... « und fängt an zu erzählen: »Du weißt ja gar nichts, wir waren beide Tiere, er – ein Wolf und ich – ein Bär; den ganzen Sommer und Winter waren wir draußen, die Stute haben wir gefressen, und dich, du Alte, haben wir auch gefressen!« Da fing die Alte an zu lachen, konnte gar nicht aufhören zu lachen: »Ein feiner Landstreicher, ein feiner Spaßmacher!«

Ein Schelmenmärchen

In einem Zarenreiche, in einem Königreiche, lebte ein Matrose. Er diente dem Zaren treu, war ehrlich, und darum kannten ihn seine Vorgesetzen. Einmal erbat er sich Urlaub vom Schiff, um durch die Stadt zu gehen, zog seinen Kittel aus Segeltuch an und ging ins Wirtshaus. Er setzte sich an einen Tisch und verlangte Schnaps und Speisen; er ißt, er trinkt, er erfrischt sich. Für zehn Rubel hat er schon genossen und mäßigt sich noch nicht: bald dies, bald jenes verlangt er. »Hör mal, Matrose«, sagt zu ihm der Kellner, »du verzehrst viel, aber hast du auch etwas zum Bezahlen?« – »Ach, mein Lieber, zweifelst du etwa daran, daß ich Geld habe? Hä, Geld wie Heu, die Hühner können's nicht auffressen!« Sofort zog er eine Goldmünze aus der Tasche, warf sie auf den Tisch und sagt: »Da, nimm!« Der Kellner nahm die Münze, rechnete nach und bringt ihm den Rest. Der Matrose aber: »Was soll der Rest, mein Lieber, nimm's als Trinkgeld!« Am anderen Tag nahm der Matrose wieder Urlaub, kehrte im selben Wirtshaus ein und verzehrte wieder für eine Goldmünze. Am dritten Tag geschah dasselbe und so fort jeden Tag, und immer zahlte er mit Goldstücken, nimmt den Rest nicht zurück, schenkt ihn dem Kellner.

Da fing der Wirt selbst an, auf ihn zu achten, und es kamen ihm Zweifel: »Was kann das bedeuten? Ein lausiger Matrose – gar nichts Besonderes, aber wie er mit Geld um sich wirft! Eine ganze Schatulle Gold hat er mir zusammengetragen! ... Ich kenne doch den Lohn dieser Leute, große Sprünge kann man damit nicht machen! Sicher hat er irgendwo Staatsgelder unterschlagen. Man muß es der Obrigkeit melden, sonst gerät man noch in solch ein Unglück, daß man nie wieder herauskommt, vielleicht sogar noch nach Sibirien!« Und so meldete denn der Gastwirt die Sache dem Offizier, der aber brachte es vor den General. Der General forderte den Matrosen vor sich: »Bekenne«, sagt er, »aufrichtig – wo hast du das Gold her?« – »Ja, solch ein Gold gibt's doch in jeder Müllgrube in Haufen!« – »Was lügst du da?« – »Zu Befehl, nein, Exzellenz, nicht ich lüge, der Wirt lügt! Mag er doch das Gold zeigen, das er von mir erhalten hat.« Sofort wurde die Schatulle gebracht und geöffnet, sie aber ist voller Knöpfe. »Wie geht das zu, mein Lieber, du zahltest doch mit Gold, nun sind da bloß Knöpfe? Zeig mal, wie du das gemacht hast!«

»Ach, Eure Exzellenz, sehen Sie doch, der Tod kommt zu uns …« Der General sieht um sich – durchs Fenster und in die Tür stürzt Wasser herein. Immer höher und höher steigt es, reicht schon bis zum Halse. »Herrgott, was soll man denn jetzt machen? Wo sollen wir hin?« fragt entsetzt der General. Der Matrose aber antwortet: »Wenn Sie nicht ertrinken wollen, Exzellenz, dann kriechen Sie mal hinter mir her durch den Schornstein!« So krochen sie denn hoch und kamen aufs Dach, stehen dort und sehen nach allen Richtungen. Die ganze Stadt ist unter Wasser! Solch eine Überschwemmung, daß an den tieferen Stellen überhaupt keine Häuser mehr zu sehen sind; und das Wasser steigt und steigt. »Nun, mein Lieber«, sagt der General, »da kommen wir beide wohl auch nicht heil davon!« – »Weiß nicht. Was wird – das wird!« – »Mein Tod kommt!« denkt der General, steht da, ganz, als sei er ein anderer, und betet zu Gott.

Da kommt, kein Mensch weiß, woher, ein kleines Segelboot gefahren, stößt ans Dach und steht. »Exzellenz«, sagt der Matrose, »steigen Sie schnell ein, und fahren wir los! Vielleicht kommen wir durch, und das Wasser sinkt.« Sie setzten sich beide in das Boot, und der Wind trieb sie über das Wasser. So schwammen sie einen Tag und einen zweiten und einen dritten – da fing das Wasser an zu sinken – und so schnell – weiß Gott, wohin es verschwand. Rundum wurde es trocken. Sie stiegen aus und erkundigten sich bei guten Leuten, wie jene Gegend wohl heiße und ob sie weit weggetrieben wären. Das Wasser hatte sie aber über dreimal neun Länder, ins dreißigste Zarenreich, getragen; dies war ein ganz fremdes, unbekanntes Volk. Was soll man nun machen, wie nach Hause kommen? Keinen Groschen in der Tasche, wie soll man so reisen? Da sagt der Matrose: »Wir müssen uns als Knechte verdingen, Geld verdienen; ohne das können wir nicht daran denken, nach Hause zu kommen.« – »He, du hast's gut, mein Lieber! Du bist längst an Arbeit gewöhnt, aber was soll denn ich tun? Du weißt doch selbst, daß ich ein General bin, hab noch nie gearbeitet – ich versteh doch gar nicht zu arbeiten.« – »Ach, macht nichts, ich finde schon so 'ne Arbeit, bei der kein Können nötig ist.«

Sie gingen ins Dorf und boten sich als Hirten an. Die Gemeinde stellte sie für den ganzen Sommer an. Der Matrose wurde älterer Hirt, der General aber Hirtenjunge. Na, und so hüteten sie bis zum Herbst das Dorfvieh. Dann sammelten sie von den Bauern das Geld ein und fingen an zu teilen. Der Matrose teilte das Geld auf die Hälfte: Wieviel er sich nahm, soviel gab er auch dem General. So. Der General sieht, daß der Matrose sich ihm gleichstellt, fühlt sich zurückgesetzt, ist gekränkt und sagt: »Was fällt dir eigentlich ein, mich und dich gleichzustellen? Ich bin doch General und du nur ein einfacher Matrose!« – »Erlauben Sie, Exzellenz! Ich sollte in drei Teile teilen: zwei Teile mir nehmen, für Sie ist auch ein Teil genug. Denn ich bin doch der eigentliche Hirt gewesen und Sie nur Hirtenjunge.« Der General wurde zornig und fing an, den Matrosen auf alle Arten zu beschimpfen. Der Matrose hielt sehr lange an sich, holte aber schließlich aus und stieß den General in die Seite: »Wachen Sie auf, Exzellenz!« Der General erwacht, sieht sich um – alles beim alten, genau dasselbe Zimmer, als wenn er es nie verlassen hätte! Mit dem Matrosen wollte er nichts mehr zu tun haben und ließ ihn gehen. Der Gastwirt aber hatte das Nachsehen.

Die Wahrsagerin

In einem Zarenreiche lebte einst ein Herr. Dieser Herr hatte einen Lakaien und einen Kutscher. Der Lakai hieß Bauch, und der Kutscher hieß Rippe. Einmal stahlen sie Perlen aus einer Truhe ihres Herrn. Als der Herr die Perlen vermißte, rief er seine Leute zusammen und sagte: »Bekennt, habt ihr sie gestohlen?« – »Zu Befehl, nein! Wir wissen nichts davon, wir ahnen nichts davon.« – »Na, dann paßt aber auf! Sofort werde ich die alte Wahrsagerin kommen lassen, und wenn sie herausfindet, daß ihr es gewesen seid, dann wehe euch!« Der Herr schickte nach der Alten. Man brachte sie. »Guten Tag, Großmutter, wahrsage mir mal, meine Liebe! Bei mir sind kostbare Perlen verschwunden.« – »Gut, Herr, ich will dir wahrsagen. Laß aber zuerst die Badestube heizen, ich muß mich nach der Fahrt waschen.« Man heizte die Badestube, die Alte fing an, ein Dampfbad zu nehmen, und sprach so vor sich hin: »Na, jetzt kommen Bauch und Rippe dran.« Unter dem Fenster aber stehen der Lakai und der Kutscher und horchen. »Ach, Bruder«, sagt der Kutscher, »die Hexe hat's herausgefunden! Was sollen wir machen?«

Als die Alte die Badestube verließ, stürzten die beiden zu ihr: »Liebe Großmutter, sag's nicht dem Herrn!« – »Und wo sind die Perlen? Sind sie noch da?« – »Sie sind da, Großmutter!« – »Na, dann nehmt jede Perle einzeln, rollt sie in Brotkrumen ein und gebt sie der grauen Gans. Sie soll die Perlen fressen!« Gesagt – getan. Die Alte kam zum Herrn »Nun, Mütterchen, hast du es heraus?« – »Ich hab's heraus Lieber!« – »Und wer ist der Schuldige?« – »Ja, schuld ist die graue Gans, die da auf dem Hof herumgeht. Ihr habt in den Zimmern die Fenster auf, da ist sie hereingeflogen und hat die Perlen gefressen.« Der Herr befahl, die Gans einzufangen und zu schlachten. Man tat es und fand im Kropf die Perlen.

Da bedankte sich der Herr bei der Wahrsagerin und lud sie zum Mittagessen ein. Er befahl aber, als Braten eine Krähe auf den Tisch zu bringen. »Ich will sehen«, denkt er, »ob die Alte das auch herausfindet?!« Man setzte sich zum Essen. Da wird auch die gebratene Krähe aufgetragen, die Alte aber sieht sich scheu nach all den vornehmen und kostbaren Dingen im Zimmer um. Dazu spricht sie vor sich hin: »In was für ein vornehmes Haus ist diese alte Krähe gekommen!« – »Das ist eine ganz Schlaue, alles weiß sie!« Nach dem Mittagessen befahl der Herr, anzuspannen und die Alte nach Hause zu fahren. In den Wagen aber ließ er heimlich Eier legen: »Will mal sehen, ob sie auch das herausbekommt!« So stieg sie denn in den Wagen und sagte vor sich hin: »Na, Großmütterchen, jetzt setz dich mal auf die alten Eier!« Da erstaunte der Herr darüber, daß die Alte wirklich alles herausbekommt und weiß. Er belohnte sie mit Geld und entließ sie mit Gottes Segen.

Der Zauberer

Es lebte einmal ein armes, aber durchtriebenes Bäuerlein, genannt das Käferchen. Er stahl einer Frau ein Stück Leinwand und versteckte es in einem Strohschober. Dann aber fing er an zu prahlen, daß er Meister im Zaubern sei. Da kommt die Frau zu ihm und bittet, ihr wahrzusagen. Der Mann fragt: »Was gibst du mir für die Mühe?« – »Einen Sack Mehl und ein Pfund Butter.« – »Schön!« Und er fing an wahrzusagen und erzählte ihr, wo die Leinwand versteckt sei. Nach zwei, drei Tagen verschwand beim Gutsherrn ein Hengst. Das hatte aber derselbe Spitzbube getan. Er führte das Pferd in den Wald und band es an einen Baum. Der Herr schickt nach dem Mann, und der fing an wahrzusagen: »Geht schnell in den Wald, der Hengst ist dort an einen Baum gebunden!« Man holte den Hengst aus dem Walde, und der Herr gab dem Zauberer hundert Rubel. Jetzt ging sein Ruhm durch das ganze Land. Unglücklicherweise verschwand der Trauring des Zaren. Man suchte und suchte, aber er war nirgends zu finden! Da ließ der Zar nach dem Zauberer schicken, man solle ihn so schnell wie möglich herbeischaffen. Man ergriff den Zauberer, setzte ihn in einen Wagen und brachte ihn zum Zaren.

»So«, denkt der Mann, »jetzt bin ich verloren. Wie soll ich herausbekommen, wo der Ring geblieben ist? Was soll werden, wenn der Zar zornig wird und mich zum Teufel schickt?!« »Guten Tag, Bäuerlein«, sagt der Zar, »wahrsage mir mal; triffst du es – dann will ich dich mit viel Geld belohnen, wo nicht – dann zieh ich mein Schwert, und dein Kopf ist nichts wert!« Sogleich ließ er dem Zauberer ein besonderes Zimmer anweisen. »Mag er die ganze Nacht zaubern, damit er am Morgen die Antwort bereit hat.«

Der Zauberer aber sitzt in seinem Zimmer und denkt: »Was soll ich dem Zaren für eine Antwort geben? Lieber will ich die dunkle Mitternacht abwarten und dann heimlich fortlaufen; sobald der Hahn zum dritten Mal kräht, will ich mich davonmachen!« Den Ring des Zaren aber hatten drei Leute vom Hofgesinde gestohlen: der Lakai, der Kutscher und der Koch. »Was sollen wir machen, ihr Lieben?« sprachen die drei unter sich, »wenn dieser Zauberer uns erkennt? Dann ist uns der Tod sicher ... Laßt uns an seiner Tür horchen. Wenn er nichts weiß, dann sind auch wir ganz still; wenn er uns aber herausfindet, dann ist nichts zu machen – dann müssen wir ihn bitten, dem Zaren nichts davon zu sagen.«

Da ging der Lakai als erster, um zu horchen. Er stellte sich an die Tür. Plötzlich kräht der Hahn, und der Zauberer sagt vor sich hin: »Gott sei Dank, das ist der erste, jetzt muß ich noch auf die beiden anderen warten.« Dem Lakaien sank das Herz in die Fersen. Er kam zu den anderen gelaufen und rief: »Ach, ihr Lieben, er hat mich erkannt! Kaum war ich an der Tür, da rief er: ›Das ist der erste, jetzt muß ich noch auf die beiden anderen warten!‹« – »Wart, laß mich mal gehen!« sagte der Kutscher und ging horchen. Da ertönte der zweite Hahnenschrei, und der Zauberer sagte: »Gott sei Dank, das ist der zweite, jetzt muß ich nur noch auf den dritten warten.« – »Ach, ihr Lieben, er hat auch mich erkannt!« Der Koch aber sagt: »Nun, wenn er auch mich erkennt, dann laßt uns geradewegs zu ihm gehen, ihm zu Füßen fallen und ihn um Gnade bitten!« Und er ging horchen.

Da krähte der Hahn zum drittenmal, der Zauberer bekreuzigte sich und sagte: »Gott sei Dank, jetzt sind es alle drei!«, und damit stürzte er zur Tür, um zu fliehen. Da kamen ihm die Diebe entgegen, fielen vor ihm nieder und baten und flehten: »Richte uns nicht zugrunde, erzähle es nicht dem Zaren, da hast du den Ring!« – »Na gut, sei es, ich vergebe euch!« Damit nahm das Bäuerlein den Ring, hob ein Dielenbrett auf und warf den Ring darunter. Am Morgen fragt der Zar: »Was ist, Bäuerlein, wie steht die Sache?« – »Ich hab's herausgezaubert: Dein Ring ist unter dieses Dielenbrett gerollt.« Man hob das Brett auf und holte den Ring hervor. Der Zar belohnte den Zauberer reich mit Geld und ließ ihm zu essen und zu trinken geben, bis er nicht mehr konnte, selbst aber ging er in den Garten spazieren. So geht er auf einem Gartenwege und sieht einen Käfer. Er hob ihn auf und kehrte zum Zauberer zurück: »Na, wenn du ein echter Zauberer bist, dann sag mir, was ich in der Hand habe!« Das Bäuerlein erschrak sehr und sagt vor sich hin: »So, Käferchen, jetzt bist du in die Hände des Zaren geraten!« – »Richtig, richtig, du hast es erraten!« sagte der Zar, belohnte ihn noch mehr und entließ ihn mit großen Ehren.

Der Dieb

Es lebte einmal ein Alter mit seiner Alten. Und sie hatten einen Sohn, der hieß Iwan. Sie zogen ihn auf, bis er groß war, dann aber sagten sie: »Nun, lieber Sohn! Bis jetzt haben wir dich ernährt, jetzt ernähre du uns bis zu unserem Tode.« Da antwortete ihnen Iwan: »Wenn ihr mich so lange ernährt habt, dann ernährt mich noch, bis ich einen Schnurrbart habe.« Sie ernährten ihn, bis er einen Schnurrbart hatte, und sprechen: »Nun, lieber Sohn! Wir haben dich bis zum Schnurrbart ernährt, jetzt ernähre du uns bis zu unserem Tode!« – »Ach, Vater, und du, Mutter«, antwortet der Sohn, »habt ihr mich bis zum Schnurrbart ernährt, so ernährt mich auch bis zum Bart.« Nichts zu machen, die Alten ernährten ihn bis zum Bart und sprachen dann: »Nun, lieber Sohn! Wir haben dich bis zum Bart ernährt, so ernähre du uns jetzt bis zu unserem Tode.« – »Wenn ihr mich bis zum Bart ernährt habt, dann ernährt mich auch schon bis in mein Alter!« Das war den Eltern aber doch zuviel, und der Vater ging zum Gutsherrn und klagte gegen den Sohn. Der Herr läßt Iwan rufen: »Was fällt dir ein, du Schmarotzer, daß du Vater und Mutter nicht ernährst?« – »Ja, womit soll ich sie denn ernähren? Soll ich vielleicht stehlen? Das Arbeiten habe ich nicht gelernt, und nun ist's zu spät, es zu lernen.« – »Mach's, wie du willst«, sagt ihm der Herr, »meinetwegen stiehl, aber ernähre Vater und Mutter, ich will keine Klagen hören!« In dem Augenblick wurde dem Herrn gemeldet, daß die Badestube bereit sei, und er ging ins Dampfbad. Es wurde aber schon Abend. Der Herr badete, kehrte zurück und rief: »He, bring mir mal einer meine Pantoffeln!« Iwan aber war noch immer da; er zog dem Herrn die Stiefel von den Füßen und reichte ihm die Pantoffeln, dann nahm er die Stiefel unter den Arm und trug sie zu sich nach Hause. »Da, Vater!« sagt er, »zieh schnell deine Bastschuhe aus und zieh die herrschaftlichen Stiefel an.«

Am andern Morgen will der Herr seine Stiefel anziehen, aber sie sind weg. Er schickte nach Iwan: »Hast du die Stiefel genommen?« – »Kommt gar nicht in Frage, und nichts dergleichen, aber es war doch meine Tat!« – »Ach, du Spitzbube und Gauner! Wie konntest du dich unterstehen zu stehlen?« – »Herr, hast du nicht selbst gesagt: Meinetwegen stiehl, aber ernähre Vater und Mutter? Ich wollte bloß dem Befehl meines Herrn gehorchen.« – »Wenn das so ist«, sagt der Herr, »dann ist dieses mein Befehl: Stiehl mir den schwarzen Ochsen vom Pfluge weg; bringst du es fertig – dann bekommst du hundert Rubel von mir, wenn nicht – dann hundert Hiebe.« – »Zu Befehl!« antwortet Iwan. Sofort lief er ins Dorf, stahl irgendwo einen Hahn, rupfte ihm die Federn aus und lief aufs Feld. Dort schlich er bis zur letzten Furche, hob eine Scholle Erde auf, setzte den Hahn darunter und versteckte sich selbst hinter den Büschen. Die Pflüger begannen, eine neue Furche zu ziehen, faßten dabei jene Scholle und kehrten sie auf die Seite. Der gerupfte Hahn sprang heraus und rannte, was er nur konnte, über Erdhügel und Erdgruben. »Was ist denn das für ein Wundertier, das wir da ausgegraben haben!« riefen die Pflüger und liefen hinter dem Hahn her. Als Iwan sah, daß sie wie die Verrückten hinter dem Hahn her waren, sprang er zum Pfluge, hackte einem Ochsen den Schwanz ab und steckte ihn dem andern ins Maul, den dritten aber spannte er aus und führte ihn nach Hause.

Die Pflüger jagten lange hinter dem Hahn her, konnten ihn nicht fangen und kehrten zurück. Der schwarze Ochse war weg, der gefleckte aber ohne Schwanz. »Na, Brüder, während wir hinter dem Wundertier her waren, hat ein Ochse den andern gefressen; den schwarzen hat er ganz aufgefressen, vom gefleckten hat er bloß den Schwanz abgebissen!« Sie gingen zum Herrn und beichteten: »Sei uns gnädig, Herr! Ein Ochse hat den andern gefressen.« – »Ach, ihr hirnlosen Idioten!« schrie der Herr sie an. »Hat man so etwas gesehen, hat man so etwas gehört, daß ein Ochse einen Ochsen frißt? Ruft den Iwan her!« Man brachte ihn. »Hast du den Ochsen gestohlen?« – »Jawohl, Herr.« – »Wo hast du ihn hingetan?« – »Geschlachtet. Das Fell habe ich zu Markt getragen, mit dem Fleisch werde ich Vater und Mutter ernähren.« – »Fixer Kerl!« sagte der Herr. »Da hast du hundert Rubel. Und jetzt stiehl meinen Lieblingshengst, der hinter drei festen Türen mit sechs festen Schlössern ist. Führst du ihn weg – dann zahle ich dir zweihundert Rubel; wenn nicht – dann bekommst du zweihundert Hiebe!« – »Bitte sehr, Herr, will's schon schaffen.«

Abends spät schlich sich Iwan in das Herrenhaus. Er kommt ins Vorzimmer – keine Menschenseele, da sieht er, am Kleiderhaken hängen Mantel und Hut des Herrn. Er nahm sie, zog sie an, lief aus dem Hause und rief ganz laut den Kutschern und Stallknechten zu: »He, ihr Burschen, sattelt mir sofort meinen Lieblingshengst und führt ihn her!« Die Kutscher und Stallknechte hielten ihn für den Herrn, liefen zum Stall, waren im Handumdrehen fertig und führten den gesattelten Hengst vor. Der Dieb schwang sich in den Sattel, schlug mit der Peitsche – und weg war er! Am nächsten Tage fragt der Herr: »Na, was macht mein Lieblingshengst?« Aber es erwies sich, daß er schon am Abend vorher gestohlen worden war. Man mußte wieder nach Iwan schicken. »Hast du den Hengst gestohlen?« – »Jawohl, Herr.« – »Wo ist er denn?« – »An Kaufleute verkauft.« – »Danke du Gott, daß ich dich selbst stehlen hieß! Nimm deine zweihundert Rubel. Nun, jetzt stiehl den Prediger der Altgläubigen!« – »Und was, Herr, bekomme ich für die Mühe?« – »Sind dreihundert Rubel genug?« – »Bitte sehr, ich werde den Prediger stehlen!« – »Und wenn du ihn nicht stiehlst?« – »Dann tu mit mir, was du willst.«

Da ließ der Herr den Prediger kommen: »Sieh dich vor«, sagte er, »bleibe die ganze Nacht auf und bete, daß du mir nicht einschläfst! Wanjka der Dieb sagt, er würde dich stehlen.« Der alte Mann erschrak, an Schlaf war nicht zu denken, er sitzt da und betet. Genau um Mitternacht kam Iwan der Dieb mit einem Sack und klopfte ans Fenster. »Wer bist du, der da klopft?« – »Ein Engel vom Himmel, gesandt, um dich lebendig ins Paradies zu tragen. Kriech in den Sack!« Da kroch der Prediger aus Dummheit in den Sack. Der Dieb band den Sack zu, hob ihn auf den Rücken und trug ihn zum Glockenturm. Er schleppte und schleppte ihn nach oben. »Sind wir bald da?« fragt der Prediger. »Das wirst du schon sehen! Zuerst ist der Weg, wenn auch lang, so doch gut, zum Schluß wird er dann kurz, aber sehr steinig.« So brachte er ihn endlich nach oben und ließ ihn dann die Treppe wieder hinunterrollen. Das wurde für den Prediger sehr schmerzhaft, ihm blieb keine Stufe erspart! »Och«, sagt er, »der Engel hat die Wahrheit gesprochen. Der erste Teil des Weges war, wenn auch lang, so doch gut, aber das Ende war kurz und steinig! Nicht einmal in jener irdischen Welt habe ich solche Not gekannt!« – »Leide, dann wirst du errettet!« antwortete Iwan, hob den Sack auf, hängte ihn neben das Tor an der Kirchhofsmauer, legte zwei fingerdicke Birkenruten daneben und schrieb ans Tor: »Wer vorübergeht und nicht dreimal auf den Sack schlägt, der wird verdammt sein!« So schlägt denn jeder, der vorübergeht, unbedingt dreimal auf den Sack. Schließlich kommt auch der Herr vorüber: »Was hängt da für ein Sack?« Er befahl, ihn herunterzunehmen und aufzumachen. Man band den Sack auf, und da kriecht aus ihm der Altgläubigenprediger heraus. »Wie bist du hierher geraten? Ich habe dir doch gesagt, daß du dich vorsehen sollst, aber nein! Es tut mir nicht leid, daß man dich verdroschen hat; leid tut mir, daß ich um deinetwillen dreihundert Rubel für nichts und wieder nichts verloren habe!«

Der diebische Bauer

Es lebte einmal eine alte Frau, von deren zwei Söhnen war der eine gestorben, der andere aber verreist. Drei Tage nachdem er fortgefahren war, kommt zur Alten ein Soldat und bittet: »Großmutter, laß mich übernachten.« – »Komm herein, Lieber! Von wo bist du denn?« – »Ich bin, Großmutter, der ›Sterbe-nie‹, ich komme aus jener Welt zu dir.« – »Ach, du mein Goldstück! Mir ist ein Sohn gestorben; hast du den nicht vielleicht gesehen?« – »Wie sollte ich nicht! Natürlich habe ich ihn gesehen; wir wohnten mit ihm in einer Stube.« – »Was du nicht sagst!« – »Er hütet, Großmutter, in jener Welt die Kraniche.« – »Ach, Lieber! Das muß ja sehr schwer sein, er hat sich wohl schon ganz abgearbeitet?« – »Und wie! Kraniche weiden ja immer so gern zwischen Dornen und Heckenrosen.« – »Ach, dann sind seine Kleider wohl schon ganz zerrissen?« – »Und wie! Er geht in Lumpen.« – »Ich habe da, mein Guter, an die vierzig Ellen Leinwand und zehn Rubel in Geld. Sei so gut und bring es meinem Sohn.« – »Gern, Großmutter!«

Ob es nun lange währte oder kurz, schließlich kam der andere Sohn von seiner Reise wieder: »Guten Tag, Mutter!« – »Bei mir ist unterdessen der ›Sterbe-nie‹ aus jener Welt dagewesen und hat mir von meinem verstorbenen Sohn erzählt; sie haben dort in einer Stube gewohnt, ich habe ihm die Leinwand und zehn Rubel in Geld geschickt.« »Wenn das so ist«, sagt der Sohn, »dann leb wohl, Mutter! Ich geh' in die weite Welt; sollte ich jemanden finden, der dümmer ist als du, dann werde ich für dich arbeiten und dich ernähren, finde ich aber keinen – dann jag' ich dich vom Hof!« Er drehte sich um und ging fort.

Er kommt zu einem Gutshof und sieht: auf dem Hofe geht eine Sau mit Ferkeln spazieren. Er kniet vor der Sau nieder und verbeugt sich vor ihr bis zur Erde. Das sah die Gutsherrin aus einem Fenster und sagt zu ihrem Dienstmädchen: »Geh und frage den Bauern, weshalb er sich vor dem Schwein verbeugt?« Das Mädchen fragt den Mann: »Bäuerlein, weshalb liegst du vor dem Schwein auf den

Knien und verbeugst dich so tief vor ihm?« – »Meine Liebe, melde der gnädigen Herrin, eure gefleckte Sau ist eine Schwester meiner Frau. Morgen aber heiratet mein Sohn, da lade ich sie zur Hochzeit. Wird die Herrin nicht so gütig sein, die Sau als Brautmutter und die Ferkel als Hochzeitszug zu mir kommen zu lassen?« Als die Gutsherrin diese Reden hörte, sagte sie zu dem Mädchen: »Muß der aber dumm sein! Daß er ein Schwein zur Hochzeit lädt, und noch dazu mit Ferkeln. – Na gut! Mögen die Leute was zu lachen haben. Zieh dem Schwein meinen Pelz an und laß vor den Wagen zwei Pferde spannen. Es soll nicht zu Fuß zur Hochzeit gehen.« Die Pferde wurden angespannt, man setzte das schön gekleidete und herausgeputzte Schwein mit den Ferkeln in den Wagen und übergab sie dem Bauern. Der stieg auf und fuhr ab.

Da kommt der Gutsherr von der Jagd nach Hause. Die gnädige Herrin empfängt ihn und stirbt fast vor Lachen: »Ach, mein Herzensmann! Schade, daß du nicht da warst, was hätten wir zusammen gelacht! Ein Bäuerlein war hier, verbeugte sich vor unserem Schwein. ›Eure gefleckte Sau‹, sagt er, ›ist eine Schwester meiner Frau‹, und lud sie als Brautmutter zur Hochzeit seines Sohnes, die Ferkel aber für den Hochzeitszug.« – »Nun, ich kann mir denken«, sagt der Herr, »daß du sie ihm gegeben hast.« – »Natürlich, mein Herzensmann! Ich habe sie in meinen Pelz gesteckt und ließ sie im Wagen mit zwei Pferden fahren.« – »Was war denn das für ein Bauer?« – »Das weiß ich doch nicht, mein Lieber!« – »Dann ist ja nicht der Bauer dumm, sondern du bist dumm!« Der Gutsherr ärgerte sich, daß man seine Frau betrogen hatte, lief hinaus, schwang sich auf sein bestes Pferd und nahm die Verfolgung auf.

Als der Bauer merkt, daß ihn der Herr verfolgt, versteckte er die Pferde mit dem Wagen im dichten Walde, selbst aber nahm er den Hut ab, setzte sich an den Wegrand und tat den Hut neben sich auf den Boden. »He du, Langbart!« rief der Herr. »Hast du nicht einen Mann gesehen, der mit zwei Pferden hier vorbeigefahren ist? Er hatte im Wagen ein Schwein mit Ferkeln.« – »Natürlich habe ich ihn gesehen! Aber er ist schon vor langer Zeit hier vorbeigekommen.« – »In welche Richtung fuhr er? Ich muß ihn unbedingt einholen!« – »Natürlich kannst du ihn einholen aber es gibt hier viele Kreuzwege; man verirrt sich im Handumdrehen. Du kennnst hier wohl die Gegend nicht?« – »Weißt du was, mein Lieber, reite du und fang mir diesen Kerl!« – »Nein, Herr, das ist unmöglich! Unter meinem Hut sitzt ein Falke.« – »Macht nichts, ich will deinen Falken hüten.« – »Paß auf, Herr, sonst läßt du ihn noch fliegen! Es ist ein kostbarer Vogel! Mein Herr bringt mich um, wenn ich den Falken verliere.« – »Was kostet denn dein Vogel?« – »Ach, dreihundert Rubel wird er schon wert sein.« – »Sorge dich nicht, geht er verloren, dann will ich ihn bezahlen.« – »Nein, Herr, so geht das nicht! Jetzt versprichst du es, aber was nachher ist – das weiß man nicht.« – »Bist du aber mißtrauisch! Na, da hast du die dreihundert Rubel, für alle Fälle.« Der Bauer nahm das Geld, schwang sich aufs Pferd und ritt in den Wald.

Der Herr aber blieb sitzen und bewachte den leeren Hut. Lange wartete der Herr. Die Sonne geht schon unter, der Bauer aber kommt und kommt nicht wieder! – »Wart, ich will doch mal nachsehen, ob da unter dem Hut wirklich ein Falke sitzt? Ist er da, dann kommt der Bauer wieder; wenn nicht, dann brauche ich gar nicht erst zu warten!« Er hob den Hut hoch, aber es war kein Falke darunter! »Dieser Schuft! Sicher war es derselbe Bauer, der meine Frau betrogen hat!« Der Herr spuckte vor Ärger aus und ging beschämt zu seiner Frau. – Der Bauer, der Sohn der alten Frau, war aber längst zu Hause angekommen. »Na, Mutter«, sagt er zur Alten, »bleib da und lebe weiter bei mir. Es gibt noch Dümmere als dich. Da hat man mir für nichts und wieder nichts ein Dreigespann Pferde mit Wagen, dreihundert Rubel Geld und noch dazu ein Schwein mit Ferkeln gegeben!«

Soldatenrätsel

Es gingen einmal einige Soldaten durch ein Dorf und kehrten bei einer alten Frau ein, um auszuruhen. Sie baten um etwas zu essen und zu trinken, die Alte aber sagt: »Kinderchen, womit soll ich euch denn bewirten? Ich habe ja nichts.« Im Ofen aber hatte sie einen gebratenen Hahn, in einem Topf, unter einer Pfanne. Die Soldaten merkten das. Einer von ihnen verstand sich ein wenig aufs Stehlen. Er ging hinaus auf den Hof, riß von einem Fuder die Garben herunter, lief wieder in die Hütte hinein und sagt: »Großmutter, he, Großmutter, sieh doch mal, wie das Vieh dein Getreide frißt!« Die Alte stürzte auf den Hof, die Soldaten aber blickten schnell in den Ofen hinein, zogen den Hahn aus dem Topf, legten an seine Stelle einen alten Bastschuh und versteckten den Hahn in einem Ranzen. Die Alte kam zurück: »Kinderchen, ihr Lieben, habt ihr das Vieh an das Getreide gelassen? Weshalb macht ihr solche Dummheiten, Kinderchen? Tut das doch nicht, ihr Lieben!« Die Soldaten sagten kein Wort und schwiegen. Dann baten sie wieder: »Gib uns doch, Großmutter, etwas zu essen!« – »Nehmt euch, Kinderchen, etwas Brot und trinkt Wasser dazu, das ist genug für euch!« Da die Alte glaubte, daß sie die Soldaten hinters Licht geführt hatte, gab sie ihnen ein Rätsel auf: »Könnt ihr mir wohl sagen, ob Herr Hähnlein noch in Tunketopf bei Pfanne lebt?« – »Nein, Großmutter, er ist verzogen!« – »Hä-hä, wer lebt denn dort, ihr Kinderchen, statt seiner?« – »Aber doch Herr Bastian Lindenschuh, natürlich!« – »Und wo ist denn Herr Hähnlein hingezogen?« – »Ja, in die Stadt Ranzen doch, Großmutter.« Bald darauf gingen die Soldaten fort. Als der Sohn der Alten vom Felde heimkam, bat er um sein Essen. Da sprach die Alte: »Komm mal her, mein lieber Sohn! Hier waren Soldaten, die wollten was zu essen haben, ich aber habe ihnen ein Rätsel aufgegeben, vom Hahn, der bei mir im Ofen liegt, und sie konnten es nicht erraten.« – »Was hast du ihnen denn für ein Rätsel aufgegeben?« – »Dieses, mein lieber Sohn: Wohnt der Herr Hähnlein noch in Tunketopf bei Pfanne? Sie haben es nicht erraten und sagten: Nein, Großmutter, dort lebt er nicht mehr! – Wo lebt er denn sonst, ihr meine Lieben? – In die Stadt Ranzen ist er verzogen. – Aber darauf kamen die Höllensöhne natürlich nicht, daß ich den Hahn im Topf meinte!« Dann ging sie zum Ofen, schaute hinein, da war der Hahn aber schon ausgeflogen. Sie holte bloß den Lindenschuh heraus. »Ach, du mein lieber Sohn, betrogen haben mich die Verfluchten!« – »Da siehst du es wieder mal, Mutter! Einen Soldaten haut man nicht leicht übers Ohr, das ist einer, der Erfahrung hat!«

Der Dumme und die Birke

In einem Zarenreiche, in einem Königreiche, lebte einmal ein alter Mann, der hatte drei Söhne: zwei waren klug, der dritte – dumm. Als der Alte starb, da losten die Brüder das Erbe unter sich aus. Die Klugen bekamen allerhand sehr gute Dinge, der Dumme aber nur einen Ochsen – und auch der war sehr mager! Es kam die Zeit des Jahrmarkts. Die klugen Brüder machten sich fertig, und als der Dumme das sah, sagte er: »Ich gehe auch und verkaufe meinen Ochsen.« Er warf dem Ochsen einen Strick um die Hörner und führte ihn in die Stadt. Er mußte durch einen Wald gehen, im Walde aber stand eine alte, dürre Birke; wenn der Wind weht, dann knarrt die Birke. »Weshalb knarrt die Birke wohl?« denkt der Dumme, »ob die nicht schon meinen Ochsen kaufen will?« »Na«, sagt er, »wenn du ihn kaufen willst – dann kaufe ihn nur; ich verkaufe ihn gern! Der Ochse kostet zwanzig Rubel; weniger geht's nicht ... Hol dein Geld heraus!« Die Birke antwortet ihm nicht, sie knarrt nur immerzu. Der Dumme aber glaubt, daß sie ihn bittet, ihr das Geld zu stunden. »Schön, ich werde bis morgen warten!« Er band den Ochsen an die Birke, verabschiedete sich von ihr und ging nach Hause. Bald kamen auch die klugen Brüder nach Hause und fragten: »Na, wie war's, Dummer, hast du den Ochsen verkauft?« –

»Jawohl.« – »Für wieviel?« – »Für zwanzig Rubel.« – »Und wo ist das Geld?« – »Das Geld habe ich noch nicht bekommen; ich soll es morgen holen.« – »Ach, du Einfaltspinsel!«

Am andern Tage frühmorgens stand der Dumme auf, machte sich fertig und ging zur Birke, um das Geld zu holen. Er kommt in den Wald – da steht die Birke, schwankt im Winde, der Ochse aber ist nicht mehr da. In der Nacht haben ihn die Wölfe gefressen. »Na, Landsmann, gib das Geld her; du hast es selbst versprochen, daß du heute bezahlen wirst.« Der Wind wehte, die Birke knarrte, der Dumme aber spricht: »Bist du mir ein Unzuverlässiger! Gestern noch sagtest du, morgen bekommst du das Geld! Und heute versprichst du dasselbe. Gut, ich will noch einen Tag warten, aber nicht länger, ich habe das Geld nötig.« Dann ging er nach Hause. Die Brüder fragen wieder: »Na, hast du das Geld bekommen?« – »Nein, ihr Lieben, ich muß noch einen Tag warten.« – »Ja, wem hast du den Ochsen denn verkauft?« – »Der dürren Birke im Walde.« – »Bist du aber dumm!«

Am dritten Tage nahm der Dumme eine Axt und ging in den Wald. Er kommt hin und verlangt sein Geld. Die Birke knarrt und knarrt. »Nein, Landsmann, wenn du mich immer nur mit deinem Komm-morgen-wieder bewirten willst, dann komme ich nie zu meinem Geld. Solche Scherze mag ich nicht!« Damit holte er mit der Axt aus, daß die Späne nur so nach allen Seiten flogen. In jener Birke aber befand sich ein Loch, und in diesem Loch hatten Räuber einen großen Kessel voll Gold versteckt. Der Baum zerbarst, und der Dumme sah das reine Gold. Er füllte sich die Taschen damit und schleppte es nach Hause. Brachte es heim und zeigte es den Brüdern. »Wo hast du, Dummer, soviel her?« – »Der Landsmann hat es mir für den Ochsen bezahlt; und das ist noch nicht mal alles, mehr als die Hälfte habe ich noch herzubringen! Kommt mit und holen wir das übrige!« Sie gingen in den Wald, beluden sich mit dem Gold und trugen es nach Hause. »Paß auf, Dummer«, sagen die klugen Brüder, »erzähl es niemand, daß wir so viel Gold haben.« – »Keine Angst, ich verrate nichts!«

Da kommt ihnen der Küster entgegen. »Was schleppt ihr Burschen da aus dem Walde?« Die Klugen sagen: »Pilze.« Der Dumme aber entgegnet: »Sie lügen! Wir holen Geld, schau mal!« Der Küster rief: »Ach!«, stürzte sich über das Gold und fing an, es handvollweise in die Taschen zu stopfen. Das ärgerte den Dummen, er schlug mit der Axt zu und erschlug den Küster. »Ach, du Dummer, was hast du angerichtet?« riefen die Brüder, »bringst dich ins Unglück, und richtest auch uns zugrunde! Wohin mit dem Toten?« Sie überlegten lange und schleppten ihn dann in den Keller und ließen ihn dort liegen.

Spätabends sagt der älteste Bruder zum mittleren: »Es ist eine ganz dumme Sache! Wenn man den Küster sucht, dann wird es der Dumme ausplaudern. Laß uns den Ziegenbock töten und im Keller vergraben, den Toten aber wollen wir an einer anderen Stelle verscharren.« Als es tiefe Nacht war, töteten sie den Ziegenbock und warfen ihn in den Keller, den Küster aber trugen sie an eine andere Stelle und verscharrten ihn. Es vergingen einige Tage, da fing man an, den Küster überall zu suchen und nach ihm zu fragen; und der Dumme sagte sogleich: »Wozu braucht ihr ihn? Ich habe ihn neulich mit der Axt erschlagen und die Brüder haben ihn in den Keller gebracht.« Sofort hielt man den Dummen fest: »Führ uns, zeig die Stelle!« Der Dumme stieg in den Keller, holte den Kopf des Ziegenbocks heraus und fragt: »War euer Küster schwarzhaarig?« – »Ja.« – »Und hatte er einen Bart?« – »Ja, er hatte einen Bart.« – »Auch Hörner?« – »Was für Hörner, du Dummer!« – »Schaut doch her!« – und er warf ihnen den Kopf heraus. Die Leute sahen hin – ein richtiger Ziegenbock! Sie spuckten dem Dummen ins Gesicht und jeder ging nach Hause. – Das Märchen ist aus, und mir bitte einen Schluck Met!

Lutonja

Es lebte einmal ein Alter mit seiner Alten. Sie hatten einen Sohn Lutonja. Einmal arbeiteten der Alte und Lutonja auf dem Hof, die Alte aber war in der Hütte. Sie nahm ein Holzscheit, um es ins Feuer zu legen, es fiel ihr aber aus der Hand und auf den Herd. Gleich fing sie an, furchtbar zu schreien und zu heulen. Der Alte hörte es, kam eilig in die Hütte gelaufen und fragt sie, weshalb sie so schreit. Die Alte sagte unter Tränen: »Wenn wir nun unsern Lutonjuschka verheiratet hätten und er hätte einen kleinen Sohn, und wenn der hier auf dem Herde gesessen hätte – dann hätte ich ihn doch mit dem Holzscheit erschlagen!« Da fing der Alte auch an zu weinen und zu klagen und sprach: »Recht hast du, Alte, du hättest ihn erschlagen!« Und jetzt weinten und klagten sie beide laut. Da kommt Lutonja vom Hof hereingelaufen und fragt: »Was schreit ihr so?« Sie sagten ihm: »Wenn wir dich verheiratet hätten, und du hättest einen kleinen Sohn, und der hätte hier auf dem Herd gesessen dann hätte ihn die Alte mit dem Holzscheit erschlagen; es fiel genau an die Stelle, ganz genau!« – »Nun«, sagte Lutonja, »euch muß man bewundern!« Dann nahm er schnell seine Mütze und rief: »Auf Wiedersehn! Wenn ich jemanden finde, der dümmer ist als ihr, dann komme ich wieder; finde ich niemanden, dann wartet nicht auf mich!« Damit ging er fort ...

Er ging und ging, da sieht er: Bauern ziehen eine Kuh auf das Dach einer Hütte hinauf. »Weshalb zieht ihr die Kuh hinauf?« fragte Lutonja. Sie antworteten: »Ja, siehst du denn nicht, wieviel Gras dort gewachsen ist?!« – »Ach, ihr ausgekochten Dummköpfe!« sagte Lutonja, kroch aufs Dach, riß das Gras ab und warf es nach unten vor die Kuh. Die Bauern waren sehr erstaunt und baten Lutonja, bei ihnen zu bleiben und ihnen gute Ratschläge zu geben. »Nein«, sagte Lutonja, »ich werde schon noch genug solche Dummköpfe finden in der weiten Welt!«, und ging weiter.

Er kam durch ein Dorf und sah dort eine Menge Bauern bei einer Hütte. Sie hatten ein Kummet an das Tor gebunden und trieben ein Pferd mit Stöcken in dieses Kummet hinein. Halbtot hatten sie das Pferd schon geschlagen. »Was macht ihr da?« fragte Lutonja. – »Ja, Lieber, wir wollen doch das Pferdchen da anspannen.« – »Ach, ihr ausgekochten Dummköpfe, laßt mal, ich mache es schon!« Er nahm das Kummet und legte es dem Pferde um den Hals. Auch diese Bauern waren über die Maßen erstaunt, wollten ihn dabehalten und baten ihn sehr, er möge doch wenigstens ein paar Tage bei ihnen bleiben. Nein, Lutonja ging weiter.

Er ging und ging, wurde müde und kehrte in einer Herberge ein. Da sieht er, die Wirtin hat einen Weizenbrei gekocht, hat ihn vor ihre Kinder auf den Tisch gestellt, selbst aber geht sie immerzu mit einem Löffel in den Keller, um Sahne zu holen. »Weshalb nutzt du eigentlich für nichts und wieder nichts deine Bastschuhe ab?« fragte Lutonja. »Wieso denn?« entgegnete die Wirtin. »Du siehst doch, mein Lieber, daß der Weizenbrei auf dem Tische steht, die Sahne aber im Keller ist!« – »Weshalb hast du denn die Sahne nicht hierhergebracht!? Die Sache wäre dann ganz einfach gegangen!« – »Recht hast du, Lieber!« Sie brachte die Sahne herein, stellte sie auf den Tisch und forderte Lutonja auf, mitzuessen. Lutonja aß sich satt, legte sich hin und schlief ein. Wenn er aufwacht, dann wird mein Märchen weitergehen, vorläufig ist es zu Ende.

Foma Berennikow

Es lebte einmal eine alte Frau, die hatte einen Sohn, der war einäugig. Er hieß Foma Berennikow. Einmal machte Foma sich auf zum Pflügen, aber er hatte nur ein ganz elendes Pferdchen. Da packte ihn der Kummer, und er setzte sich auf den Erdhügel am Haus. Die Fliegen summen nur so über dem Misthaufen. Da ergriff er eine lange Rute und schlug zu. Wie er dann anfing zu zählen, was er erschlagen hatte, da waren es fünfhundert, ohne die, welche er nicht zählte. Foma entschied, daß ihrer unzählige wären! Er kommt zu seinem Pferde, und es sitzen auf ihm zwölf Bremsen. Er erschlug sie alle. Foma Berennikow ging zur Mutter und bat sie um den großen Segen: »Ich habe«, sagt er, »an geringerem Volk unzählige erschlagen und dazu noch zwölf mächtige Helden. Mutter, laß mich auf große Abenteuer und zu großen Heldentaten ziehen, denn die Erde pflügen ist nicht Helden-, sondern Bauernarbeit!« Die Mutter gab ihm ihren Segen zu großen Taten, zu einem Heldenleben. Dann nahm er eine stumpfe Sichel über die Schulter, an den Gürtel band er einen Beutel aus Lindenbast, und in diesen Beutel steckte er ein stumpfes Gartenmesser.

So reitet Foma seines Weges durch unbekannte Gegenden und kommt an einen Pfosten, und er schreibt an jenen Pfosten – er hatte weder Gold noch Silber in der Tasche, es fand sich nur ein Stückchen Kreide – so schreibt er denn mit Kreide: »Hier ist der Held Foma Berennikow vorbeigeritten, der auf einen Schlag zwölf mächtige Recken erschlug und dazu noch unzählige vom Kriegsvolk.« Das schrieb er auf und ritt weiter. Da kommt Ilja Muromez denselben Weg geritten, kommt zum Pfosten, sieht die Inschrift und spricht: »Die Heldenart ist gleich zu erkennen: er verschwendet weder Gold noch Silber, sondern schreibt mit Kreide!« Dann schrieb er mit Silber: »Nach Foma Berennikow ist hier der Recke Ilja Muromez durchgekommen.« Er holt den Foma ein und sagt (jene Kreide-Inschrift hat ihm sichtlichen Eindruck gemacht): »Mächtiger Held, Foma Berennikow, wo soll ich reiten, vor dir oder hinter dir?« – »Los, reit mal hinten nach!« antwortet Foma.

Als dritter kommt denselben Weg geritten Aljoscha Popowitsch der Junge. Er kommt zum Pfosten und sieht schon von weitem die Inschrift, leuchtend wie Feuer. Er las die Inschriften des Foma Berennikow und des Ilja Muromez, dann zieht er aus der Tasche reines Gold und schreibt: »Nach Ilja Muromez ist hier durchgeritten Aljoscha Popowitsch der Junge.« Er holt Ilja Muromez ein: »Oh, sag mir, Ilja Muromez, soll ich vor dir reiten oder hinter dir?« – »Nicht mich sollst du fragen, sondern den älteren Bruder, Foma Berennikow.« Da ritt Aljoscha Popowitsch der Junge an den Foma

heran. »Tapferer Kämpfer, Foma Berennikow, wo soll ich reiten?« –
»Los, reit mal hinten nach!«

So ritten die drei ihres Weges durch unbekanntes Land und kamen in grüne Gärten. Ilja Muromez und Aljoscha Popowitsch schlagen ihre weißen Zelte auf, Foma Berennikow aber hängt seine Unterhosen hin. Die Gärten aber gehörten einem richtigen König, dem Zaren von Preußen, gegen den der König von China mit sechs mächtigen Recken kämpfte. Da schickt der Zar von Preußen ein Briefchen an Foma Berennikow, im Briefchen aber steht: »Es kämpft gegen mich, den Zaren von Preußen, der König von China. Könnten Sie mir nicht beistehen?« Der Fomka verstand nicht viel vom Lesen, schaute sich den Brief an, nickte mit dem Kopf und sagte: »Schön!«

Der König von China aber rückt schon vor die Stadt. Da kommen Ilja Muromez und Aljoscha Popowitsch der Junge zum Fomka und sprechen ein solches Wort: »Sie rücken gegen den Zaren vor und stehen schon vor der Stadt; man muß sie verteidigen. Willst du es selbst tun, oder schickst du uns?« – »Geh du mal, Iljuschka Muromez!« Da erschlug Ilja Muromez alle. Zum Schluß führte der König von China noch sechs Recken und eine unübersehbare Heeresmacht heran. Ilja Muromez und Aljoscha Popowitsch kommen zum Fomka: »Oh, sag uns, Foma Berennikow, ziehst du selbst zu Felde, oder schickst du uns?« – »Geh du mal, mein lieber Aljoscha Popowitsch!« Da ritt Aljoscha Popowitsch gegen den Feind und schlug die unübersehbare Heeresmacht und auch jene sechs mächtigen Recken. Darauf sagt der König von China: »Ich habe noch einen Recken, den habe ich bis jetzt geschont, um Nachkommen von ihm zu haben; jetzt schicke ich auch den ins Feld!« So führt er eine unübersehbare Heeresmacht heran und mit ihr den mächtigen Recken, den Geschonten, und es spricht der König zum Recken: »Nicht mit Kraft schlägt uns der russische Held, sondern mit List; was er tun wird, das tue auch du!« Ilja Muromez und Aljoscha Popowitsch der Junge kommen zum Fomka geritten: »Gehst du selbst oder schickst du uns?« – »Ich geh' mal selbst. Gebt mir mein Pferd!« Die Rosse der Recken tummeln sich im weiten Feld und grasen, des Fomka Pferd aber steht da und frißt gierig seinen Hafer. Da trat Ilja Muromez an das Pferd des Fomka heran, das aber hat sich vollgefressen, schlägt aus und beißt! Das ärgerte Ilja sehr, er packte das Pferd des Fomka am Schwanz und warf es über den Zaun. Und es sagte zu ihm Aljoscha Popowitsch der Junge: »Daß uns nur Foma Berennikow nicht sieht, sonst setzt es was!« – »Nicht im Pferde steckt die Kraft, sondern im Mann!« spricht Ilja Muromez, und führt dem Fomka seine Mähre vor. Der Fomka setzt sich auf sein Pferd und denkt bei sich: »Sollen sie mich umbringen, dann kommt keine Schande über mich!« So reitet er dahin, beugt sich tief auf die Mähne des Pferdes und macht die Augen zu. Der chinesische Recke, eingedenk der königlichen Weisung, beugt sich auch tief über sein Pferd und macht die Augen zu. Der Fomka steigt von seinem Pferde, setzt sich auf einen Stein und fängt an, seine Sichel zu wetzen; der chinesische Recke tut dasselbe: steigt von seinem mächtigen Roß und schleift sein Schwert. Da sieht er, daß der Fomka ein Auge geschlossen hat, und denkt bei sich: »Hat er ein Auge zugekniffen, so will ich noch schlauer sein und beide zukneifen!« Kaum hatte er das getan, als Foma Berennikow ihm auch schon das Haupt abschlug. Er nimmt das Heldenroß des anderen, will sich hinaufschwingen, kann es aber nicht. Da band der Fomka das starke, mächtige Roß an eine hundertjährige Eiche, kletterte auf den Baum und sprang von oben in den Sattel. Als das Roß den Reiter spürte, machte es einen Satz und riß die Eiche mit allen Wurzeln heraus. Es fliegt mit seiner ganzen Reckenkraft dahin und schleift die Rieseneiche nach. Foma Berennikow brüllt: »Helft, helft!« Die dummen Chinesen aber verstanden kein Russisch und liefen alle vor Schreck auseinander: Das Roß aber zertritt sie und erschlägt sie mit der Eiche. So lagen sie alle da, bis auf den letzten! Da schrieb der König von China ein Briefchen an Foma Berennikow: »Ich werde nie wieder gegen dich kämpfen.« Dem Fomka aber paßte das gerade! Und Ilja Muromez und Aljoscha Popowitsch der Junge bewunderten Foma Berennikow.

Dann ritt Foma zum Zaren von Preußen. »Wie soll ich dich beloh-

nen?« fragt der Zar. »Nimm dir an Gold, soviel du magst, oder die
Hälfte meines weißen Zarenreiches oder die schöne Zarentochter.« – »Her mit der Zarentochter, und lade Ilja Muromez und
Aljoscha Popowitsch den Jungen als meine jüngeren Brüder zur
Hochzeit ein!« Und so heiratete Foma Berennikow die schöne Zarentochter. Man sieht, daß nicht nur Helden Glück haben. Wer
am lautesten prahlt, dem geht's am besten!

Der Bauer und die Gans

Es lebte einmal ein armer Bauer. Viele Kinder hatte er, aber an Hab
und Gut bloß eine Gans. Lange hütete er diese Gans, aber Hunger
kennt kein Gebot! Es kam so weit, daß nichts mehr zu essen da
war. So schlachtete denn der Bauer die Gans. Er schlachtete sie,
briet sie und stellte sie auf den Tisch. Soweit wäre alles ganz schön
gewesen, aber es war kein Brot da, und Salz gab es schon lange
nicht mehr. Spricht der Bauer zu seiner Frau: »Wie werden wir
das nur ohne Brot und ohne Salz essen? Lieber trage ich die Gans
zum Gutsherrn und erbitte mir von ihm Brot.« – »Na ja, geh mit
Gott!« Der Bauer kommt zum Herrn: »Ich habe Euer Gnaden ein
Gänschen gebracht; es ist nicht viel, aber wir sind arm. Laß es
Gnade vor deinen Augen finden, lieber Herr.« – »Ich danke dir,
Bauer, danke! Teile die Gans gerecht zwischen uns beiden, so daß
keiner im Nachteil ist.« Der Herr aber hatte eine Frau, zwei Söhne
und zwei Töchter – sie waren zusammen sechs. Man reichte dem
Bauern ein Messer, und er begann die Gans aufzuschneiden und
zu teilen. Er schnitt den Kopf ab und gab ihn dem Herrn: »Du
bist«, sagt er, »das Haupt im Hause, dir gebührt also der Kopf.«
Dann schnitt er den Bürzel ab und überreicht ihn der gnädigen
Frau: »Du mußt immer im Hause sitzen und aufs Haus aufpassen;
da hast du den Bürzel!« Dann schnitt er die Füße ab und reichte
sie den Söhnen: »Da habt ihr die Füße, damit ihr auf Vaters We-

gen gehen könnt!« Den Töchtern gab er je einen Flügel: »Ihr werdet nicht lange beim Vater und bei der Mutter bleiben; ihr wachst heran und fliegt dann fort. Ich aber«, sagte er, »bin ein dummer Bauer, für mich genügt der stumpfe Rumpf!« So gewann er das Beste von der Gans. Der Herr lachte, gab dem Bauern einen Schnaps, belohnte ihn mit Brot und ließ ihn gehen.

Das erfuhr ein reicher Bauer und wurde neidisch. Er nahm fünf Gänse, briet sie und trug sie zum Gutsherrn. »Was willst du, Bauer?« fragt der Herr. »Da habe ich Euer Gnaden fünf Gänschen gebracht.« – »Danke, mein Lieber! Nun teile sie mal unter uns, ohne jemand zu kränken.« Der Bauer versucht es, so und anders, aber es geht nicht auf! So steht er also da und kratzt sich am Hinterkopf. Da schickte der Herr nach dem armen Bauern und hieß ihn teilen. Der nahm die erste Gans und gab sie dem Herrn und der gnädigen Frau und spricht: »Herr, Ihr seid jetzt zu dritt!« Die zweite Gans gab er den beiden Söhnen und die dritte den beiden Töchtern: »Auch ihr seid jetzt zu dritt!« Die beiden übrigen Gänse nahm er sich: »So, jetzt bin ich auch zu dritt!« Da sagte der Herr: »Das hast du gut gemacht, sehr gut! Hast alles gerecht verteilt und hast auch dich selbst nicht vergessen.« Dann machte er dem armen Bauern noch ein schönes Geldgeschenk, den reichen Bauern aber jagte er fort.

Volksspäße

Es kommt in eine Schenke eine Frau gelaufen und fragt nach ihrem Mann: »Ist mein Säufer nicht hier gewesen?« – »Doch, er war hier.« – »Ach, der schlechte Kerl, ach, der Spitzbube! Für wieviel hat er denn getrunken?« – »Für einen Fünfer.« – »Na, dann gib mir für'n Zehner.«

Eine Frau pflegte an Feiertagen vor das Heiligenbild des Ritters Georg eine Kerze zu stellen, und dann streckte sie jedesmal dem Drachen die Zunge heraus: »Da hast du, Georg, die Kerze. Du aber, Verfluchter, bekommst nichts!« Damit verärgerte sie den Teufel so sehr, daß er es nicht mehr aushielt und ihr im Traum erschien. Dort machte er ihr angst. »Komm du nur zu mir in die Hölle, da wird dir gehörig eingeheizt werden!« Seitdem stellte die Frau zwei Kerzen auf, eine für Ritter Georg und eine für den Drachen. Die Leute fragten sie, weshalb sie das täte. Da antwortete sie: »Ja, meine Lieben, man weiß doch noch nicht, wohin man einmal kommt, ob ins Paradies oder in die Hölle!«

Es ist schon lange her, da war das Dorf einmal ohne Geistlichen. Die Bauern beschlossen, einen neuen zu wählen. Sie wählten und gingen zu Onkel Pachom: »Pachom«, sagten sie zu ihm, »hör, Pachom, sei du im Dorf unser Pope!« So wurde Pachom der Pope im Dorf. Aber eines war schlimm: er kannte weder den Gottesdienst, noch konnte er singen oder lesen. Es kam ein großer Feiertag, und die Gemeinde versammelte sich in der Kirche. Pachom trägt das Buch heraus und fragt: »Ihr Gläubigen, kennt ihr dieses Buch?« – »Ja, wir kennen es, Vater, wir kennen es gut. Der verstorbene Pope hat ja immer daraus gelesen.« – »Na, wenn ihr es kennt, dann brauche ich's nicht zu lesen.« Dann trägt er noch ein Buch heraus und fragt wieder: »Ihr Gläubigen, kennt ihr auch dieses Buch?« – »Nein, Vater, dieses kennen wir nicht.« – »Na, wozu soll ich's euch vorlesen, wenn ihr es doch nicht kennt!«

Es ging ein Soldat nachts durch das Dorf, und es war eine Mondnacht. Da nahm der Herrgott den Mond zu sich oder wie die Herren sagen: es war eine Mondfinsternis. Der Soldat wundert sich, daß der Mond vom Himmel verschwunden ist, und erkundigt sich bei einem Bauern, der ihm entgegenkommt: »Was ist da am Himmel passiert?« – »Ich bin nicht von hier, Herr Soldat«, sagt der Bauer, »du mußt die Hiesigen fragen.«

Der Soldat

Ein Soldat hatte Heimaturlaub und kam unterwegs zu einem Bauern, bei dem er übernachten wollte. »Tag, Hausherr! Gib einem müden Wanderer etwas zu essen und ein wenig Wärme!« – »Ist gut, setz dich an den Tisch und sei mein Gast.« Der Soldat schnallte das Seitengewehr und den Tornister ab, verbeugte sich vor den Heiligenbildern und setzte sich an den Tisch. Der Hausherr aber goß ihm ein Gläschen Bittern ein und sagte: »Rat mal ein Rätsel, Soldat. Wenn du es kannst, bekommst du einen Schnaps, wenn nicht, dann bekommst du eine Ohrfeige von mir!« – »Bitte schön, sag dein Rätsel!« – »Was bedeutet Reinlichkeit?« Der Soldat überlegte eine Weile und sagte dann: »Brot ist rein, also ist Brot Reinlichkeit.« Der Bauer schlug ihn auf die Backe. »Was fällt dir ein, mich zu schlagen? Wenn man unsereinen schlägt, dann sagt man auch, wofür.« – »Reinlichkeit, mein Lieber, ist eine Katze, denn sie wäscht sich immerzu! Und was ist Segen?« Der Soldat überlegte wieder und sagte dann: »Klar doch, Brot ist Segen!« Der Bauer schlug ihn zum zweiten Mal auf die Backe: »Falsch, mein Lieber! Segen ist Wasser. Jetzt rat mal das letzte Rätsel: Was ist Schönheit?« Und wieder sagt der Soldat: »Brot ist Schönheit!« – »Falsch, Soldat; Schönheit ist Feuer; da hast du noch eine Ohrfeige! Jetzt ist es genug, komm essen.« Der Soldat ißt und denkt im stillen: »Mein Lebtag habe ich solche Backpfeifen noch nicht bekommen, nicht einmal im Zarendienst; wart, mein Freund, ich will's dir heimzahlen, du sollst an mich denken!« Sie aßen zu Abend und legten sich schlafen. Der Soldat wartete solange, bis seine Wirtsleute eingeschlafen waren, kroch dann von der Schlafbank herunter, fing die Katze, band ihr Werg an den Schwanz, zündete ihn an und trieb die Katze auf den Hausboden. Die Katze rannte wie toll dahin und zündete das Stroh an. Sofort stand die Hütte in Flammen. Der Soldat zog sich schnell an, trat zum Bauern und stieß ihn derb in den Rücken. »Was willst du, Soldat?« – »Leb wohl, mein Lieber! Ich ziehe ins Feld.« – »Geh mit Gott!« – »Da hast du zum Abschied ein Rätsel: Die Reinlichkeit nahm die Schönheit und trug sie nach oben; wenn du den Segen nicht nimmst, dann hat's mit deinem Wohnen in der Hütte bald ein Ende! Rat mal!« So sprach der Soldat und ging seines Weges. Während der Bauer sich darüber den Kopf zerbrach, was das Rätsel des Soldaten wohl bedeuten könnte, fing die Zimmerdecke an zu brennen. »Wasser, Wasser!« schreit der Bauer. Es war aber kein Tropfen Wasser im Hause. So verbrannte alles. »Recht hat der Soldat gehabt: Wenn du den Segen nicht zu fassen kriegst, wirst du nicht mehr in der Hütte wohnen!«

Ja, es kommt auch vor, daß die Tränen der Mäuse schließlich der Schaden der Katze sind.

Ilja der Prophet und der heilige Nikola

Es war vor langer Zeit, da lebte ein Bauer. Den Tag des Nikola hielt er immer heilig, aber am Tage des Ilja, da fing er jedesmal wieder an zu arbeiten. Zum Gottesdienst zu Ehren Nikolas geht er immer hin, weiht ihm auch immer wieder eine Kerze, an Ilja den Propheten aber vergißt er meist sogar zu denken.

Da geht einmal Ilja der Prophet mit Nikola über das Feld dieses Bauern; sie gehen und bemerken, daß auf dem Acker des Bauern so herrliches Winterkorn steht, daß die Seele sich nicht genug daran freuen kann. »Ja, das wird eine Ernte!« sagt Nikola, »und, das muß man schon sagen, er ist ein guter Bauer, mit einem guten und frommen Herzen; er weiß von Gott und kennt die Heiligen! Die schöne Ernte wird in gute Hände kommen.« – »Das wollen wir noch sehen«, antwortete Ilja, »ob er viel bekommen wird! Wenn ich ihm mit meinem Blitz dreinfahre und ihm sein ganzes Feld mit meinem Hagel zerschlage, dann wird dieser Bauer wissen, was recht ist, und wird den Tag des Ilja heilighalten.« – So sprachen sie für und wider und gingen nach verschiedenen Richtungen auseinander.

Der heilige Nikola ging sofort zum Bauern und sagt: »Verkauf«, sagt er, »so schnell du kannst, dein ganzes Getreide schon auf dem Halm an den Popen der Ilja-Kirche, sonst bleibt dir nichts, der Hagel wird alles vernichten.« Da lief der Bauer zum Popen: »Willst du nicht mein Getreide auf dem Halm kaufen? Ich verkaufe dir das ganze Feld, ich brauche unbedingt sofort Geld, das Messer sitzt mir an der Kehle! Kauf es, Väterchen, ich gebe es dir auch ganz billig!« Sie handelten lange miteinander und wurden schließlich einig. Der Bauer bekam sein Geld und ging nach Hause.

Nicht viel, nicht wenig Zeit verging, da bildete sich eines Tages eine drohende Wolke und stürzte mit einem furchtbaren Platzregen und Hagel auf das Feld des Bauern, das ganze Getreide war weg, wie mit dem Messer abgeschnitten – kein Hälmchen blieb stehen. Am nächsten Tage gehen Ilja der Prophet und Nikola vorüber, und Ilja sagt: »Sieh doch mal, wie ich das Feld des Bauern verwüstet habe!« – »Das Feld des Bauern? Nein, Bruder! Das Verwüsten hast du allerdings gut gemacht, nur ist es das Korn des Popen deiner Ilja-Kirche und gehört nicht dem Bauern.« – »Wieso des Popen Korn?« – »Na ja, so etwa vor einer Woche hat doch der Bauer das Korn dem Popen der Ilja-Kirche verkauft und das Geld gleich bar ausbezahlt bekommen. Ich kann mir ja vorstellen, wie der Pope jetzt seinem Gelde nachweint!« – »Wart mal«, sagte Ilja der Prophet, »ich werde das Feld wieder in Ordnung bringen, es wird zweimal so gut werden, als es war.« Sie unterhielten sich noch ein wenig, und dann ging jeder seines Weges.

Der heilige Nikola eilte wieder zum Bauern: »Geh« sagte er, »zum Popen, kauf das Feld wieder zurück, es soll dein Schade nicht sein!« Da ging der Bauer zum Popen, verbeugt sich und sagt: »Ich sehe, Väterchen, daß der Herrgott ein Unglück über dich geschickt hat – das ganze Feld ist vom Hagel zerschlagen, wie eine Tenne so glatt! Mag es schon sein, laß uns den Schaden halb und halb tragen: ich nehme mein Feld und gebe dir als Entschädigung die Hälfte deines Geldes zurück.« Der Pope freute sich, und sie waren schnell handelseinig.

Unterdessen – wer weiß, weshalb – begann das Feld des Bauern sich zu erholen; aus den alten Wurzeln kamen neue, frische Triebe. Regenwolken kommen immerzu über das Feld und tränken die Erde. Ein wunderbares Getreide gedieh, hoch und dicht, überhaupt kein Unkraut! Die Ähren aber so voll, so voll, sie biegen sich schon tief zur Erde. Die Sonne schien warm, und der Roggen wurde reif – wie aus Gold geprägt steht er da im Feld. Viele Garben erntete der Bauer, viele Haufen schichtete er auf und begann schon, sie einzufahren.

Zu der Zeit gingen wieder einmal Ilja der Prophet und Nikola vorüber. Fröhlich überblickte Ilja das Feld und spricht: »Schau mal, Nikola, was für ein Segen! Habe ich jetzt nicht meinen Popen belohnt? Sein Lebtag wird er es nicht vergessen …« – »Den Popen? Nein, Bruder, der Segen ist allerdings groß, aber das Feld gehört doch – dem Bauern, der Pope geht mit leeren Händen aus!« – »Was sagst du da?« – »Es ist schon wahr! Nachdem der Hagel das Feld zerschlagen hatte, ging der Bauer zum Popen der Ilja-Kirche und kaufte das Ganze für den halben Preis zurück.« – »Wart mal!« sagte Ilja der Prophet, »dem Getreide werde ich seinen ganzen Segen nehmen. Der Bauer kann auf die Tenne Garben aufhäufen, soviel er will, mehr als ein Maß soll er mir nicht herausdreschen.« – »Schlimme Sache!« denkt der heilige Nikola und ging gleich zum Bauern. »Sieh zu«, sagt er, »sobald du zu dreschen anfängst, dann lege nicht alles mit einmal auf die Tenne, sondern immer nur eine einzige Garbe.« Der Bauer begann mit dem Dreschen: von jeder Garbe erhält er ein Maß Korn. Alle Kornkasten, alle Kornkammern füllte er mit Roggen, und immer noch blieb viel übrig. Da baute er neue Speicher und füllte sie bis oben zu. Eines schönen Tages kamen Ilja der Prophet und Nikola am Hof des Bauern vorüber, da blickt sich Ilja um und spricht: »Sieh mal, was der sich Speicher gebaut hat! Was will er denn da hineinschütten?« – »Sie sind schon bis oben voll«, antwortet der heilige Nikola. »Wo hat er denn das viele Korn her, der Bauer?« – »Ja, da wunderst du dich! Bei ihm hat jede Garbe ein Maß Korn gegeben. Als er zu dreschen anfing, da hat er immer nur eine Garbe auf einmal auf die Tenne gelegt.« – »He, mein lieber Nikola!« erriet es endlich Ilja der Prophet, »das bist also du, der dem Bauern alles wiedersagt!« – »Na hör mal, was fällt dir denn ein? Ich soll's ihm wiedergesagt haben ...« – »Tu, wie du willst«, sagte Ilja der Prophet, »das ist deine Sache! Aber der Bauer soll mich kennenlernen, er soll an mich denken!« – »Was willst du ihm denn antun?« – »Ah, das sage ich dir nicht.« – »Nun wird es aber doch noch schlimm«, denkt der heilige Nikola und geht zum Bauern. – »Kauf«, sagt er, »zwei Kerzen, eine große und eine kleine, und dann mach das und das.«

Am andern Tage gehen Ilja der Prophet und der heilige Nikola als Pilger verkleidet zusammen übers Feld. Da kommt ihnen der Bauer entgegen. Er trägt zwei Wachskerzen – eine große, teure und eine kleine, ganz billige. »Wohin des Wegs, Bauer?« fragt ihn der heilige Nikola. »Ja, ich gehe gerade, um Ilja dem Propheten eine große, teure Kerze zu weihen, denn er hat mich mit Gnaden überhäuft! Der Hagel zerschlug das Feld, da hat er, der liebe Vater, sich die Mühe gemacht, mir eine zweite Ernte zu geben.« – »Und für wen ist die kleine Kerze?« – »Na, die ist für den Nikola!« sagte der Bauer und ging weiter. »Siehst du, Ilja, und da sagst du noch, daß ich dem Bauern alles wiedersage! Jetzt merkst du es wohl selbst, daß das anders ist!«

Damit endete auch die Sache. Ilja der Prophet erbarmte sich des Bauern und hörte auf, ihn mit Unglück zu bedrohen; dem Bauern aber ging es gut, und seit dieser Zeit feierte er beide Tage, den des Ilja und den des Nikola.

Der weise Salomo

Jesus Christus stieg nach der Kreuzigung in die Hölle hinab und führte alle, außer dem weisen Salomo, von dort hinaus. »Du kannst mit deiner eigenen Weisheit von hier fortkommen!« sagte Christus zu ihm. Da blieb Salomo allein in der Hölle. Wie sollte er aus der Hölle hinauskommen? Er überlegte lange und fing dann an, einen

Strick zu drehen. Da stellt sich ein kleines Teufelchen neben ihn und fragt, wozu er denn einen Strick ohne Ende dreht? »Wenn du viel wissen wirst«, antwortete Salomo, »dann bist du bald so alt wie dein Großvater Satan! Du wirst schon sehen, wozu ich den Strick brauche!« So drehte Salomo den Strick fertig und fing an, mit dem Strick in der Hölle zu messen. Das Teufelchen fragt wieder: »Wozu willst du messen?« – »Ach«, sagt der weise Salomo, »hier, weißt du, werde ich ein Kloster errichten und da eine schöne Kirche.« Das Teufelchen erschrak, rannte davon und erzählte alles seinem Großvater, dem Satan. Da stand der Großvater auf und jagte den weisen Salomo aus der Hölle.

Der Soldat und der Tod

Ein Soldat diente Gott und dem großen Zaren ganze fünfundzwanzig Jahre. Verdient hatte er dabei drei Zwiebacke, und mit ihnen ging er heimwärts. Als er lange gegangen war, fing er zu überlegen an: »Herr du mein Gott! Da habe ich dem Zaren fünfundzwanzig Jahre treu gedient, war satt und gekleidet; und was habe ich erreicht? Bin hungrig und kalt; alles in allem nur drei Zwiebacke.«
Da kommt ihm ein armseliger Bettler entgegen und bittet um ein Almosen. Der Soldat gab dem Bettler einen Zwieback, selbst aber behält er zwei. Dann ging er weiter. Es dauerte nicht lange, da kommt ihm ein zweiter Bettler entgegen, grüßt und bittet um ein Almosen. Der Soldat gab auch diesem einen Zwieback und behält einen für sich. Wieder ging er seines Weges und traf einen dritten Bettler. Der Alte grüßt ihn und bittet um ein Almosen. Der Soldat zog den letzten Zwieback heraus und denkt: »Gebe ich ihm den ganzen – bleibt mir selbst nichts; gebe ich die Hälfte – dann trifft dieser Alte vielleicht die anderen Bettler, sieht, daß jeder einen ganzen Zwieback hat, und kränkt sich; lieber gebe ich ihm den ganzen, ich komme schon irgendwie durch!«

So gab er den letzten Zwieback hin und blieb ohne. Da fragt ihn der Alte: »Sag, guter Mensch, was wünschst du dir, was brauchst du? Ich will dir helfen!« – »Gott mit dir«, antwortet der Soldat, »was soll ich mir von dir wünschen, du hast ja selbst nichts.« – »Kümmere dich nicht um meine Armseligkeit, sag nur, was du haben möchtest – und ich werde dich für deine Güte belohnen.« – »Ich brauche nichts«, sagt der Soldat, »höchstens, wenn du zufällig ein Spiel Karten hast, das schenk mir zum Andenken.« Der Alte holte ein Spiel Karten hervor und reicht es dem Soldaten: »Nimm«, sagte er, »mit wem du auch spielen wirst, du wirst immer gewinnen; und dann nimm auch diesen Sack; was du unterwegs auch treffen magst, ob Tier, ob Vogel, und du willst es fangen, öffne nur den Sack und sprich: ›Kriech hinein, ob Tier, ob Vogel!‹ und alles geschieht nach deinem Willen.« – »Danke«, sagt der Soldat, nimmt die Karten und den Sack und geht weiter.

Ob es nun nah war oder weit, lang oder kurz, er kam zu einem See. Auf dem See aber schwimmen drei wilde Gänse. Da dachte der Soldat: »Will mal meinen Sack probieren!« Zog ihn hervor, öffnete ihn und spricht: »He, ihr wilden Gänse, fliegt in meinen Sack!« Kaum hatte er diese Worte ausgesprochen, als die Gänse sich auch schon vom Wasser erhoben und in den Sack flogen. Der Soldat band den Sack zu, warf ihn über die Schulter und machte sich wieder auf den Weg. So ging und ging er und kam in eine Stadt.

Hier kehrte er in einem Gasthaus ein und sprach zum Wirt: »Nimm diese Gans und brat sie mir zum Abendessen, die zweite Gans nimm dir für deine Bemühungen, und die dritte tausch gegen Schnaps ein.« So sitzt der Soldat im Gasthaus und läßt es sich wohl sein, trinkt einen Schnaps und ißt ein Stück Gans darauf. Einmal schaut er zum Fenster hinaus: Dem Gasthaus gegenüber steht ein großer Palast, im ganzen Palast aber ist keine einzige heile Fensterscheibe. »Hör mal«, sagt er zum Wirt, »was ist das für ein Palast, und weshalb steht er leer?« – »Ja, siehst du«, antwortet der Wirt, »unser Zar hat sich diesen Palast gebaut, aber man kann nicht darin leben; schon sieben Jahre steht er leer! Jeder wird von den bösen Teufeln hinausgejagt! In der Nacht ist dort Teufelsversammlung, und das lärmt und tanzt und spielt Karten und treibt lauter Garstigkeiten.«

Da ging der Soldat zum Zaren. »Eure Zarische Majestät, gestatte mir«, sagt er, »in diesem leerstehenden Palast eine Nacht zu verbringen.« – »Was fällt dir ein, Soldat!« spricht zu ihm der Zar, »Gott behüte! Es hat schon solche Verwegene gegeben, die es unternahmen, in diesem Palast da zu übernachten, aber kein einziger ist lebendig wieder herausgekommen!« – »Majestät, ein russischer Soldat ertrinkt nicht im Wasser und verbrennt nicht im Feuer. Ich habe Gott und dem großen Zaren fünfundzwanzig Jahre gedient und bin nicht gestorben; und da soll ich in einer Nacht bei dir sterben?« – »Ich sage dir aber doch: Abends geht ein Mensch lebendig hinein, morgens findet man bloß noch Knöchelchen.« Der Soldat aber bleibt dabei: »Laß mich nur, laß mich in den Palast.« »Na«, sagt der Zar, »so geh mit Gott, nächtige dort, wenn du durchaus willst; ich werde dir deinen Willen nicht nehmen.«

So kam der Soldat in den Palast und richtete sich im größten Zimmer ein. Nahm den Ranzen von der Schulter, schnallte den Säbel ab. Den Ranzen stellte er in die Ecke, den Säbel hängte er an einen Nagel. Dann setzte er sich an den Tisch, holte seinen Tabaksbeutel hervor und stopfte sich eine Pfeife. So sitzt er und raucht vor sich hin.

Um Mitternacht kam eine unübersehbare Menge von Teufeln im Palast zusammengelaufen; es erhob sich Lärmen, Schreien, Tanzen, Musik. – »Ah, bist du auch da, Soldat!« schrien die Teufel. »Was führt dich her zu uns? Möchtest du vielleicht mit uns Karten spielen?« – »Weshalb nicht? Nur eine Bedingung: mit meinen Karten.« Gleich holte er sein Spiel Karten aus der Tasche und teilte aus. – Der Soldat gewann, sie spielten noch einmal – und wieder gewann der Soldat; wie schlau die Teufel auch waren, sie verloren all ihr Geld an den Soldaten. Er sammelt das Geld nur so ein! »Wart, Soldat«, sagen die Teufel, »wir haben noch sechzig Maß Silber und vierzig Maß Gold, wir wollen um dieses Silber und Gold spielen!« – und damit schickten sie ein kleines Teufelchen, das Silber heranzuschleppen. – So fingen sie aufs neue an zu spielen, der Soldat aber gewinnt und gewinnt. Das Teufelchen hat schon alles Silber herbeigeschleppt und sagt zum alten Teufel: »Großvater, mehr ist nicht.« – »Schlepp das Gold, du fauler, dummer Einfaltspinsel!« So schleppte er das Gold, eine ganze Ecke im Zimmer war voll davon, aber der Soldat gewann weiter.

Da wurden die Teufel besorgt um ihr Geld, von allen Seiten drangen sie auf den Soldaten ein und heulten auf: »Brüder, laßt uns ihn zerreißen! Brüder, laßt uns ihn fressen!« – »Das wollen wir doch sehen, wer wen frißt!« sagt der Soldat, faßt nach seinem Sack, öffnet ihn und sagt: »Was ist das hier?« – »Ein Sack«, sagen die Teufel. – »Ah, dann, so Gott will, kriecht hinein in den Sack!« Kaum hatte er das gesagt – da krochen auch schon alle Teufel in den Sack. Und viele waren es ihrer; so viele, daß es ein großes Gedränge gab! – Der Soldat band den Sack fest zu und hängte ihn an einen Nagel an der Wand, selbst aber legte er sich schlafen.

Am Morgen schickte der Zar seine Leute: »Geht, erkundigt euch, was mit dem Soldaten ist. Wenn ihn die bösen Geister umgebracht haben, räumt seine Knöchelchen fort!« Die Leute gingen. Sie kommen in den Palast – der Soldat geht fröhlich durch die Zimmer und raucht sein Pfeifchen. »Guten Morgen, Soldat! Wir glaubten nicht, dich lebendig wiederzusehen! Nun, wie war die Nacht, wie ging es mit den Teufeln?« – »Was da Teufel! Guckt nur, wieviel Silber und Gold ich gewonnen habe, seht die Haufen!« Da schauten die Leute des Zaren hin und erstaunten, der Soldat aber befiehlt: »Führt, ihr Lieben, schnell zwei Schmiede her, und sie sollen eine eiserne Platte und Hämmer mitbringen.« Die Leute rannten eilig fort und holten alles herbei: die zwei Schmiede, die eiserne Platte und schwere Hämmer.

»Na«, sagt der Soldat, »holt mal den Sack da herunter und schlagt, wie starke Schmiede schlagen!« Die beiden Schmiede fingen an, den Sack herunterzuholen, und sprachen unter sich: »Ist das aber ein schwerer Sack! So, als wenn lauter Teufel hereingestopft wären!« Da rufen die Teufel aus dem Sack: »Ja, ja, ihr Lieben, wir sind's. Ja, ja, ihr Teuren, wir sind hier!« Sofort legten die Schmiede den Sack auf die eiserne Platte und fingen an, mit den Hämmern zu klopfen, als wenn sie Eisen schmiedeten. Schlimm erging es den Teufeln, fast konnten sie es nicht mehr ertragen. »Erbarme dich unser!« brüllten sie, »laß uns heraus, Soldat, in die freie Welt, es soll dein Schade nicht sein! Unser Lebtag wollen wir es nicht vergessen. Diesen Palast wird nie wieder ein Teufel mit seinem Fuß betreten, es wird allen Teufeln verboten sein; hundert Werst im Umkreis wird es keinen Teufel geben!«

Der Soldat ließ die Schmiede aufhören, und kaum hatte er den Sack geöffnet, da spritzen die Teufel nur so heraus und rannten, ohne sich umzusehen, in den Tartarus – in die Unterwelt. Der Soldat aber war nicht faul, faßte einen alten Teufel, schnitt ihm die Pfote auf und rief: »Unterschreib sofort, daß du mir treu dienen wirst!« Der böse Geist unterschrieb sogleich mit seinem Blut die Verpflichtung, überreichte sie dem Soldaten und nahm Reißaus. – So kamen die Teufel in die Hölle gelaufen und brachten die ganze dort versammelte Teufelsgesellschaft in Aufregung – die Alten und die Jungen. Sofort wurden um die Hölle Wachtposten aufgestellt, und es wurde ihnen streng eingeschärft, die Augen sehr offen zu halten, damit der Soldat mit seinem Sack nicht irgendwie in die Hölle komme.

Der Soldat aber ging zum Zaren. »So und so«, sagt er, »habe den Palast von der Eingebung des Teufels gereinigt.« – »Ich danke dir«, spricht der Zar, »bleib bei mir, ich will dich wie einen Bruder ehren.« So blieb der Soldat beim Zaren wohnen. Von allem hat er die Hülle und Fülle, Geld so viel, daß es nicht einmal die Hühner beachten. Und da kam er denn auf den Gedanken zu heiraten. – Er heiratete, und ein Jahr darauf schenkte ihm Gott einen Sohn. Nach einiger Zeit wurde dieser Sohn krank, und niemand konnte ihn gesund machen. Was wurden da Ärzte herbeigerufen, aber Sinn kam nicht für einen Groschen in die Sache. Da fiel dem Soldaten jener alte Teufel ein, der ihm seine Unterschrift gegeben hatte auf einem Zettel. Und auf dem Zettel hatte gestanden: »Ewig werde ich dir in Treue dienen.« So dachte der Soldat und sagte laut: »Wer weiß, wo jetzt mein alter Teufel steckt?« – Da plötzlich stand vor ihm jener selbe Teufel und fragt: »Was befiehlt Euer Gnaden?« –

»Ach du, schön, daß du gekommen bist. Mein Sohn ist erkrankt, hast du vielleicht eine Ahnung, wie man ihn heilen könnte?« – Der Teufel holte ein Glas aus der Tasche, goß kaltes Wasser hinein und stellte es zu Häupten des Kranken hin. Dann sagte er zum Soldaten: »Geh mal und schau aufs Wasser!« Der Soldat blickt auf das Wasser, der Teufel aber fragt ihn: »Na, was siehst du?« – »Ich sehe, daß zu den Füßen meines Sohnes der Tod steht.« – »Nun, wenn er zu den Füßen steht, dann wird er gesund; stünde der Tod aber zu Häupten, dann würde er unbedingt sterben.« Dann nahm der Teufel das Glas mit dem Wasser und bespritzte den Sohn des Soldaten, und im selben Augenblick war er gesund. – »Schenk mir dieses Glas, dann brauch ich nichts mehr von dir!« Der Teufel schenkte ihm das Glas, der Soldat aber gab dem Teufel den Zettel mit der Unterschrift wieder. – Da wurde der Soldat ein Zauberer und heilte Bojaren und Generäle. Er braucht ja nur ins Glas zu sehen und weiß sofort, wer sterben muß und wer gesund wird.

Da geschah es, daß der Zar selbst erkrankte. Man rief den Soldaten. Der goß kaltes Wasser in das Glas, stellte es zu Häupten des Zaren, schaute hin und – sieht, daß der Tod zu Häupten steht. Da sagt der Soldat: »Eure Zarische Majestät, niemand kann dich heilen. Der Tod steht schon zu deinen Häupten, und du hast nur noch drei Stunden zu leben!« Der Zar hörte diese Worte und wurde sehr böse auf den Soldaten: »Was fällt dir ein!« schrie er ihn an, »du hast viele Bojaren und Generäle gesund gemacht, mich aber willst du nicht heilen?! Ich lasse dich sofort hinrichten!« Da überlegte der Soldat, was er wohl tun sollte, und er begann, den Tod zu bitten: »Gib«, sagt er, »dem Zaren mein Leben, und mich bring um; denn sterben muß ich sowieso – dann schon besser eines natürlichen Todes, als schrecklich hingerichtet zu werden!« – Er schaute ins Glas und sieht, daß der Tod zu Füßen des Zaren steht. Da nahm der Soldat das Wasser, spritzte es auf den Zaren, und sofort war der wieder ganz gesund. »So, lieber Tod«, sagt der Soldat, »gib mir drei Stunden Zeit, ich möchte nach Hause gehen und Abschied nehmen von meiner Frau und meinem Sohn.« – »Geh!« antwortete der Tod.

Der Soldat kam nach Hause, legte sich zu Bett und wurde sehr krank. Der Tod aber steht schon neben ihm: »Na, Soldat, verabschiede dich schnell, denn du hast nur noch drei Minuten in dieser Welt zu leben.« Der Soldat streckte den Arm aus, holte unter seinem Kopf den Sack hervor, öffnete ihn und fragt: »Was ist das?« – Der Tod antwortet: »Ein Sack.« – »Na, wenn's ein Sack ist, dann kriech hinein!« – Der Tod glitt geradewegs in den Sack hinein. Der Soldat aber – weg war seine ganze Krankheit – sprang vom Bett auf, band den Sack fest, fest zu, hob ihn sich auf die Schultern und ging in die Wälder von Brjansk, in die düsteren, dunklen Wälder von Brjansk. Als er angekommen war, hängte er seinen Sack an einen traurigen Espenbaum, ganz hoch in den Wipfel, selbst aber kehrte er nach Hause zurück.

Seit der Zeit hörten die Menschen auf zu sterben. Geboren werden sie immer weiter, aber sterben tun sie nicht! So vergingen viele Jahre, der Soldat holt den Sack nicht von der Espe herunter. – Einmal geht er durch die Stadt. Da kommt ihm so ein uraltes Mütterchen entgegen: wo der Wind hinbläst, da neigt sie sich auch hin, da fällt sie auch um. »Sieh doch mal an, die Alte!« sagte der Soldat, »ist schon längst Zeit, daß du stirbst!« – »Ja, Lieber«, antwortet die Alte, »ich hätte längst sterben müssen – schon damals, als du den Tod in den Sack stecktest, hatte ich nur noch eine Stunde auf dieser weißen Welt zu leben. Ich habe die Ruhe so nötig, aber ohne den Tod nimmt mich die Erde nicht an, und von dir, Soldat, ist es vor Gott eine große Sünde! Ich bin ja nicht die einzige Seele, die sich hier auf Erden so quält, es quälen sich noch viele andere Seelen.« Da fing der Soldat an zu denken: »Werd wohl den Tod herauslassen müssen, mag er mich dann umbringen ... die Zahl meiner Sünden ist ohnehin nicht klein; dann ist es schon besser, wenn ich mich jetzt, solange ich noch stark bin, in jener Welt quäle; wenn ich erst alt bin, dann fällt das Leiden schwerer.«

So machte er sich denn auf und ging in die Wälder von Brjansk. Er kommt zum Espenbaum und sieht: Ganz hoch im Wipfel hängt sein Sack und schaukelt im Winde hin und her. »Hör mal, Tod, lebst du noch?« fragt der Soldat. Da ertönte eine ganz schwache

Stimme aus dem Sack: »Ich lebe noch, Lieber.« Der Soldat holte den Sack herunter, nahm ihn nach Hause, band ihn auf und ließ den Tod heraus. Selbst aber legte er sich aufs Bett, nahm Abschied von Frau und Sohn und bat den Tod, er solle ihn töten. – Der Tod aber rannte, was Gott Beine gab, zur Tür hinaus: »Mögen dich«, schrie er, »die Teufel umbringen, ich werde dich nicht umbringen!«

So blieb der Soldat lebendig und gesund und dachte: »Will mal geradewegs zur Hölle gehen; mögen mich die Teufel in das siedende Pech werfen und so lange kochen, bis ich meine Sünden los bin.« Er nahm Abschied von allen und ging mit seinem Sack in der Hand geradewegs zur Hölle. Ob es nun nah war oder weit, ob es niedrig war oder hoch, ob es flach war oder tief, er kam in die Unterwelt. Da sieht er: Um die ganze Hölle herum stehen Wachtposten. Kaum nähert er sich dem Tor, da ruft ein Teufel: »Wer da?« – »Eine sündige Seele zur Qual.« – »Was hast du da in der Hand?« – »Einen Sack.« Da brüllte der Teufel aus vollem Halse, Alarm wurde geschlagen, und die ganze unreine Kraft lief zusammen. Fenster und Türen wurden geschlossen und verriegelt. – Der Soldat aber geht um die Hölle herum und ruft: »Höllenfürst, bitte, bitte, laß mich in die Hölle; ich bin zu dir gekommen wegen der Qual für meine Sünden!« – »Nein, du kommst nicht herein! Geh, wohin du willst, aber in der Hölle ist kein Platz für dich.« – »Schön, wenn du mich nicht einlassen willst, dann gib mir wenigstens zweihundert sündige Seelen. Ich werde sie zu Gott führen, vielleicht verzeiht mir um ihretwillen Gott meine Sünden.« Der Höllenfürst antwortet: »Ich gebe dir gern noch fünfzig darüber, geh nur fort von hier!«

Sogleich befahl er, zweihundertfünfzig Seelen abzuzählen und sie zum Hintertor hinauszuführen, damit der Soldat es nicht sieht. Gesagt, getan. Der Soldat stellte sich an die Spitze seiner sündigen Seelen und ging schnurstracks zum Paradies. Die Apostel sahen ihn und meldeten Gott: »Der und der Soldat hat zweihundertfünfzig Seelen hierhergeführt.« – »Nehmt sie auf ins Paradies, aber daß ihr mir den Soldaten nicht hereinlaßt!« Der Soldat reichte einer der sündigen Seelen seinen Sack und befahl ihr: »Paß auf, sobald du die Paradiesespforte durchschritten hast, sagst du schnell: ›Soldat, kriech in den Sack!‹« – Die Paradiesespforten öffneten sich, und die Seelen begannen einzutreten. Auch die sündige Seele mit dem Sack ging durch die Pforte – vergaß aber in ihrer Freude den armen Soldaten. – So war es ihm nicht in der Hölle und nicht im Himmel gelungen. Und lange lebte der Soldat noch auf dieser weißen Welt. Er ist erst in diesen Tagen gestorben.

NACHWORT

Der russische Volkstums- und Märchenforscher Alexander Niko-
lajewitsch Afanasjew wurde 1826 im Gouvernement Woronesch
als Sohn eines mittleren Beamten geboren. Er studierte in Moskau
die Rechte und arbeitete ab 1849 am Moskauer Archiv des Außen-
ministeriums, wo er 1856 zum Leiter der Kommission zur Publika-
tion staatlicher Urkunden und Verträge ernannt wurde. Afanasjew
bemühte sich darum, ungedruckte oder verschollene Texte aus dem
18. und 19. Jahrhundert und besonders solche, die durch die Zen-
sur entstellt worden waren, der Öffentlichkeit wieder zugänglich
zu machen. Vor allem interessierte er sich für Volksmärchen, veröffentlichte Artikel zur Märchenforschung – er gehörte zur soge-
nannten mythologischen Schule, wie auch die Brüder Grimm – und
konzipierte die umfangreiche Sammlung russischer Märchen,
Schwänke und Legenden, die ihn weltberühmt machen sollte.
Seine zensurfeindliche Einstellung brachte ihn in Schwierigkeiten
mit den Behörden, und wegen Kontakten zu Kritikern der russischen Autokratie wurde er schließlich 1862 entlassen. Ohne Exi-
stenzgrundlage verarmte Afanasjew und mußte seine Bibliothek
und wertvolle Manuskripte verkaufen. Er starb 1871 an der Schwind-
sucht, bereits von Zeitgenossen wie Jacob Grimm als Gelehrter ver-
ehrt.

Afanasjew, der als Märchenforscher und Herausgeber bewußt dem
Vorbild der Brüder Grimm folgte, deren Kinder- und Hausmär-
chen 1812 erschienen waren, war allerdings selbst kein Sammler.
Von den etwa sechshundert Märchen (darunter viele in Varianten),
die zunächst in acht Lieferungen von 1855 bis 1863 herauskamen,
hatte er nur etwa zehn selbst gesammelt. Ein Teil der Märchen
stammt aus den Beständen der Kaiserlich-Russischen Geographischen Gesellschaft. Diese Texte waren ab 1847 von vielen, meist geistlichen Korrespondenten zusammengetragen worden. Auch der
Schriftsteller und Volkstumsforscher Wladimir Iwanowitsch Dal
(1801-1872) hatte seit 1819 mit der Aufzeichnung von regionalen

und volkssprachlichen Ausdrücken, Sprichwörtern, Redensarten und Märchen begonnen. Die etwa tausend von ihm gesammelten Märchen übergab er Afanasjew, der einen Teil davon in seine Sammlung aufnahm. Das Interesse für und die Beschäftigung mit Volksdichtung teilte Afanasjew also damals mit manchen seiner Zeitgenossen in und außerhalb Rußlands. Sein großes Verdienst ist die Zusammenstellung und Herausgabe dieser Texte, die er mit wissenschaftlichen Kommentaren versah. Das Ziel dieser Ausgabe sei, erklärt Afanasjew im Vorwort, »die Ähnlichkeit von Märchen und Legenden der verschiedenen Völker zu erklären, auf deren wissenschaftliche und poetische Bedeutung hinzuweisen und Muster russischer Volksmärchen vorzustellen«.

Auf die erste Ausgabe folgte 1873 posthum die zweite, noch von Afanasjew selbst vorbereitete Ausgabe, im Laufe der nächsten Jahrzehnte mehrere andere, unter ihnen die 1957 von Propp besorgte. Verbindlich ist heute die 1984/85 von Barag und Nowikow herausgegebene Ausgabe.

Die Frage nach der Authentizität der ursprünglich mündlich vorgetragenen Erzählungen ist schwer zu beantworten. Ein Sammler hatte damals nicht wie heute die Möglichkeit, das Gehörte auf Tonband aufzunehmen, er mußte es im nachhinein aus dem Gedächtnis schriftlich fixieren. Der Herausgeber konnte dann seinerseits noch stilistische und inhaltliche Korrekturen vornehmen, wie es besonders Wilhelm Grimm getan hat. Wieweit hat nun Afanasjew die ihm vorliegenden Märchen verändert? Aus einer Gegenüberstellung von Texten seiner Sammlung mit den wenigen handschriftlichen Vorlagen, die im Archiv der Russischen Geographischen Gesellschaft noch vorhanden sind, geht hervor, daß Afanasjew bei der Redaktion behutsam mit den Quellen umgegangen ist und hauptsächlich Texte veränderte, die einen ausgesprochen literarischen Stil aufwiesen, wie er der Volkssprache fremd ist. Sprachliche Vielfalt und Gegensätzlichkeit der Märchen seiner Sammlung sprechen dafür, daß er die Texte wenig überarbeitet hat. Er publizierte z. B. mundartliche und auch ukrainische und weißrussische Texte. Der originelle, oft populäre Stil der russischen Volksmärchen, der von ihren meist bäuerlichen Erzählern herrührt, sollte in einer Übersetzung unbedingt zum Ausdruck kommen.

Werner von Grimm, der Übersetzer der hier vorliegenden Ausgabe russischer Volksmärchen, hatte es sich zur Aufgabe gemacht, in seiner Formulierung dem Original so nahe wie möglich zu bleiben. Als Deutscher in St. Petersburg geboren und aufgewachsen, war er von Kindheit an gleichermaßen mit der deutschen und der russischen Sprache vertraut. Seiner Übertragung liegt die 1922 in Berlin erschienene russische Ausgabe der Afanasjewschen Märchen zugrunde.

Werner von Grimm, dessen Verwandtschaft mit den Brüdern Jacob und Wilhelm Grimm bisher nicht nachgewiesen ist, wurde am 4. (16.) Dezember 1886 in St. Petersburg geboren. Seine Familie gehörte zu den Rußlanddeutschen und war schon seit mehreren Generationen im Lande ansässig. Sein Vater war Direktor der Privatbibliotheken des Zaren. Er selbst studierte Geschichte und Philologie und arbeitete nach dem Staatsexamen als Bibliothekar in der Kaiserlichen Privatbibliothek im Winterpalais von St. Petersburg und in der Bibliothek der Akademie der Wissenschaften. Nach seiner Flucht aus Rußland im Jahre 1918 kam er nach Göttingen, wo er an der Universität als Lektor der russischen Sprache tätig war. Dort promovierte er nach einem Zweitstudium zum Doktor der Philosophie. Er starb am 27. Oktober 1956 in Göttingen.

In den vierziger Jahren hat Werner von Grimm neunzig der schönsten und interessantesten Märchen Afanasjews ins Deutsche übertragen. »Grimms Märchen« nannten die damaligen Studenten und Zuhörer seine Vortragsabende, an denen er nicht nur aus den Volksmärchen, sondern auch aus der russischen Literatur vorlas. Er war ein Künstler des Vortrags, dem es gelang, den Zuhörern die russische Literatur nahezubringen und so lebendig zu machen, daß man die handelnden Personen zu hören und zu sehen glaubte. Leider waren Ton-Aufnahmegeräte zu der Zeit noch wenig verbreitet, und so ist diese große künstlerische Leistung verlorengegangen. Als Vortragender hatte er auch ein feines Gefühl für das Charakteristische der russischen Sprache und den Ton der Volksmärchen. Beim Lesen seiner Texte spürt man Unmittelbarkeit, Wärme, Lebensweisheit und Mutterwitz der russischen bäuerlichen Erzähler; aber auch die deftigen Schimpfwörter, an denen es im Russischen nicht fehlt, gehören dazu.

Ein gutes Beispiel für die originalgetreue Übertragung Grimms ist die Beibehaltung des Präsens in der Erzählzeit, das im russischen Märchen oft die Vergangenheitsform unterbricht, um das Geschehen jetzt und hier dem Zuhörer lebendig vor Augen zu stellen. So eignet sich dieses Buch auch ganz besonders gut zum Vorlesen!

Das Manuskript ist lange unveröffentlicht geblieben. Als ehemalige Schülerin Werner von Grimms habe ich es mir zur Aufgabe gemacht, diese Arbeit, wenn auch leider erst viele Jahre nach seinem Tode, herauszugeben.

Imogen Delisle-Kupffer

INHALT